红十字交叉学科
基础研究丛书

中国红十字运动简史

池子华 编著

ZHONGGUO
HONGSHIZI
YUNDONG
JIANSHI

苏州大学出版社
Soochow University Press

图书在版编目（CIP）数据

中国红十字运动简史/池子华编著. — 苏州：苏州大学出版社，2022.7(2024.7重印)
（红十字交叉学科基础研究丛书/王汝鹏主编）
ISBN 978-7-5672-4002-5

Ⅰ.①中… Ⅱ.①池… Ⅲ.①红十字会-历史-研究-中国 Ⅳ.①D632.1

中国版本图书馆 CIP 数据核字（2022）第 117092 号

中国红十字运动简史

编　　著：池子华
责任编辑：冯　云　孙佳颖
出版发行：苏州大学出版社（Soochow University Press）
社　　址：苏州市十梓街1号　邮编：215006
印　　刷：苏州市古得堡数码印刷有限公司
网　　址：www.sudapress.com
邮　　箱：sdcbs@suda.edu.cn
邮购热线：0512-67480030
销售热线：0512-67481020
开　　本：710 mm×1 000 mm　1/16
印　　张：23.25
字　　数：346 千
版　　次：2022 年 7 月第 1 版
印　　次：2024 年 7 月第 3 次印刷
书　　号：ISBN 978-7-5672-4002-5
定　　价：58.00 元

发现印装错误，请与本社联系调换。服务热线：0512-67481020

General preface 总序

推动交叉学科建设
促进红十字事业高质量发展

全国人大常委会副委员长
中国红十字会会长
红十字国际学院名誉院长

陈竺

1862年，国际红十字运动创始人亨利·杜南先生根据亲身经历撰写的《索尔费里诺回忆录》在日内瓦出版。亨利·杜南先生当年在书中提出的两项重要建议，开启了国际红十字运动波澜壮阔的辉煌历程。在该书出版160周年之际，红十字国际学院组织编写（译）的"红十字交叉学科基础研究丛书"将由苏州大学出版社正式出版，非常有意义。相信这套丛书的出版，将进一步提升红十字交叉学科建设的规范化、专业化水平，有力推动红十字国际学院的建设和中国特色红十字事业的高质量发展。

红十字运动自1863年在欧洲诞生，从致力于救护战争中的伤兵，扩展到保护战争中的战俘、平民，进一步延伸到维护人类的生命、健康、尊严以及世界的和平与发展，成为历史最悠久、规模最大的世界性人道主义运动。多年来，国际红十字组织和先后成立的亨利·杜南学院、索尔费里诺学院对红十字运动做过很多研究和探索，不断深化拓展红十字运动的理论与实践，推动国际人道法成为较为完整的国际法分支，形成了独到的法理体系，取得了丰硕的成果，在卫生健康、防疫、救灾、社区发展、志愿服务等方面也有了丰富的实践经验和众多的培训课程，编写出版了很多书籍。但是，截至目前，还没有创建一个涵括红十字运动所有业务领域的专业学科，也没有出版成体系的红十字交叉学科方面的丛书。

随着中国特色社会主义进入新时代，中国在国际事务中扮演着越来越重要的角色。在我国积极履行国际责任和开展国际人道援助的时代背景下，建设强大的国家红会，在国际红十字运动中进一步发挥引领作用，成为中国红十字会和当代中国红十字人的使命和职责。2019年8月，中国红十字会总会、中国红十字基金会和苏州大学联合创办了首个红十字国际学院，旨在打造红十字人才培养基地、红十字运动研究高地、红十字文化传播阵地和国际人道交流合作平台。学院成立以来，为推动红十字相关专业的交叉学科建设，决定编写出版一套"红十字交叉学科基础研究丛书"，既作为红十字运动研究者、人道教育工作者和红十字组织实务工作者开展相关研究的基础资料，又作为红十字国际学院的教学参考书。这是红十字国际学院建设的一件大好事。

建设交叉学科逐渐成为当代科学发展的重要趋势。交叉学科的优势在于融合不同学科的范式，通过资源整合和思想交融，以整体化思维综合性解决重大理论与实践问题，促进多学科复合型人才的培养。红十字事业是一项崇高的事业，也是一项颇具挑战性的专业工作，需要实践探索，也需要理论研究和指导。一个合格的红十字工作者，不仅要承担保护战争中的伤兵、战俘和平民的职责，更需要在自然灾害、重大疫情等突发事件的人道救助中展现专业救援能力。这就要求红十字工作者应具备医学、管理学、社会学、语言学、心理学、传播学等多方面的学科知识和经验，仅靠任何一门单一的学科知识都不足以保障工作的开展，需要交叉科学的思维和知识经验的交汇来引路。

面对日益复杂多元的人道需求和频发的人道主义危机，红十字交叉学科应当建立在法学、社会学、伦理学、公共管理学、传播学、历史学、经济学、营销学、公共卫生学、语言学和应急管理学等多元学科的基础上，丰富拓展现有红十字运动的理论和实践，以综合性、系统性的交叉知识体系，以多元视角和多路径解决问题的思路方法，更高效地应对人类社会面临的复杂挑战。

编写出版"红十字交叉学科基础研究丛书"，是一项宏大的系统工程，同时也是一项填补空白的新事业。希望红十字国际学院和苏州大学出版社精心策划，认真做好丛书出版工作；也希望人道公益领域的专家学者和具有实践经验的实务工作者积极支持和参与，本着科学、求实、严谨、创新的精神，认真研讨，精心编写，吸纳最新的红十字实践经验和理论创新成果，从弘扬人道主义精神、培养人道公益人才、创新红十字理论、指导人道实践的实际需求出发，构建未来红十字工作者应当具有的完备知识体系。

习近平总书记指出，红十字是一种精神，更是一面旗帜，跨越国界、种族、信仰，引领着世界范围内的人道主义运动。进入新时代，迈上新征程，红十字事业迎来新的发展机遇。希望红十字国际学院广大师生、各相关学科的专家学者、红十字同仁和国内外红十字组织，积极支持红十字交叉学科的创建和基础研究丛书的编写出版，认真总结汲取红十字运动的宝贵经验，融汇建立新的红十字科学知识体系，推动国际红十字运动更快更好发展，续写人道事业的灿烂华章。

2022 年 6 月

Contents 目录

上 篇
晚清时期：事业的艰难起步

第一章 启蒙运动，开通民智
第一节 红十字启蒙运动的兴起　　002
第二节 孙中山和孙淦的启蒙之功　　005
第三节 陆树藩和中国救济善会　　010

第二章 上海建会，中外合办
第一节 日俄战争与东三省红十字普济善会　　015
第二节 合办上海万国红十字会　　018
第三节 上海万国红十字会的人道救援　　026

第三章 独立自主，奠定"初基"
第一节 上海万国红十字会的终结　　037
第二节 走上自立之路　　040
第三节 巩固"初基"的举措　　044
第四节 辛亥战事的"救伤葬亡"　　052

中 篇
民国时期：在灾难救护中成长

第四章　民国初期的"内外兼修"

第一节　民国肇始与中国红十字会的转型　　060
第二节　战火中的人道　　065
第三节　雪中送炭，情暖人间　　080
第四节　日本关东大地震的人道救援　　090

第五章　抗战救护的"伟绩宏效"

第一节　抗战初期的战地救护　　097
第二节　国难当头　　104
第三节　全面抗战初期的战事救护　　112
第四节　救护总队部的组建及其变迁　　122
第五节　救护总队部抗战救护的典型案例　　128
第六节　国际援华医疗队的抗战救护　　140
第七节　不可磨灭的历史功绩　　148

第六章　战后"复员"与"服务社会"

第一节　"复员"与工作重心转移　　162
第二节　"打定会的基础"　　169
第三节　"服务社会，博爱人群"　　177
第四节　在历史的转折关头　　187

下 篇
中华人民共和国时期：在曲折中砥砺前行

第七章 中华人民共和国成立初期的辉煌
- 第一节 协商改组实现历史性跨越 …… 196
- 第二节 国内工作稳步推进 …… 203
- 第三节 国际工作异彩纷呈 …… 210

第八章 拨乱反正，迎来事业发展的春天
- 第一节 "文化大革命"中的红十字事业 …… 233
- 第二节 拨乱反正，重整旗鼓 …… 237
- 第三节 中国红十字会"四大"：新的里程碑 …… 248
- 第四节 红十字事业的"中国特色" …… 251
- 第五节 打破"坚冰"实现海峡两岸沟通 …… 257
- 第六节 国际交流与合作 …… 266

第九章 依法建会，焕发青春
- 第一节 《红十字会法》颁布实施 …… 273
- 第二节 从中国红十字会"六大"到"十大" …… 277
- 第三节 从"三大工程"到"三救三献" …… 287
- 第四节 不断优化发展环境 …… 317
- 第五节 在国际舞台上 …… 325

第十章 深化改革，走向未来
- 第一节 《中国红十字会总会改革方案》的出台 …… 335
- 第二节 中国红十字会"十一大"吹响深化改革号角 …… 338
- 第三节 创建红十字国际学院 …… 347

附录：中国红十字会历届会长、名誉会长	354
主要参考文献	356
后　记	358

上篇 晚清时期：事业的艰难起步

第一章
启蒙运动，开通民智

红十字运动起源于西方，红十字组织要在中国落地生根，显然不是"夕发朝至"那么快捷，作为新生事物，它有一个被国人熟悉、认可、接纳的过程。这个过程，就是红十字启蒙运动。

第一节　红十字启蒙运动的兴起

红十字启蒙运动是通过宣传使中国人了解红十字、认识红十字，为红十字会在中国的创建奠定基础。

一、国际红十字运动的起源

国际红十字运动的直接创始，与"三个一"分不开：一个人、一本书、一场战争。"一个人"是被称为"国际红十字运动之父"的亨利·杜南，"一本书"是《索尔费里诺回忆录》，"一场战争"是索尔费里诺之战。

1. 亨利·杜南：国际红十字运动之父

1828年5月8日，亨利·杜南出生于瑞士，是一位热心公益的慈善家、社会活动家和商人。1859年6月，亨利·杜南在意大利旅行，途经卡斯梯哥里昂镇附近的索尔费里诺时，目睹了一场惨祸——法国、意大利联军同奥地利军队的战斗在这里结束，4万余

亨利·杜南

名死伤士兵被遗弃在战场。亨利·杜南见此惨状，立即组织一支平民队伍，对受伤士兵进行力所能及的医疗支援。10天后，亨利·杜南回到日内瓦。那段"不愉快的往事"激发他去"完成一项圣洁的有助于人类未来发展的事业"①。于是，他开始撰写《索尔费里诺回忆录》。

2.《索尔费里诺回忆录》：一部影响世界的书

1862年11月，《索尔费里诺回忆录》在日内瓦出版后，引起轰动。书中对战争悲惨情景的描写，在人们心灵深处产生强烈的震撼。亨利·杜南设想，如果在和平安定的时期成立伤兵救护组织，让那些热心、忠实并完全可以胜任的志愿者为战时的受伤士兵服务；同时制定一个国际公约对战争救护加以保护，应当有利于人道救护事业的开展。亨利·杜南的倡议引发了人们的共鸣，两大设想很快得以实现。

3."杜南之问"与国际红十字运动的兴起

2017年1月18日，习近平总书记在联合国瑞士日内瓦总部发表《共同构建人类命运共同体》的主旨演讲时，将亨利·杜南的两大设想概括为"杜南之问"——"能否成立人道主义组织？能否制定人道主义公约？"② 这两大设想成为现实，成就了一项伟大的人道主义事业。

1863年2月9日，第一大设想实现——"伤兵救护国际委员会"成立。杜福尔将军任主席，委员有莫瓦尼埃律师、阿皮亚医生、莫诺瓦医生和亨利·杜南（兼秘书），史称"五人委员会"（又被尊称为"日内瓦五君子"，1880年改名为"红十字国际委员会"）。

1864年8月8日至22日，由瑞士联邦委员会和法国政府共同发起，在日内瓦召开由瑞士、比利时、丹麦、西班牙、荷兰、意大利、葡萄牙、法国、美国、英国、瑞典等12国全权代表参加的外交会议（另有日耳曼4个邦国——巴顿、海西、普鲁士、乌登堡的代表出席），通过了史上第一个《日内瓦公约》，即《1864年8月22日改善战地陆军伤者境遇之日内瓦公约》。国际红十字运动及其在武装冲突中的特殊作用，正式得到国际公约的承认。杜南的第二大设想实现。为了表示对瑞士的

---

① ［瑞士］马克·德斯贡伯：《亨利·杜南传》，苏兰媛、王庆侗译，《中国红十字报》1992年2月21日。

② 习近平：《共同构建人类命运共同体》，《求是》2021年第1期，第7页。

敬意，会议选择了与瑞士国旗颜色相反的白底红十字符号，作为救护及保护性标志。这就是"红十字"标志的由来。红十字运动由此蓬勃发展起来。

1901年，亨利·杜南因其为国际红十字运动做出的巨大贡献而成为第一届诺贝尔和平奖得主。1910年10月30日，亨利·杜南于瑞士康斯坦斯湖畔的海登小镇逝世，享年82岁。而此时，他开创的红十字事业已在20多个国家开花结果，其中就有中国。

二、红十字启蒙运动的一波三折

1.《字林西报》①《申报》桴鼓相应

1874年，《字林西报》《申报》开始将红十字的理念介绍到中国。《字林西报》《申报》分别由英国商人奚安门和美查于1850年8月、1872年4月在上海创办，其中《申报》于1949年5月停刊，是近代中国最具影响力的报纸之一。

1874年5月，日本在中国台湾寻衅滋事，中日两国发生冲突，《字林西报》就战争救护问题发表评论，非常推崇红十字国际委员会的中立性原则。《申报》对《字林西报》的时评表示赞赏，认为这种救护组织"两造所有创伤者，均令设法调治焉"②，希望中国加以效仿。

遗憾的是，两报的评论都没有直接提及"红十字"这三个字。当时的中国人，还不知道"红十字"究竟是什么。

2. 昙花一现的救护演习

1888年8月，在中国台湾地区从医的英国医师梅威令将精心培养的4位弟子李荃芬、陈呈荣、吴杰模、林环璋带到上海考试，他们均顺利通过考试。其中，李荃芬、陈呈荣、吴杰模还专门演练红十字会战地救护技能，给人留下深刻印象。上海演习后，他们乘船到了天津，表示愿意组织医疗救护队，为军队服务，但没有得到允许。梅威令的红十字医疗队是在中国人没有任何心理准备的情况下出现的，太过新奇，一时难以被接纳，昙花一现，也在情理之中。直到中日甲午战争爆发，"红十

---

① 《字林西报》：原名《北华捷报》，1864年改名为《字林西报》。
② 《交战时宜预筹保护人命》，《申报》1874年9月7日。

字"的魅力才真正被中国人所了解。

3. 中日甲午战争后的红十字启蒙运动

从1894年中日甲午战争爆发到1895年战争结束，其间，在华的外国人尤其是传教士先后在营口、烟台、天津等地开办红十字医院，收治伤兵。为了提供后援保障，旅沪英国传教士、驻沪总领事及洋商，在上海成立红十字会，筹款募捐。

此外，日本赤十字社（日本红十字组织）的志愿者远道而来，深入战地，救死扶伤，中国伤兵也成为他们救护的对象。而中国官兵并不了解红十字会的中立性，竟有伤害救护人员的事件发生。有识之士以《申报》为载体，进行反思，陆续发表《中国宜入红十字会说》《创兴红十字会说》《红十字会说》《红十字会历史节译》《红十字会条约》《中国亟宜创兴红十字会说》等一系列文章，对亨利·杜南开创红十字运动的业绩，红十字会的性质、宗旨、任务及中国创兴红十字会的必要性、重要性、紧迫性做了合情入理的论说。文章指出：红十字会具有中立性，在现代战争中具有独特的作用；红十字会是国家文明、社会进步的标志，如果不创办红十字会，与中国礼仪之邦的声名和地位极不相称。《申报》的宣传鼓动，将红十字启蒙运动推向深入。此外，《集成报》《时务报》《岭学报》《万国公报》《政艺通报》《外交报》等，也都有相关文章发表。在媒体的推动下，红十字文化在一定范围内尤其在东南地区，得到广泛传播，为红十字会在中国的诞生创造了条件。

第二节 孙中山和孙淦的启蒙之功

在红十字启蒙运动中，孙中山和孙淦发挥了特殊的作用，功不可没。

一、孙中山翻译《红十字会救伤第一法》

1. 义不容辞译"红书"

孙中山，名文，号逸仙，化名中山，广东香山（今广东中山）人。1887年，孙中山入香港西医书院学习医学，与红十字会结缘。在这里，他结识了良师益友康德黎。康德黎是英国名医、香港西医书院教务长，也是伦敦红十字会的创始人，又创建了香港红十字会。1892年7月，孙中山以优异的成绩从香港西医书院毕业，康德黎亲自为他颁发毕业证书。只是清政府的腐败无能，最终使孙中山走上了革命的道路。1894年11月24日，孙中山在美国檀香山发起成立了革命团体——兴中会，以推翻清政府腐朽统治、振兴中华为职志。

1895年10月，孙中山领导的广州起义失败，由此开始了他的"逃亡"之路。1896年10月，逃到伦敦的孙中山，还是没有逃脱清政府的抓捕，他被清驻英使馆诱骗拘禁。孙中山"伦敦蒙难"，轰动一时。在康德黎的多方营救之下，10月23日，被囚禁12天的孙中山终于重新获得了自由。

滞留伦敦期间，因为救命恩人康德黎的关系，孙中山结识了伦敦红十字会的柯士宾医生。柯士宾著有《红十字会救伤第一法》（以下简称《第一法》），该书已被翻译成法国、德国、意大利、日本四国的文字。柯士宾希望孙中山能把这本书翻译成中文，以便其在中国传播。孙中山欣然接受。《第一法》是救命之法，孙中山经历了这次劫难之后，对生命之可贵有了更深的体验、理解，翻译这本书是其义不容辞之事。1897年春夏之际，中文版的《第一法》由伦敦红十字会出版。

2."救人之要术"

孙中山对《第一法》赞不绝口，将其誉为"救人之要术"。那么，究竟是一本什么样的书让孙中山给予其如此高的评价？

《第一法》是一部教人如何救死扶伤的书。一旦人遇到意外，按照这本书的方法进行救护，可以挽救其生命，为其送医救治争取时间。《第一法》也是一本救护培训教材，其中所讲内容是红十字会的会员和志愿者必须掌握的现场、初级救护的基本方法和技能。如果仅从字面上看，"第一法"是指基础的方法，同时"第一"也体现了初级救护的重要性。

柯士宾是伦敦红十字会的"总医生"，拥有丰富的救护经验。他写这本书的目的，就是让红十字会的会员和更多的志愿者掌握"救人之要术"，以便在发生意外之时，及时为伤患进行紧急施救，为挽救其生命争取时间。

3."红书"的启蒙意义

《第一法》作为一部培训教材,具有实用性强、应用性广的特点,因其广受好评,一版再版。

柯士宾之所以请孙中山将此书翻译成中文,是因为孙中山不仅仅是伦敦红十字会创始人康德黎的得意门生,对红十字会有很深的感情,还在于孙中山是学医出身,能够对这本书的内容有精准的把握。毕竟这本书有较强的专业性,并非一般人所能胜任这项翻译工作。孙中山能够不负重托,也正得益于他的医学背景。

《红十字会救伤第一法》中文版封面

孙中山翻译的《第一法》近4万字,共6章,涉及人体的基本知识、流血和止血的方法、伤病的种类及救伤方法、昏迷的救护方法、伤员的运送方法、护理的技能等。书中每一章都附有习题,有助于学习者巩固所学内容。书中还附图41幅,增强了可读性,有助于学习者提升学习效果。

孙中山的译著由伦敦红十字会出版时,书名为《第一法》。1906年冬,孙中山在日本对该书做了文字上的修饰,改变若干名词的译法,如把初版的"红十字会"改为"赤十字会"等。1907年2月,该书由《民报》社在东京再版。其实,"红"与"赤",均指同一种颜色,没有任何区别,只是中日语言习惯不同而已。

作为第一部关于红十字会的中文书籍,孙中山的译著对红十字启蒙运动的影响是巨大的。因为当时的中国人不知道红十字会是什么、做什么、怎么做。这部译著在中国红十字会成立以前传入中国,使中国人开始了解红十字会。孙中山当之无愧为红十字启蒙运动的先驱者之一。

《第一法》首次被引入中国,颇受欢迎。在很长一段时间里,《第一法》都是国内广泛使用的教材之一。而这本书,也是孙中山一生中唯一的译著。

二、孙淦的启蒙努力

孙中山翻译《第一法》，对红十字启蒙运动在技术层面上予以推动；而孙淦则通过政要、媒体呼吁的方式，对该运动进行了推广，并产生了重要影响。

1. 启"官蒙"，奔走呼号

孙淦，字实甫，上海商人，长期在日本经商，曾出任浙江留日学生监督，是中国人留学日本史上第一任监督，也是一位爱国侨胞。

孙淦不但是一位成功的商人，而且热心慈善公益事业。他在日本加入了赤十字社，萌生了在中国创建红十字会的理想。但要在中国创建红十字会，需要一个红十字启蒙运动加以推动。而要启蒙，不仅要启"官（朝）蒙"，而且要启"民（野）蒙"，双管齐下，才能达成预期效果。为此，孙淦做出了不懈的努力。

在启"官蒙"方面，1897年冬，孙淦在东京向驻日公使裕庚呈递了《大阪华商孙淦呈请裕钦使转咨总署奏设红十字会禀》（附有汉译日本赤十字社章程），恳请裕庚咨明总理各国事务衙门（又称"总署""总理衙门"），代为上奏。该禀文称，红十字会为近世"至善之大政"，环视全球，除"野蛮"之邦外，莫不设有此会。中国要屹立于世界民族之林，与国际接轨，非创建红十字会不可。况且，创建红十字会，益处甚多："疾伤有恃，军士气壮，鼓行而前，图功自易，一利也；万邦善政，是则是效，结盟诸国，人不敢轻，二利也；国有病疫，大凶大札，会众疗治，保全必多，三利也；我国医学，讲求未精，此会若成，研究益易，四利也。"① 此举有利无害，何乐而不为？

孙淦的一番恳请，深深打动了裕庚。裕庚阅禀，当即批示，表示支持。孙淦的上书，通过裕庚传递给清政府。这是清政府第一次听到在中国创建红十字会的呼声。

---

① 《大阪华商孙淦呈请裕钦使转咨总署奏设红十字会禀》，中国红十字会总会编：《中国红十字会历史资料选编（1904—1949）》，南京大学出版社1993年版，第5页。

2. 启"民蒙"，备尝艰辛

在启"官蒙"的同时，启"民蒙"的工作也在推进之中。孙淦希望广大民众认识红十字会，了解红十字会，为在中国创建红十字会奠定坚实的社会基础。

要启"民蒙"，大众传媒的作用不可小视。在此过程中，有两位报人鼎力相助，一位是鲰生，另一位是汪康年。

鲰生是孙淦的好友，也是《申报》的编辑和主要撰稿人。他以《申报》为阵地，传播红十字会的知识，而孙淦也正是借助好友之力，在《申报》桴鼓相应。1898 年 3 月 26 日，孙淦的禀文在《申报》上全文刊出，引起强烈反响。接着，同年 11 月 16 日、17 日，孙淦又在《申报》发表《红十字会说》，详细介绍了红十字会的产生、发展及日本红十字会组织赤十字社的历史、现状。孙淦对日本赤十字社的介绍，激发了中国人对创建红十字会的热情。

孙淦的另一位好友汪康年同样是其启"民蒙"活动的有力支持者。

汪康年，浙江钱塘（今浙江杭州）人，上海《时务报》总理。《时务报》力倡变法维新，传播西学。这样一份在社会上具有广泛影响力的媒介，自然引起孙淦的关注，而好友汪康年出任总理，可谓"近水楼台"。孙淦所译《日本赤十字社社则》在《时务报》上连载。孙淦将《大阪华商孙淦呈请裕钦使转咨总署奏设红十字会禀》呈递裕庚后，又将文稿寄给汪康年，并请"从速登报"。汪康年立即将禀文刊发。汪康年的臂助，促进了红十字启蒙运动的深入开展。

3. 编《博爱》，开"本会之先河"

难能可贵的是，孙淦还编辑了《博爱》一书，并将此书遍赠好友，以广泛宣传。该书不仅囊括了孙淦著译的大部分作品，也从报刊上收录了部分与红十字会相关的文章。1904 年 3 月，《博爱》一书在中国红十字会诞生之前刊印，起到了很好的启蒙效果。难怪中国红十字会史料记载"本会成立，已在孙君倡议之后，则是书实本会之先河"①。

---

① 中国红十字会总会编：《中国红十字会历史资料选编（1904—1949）》，南京大学出版社 1993 年版，第 6 页。

孙淦为在中国创建红十字会奔走呼号，备尝艰辛。尽管孙淦的创建之梦没有在他有生之年实现，但他的启蒙之举，为中国红十字会的创立铺平了道路。特别值得一提的是，他还于1911年与金韵梅等人联手创立天津红十字会，为中国红十字事业的发展做出了突出贡献。

第三节　陆树藩和中国救济善会

陆树藩是我国将红十字理念付诸实践的先行者，而且他的实践同时烙上了鲜明的启蒙印记。陆树藩为创建中国红十字会的设想，擘画事业发展蓝图，并为红十字启蒙运动做出了杰出贡献。

一、"仿照泰西红十字会章程"与中国救济善会

1. 司督阁的"示范"

将红十字理念付诸实践的不只是陆树藩，还有外国人。司督阁翻开了中国战地救护的第一页。

司督阁

司督阁（又译作司徒阁），原名杜格尔德·克里斯蒂。1855年，司督阁生于英国苏格兰，毕业于爱丁堡大学医学院。1882年，司督阁前往中国东北开展医学传道工作，先后创办盛京（今沈阳）施医院、盛京女施医院、盛京西医学堂（后改为奉天医科大学），被誉为"东北西医第一人"。

1894年7月25日，中日甲午战争爆发，清军连战皆败。1895年4月17日，清政府被迫与日本签订丧权辱国的《马关条约》。战争期间，在华的外国人尤其是传教士先后在营口、烟台、天津等地开办红十字医院，收治伤兵。身在营口的司督阁率先垂范，1894年12月3日，在地方官员的协调下，司督阁创办了1所红十字医院。在司督阁的努力下，营口红十字医院由1所扩充为4所，最后增加到7所，收治伤兵上千人。战争结束后，光绪皇帝特别授予司督阁一等双龙宝星三级勋章，以示表彰。

司督阁在营口创建红十字医院，不仅翻开了红十字战地救护在中国的新篇章，而且产生了广泛的示范效应。中国人对红十字的认知有了质的飞跃，中日甲午战争后，创建中国红十字会的呼声四起，这与司督阁的营口实践是分不开的。不久之后，陆树藩登上历史舞台。

2. 八国联军侵华战争与中国救济善会的创建

陆树藩，字纯伯，号毅轩，浙江湖州人，上海商人。其父陆心源是晚清著名的藏书家，所建藏书楼"皕宋楼"闻名遐迩。

1900年，八国联军发动了旨在瓜分中国的侵略战争，因该年为中国旧历庚子年，史称"庚子之变"（又称"庚子国变""庚子国难"）。这年6月，英国、沙俄、法国、美国、意大利、日本、德国、奥匈帝国八国，组成侵华联军，以英国海军将领西摩尔为统帅（后由德国陆军统帅瓦德西接替），自大沽口上岸后，大举侵犯京津地区。7月14日，八国联军攻陷天津后，挥师北上，进逼京师。8月12日，八国联军占领京师门户通州。8月15日，慈禧太后偕同光绪皇帝仓皇出逃。8月16日，京师沦陷。

陆树藩

面对浩劫，江浙一带的绅商发起救援行动，其中陆树藩发起成立的中国救济善会成为救援的主导力量。1900年9月9日，陆树藩在《申报》刊发《救济善会启》，决意"仿照泰西红十字会章程"，创办中国救济善会，北上救援，呼吁社会各界伸出援手。官绅商民纷纷响应，爱心款物源源不断。尤其是李鸿章，对陆树藩的壮举鼎力支持，亲自联络盛宣怀，要求轮船招商局派拨轮船以供中国救济善会北上救援之用。

3. 为何"仿照泰西红十字会章程"

中国救济善会为何"仿照泰西红十字会章程"？因为战争救援不同于自然灾害救助，更何况八国联军对华作战，贸然前往不啻自投罗网。非常时期，中国民间善会善堂等均无权限自由进出战地，唯有中立性的红十字组织才能得到交战双方的认可，顺利地出入战地。

但中国人自办红十字会此前没有先例，事起仓促，一时难以组建起来。于是，陆树藩决定成立中国救济善会，融入红十字元素。在他看来，只有通过"变通"，对中国救济善会赋予红十字内涵，救援行动才具有可行性。从表面上看，中国救济善会与传统的善会善堂没什么两样，但运作方式在经陆树藩"嫁接"外国红十字会的做法后已经大不相同。《救济善会启》称，中国救济善会"亦如外国红十字会之例，为救各国难民及受伤兵士起见"①。正是陆树藩对中国救济善会"移花接木"的诠释，确定了该会红十字会的性质。这在中国红十字会史上是一大创举。

既要遵照红十字会的规则行事，又要通过外交途径，取得八国联军的认可，这是一个巨大的挑战。为此，陆树藩通过上海道台余联沅照会驻沪各国总领事，由德国总领事代表颁发护照。至此，具有红十字会性质的中国救济善会登上了"庚子救援"的舞台。

二、高举红十字旗帜北上救援

1. 陆树藩乘"爱仁"号轮船北上

万事俱备，陆树藩决定亲自北上，于10月15日偕同著名外交官陈季同、思想家严复等人登上轮船招商局"爱仁"号轮船。这艘被称为"救命船"的轮船，还有随行的"德生"号，装载米3 300石②、面2 132包、饼干5 220袋、寒衣35 540件、大小棺木5 000余具、药料数百箱，扬帆北上。船队抵达天津后，立即开展救援工作，并向周边乡镇及北京、保定、济南等地派出救援分队，护送难民前往天津，后转送至上海。

难能可贵的是，救援行动处处体现了红十字元素与精神。抵达天津之前，为表明中国救济善会所具有的红十字会的性质，确保工作人员的安全，陆树藩要求所有人身穿"红十字号衣"，后增添了用英文写明的"中国红十字会执事人"字样。

如果说妥善使用红十字标志是"表"，那么践行红十字人道主义精神就是"里"。陆树藩深知这一点，在不断扩大救助范围的同时，不对

---

① 《救济善会启》，《申报》1900年9月9日。
② 1石等于60千克，下同。

救援对象做任何限制,即使是敌国所募工人,也一视同仁。

2. 人道行动赢得广泛赞誉

红十字人道主义精神的践行,使中国救济善会得到了中外人士的广泛认可。清末著名书法家陶浚宣专门作诗,称"救济会原红十字,温拯宁止活千家。登高一啸群山应,大地回春顷刻花"①。在他笔下,中国救济善会就是红十字会的"中国版"。

外国友人对中国救济善会的认可,主要表现为对救援行动的帮助。德国医官贝尔榜听闻中国救济善会创办的消息后,主动请缨加入北上救援队伍,承担与德方沟通之责,为中国救济善会争取诸多便利。而当难民因天寒河冻,无法从水路离开北京之际,美国公使康格与美军将领阿德纳·莎菲商议,派出百余士兵,护送这批难民安全抵达天津。

在中外人士的合力救助之下,中国救济善会最终从北方救回难民5 000余人,运回棺柩近200具,向当地难民提供了大量米粮和衣药。此举不仅稳定了战后京津地区的局面,还使得"南北海道亦因此而通"。毫无疑问,这次救援行动的成功,扩大了红十字会的影响力。

三、《救济文牍》的宏大设想

1. 设想的由来

1900年12月17日,陆树藩返回上海后,将中国救济善会相关章程、书信、文章汇编为《救济文牍》,并整理成《救济日记》,广为分发,宣传"红十字会之利"。

在《救济文牍》中,陆树藩表露了创设中国红十字会的设想,并结合实际制订了实现"红十字之梦"的三个步骤:一是取得官方支持,并为此专程拜谒两江总督刘坤一,获得其首肯;二是派员赴瑞士联约入盟,加入国际红十字组织;三是著书立说,声明红十字会之利,在国内进行广泛的启蒙宣传。

2. 高瞻远瞩拟定《中国红十字会例条》

更可贵的是,陆树藩特别拟定了《中国红十字会例条》(以下简称《例条》),这是第一份由中国人制定的国家红十字会章程。《例条》共

---

① 《来函照登》,《申报》1900年11月14日。

8条，对中国红十字会宗旨、性质、任务、会员发展、标志标识的使用、表彰奖励等，都有明确的规定。其中包括"本会设于上海，遇有兵事，亲入战地，专以救疗爱护战时之伤者、病者为要义"；"本会拟入瑞士总会，仿照各国红十字会章程办理"；"本会平时专练救护人员兼及收集物品，务令完全无缺，战时帮助随军医部尽力救护。至于民间因战事流离失所者，均一一妥为周恤"；"天灾流行死亡相继之际，本会亦当设法救护，如疗疫、施米、施衣、施棺、掩埋各项善举，以尽创办红十字会之初心"①；等等。显然，陆树藩所要创建的中国红十字会已不是一个应对突发灾难的临时性组织，而是一个兼具战地救援与日常善举的全国性组织。为使设想落地，他又筹划"救济中西医学院"，并制定章程14条，对招考学生、修业年限、教师延聘、教学管理及医院、诊所、药房等方面的设施均有涉及。

3. 中国红十字运动的先驱

陆树藩的设想，源自战争救护的实践。陆树藩因救援行动深陷债务危机而无暇继续推进。1903年，为了还债，陆树藩不得不将"皕宋楼"藏书出售给日本静嘉堂文库，代价之沉重，难以想象；同时，"皕宋楼事件"更凸显出陆树藩人道行动的可贵。虽然如此，但陆树藩为中国红十字会的创设勾画蓝图、创造条件，筚路蓝缕之功不容抹杀。1904年，在日俄战争中，沈敦和等人以中国救济善会为蓝本创建东三省红十字普济善会、上海万国红十字会，并在日俄战争救护使命完成后兴办中国红十字会总医院，开办医学堂，发展会员，等等。这些都与陆树藩创设的具有浓重红十字色彩的中国救济善会、《例条》的愿景一脉相承。从这个意义上说，陆树藩称得上是中国红十字运动的先驱。

---

① 《救济文牍》第1卷，《中国红十字会例条》，苏省印刷局光绪三十三年铅印本。

第二章
上海建会，中外合办

八国联军侵华战争后，中国救济善会虽然没有走得更远，但陆树藩"移花接木"的实践和对未来的设想，预示着中国红十字会的创建指日可待。而1904年日俄战争的爆发，最终使中国红十字会在上海得以创建。

第一节 日俄战争与东三省红十字普济善会

一、一场"奇怪"的战争

1. 日俄战争的爆发

日本、沙俄对中国的侵略，使中国进一步沦为半殖民地半封建国家。沙俄曾通过逼迫清政府签订《瑷珲条约》（1858年）、《北京条约》（1860年）、《勘分西北界约记》（1864年）等不平等条约，将中国北方150余万平方千米的领土划入沙俄版图，日本则通过《马关条约》（1895年）攫得2亿两白银的战争赔款和对台湾群岛等地的殖民统治。但欲壑难填，沙俄有"黄俄罗斯"计划，日本制定"大陆政策"，双方均想独占中国东北，进而扩张殖民统治的"势力范围"。1904年2月8日，日军突袭旅顺，日俄战争爆发。

日俄战争，战场既不在日本，又不在俄国，而是在中国。更奇怪的是，懦弱无能的清政府不仅无力阻止这场在中国领土上展开的帝国大战，而且在日本、沙俄等国家的蛮横干涉下，置身事外，宣布"局外中立"，并将辽河以东划为交战区，放任两军踩躏践踏中国领土，这在世界战争史上堪称"奇闻"。

2. 灾难性后果

日本、沙俄两国军队对垒厮杀，无辜的中国同胞惨遭荼毒。东北难民流离迁徙，四处逃生，受尽煎熬。

此情此景，执政当局当然不能坐视不顾。战事发生后，直隶、山东地方当局拟采取救助行动，但受到沙俄的阻挠，难以推进。

日俄之役，战场在中国，受害者为中国人民，而清政府却因"别国"无权施救，"不平之事，莫甚于此"①。执政当局无能为力，民间善会善堂无力救济，看来只有具备中立、独立性质的红十字会才能有效开展救援行动。这样，在日俄战争的催化下，沉寂了几年的红十字会呼之欲出。

二、沈敦和初创东三省红十字普济善会

1. "红人"沈敦和

东北救援为舆论所关注。在社会各界的期盼声中，在中国红十字会史上具有举足轻重地位的关键人物、时任上海记名海关道的沈敦和登上了历史舞台。

沈敦和

沈敦和，字仲礼，浙江鄞县（今属浙江宁波）人，出身于商人之家，祖祖辈辈经营茶叶生意，家境富裕。其父沈雄曾在晚清通商大臣崇厚幕府当差，办理文案，深知"办洋务非通西文不可"②，于是偕同沈敦和定居上海，并聘请英国人为家庭教师，教授其英文。沈敦和学业大进，继而留学美国，不久前往英国剑桥大学学习法政。回国后，沈敦和知遇于刘坤一、李鸿章、曾国荃、左宗棠、张之洞等朝廷重臣，历任张家口洋务局督办、山西省洋务局督办、山西大学堂督办、江南

---

① 中国红十字会总会编：《中国红十字会历史资料选编（1904—1949）》，南京大学出版社1993年版，第48页。

② 苕水外史：《沈敦和》，集成图书公司1911年版，第4页。

水师学堂提调、吴淞自强军营机处总办、上海记名海关道等职,著有《俄罗斯国际略》《英吉利国际略》《德国军制述要》《日本师船考》《自强军西法类编》等。沈敦和不仅是军界将才,也是外交界、慈善界、企业界出类拔萃的人物。他虽然官阶不高,却是"江南第一红道台"①,也是一位有影响力、号召力的社会活动家。这是他能够成为中国红十字会创始人的重要因素之一。

2. 东三省红十字普济善会

日俄构兵,直接受害方为中国。东北难胞,"骨肉摧残,风云愁惨"②。执政当局欲救受阻,一筹莫展。激于义愤,沈敦和与前四川川东道任锡汾、直隶候补道施则敬等社会名流,奔走联络,借鉴陆树藩援引西方红十字会的办法,设立中国救济善会,救助东北难胞。

沈敦和等人的努力得到了回报。1904年3月3日,一个名为"东三省红十字普济善会"(以下简称"普济善会")的慈善团体宣告成立。普济善会决定由沈敦和等发起人垫银10万两,以应急需。在当天的成立会上,除沈敦和、施则敬之外,还有杨士琦、曾铸、李厚祐、沈懋昭、汪汉溪、周晋镳、汪立元、陈润夫、席裕福、黄协埙、任锡汾、焦发昱、苏宝森、王少灏、王松堂、吴少卿、王益甫、冯珩生、朱子文、姚燕庚,共22人。他们之中,既有实业家,又有商人,还有寓居上海的绅士。他们是绅商阶层中有活力、有影响力的一个群体。

值得注意的是,尽管沈敦和打出"红十字"的旗号,但同时冠以中国传统慈善组织"善会"之名,看似"中西合璧",其实有些不伦不类。换句话说,普济善会还不是真正意义上的红十字会,不可能取得交战双方的认可,更不可能享有红十字会本应享有的权利。有鉴于此,沈敦和请求李提摩太臂助,并得到了李提摩太的慷慨应允。同年3月10日,普济善会退场,上海万国红十字会登上了历史舞台。

---

① 苕水外史:《沈敦和》,集成图书公司1911年版,第5页。
② 《东三省红十字普济善会章程并启》,《申报》1904年3月3日。

第二节　合办上海万国红十字会

一、上海万国红十字会的成立

1. 成立的过程

1904年3月10日，中国、英国、法国、德国、美国代表集会于上海英租界公共工部局议事。"中国业已宣明严守中立，亟应创设红十字会以收战地救护之权。"① 集会的目的正在于此。

会议由该工部局值年总董培恩主持。培恩致开会辞："今日五国董事聚集于此，所为何事？我请李提摩太宣明。"②

李提摩太起身，扼要述说沈敦和等人急切救助东北难民请求臂助的情形，说："今日之会拟先在中国设立红十字会分局，设局之意，首在筹款。惟所筹之款，并非交付俄人日人支用。且将来拯救难民，不分中外。"③

接着，培恩请沈敦和"宣议"。

沈敦和向与会者介绍了东北难民的苦情，希望"合力办理"红十字会，救助陷于绝境的难民。④

对李提摩太在中国设立红十字会的提议及沈敦和合办红十字会的设想，与会者均无疑义。

这次集会在中国红十字运动史上具有非同寻常的意义，它宣告了上海万国红十字支会（3月17日，正式定名为"上海万国红十字会"）的成立。它的成立，标志着中国红十字会的诞生。

---

① 上海万国红十字会编：《上海万国红十字会图说·丝业会馆图》，1907年刊印，中国社会科学院近代史研究所图书馆馆藏。
② 池子华、严晓凤、郝如一主编：《〈申报〉上的红十字》第1卷，安徽人民出版社2011年版，第21页。
③ 池子华、严晓凤、郝如一主编：《〈申报〉上的红十字》第1卷，安徽人民出版社2011年版，第21页。
④ 《施君肇基笔译上海创设万国红十字支会会议大旨》，《申报》1904年3月14日。

2. 合办的含义

上海万国红十字会不是由中国单独创办的，而是由五国合办的。李提摩太在《亲历晚清四十五年——李提摩太在华回忆录》中自豪地写道："我们组成了一个国际红十字会组织，中国人、英国人、美国人、法国人、德国人，还有其他民族的人在这个组织里共同合作。"① 这就意味着上海万国红十字会是由五个国家的人士联手发起的，创始人也来自这五个国家，而不仅仅是中国人。

那么，为什么取名上海万国红十字会？"万国"，有"国际"之意，是当时的流行语汇。五国合办使诞生于上海的这一红十字组织具有了"万国"的性质。除此之外，关键在于中国还没有一个统一的红十字组织，成立红十字会也非一蹴而就那么简单，只能方便行事，正如中国红十字会史书所载，"中国向无红十字会，仓猝（促）不能成立，故用万国红十字会之名义"②。取名上海万国红十字会，可谓无奈之举。

同时，正如中国红十字会史书所说，上海万国红十字会虽"经五中立国权宜联合"，但"在中国地方创始承办，中国遂永有红十字会主权"。③ 正因为如此，我们才有理由把1904年3月10日上海万国红十字会组建日视为中国红十字会的诞生日。

二、创始人中的杰出代表

根据磋商，上海万国红十字会实行董事会制，中西方共46名董事，其中西董35人、华董11人（原为10人，后追加1人）。这46名董事，其实就是中国红十字会的创始人。换句话说，中国红十字会创始人有46名之多。而李提摩太、沈敦和、施则敬、任锡汾、吕海寰、盛宣怀、吴重熹，就是创始人中的杰出代表。

1. 李提摩太：西方的创始代表

在35名西董中，经协商，推举英刑司威金生、公共租界工部局总

---

① ［英］李提摩太：《亲历晚清四十五年——李提摩太在华回忆录》，李宪堂、侯林莉译，天津人民出版社2005年版，第307页。

② 中国红十字会总会编：《中国红十字会历史资料选编（1904—1949）》，南京大学出版社1993年版，第48页。

③ 中国红十字会总会编：《中国红十字会历史资料选编（1904—1949）》，南京大学出版社1993年版，第9页。

董、法租界工部局总董、李提摩太、律师麦尼尔（又译作麦尼而）、医生巴伦、傅密生7人为"办事董事"①，具体执行人道使命。这其中李提摩太起着决定性作用。

李提摩太

李提摩太是英国传教士，于1870年来华，先后在山东、天津、山西等地传教，是有名的"中国通"、慈善家、社会活动家。1890年，李提摩太受李鸿章聘请出任天津《时报》主笔。第二年，李提摩太任上海同文书会总干事后，大量出版中文报刊，传播西方文化。1895年，李提摩太在北京参加康有为领导的强学会，为中国的维新运动推波助澜。1898年9月，李提摩太拟出任光绪皇帝的顾问，因慈禧太后发动政变而成为泡影。李提摩太是在华传教士中极具影响力的人物，曾和沈敦和一起创建山西大学，是中西方沟通的"桥梁"。正是在李提摩太不遗余力地斡旋之下，英国、法国、德国、美国领事才答应与中国联合，共同发起成立上海万国红十字会，如果没有他的积极奔走，很难如此快地达成五国合办的愿望。

上海万国红十字会成立后，李提摩太和沈敦和分别担任"外方秘书"和"中方秘书"，扮演着牵头人或召集人的角色。李提摩太与辽宁营口的魏伯诗德（又译作韦伯斯特）同为传教士，交往密切，凭借这种特殊关系，直接促成上海万国红十字会第一分会——营口红十字会的顺利组建，并迅速将"营口模式"在东北复制和推广，为人道救援铺平道路。李提摩太不愧为上海万国红十字会西方发起人的杰出代表之一。

2. 沈敦和、施则敬、任锡汾：中国民间的"三驾马车"

来自中方的创会董事有沈敦和、施则敬、任锡汾、严小舫（严筱舫）、朱葆三、周金箴、徐润、苏宝森、陈润夫、曾少卿、朱礼琦，共11名。他们来自上海绅商阶层。如严小舫，浙江慈溪人，被誉为"宁波

---

① 办事董事：相当于常务董事。

帮"的"开山鼻祖",经营盐业、金融、实业,担任上海商务总会总理,既是上海工商界的巨擘,也是慈善界的"头面人物"。朱葆三,浙江定海人,是著名实业家,他的投资涉及工商、金融、交通、公用事业等多个领域,如浙江实业、四明、中华、江南等银行,华安、华兴、华成保险公司和华安合群人寿保险公司,宁绍、长和、永利、永安、舟山、大达轮船公司,上海华商电车公司、定海电气公司、舟山电灯公司、上海自来水公司、上海绢丝厂、上海华商水泥公司、长兴煤矿公司、上海第一呢绒厂、宁波和丰纱厂及马来亚吉邦橡胶公司,等等。朱葆三因此成为上海工商金融界显赫一时的名人。周金箴,浙江慈溪人,于1887年弃官到上海创业,先后投资上海华新纺织新局、中法药房、轮船招商局、元丰面粉厂、大有榨油厂、赣丰饼油公司等,是"宁波帮"中举足轻重的人物。徐润,广东香山(今广东中山)人,是上海首屈一指经营茶叶出口的"茶王"和"地产大王",投资开办多家工矿企业,是当时上海滩的大富豪、大资本家,是上海绅商中的"重量级"人物。苏宝森,浙江鄞县(今属浙江宁波)人,洋布业商人、上海商会负责人。陈润夫,江西清江人,经营天顺祥票号,担任江西会馆董事,是上海商业会议公所(商务总会)议董,旅沪江西商人的代表性人物。曾少卿,福建同安人,经营南洋大米,获利甚厚,又开设"建发号",经营海味、食糖与洋货,一跃而成为上海滩赫赫有名的大资本家。朱礼琦,担任翻译事务,后任上海商务总会书记。他们有实力、有能力、有担当,参与上海万国红十字会的创办,产生了一定的社会影响力。

在中方的创会董事中,沈敦和、施则敬、任锡汾三人是"办事董

施则敬

任锡汾

事",代表上海绅商执行会务。沈敦和的搭档施则敬,江苏吴江(今苏州吴江)人,经营商业,为上海丝业董事,是上海滩著名的慈善家。而任锡汾,江苏宜兴人,官至四川川东道,是一位热衷慈善事业的慈善家,被誉为"义赈好手"。

这三人不负众望,为上海万国红十字会的创始与运行呕心沥血,是日俄战争救护的"关键人物"。作为中国民间的"三驾马车",他们的业绩载入史册,得到公认。

3. 吕海寰、盛宣怀、吴重熹:中国官方的创始代表

上海万国红十字会成立时,清政府没有出席,所谓五国"合办",自然给人一种名不副实的印象,难怪在成立大会上有德商禅臣洋行总理发出"中国政府亦将合力办理否"之疑问了。因宣布"局外中立",清政府不便抛头露面,也取得了四国谅解,尽管有此难言之隐,但绝不是冷眼旁观。事实上,清政府对上海万国红十字会的创设动向密切关注,时任驻沪商约大臣的吕海寰、盛宣怀和时任驻沪会办电政大臣的吴重熹,都与沈敦和、施则敬、任锡汾等上海名流过从甚密,保持热络的联系,他们秉承清政府的旨意,鼓动沈敦和等人与寓沪英国、法国、德国、美国官商合力经办红十字会。《万国红十字会公启》称:"本会前因俄日两国在东三省骤开兵衅,商民苦难出险。当经禀奉吕尚书、盛宫保、吴侍郎,转商寓沪英法德美各官商,合办红十字会。"① 毫无疑问,上海万国红十字会的发起成立,得力于清政府的幕后指挥。

上海万国红十字会成立后,清政府转换角色,从幕后走到前台,公开支持万国红十字会的活动。这其中吕海寰、盛宣怀、吴重熹三位大臣作为"钦差大臣",成为代表官方的创始人物。吕海寰,山东掖县(今山东莱州)人,历任兵部车驾司总办兼则例馆提调、总理各国事务衙门总办章京兼圣典馆协修官、兵部员外郎等职。1902年,官至工部尚书的吕海寰被朝廷任命为钦差办理商约大臣,在沪与西方列强进行商约谈判,盛宣怀、吴重熹会办,予以协助。因在沪办理商约的关系,吕海寰

---

① 池子华、严晓凤、郝如一主编:《〈申报〉上的红十字》第1卷,安徽人民出版社2011年版,第34页。

受命鼎力支持上海万国红十字会的创建。盛宣怀，江苏武进（今江苏常州）人，历任轮船招商局督办、中国电报局总办、华盛纺织总厂督办等职，是当时屈指可数的洋务企业家。1902年，盛宣怀协助吕海寰与各国进行增加关税、改订商约的谈判，由此与红十字会结缘。吴重熹，山东海丰（今山东无棣）人，历任河南陈州府知府、护理直隶总督、江西巡抚、邮传部侍郎等职。吴重熹在担任驻沪会办电政大臣期间与吕海寰、盛宣怀秉承朝廷旨意，推动了上海万国红十字会的建立。

中国红十字会创始人之一——吕海寰

清政府的三位大臣直接参与上海万国红十字会的创办，一方面，表明其"合办"的态度，1904年5月24日，清政府还拨出帑银10万两，资助上海万国红十字会的人道行动；另一方面，三位大臣的官方背景，使人道物资的供应更加便捷有力，《申报》《新闻报》等媒体就有三位大臣领衔、"三驾马车"联名的"拨助捐款"的通电及募捐广告，连篇累牍，得到全国各阶层的广泛响应，捐款源源不断。正是因为拥有创始人的经历，盛宣怀成为晚清时期中国红十字会第一任会长，吕海寰成为民国时期中国红十字会第一任会长。

三、中国红十字会何以首先诞生于上海

中国红十字会为什么首先在上海诞生？原因是多方面的，其中有以下四个方面不能忽视。

1. 得风气之先

1843年，上海开埠后，得益于"江海要津"的区位优势迅速崛起，一跃而成近代中国第一大都会和全国对外贸易、工商、金融、交通、文化交流中心。这种独特的区位，使上海较之其他任何城市更具有"创始"条件，如王熙普所云："沪上交通之地，耳目易周，苟办理之得法，即足以模范全国，办理而稍有成效，即可以推广内地，故不办红十字会

则已，苟欲办之，必自上海始。"① 不仅如此，作为国际城市，上海也因把中国与世界紧密联系在一起而成为中国传播西方文化的中心。作为"西学东渐"的桥头堡，西学无论从物质层面、制度层面，抑或从文化层面，总是优先在上海找到生长点，作为19世纪人类文明结晶的红十字会，也不例外。如前所述，红十字启蒙运动就是从上海开始的。毫无疑问，得风气之先的上海民众对红十字会的了解远超他处，这是中国红十字会首先在上海发端的群众基础和社会心理基础。

2. 上海慈善家的探索精神

上海是典型的移民城市，也是"冒险家的乐园"。上海的开埠产生了巨大的吸附力，吸引八方来客尤其是江南绅商的集聚。他们移居上海，开拓进取，奋力创业，使上海充满活力；他们热心公益慈善事业，并以上海为依托，把红十字的理念由舆论宣传付诸实践。

早在1899年春，上海绅士汪炳等人，经苏松太道批准，创设了"中国施医局"。从名称上看，中国施医局是属于善会善堂一类的慈善组织，但它并不是传统民间善会善堂的翻版，而是注入了红十字的元素，按照其章程所说："同人酌照红十字会章程办理，有事施于军事，无事施于贫民。"② 众所周知，战时救伤，平时济困，是红十字会的主要职能。换句话说，汪炳试图向世人传达这样的信息：中国施医局其实就是红十字组织，至少也是中西合璧的新型慈善组织。尽管中国施医局仅限于上海一隅，不具有普遍性和全国意义，但这种尝试值得肯定。而1900年陆树藩组建的中国救济善会，如上所述，则打破了地域限制，将红十字文化中国化的实践向前推进了一大步。

在日俄战争爆发前夕的拒俄运动中，妇女界不甘示弱。1904年1月21日，妇女界在上海大南门外宗孟女学堂内，成立了"对俄同志女会"，被称为"女界义侠"的郑素伊女士一人就捐银3 000元作为会费。会上，推举郑素伊、陈婉衍、章同雪3人为总议长。为了抵抗沙俄侵略东北，总议长提出应该成立"中国赤十字会"，得到赞同。最后，入会

---

① 王熙普：《创设红十字会之理由》，《申报》1907年7月4日。
② 《照录中国施医局章程》，《中外日报》1899年5月5日。

的会员一致同意奔赴战地,救护伤兵。

这些"红十字会化"的慈善组织的出现,不言而喻,是宣传红十字启蒙运动的直接产物;而上海慈善家群体"敢为天下先"不断将红十字理念付诸实践,也扩大了红十字会的社会影响力,推动红十字启蒙运动向纵深和宽广方向发展。经过30年的大力宣传和"移花接木"的实践探索,中国红十字会在上海的创建已是水到渠成。

3. 经济实力雄厚

上海自1843年开埠后,发展迅猛,仅用10年时间,就从一个滨海县城一跃成为全国性的外贸中心。上海经济的腾飞成就了其"亘古繁华第一州"的地位,其发展之快,堪称"奇迹"。

的确,作为近代中国第一大都会,上海城市化水平遥遥领先,是全国首屈一指的金融贸易中心,其工商业之发达,经济实力之雄厚,无与伦比。强大的经济实力,为上海兴办慈善事业创造了条件。按照《东三省红十字普济善会章程并启》直白的说法,"上海为中外交通巨埠……善举亦唯是为最多,善量为最大,筹赈粥恤,各省靡不挹注"①。雄厚的物质基础,是在上海兴办公益慈善事业的重要保障。上海物资充盈,善举也最多,善量也最大,这种内在的逻辑关系,为中国红十字会肇始于上海做了诠释。经济实力强大、物质基础雄厚是兴办慈善救济事业的现实条件,这是毋庸置疑的,虽然其他城市的实力也不弱,但其综合实力还不能与上海相提并论。

4. 浓郁的公益慈善氛围

经济发达程度与慈善事业发展水平,总体上来说是成正比的。明清时期,江南是全国经济最为发达的地区,慈善事业也最为兴旺,由此形成深厚的慈善文化传统,并在江南地区传承、弘扬,营造出浓郁的公益慈善氛围。作为近代江南经济龙头的上海,沐浴在这样的文化氛围中,为中国红十字会的产生提供了难得的温床。

"国际红十字运动之父"亨利·杜南的父亲雅克·杜南有一句名言,

---

① 中国红十字会总会编:《中国红十字会历史资料选编(1904—1949)》,南京大学出版社1993年版,第18页。

"财富可转化为仁慈的德行"①。这句名言可以从上海得到验证。如上所述,上海原本就有良好的慈善氛围,开埠之后,富商巨贾云集,他们热心于慈善事业,回报社会,以至于善会善堂林立。每当天灾人祸降临,上海绅商总是慷慨解囊,而他们的善行义举,也带动着社会风气的整体"向善"。

值得注意的是,随着慈善事业的兴旺发达,上海慈善家群体逐渐把视野放大到全国,超越地域范围的慈善义赈活动蔚然成风。中华民族"乐善好施"的传统,一旦有"财富"做保障,就会有行善壮举不断涌现。而当红十字会在上海出现后,很快被接纳并在民间义赈的基础上付诸行动,中国施医局、中国救济善会、东三省红十字普济善会等"红十字会化"的慈善组织的相继出现,就是例证。实现新的跨越,首先在上海发起成立中国红十字会是极其自然的,也是顺理成章的。

总之,上海有着其他城市无可比拟的得天独厚的条件,形成天时、地利、人和等多种因素交叉影响的合力,最终使中国红十字会在上海横空出世。

第三节　上海万国红十字会的人道救援

上海万国红十字会成立后,立即着手日俄之战的救护工作。从救援行动计划的制订、人道物资的动员到援救难民出险、灾后的赈济,持续数年之久的救援行动,促使人道主义精神在中国迅速传播开来。

一、救援行动计划与人道物资动员

1. 行动纲领:《上海万国红十字会暂行简明章程》的制定

救援工作困难重重。要保证救援行动高效和有序进行,必须有章可循。为此,上海万国红十字会制定了行动纲领,这就是《上海万国红十字会暂行简明章程》(以下简称《简明章程》)。

1904年7月12日,上海万国红十字会的中西董事,经磋商,制定

---

① [瑞士]马克·德斯贡伯:《亨利·杜南传》,《中国红十字报》1992年1月24日。

并出台了《简明章程》。《简明章程》共8条,对上海万国红十字会的宗旨、性质、任务、经费、分会等做了原则规定。

关于上海万国红十字会的宗旨、性质及任务,《简明章程》明确规定,该会系五国联合创办,以救护伤兵及"战地之无关战事因战被难人民"① 为己任,具有鲜明的中立性。

救助难民脱离险境,为上海万国红十字会救援行动的"重中之重",因此《简明章程》对救护出险之办法,规定得详细、具体。不论水路、陆路,以免费为原则,但对体面人、官商,做出专门规定:"同是被难,而其人向来体面,或随带家眷,尚有行李,但无现钱,或不愿侵占难民免票地步,欲自留体面,则有沟帮子初办时之法,计其车费若干,其人写立借据,由本会如数代给,一面将借据寄交其所指地方,收回归款,或寄交上海本会,听候酌办,总使其出险,而免受窘。各分会亦依照办理。""体面人不用免票之外,尚有官商,知战国禁令,不敢出险者,则有新民屯分会酌办之法,由其人自将眷属行李分为数起,商明本会,附入难民之列,仍不用免票,由本会一体保护出险。据报,每日经过百人中,类此者过半,其人既与战事无关,同属避难,亦本会应尽救护之责。各分会应即酌办,不列难民册报,另行报查。"② 不难看出,上海万国红十字会在竭尽救护之责的同时,时刻注意对人的充分尊重。

《简明章程》承诺:"救护出险,无论华人西人何国人,均一体相待。"③ 也就是说,无论哪个国家的难民,上海万国红十字会都一视同仁给予帮助,体现了红十字博爱精神。

《简明章程》为救护行动指南针,也是上海万国红十字会采取进一步救援的行动纲领,它的出台意义重大。

特别值得注意的是,《简明章程》提及:"至中国红十字会章程,应

---

① 《上海万国红十字会暂行简明章程》,中国红十字会总会编:《中国红十字会历史资料选编(1904—1949)》,南京大学出版社1993年版,第27页。
② 池子华、严晓凤、郝如一主编:《〈申报〉上的红十字》第1卷,安徽人民出版社2011年版,第67页。
③ 《上海万国红十字会暂行简明章程》,《申报》1904年7月29日。

由华董另拟，呈候咨部核奏，请旨饬行，合并声明。"① 这是上海万国红十字会的正式文件中首次亮出"中国红十字会"的招牌，而专门另行制定一个《中国红十字会章程》，其意味更加深长。它是否可以说明五国合办上海万国红十字会的同时，中国红十字会就已客观存在了？否则，制定《中国红十字会章程》，岂不是多此一举？退一步讲，目前至少可以认定，五国合办红十字会的同时，中国独立自主自办红十字会的决策已在酝酿之中了。

事实正是如此。1904年6月13日，吕海寰、盛宣怀、吴重熹在致袁世凯的电文中透露，朝廷拨给帑银10万两，"以五万两为开办中国红十字会经费"②。同时，嘱沈敦和、任锡汾、施则敬等人起草《中国红十字会章程》。《简明章程》对此加以强调，意在说明五国合办上海万国红十字会的同时，中国红十字会就已经存在了，尽管《中国红十字会章程》直到日俄战争救援结束未见出台。不管怎么说，这是一个信号，它预示着什么，不言而喻。

2. 筹款募捐：人道物资动员

要保证救援行动的顺利实施，人道物资的动员不容忽视，否则救援行动无从谈起。《简明章程》已载明经费的几大来源。帑银及轮船、火车减免票，固然为救护行动提供了有力保障，但"经费浩繁"，"开源"拓宽筹款募捐渠道，势在必行。

1904年3月11日，即上海万国红十字会成立的第二天，施则敬邀集各位华董在丝业会馆集会，决定先筹白银5万两。救人如救火，刻不容缓。与此同时，会议商定在《申报》上刊登《普济群生》启事，向社会各界发出呼吁，恳请各界爱心人士解囊相助。

3月17日，上海万国红十字会办事董事在英国按察使署议事，除决定将上海万国红十字会支会更名为"上海万国红十字会"，推举沈敦和、李提摩太为书记官，增添任锡汾为办事董事之外，会议的中心议题还是

---

① 中国红十字会总会编：《中国红十字会历史资料选编（1904—1949）》，南京大学出版社1993年版，第30页。

② 《吕海寰、盛宣怀、吴重熹致袁世凯电》（1904年6月13日），中国红十字会总会编：《探本溯源——来自博爱论坛的声音》，北京大学出版社2010年版，第74页。

筹款募捐，商定具体办法"八条"。

第一，美国檀香山、日本横滨等处，华人比较集中，他们热爱祖国，愿意为国效力。借爱新觉罗·溥伦率代表团出席美国圣路易斯世界博览会之机募捐，可望筹到巨款。

第二，联系出使各国大臣及领事，请他们在国外劝捐。

第三，各省督抚，由钦差大臣吕海寰领衔，电请他们分别捐助款项。

第四，请各省、各府善堂等慈善机构，代收捐款。

第五，中国电报局电报能到之处，奉驻沪会办电政大臣吴重熹允许，凡红十字会办事公电，概不收费，节省下来的钱可以作为捐款。

第六，上海招商局轮船所到之处，经商部右参议杨士琦准许，凡红十字会办事人员来往一律免票，积少成多，也作为捐款。

第七，上海的仁济堂、《申报》馆、《新闻报》馆及《中外日报》馆，都可以代收捐款。

第八，中国董事先行筹款白银 55 000 两，收齐后存到通商银行，随时取用。

"八条"募捐办法，具体而周详，可操作性也强。

善款由华董、西董分别筹措。华董责任重大，不敢有丝毫懈怠。3月29日，由吕海寰、盛宣怀、吴重熹与沈敦和、任锡汾、施则敬等人领衔，联合在沪绅商发起劝捐"公电"，发往各省，呼吁"各省官绅商富"，齐心协力，共克时艰。

劝捐呼吁得到全国各省当局的积极响应，据《申报》报道，截至5月16日，广东捐助白银2万两，盛京将军增祺助银万两，两江总督拨库平银8 000两，清江漕运总督拨银3 000两，湖北、湖南、江西、山东各捐白银1万两，河南、陕西各捐白银5 000两，天津捐白银2万两，等等。捐助之踊跃，由此可见一斑。

3. 大众传媒"广而告之"

利用大众传媒"广而告之"，可以有效拓宽募捐渠道。在红十字精神的感召下，上海的《申报》《新闻报》《中外日报》，不仅代收捐款，而且利用自身的影响，为人道救护呼吁，尤其是刊发《劝捐万国红十字会经费〈申报〉馆协赈所谨启》《电筹救护》《劝捐万国红十字会经费》等募捐广告,产生了广泛的社会影响,捐款源源不断。在《申报》上,上海万国红十字会及时刊登捐款人名录及捐款数额,宣传他们的善举,鸣谢他们的爱心奉献。这其中,涌现出许多动人的故事。苏州的陈芝山和上海的周澍三,恰逢六十大寿,亲朋好友为他们庆生。他们设宴答谢,但考虑到受苦受难的东北同胞,不谋而合地取消了宴请,把办酒席的钱各100元,捐给上海万国红十字会,这就是"筵资助赈"的故事。上海各大戏园举行义演,把门票收入捐给上海万国红十字会,救助同胞。从上到下,从官绅富豪到平民百姓,各尽所能,捐款捐物。外国人深受感动,说中国人"同心好善,深为可喜"①。中华民族"乐善好施"的优良传统,蕴藏于广大民众之中,一旦有外部条件的刺激,就会迸发出巨大的热情。

筹款募捐贯穿于日俄战争救援的始终,"从开始到结束,中国人向红十字协会(上海万国红十字会)捐助的资金总共达451 483两(相当于56 000英镑),慈禧太后一人就捐助了10万两(约等于12 500英镑)"②。俗话说,"众擎易举,独力难支"。社会各界的广泛参与和踊跃捐输,为救援行动的展开提供了后援支持和物质保障。

二、分会之设与救援行动的推进

1. 营口红十字会何以成为第一分会

上海万国红十字会是救援行动的大本营,但距离日俄战争的战场东北较远,中外董事亲临战地或组

营口红十字会旧址

---

① 《详记万国红十字会问答之词》,《申报》1904年7月1日。
② [英]李提摩太:《亲历晚清四十五年——李提摩太在华回忆录》,李宪堂、侯林莉译,天津人民出版社2005年版,第308页。

织救援队开赴前线并不现实。就近设立分会，才是明智之举。

营口（又称"牛庄"）红十字会是上海万国红十字会开办的第一个分会。1904年4月6日，营口红十字会宣告成立。

上海万国红十字会第一分会为何会设在营口？有几个方面的原因值得注意。

第一，地理位置重要。营口红十字会，又称"牛庄红十字会"。营口与牛庄，原本是两个地方，为什么营口又称"牛庄"呢？这是历史原因造成的。

牛庄，因辽、金时期辽河在牛庄附近入海，被称为"牛子"的商船云集，由此得名。1858年6月，英国、法国、美国、沙俄强迫清政府签订《天津条约》，开放牛庄（后改营口）、登州（后改烟台）、台湾（后定为台南）、淡水、潮州（后改汕头）、琼州、汉口、九江、南京、镇江为通商口岸。1861年5月23日，英国第一任驻牛庄领事托马斯·泰勒·密迪乐顺辽河前往牛庄巡视时发现，牛庄河道狭窄，大船无法进入；而作为辽河入海口的营口就不一样了，水深港阔，大船可以自由出入，有利于商船的往来，于是他硬把营口说成牛庄。1861年4月，营口正式代替牛庄对外开放，因《天津条约》内容无法更改，所以对外统称其为"牛庄"。这种"指鹿为马"的伎俩，造成了营口就是牛庄、牛庄就是营口的"互通"。

营口濒临渤海湾，是辽东半岛的重镇，地理位置十分重要。作为对外开埠的口岸城市，这里商业贸易发达，有"关外上海"之称。日俄战争爆发后，这里又成为难民汇聚之地。因此，首选营口设立红十字分会，无论从哪方面来说都是明智之举。

第二，中日甲午战争期间首设红十字医院，开风气之先。作为东北首个对外开埠的口岸城市，营口风气开放，红十字文化在这里得以传播、实践。同时，早在中日甲午战争期间，英国传教士医生司督阁就在营口开办了红十字医院，救护伤兵、伤民。这是中国历史上最早开展的红十字救护运动，也是国内第一所红十字医院，开风气之先。此外，该红十字医院与上海联系密切，不仅上海万国红十字会对其给予支持，而且上海的仁济善堂、丝业会馆等机构及江浙民众，也鼎力相助。

营口率先垂范，确立了红十字战地救护起源地的历史地位，这种优势也奠定了在此设立第一分会的良好基础。

第三，营口传教士义无反顾，善与人同。营口传教士魏伯诗德拥有特殊的"人脉"关系也是上海万国红十字会决定在营口设立分会的一个重要因素。魏伯诗德是英国传教士，有着很高的社会声望。他与上海万国红十字会创始人沈敦和、李提摩太均有联系。沈敦和在酝酿成立普济善会时，就曾给魏伯诗德发电报，请他臂助，魏伯诗德表示责无旁贷。上海万国红十字会组建时，同为英国传教士的李提摩太发电报询问"可否助救难民"①，得到魏伯诗德肯定的答复。魏伯诗德全力以赴，救助东北难民，使沈敦和、李提摩太深受鼓舞，把创设分会的计划提上日程。1904年3月17日，上海万国红十字会成立后的第七天，中外办事董事首次集会，就在营口设立第一分会达成共识，推举魏伯诗德为西董、田贵为华董，两人共同负责分会的组建。

4月6日，营口红十字会宣告成立，中国、英国、美国、沙俄、德国、丹麦6国官商担任董事。第二天，营口红十字会召开董事会，公举美国驻营口领事密勒为总董，大理医生管理银钱，魏伯诗德司理文案，负责难民救护事宜，以营口爱尔兰教会医院（普济医院）为分会总医院。

2. 推广"营口模式"，救护难民出险

营口红十字会设立后，上海万国红十字会将"营口模式"迅速在东北推广，陆续设立辽阳、奉天、开原、铁岭、安暑河、沟帮子、新民屯、海城、山海关等分会，另外又在塘沽、烟台、金陵设立了分会。

分会是上海万国红十字会救护行动的依托。随着分会的次第设立，大规模的救援行动逐渐展开。

1904年4月6日，营口红十字会设立后，救护行动开始真正付诸实施，而此时距日俄战争的爆发已有2个月。营口红十字会救援人员的到来，使陷于战火之中的无辜百姓看到了生的希望。

---

① 池子华、严晓凤、郝如一主编：《〈申报〉上的红十字》第1卷，安徽人民出版社2011年版，第21页。

救护行动由英国传教士魏伯诗德负责，他以爱尔兰教会医院作为营口红十字会的总医院。医院设有专用床位50张，医药器械一应俱全，随时可以接纳伤病人员。营口红十字会租用客栈，专门用来收容难民。

营口红十字会的救护行动是卓有成效的，到8月上旬，4个月中救护出险、资遣回籍者已有4 250余人。在整个行动中，营口红十字会共救治伤者约26 000人，救护出险、资遣回籍者约20 000人。

5月1日，日军强渡鸭绿江。5月4日，日本第二军在貔子窝登陆。5月19日，日本第三军在大孤山登陆。5月26日，日军在金州、南山击败俄军后，长驱直入，进逼辽阳。8月24日，日军、俄军拉开辽阳之战的序幕。

辽阳一线风声鹤唳，知州鲜俊英向魏伯诗德求救，但营口红十字会有心无力，于是设立辽阳红十字会，由英国医生魏华司德（又译作吴瓦德）主持救护工作。辽阳医院规模不大，只能接纳伤员50人，救护出险的难民无法安顿。在地方官绅的支持下，魏华司德以红十字会的名义租房，取名"英华同善会"，收容难民。截至9月12日，辽阳医院治愈伤者300余人，安置难民多至千人。

辽阳之战，俄军败北，溃退至奉天一带。奉天民众，惨遭蹂躏，凄苦之状，惨不忍睹。为救济难民，上海万国红十字会添设奉天红十字会。救护行动的重点于是转移到了奉天。

奉天红十字会设有医院、栖流所。由于日本、沙俄在这一带展开拉锯战，伤兵、无家可归者，纷至沓来，多时达3万余人。红十字工作者夜以继日，全力救助。

其他分会的救护工作同样出色。如沟帮子红十字会，在整个救援行动中，提供火车票使难民脱离险境者1 128人，提供路费让难民投靠亲友者2 563人；新民屯红十字会救护出险者37 683人，提供路费让难民投靠亲友者23 560人，大批在东北从事开矿、筑路、伐木的工人，由新民屯红十字会转送至山海关红十字会资遣回籍，对此《申报》《大公报》等新闻媒体多有报道。

博爱没有国界。在救护行动中，营口红十字会、烟台红十字会等所救德国、沙俄、韩国等国民众，或资遣回本国，或妥善安置。应该说，这是一场超越国界的行动。

红十字救护出险行动历时 1 年有余，131 177 名身陷险境的落难同胞得以转危为安。

三、日俄战灾赈济

1. 《朴茨茅斯条约》的签订

日俄战争持续到 1905 年，交战双方耗费了大量精力，战争难以继续下去，其他列强也都希望远东恢复和平。6 月，美国总统罗斯福出面调停。8 月 9 日，日本、沙俄在美国港口城市朴茨茅斯展开谈判。

日俄和谈

在经过长达 25 天的"拉锯战"后，9 月 5 日，日本、沙俄双方签订《朴茨茅斯条约》，战场上连吃败仗的沙俄，只好同意将旅大租界地及该租界地内的一切权益、公产等转让给日本，将长春（宽城子）至旅顺之间的铁路连同其支路、利权、煤矿等无偿转让给日本。经过一番搏杀，日本终于迫使沙俄将其在东三省的势力范围重新划分，把长春以南地区权益转到自己手中。

《朴茨茅斯条约》的签订，标志着日俄战争的正式结束，但并不意味着上海万国红十字会的救援行动画上句号。日俄战争之后的赈济，对上海万国红十字会而言，义不容辞。

2. 兵灾赈济

日俄战争是一场巨大的灾难。在长达 19 个月的时间里，东北人民在战争的摧残下，损失惨重，约 2 万人在战火中丧生，数十万人流离失所。战区农民失业，耕种失时，商贾裹足，日用品昂贵，耕畜、余粮被洗劫一空，饥荒接踵而至。成千上万的同胞失去家园，他们既是难民，也是饥民。

上海万国红十字会及战区各分会，在救助难民出险的同时，对失去家园流入城市的灾民设法赈济。为此，上海万国红十字会在沈阳特设东三省协赈总局，以便扶危济困。东三省协赈总局由陈艺主持，张琪昌、史纪常为会计，另派叶景葵前往会同商办。上海万国红十字会筹备赈粮，运送到新民屯红十字会所设转运所，转运到沈阳，调拨各处。各分会设置粥厂（场），煮粥赈饥。

东北从10月开始已进入冰天雪地的冬季。难民饥寒交迫，受尽煎熬。上海万国红十字会接到营口红十字会电报后，4日内赶办棉衣5 000件（内计女衣2 000件、童衣3 000件），运往东北散放。1904年年底，上海万国红十字会又在《申报》等报刊发布《劝募东三省战地冬赈款项并棉衣启》《急募东三省棉衣启》《红十字会棉衣捐款》，号召民众伸出援手，引起广泛响应。天津妇女仁义会、牛庄妇女针线会建立起来，组织妇女穿针引线，为难民同胞送去温暖。

日俄战争中，一些地区因战地北移，暂时稳定下来，如果不能让难民尽快回归田园，及时耕作，灾情就会加重，况且难民挤在收容所中，一旦疫病暴发，后果堪忧，应及早疏散。可是，难民一无房屋堪蔽风雨，二无粮种、耕具可供操作，而且从播种到收获，其间青黄不接之时，又将如何度日？所有这些，上海万国红十字会不得不考虑周全。为此，上海万国红十字会筹银4万两，给难民提供重建家园、备耕、生活之费。奉天难民众多，人数超过4万人，经与奉天将军增祺协商，由官府资助建房、置办农具，上海万国红十字会给予赈粮，共同安置。

3. 灾民赈济

出险和自发流入城镇的难民固然很多，但更多的灾民散布在广大的农村地区，据1904年10月13日《申报》报道，从营口到沈阳，中间"纵约一千余里，横约六百余里，今年未下籽种，秋成颗粒无收"①。受灾面积之广，灾民之众多，令人震惊。

鉴于东三省灾民众多，1905年1月，清政府希望上海万国红十字会筹措银两，广泛赈济。上海万国红十字会于是增派史善诒、谢文虎、邓

---

① 《万国红十字会来启》，《申报》1904年10月13日。

笠航等人前往东北，会同魏伯诗德等人办理放赈事宜。

史善诒、谢文虎、邓笠航等人到达营口后，会晤魏伯诗德等人，商定辽阳以南至牛庄，由知县刘芬会同魏伯诗德办理辽阳以北至沈阳及附近一带赈务，由史善诒等人办理。分工已定，分头放赈。从1905年1月起，到1906年9月止，上海万国红十字会及其分会深入灾区各地，与地方官绅一道，赈济灾民。赈济范围共27处，有沈阳、承德、兴仁、辽阳、牛庄、新民屯、沟帮子、彰武、海城、盖平、开原、铁岭、昌图、怀德、奉化、康平、兴京、通化、怀仁、东平、西安、西丰、柳河、海龙、伊通、磐石、海参崴（今符拉迪沃斯托克），受赈人数达225 138人。

上海万国红十字会及其分会的工作人员不畏艰难险阻，赈救灾民，如此善举，连土匪也深受感动。据中国红十字会史籍记载，日俄战争期间，一位红十字会工作人员想前往战地勘灾，不想遇到马贼，以为会被洗劫一空。可万万没想到的是，马贼见是红十字会工作人员，不但没有加害，反而当起了向导，一路保护着他查看灾情，这使他感慨万千，"善举竟能感动匪类"[①]！这就是人道的力量。

上海万国红十字会及其分会，救助日俄战灾，历时三载，救护出险、收治伤病、留养资遣、赈济安置总人数达46.7万人，建立了不可磨灭的历史功绩。

[①] 《大清时期中国红十字会活动成绩》，中国红十字会总会编：《中国红十字会历史资料选编（1904—1949）》，南京大学出版社1993年版，第40页。

第三章
独立自主，奠定"初基"

上海万国红十字会救援东北难民的使命完成后，1907年7月21日，由吕海寰、盛宣怀联名上奏朝廷，提出善后的种种对策。由此，中国红十字会从五国合办中脱离出来，走上独立自主的发展道路，随后建立医院，开办医学堂，培养、储备医疗救护人才，为中国红十字事业奠定了基础。1910年2月27日，吕海寰、盛宣怀、吴重熹联衔会奏《酌拟中国红十字会试办章程请旨立案折》，提出了"官派"会长的正式请求。当日，朝廷准奏，"著派盛宣怀充红十字会会长"。盛宣怀由此成为清政府正式任命的第一任红十字会会长。1911年，辛亥革命爆发后，中国红十字会迅速做出反应，向武汉、南京等地派出救护队，组织了强有力的救援。其间，先后设立分会65处，临时医院30余所，这是前所未有的，难怪中国红十字会史籍上说中国红十字事业"发轫于俄日之战，而大彰于武汉之师"① 了。

第一节　上海万国红十字会的终结

一、"功成"何以未"身退"

上海万国红十字会是为救济日俄战灾"应急"而设的，日俄战争的结束意味着五国合办的上海万国红十字会的使命完成，理当"功成身退"。但是上海万国红十字会在日俄战争结束后没有立即解散，其原因

---

① 沈敦和：《弁言》，《中国红十字会杂志》1913年第1号，扉页。

主要有以下三点。

1. 战争影响的延续

日俄战争虽然结束，但战争的影响还在持续，尤其是难民的救助、安置，是一项庞大的系统工程。如《大公报》刊登《上海（万国）红十字会寄各省电报》所云，"现在日俄和议告成，协赈乃地方善后之一端，正在吃紧"①。战灾赈济，善始善终，上海万国红十字会当然不能半途而废，退出历史舞台。

2. 旧金山大地震国际救援的需要

1906年4月18日上午5点左右，美国旧金山发生里氏8.3级强烈地震，加之大火延烧3天，全城5.3万余座房屋中2.8万余座被毁，22.5万余人失去家园，造成大量人员伤亡和重大财产损失。旧金山是华人集中的城市，"华侨三万余人，产业全毁"②。惨祸发生后，中国人民纷纷筹款募捐，向海外华人伸出援手。作为国际性人道组织，上海万国红十字会也进行了筹款工作。据报道，地震发生之后，"上海万国红十字会筹凑银二万两，又由各绅商凑集银三万两，寓沪粤商凑集洋五千元，购美金电汇"③。

3. 海参崴华人住宅遭焚的突发事件

1905年12月10日，《申报》报道称："海参崴来电，知华民买卖街所有庐舍悉付一炬，受伤八百人。"④事件发生后，外务部致电北洋大臣，饬令沈敦和等人"酌支红会捐款"，购买饼干、棉衣等物，派员赈济。沈敦和立即派会员廖锦春、陈刚、余树勋等人由上海赴烟台，搭乘"海定轮"前往海参崴"查明救济"，为此上海万国红十字会拨会款购买卢布1万枚、新棉衣裤2 000套、饼干9 000磅⑤，而且表示视赈济情形，将"再续汇三万金，藉资接济，其办法拟照红会现行章程，愿归者

---

① 《上海（万国）红十字会寄各省电报》，《大公报》1905年10月3日。
② 《四月初七日上海专电》，《大公报》1906年5月2日。
③ 《四月初七日上海专电》，《大公报》1906年5月2日。
④ 《十月十九日红十字会沈任施三观察致海参崴商务局委员李兰舟》，《申报》1905年12月10日。
⑤ 1磅约等于0.453 6千克，下同。

分别资遣，愿留者量予抚恤"①。

正是基于上述原因，使上海万国红十字会在日俄战争结束后又存在了整整1年时间。1906年9月，全部赈济工作圆满结束，五国合办的上海万国红十字会虽然名义上还存在，但基本上停止运作，只有少数几个人办理善后事宜。

二、闪光的红十字勋章

上海万国红十字会在它存在的3年多时间里，特别在日俄战争期间，救护人员克服重重困难，救护46.7万余人。他们的功绩，理应受到表彰。为此，吕海寰、盛宣怀命上海万国红十字会将做出重大贡献的人员名单上报，以便给予奖励。1907年7月21日，吕海寰、盛宣怀在联名上奏朝廷的《沥陈创办红十字会情形并请立案奖叙折》中，提出表彰有功人员的请求，请朝廷责成东三省总督臣徐世昌办理请奖事宜。朝廷予以同意，徐世昌领旨照办。

1908年4月28日，《申报》登出《东督等奏保红十字会名单》，公布受到表彰的人员有中外发起人及办事人员，共42名。

中方总董记名海关道沈敦和、前四川川东道任锡汾、直隶候补道施则敬、江西补用道任凤苞、江苏提学使毛庆蕃、江海关道梁如浩、前直隶通永道沈能虎、浙江候补道徐润，以及江苏候补道周晋镳、候选道唐德熙和陈作霖、候选主事黄锌，共12名。

外方总董领袖威金生，总董裴式楷、安特生、勃鲁那、麦尼尔、宝隆、葛累、李提摩太、潘慎文，书记李治；分会西董领袖魏伯诗德，西董屠达纳、霍医士、虞医生、密勒、法勒、额必廉、大理医生、魏华司德、克澜斯惕、麦克诺顿、费有顿、英格烈司、伯勒、葛澜格、克禄福、杨克罗、魏雅格、远来、傅密生，共30名。

以上42名中外发起人及办事人员，荣获"中国红十字会一等金质勋章"，其余"异常出力人员""寻常出力人员"百余名也分别荣获"中国红十字会二等银质勋章""中国红十字会三等铜质勋章"。

需要强调的是，上海万国红十字会中西办事各董及救护人员不支薪

---

① 《十一月初三日复外务部电》，《申报》1905年12月6日。

水，他们用行动诠释着红十字博爱精神的真谛，因此他们荣获中国红十字会勋章，受到表彰，当之无愧。

第二节 走上自立之路

一、自主自立：官方的期待

五国合办之局面画上句号，作为承办国的中国，走上独立自主的红十字之路，这是人心所向、大势所趋。

事实上，无论官方，抑或民间，都在为创建自主自立的中国红十字会做出努力。

1. 梁诚"请联约各国仿设红十字会"

从官方层面来说，在上海万国红十字会创办的前后，朝廷重臣屡有创设红十字会之请。例如，1904年3月26日，出使美国大臣梁诚上奏"请联约各国仿设红十字会"，称"近今各国行阵救疾扶伤，不分畛域，其法良意美，尤推红十字会为最"，而且"红十字会为练兵不可少之举"，理应创设。① 梁诚的奏折，因路途遥远，直到5月15日才上达朝廷。上海万国红十字会已经成立，并紧锣密鼓地实施救援行动。不过，梁诚"联约"，即加入国际红十字会组织之建议，对清政府后来的"联约"行动，还是有一定促进作用的。

2. 夏敦复"奏请成立中国红十字会片"

就在梁诚呈递奏稿的第三天，即1904年3月28日，御史夏敦复有"奏请成立中国红十字会片"上达朝廷，盛赞沈敦和、施则敬等人参照陆树藩创建中国救济善会的模式，举办东三省红十字普济善会，只是开办伊始，困难重重，请饬令外务部"商明俄日两国公使，查照泰西红十字会公例，请其各电致统兵大员，传谕所部将弁，凡遇中国红十字善会所到之处，一律保护，不加侵犯，俾无险阻之虞，得尽拯援之力。并请

---

① 《出使美国大臣梁奏拟联约各国仿设红十字会折》，《东方杂志》1904年第11期，第417-418页。

饬下南北洋大臣躬为提倡,力予维持"①。当日,朝廷阅片,发交外务部办理。

3. 补签《日内瓦公约》

创建自主自立的中国红十字会,朝野已达成共识。然而,要取得创建中国红十字会的资格,必须首先加入《日内瓦公约》。上海万国红十字会的成功组建,理应补办手续。1904年6月29日,驻英大臣张德彝受命补签《1864年8月22日改善战地陆军伤者境遇之日内瓦公约》,中国由此成为国际红十字会的成员国,取得了开办中国红十字会的资格。不过,中国要加入国际红十字会、得到国际红十字会的正式承认,必须拥有自己的红十字会。上海万国红十字会毕竟是五国合办,非中国独立创办,不符合承认条件。在救济日俄战灾的紧要关头,五国合办之局面不便打破,只能等待上海万国红十字会使命完成后再筹开办之策。换句话说,创建自主自立的中国红十字会,是官方所期待的。

二、来自民间的挑战

1. 王熙普的"叫板"

五国合办的上海万国红十字会,发挥了不容抹杀的历史功绩。但以中国之大,竟不能独立自主地创建中国红十字会组织,着实令人难堪。中国话剧的先行者王熙普就在1907年7月3日的《申报》上发表《创设红十字会之理由》的文章,对"合办"提出尖锐批评。他提出,当务之急就是要创建自主自立的中国红十字会,这是国之大事,也是中国人应尽之义务。他表示,将以"蚊背负山"的气概,独出万金,作为开办中国红十字会的经费。他准备召开筹备大会,成立自主自立的中国红十字会。

2. 中国妇人红十字会的挑战

王熙普的理想没有成为现实。而对上海万国红十字会来说,真正的挑战来自廖太夫人发起的"中国妇人红十字会"(以下简称"中国妇人会")。

廖太夫人,名叫邱彬忻,字冰欣,四川广汉人,度支部部郎廖邵闲

---

① 《御史夏敦复奏请成立中国红十字会片》,《历史档案》1984年第2期,第41页。

之母，人称"廖太夫人"。廖太夫人医术精湛，热心公益事业和妇女解放运动。1903年，她创办了京师女学卫生医院，这是北京第一家由华人妇女创办的医院。

1905年，廖太夫人赴日本游历，考察日本医院及女子学校，受到日本妇女界的热烈欢迎。有感于日本妇女组织的发达和妇女运动的波澜壮阔，廖太夫人于1906年4月回国，5月便在北京发起成立中国妇人会。这是中国第一个具有红十字会性质的妇女团体。

廖太夫人发起成立中国妇人会，一个重要的原因就是洗刷中国人不能独立自主地创办中国红十字会之耻，这无疑是对上海万国红十字会的挑战。

三、自立的选择

1. 自立的优势

王熙普、廖太夫人的挑战是大势所趋，他们身上激发出来的爱国热情更是难能可贵。

面对挑战，沈敦和、施则敬、任锡汾等上海万国红十字会的中国董事深感任重道远。不过，他们充满自信。

上海万国红十字会救济日俄战灾的使命已经完成，并赢得国内外一片赞美之声，这是一笔财富。当其走上独立自主之路时，比起中国妇人会等更容易被社会各界所认同。这是自立的优势之一。

优势之二是官方的支持。上海万国红十字会自成立之日起就得到清政府的扶助，在吕海寰、盛宣怀、吴重熹三位大臣的主持下，官方为万国红十字会的救援行动大开方便之门，给予人力、物力、财力上的支持。而且，清政府一直把争取国际红十字会组织的承认作为一项重要的外交活动。一旦中国红十字会由上海万国红十字会蜕变而来，官方的支持将是一如既往的。

优势之三是有自立的经济基础。在上海万国红十字会存在的3年多时间里，拨款、募款白银共计641 900两，开支597 400两，收支两抵，还剩余44 500两，作为自立的开办经费是较为充裕的。

2. 走上自我发展之路

万事俱备，自立的条件成熟。1907年7月21日，吕海寰、盛宣怀代表上海万国红十字会中方组织者（吴重熹因在京供职，没有联名）上奏朝廷，陈述上海万国红十字会办理情形及善后持久事宜。这份奏折中，除报告上海万国红十字会缘起、救济日俄战灾情况、经费收支情形之外，更重要的还是关于"善后持久事宜"的种种设想和举措。"善后"，就是终结五国合办的上海万国红十字会。而"持久"则关系到红十字事业在中国的未来发展，这是至关重要的。吕海寰、盛宣怀在奏折中特别强调，西方国家在救援行动结束后，都会有纪念章，"今中国红十字会成立，西董亦愿得中国红十字会佩章以永纪念等语"①。这句话向我们传递一个极为重要的信息，即"今中国红十字会成立"。很显然，一个"今"字意味着中国红十字会已正式"成立"，至于"成立"的具体日期，中国红十字会史料没有记载，可能没有举行相关仪式，否则《申报》《新闻报》等新闻媒体会有相应的报道。因此，说中国红十字会"成立"，倒不如说中国红十字会从上海万国红十字会中"独立"出来更为恰当，因为"中国红十字会"的底牌在上海万国红十字会组建时就已亮出，只不过有"合办"的前提，时隐时现。如今，上海万国红十字会终结，中国一方自然而然地竖起"中国红十字会"的旗帜，这是顺理成章之事。由此，我们可以说，上海万国红十字会终结之时也是中国红十字会自立之始。1907 年 7 月 21 日，吕海寰、盛宣怀上奏朝廷之日可视为中国红十字会走上独立自主的发展之路的起点。

中国红十字会走上独立自主的发展之路，是中国红十字运动史上新的里程碑。如何推动中国红十字事业的进步，是摆在中国红十字会组织者面前的新课题。

---

① 《本会开创时之奏折》，《中国红十字会二十周年纪念册》，中国红十字会总办事处 1924 年编印，第 2-3 页。

第三节 巩固"初基"的举措

一、医院、学堂及其他

1. 开办医院

上海万国红十字会解散，中国红十字会开始了独立前行的新征程。中国红十字会起源于战地救护，战地救护是其天职所在。要满足战地救护的需要，离不开医院，这是中国红十字事业发展的根基所在。

中国红十字会总医院

1909 年，由沈敦和经手，在上海徐家汇路购地 10 余亩①，建造中国红十字会总医院（今复旦大学附属华山医院）。次年春，医院落成。中国红十字会总医院配备有冷热水管、病理室、手术室、消毒室、制剂室、药房、化验室、锅炉房、浴室、病房、会议室、太平间等，设施完备。

中国红十字会总医院延聘著名西医柯师（英国籍）为内科医生，解剖专家峨利生（丹麦籍）为外科医生，血液学专家亨司德（挪威籍）为血液检验医生，克立天生女士（丹麦籍）为看护妇（护士），王培元为驻院医生并主持医院事务。

中国红十字会总医院远离市区，宜于养病，对外应诊多有不便。于是，1910 年 12 月 26 日，中国红十字会又于上海天津路 80 号开设分医

---

① 1 亩约等于 666.67 平方米，下同。

院，解决了租界居民看病难的问题。不久，分医院改名为北市医院，又在沪南十六铺开办了南市医院。中国红十字会总医院、北市医院、南市医院，三足鼎立，初步支撑起中国红十字会医疗救护体系。这三家医院对一般患者，只收挂号费；对病情较重者的住院治疗，酌量收费；对贫穷的患者，免收治疗费，只收伙食费；对特别贫困的患者，亦免收伙食费，全由医院承担。总而言之，这三家医院尽其所能为患者提供人道、贴心的服务。

上海人烟稠密，夏秋之交极易发生疫情。1908年，传染病流行，中国红十字会就在上海天津路316号设临时救疫医院，对患者进行诊治。之后，医院每年定期开诊，防治传染病。

2."借船出海"造就人才

医护人才的培养是中国红十字事业发展的根本，而造就医护人才离不开医学堂。在建造中国红十字会总医院时，当然不会落下兴办医学堂。但医学堂建起来需要时间，如何不耽误造就人才的根本大计，采用"借船出海"的灵活方式不失为一种选择。当时，德国医生宝隆在上海设有同济德文医学堂。宝隆热心中国红十字事业，是上海万国红十字会的积极参与者和"中国红十字会一等金质勋章"的获得者，与沈敦和志趣相投，两人结下了很深的友情。沈敦和"委托代培"的请求得到宝隆的支持。1908年8月31日、9月4日、9月7日，中国红十字会连续在《申报》上刊登广告，面向社会招考医学生。广告中称，中国红十字会因医院、校舍在建，暂时不能使用，所以暂借教学质量高、设施完善的同济德文医学堂授课。该医学堂先招收10名学生学习医科，并允诺其毕业后担任中国红十字会医护人员；同时，还规定所招收的学生以15岁至18岁身家清白，身体健康，英文及数学有一定基础，中文写作能力较强，德文基础较好者优先，学制为8年，学生毕业后可获得文凭，并由中国红十字会委任工作，而在医学堂期间的学费、食宿费等费用均由中国红十字会负担，如果学员中途退学，费用予以退回。

第一期原计划招收10名学员，实际招收曹民、邵树华、邵骥、朱恪臣、马廉、包拯衽、钱泰堃、华寿眉、蔡雍周、邱仁高、陈鲁珍、朱寿田，共计12人。

3. 兴办医学堂

"借船出海"固然是一条行之有效的途径，但不是长久之计。沈敦和等人对此有着清醒的认识。因此，"借船出海"的同时，中国红十字会自己的人才培养基地也在加紧建设中。

1910年夏初，中国红十字会医学堂在总医院旁建造完成。该医学堂于当年招生，学制为5年，首批招收20名18岁以上、具有英文基础的学生，专攻医学。该医学堂特聘著名西医柯师、峨利生、亨司德及王培元为教员，他们均为上海顶尖的医学专家，希望通过5年的精心栽培，把这些学生培养成学识精深的医学名家。中国红十字会总医院近在咫尺，便于实习，学习条件可称上乘。

医学人才的培养固然重要，护士也是战地救护不可缺少的力量。为此，中国红十字会选拔20个熟悉英语、聪明好学的女孩，并将其分派到沈敦和所办的各个医院学习护理，以期通过这种途径培养护理人才。

中国红十字会总医院的建成、医学堂的开办，特别是医护人才的培养，为中国红十字会的自立和发展奠定了基础，创造了条件，这其中耗费了沈敦和等人大量的心血。

二、出台《中国红十字会试办章程》

1.《中国红十字会试办章程》的拟定

中国红十字会要自立于中国、自立于世界，没有规范化的管理是不可能实现的。制定会章，规范管理，是保障中国红十字事业发展的重要举措，也是巩固"初基"应有的制度安排。

早在1904年7月12日，上海万国红十字会制定《简明章程》时，就曾有另行制定《中国红十字会章程》的特别声明，但在救济日俄战灾的过程中始终没有出台，直到1907年上海万国红十字会解散、中国红十字会走上独立自主的发展之路后，吕海寰、盛宣怀、吴重憙三位大臣才督促沈敦和等人拟定。沈敦和等人参考《简明章程》《日本赤十字社章程》，拟出试办章程。1910年2月27日，吕海寰、盛宣怀、吴重憙三位大臣联名，给朝廷上了一道奏折——《酌拟中国红十字会试办章程请旨立案折》，请求皇上批准。

2.《中国红十字会试办章程》的内容

《中国红十字会试办章程》(以下简称《试办章程》)共 6 条，大意如下：

第一条，上海是通商口岸，中外交通便利。以前在这里创办上海万国红十字会，现在仍在上海徐家汇路创办中国红十字会总会、医院、学堂，设有事务所。应由中国总董参照日本赤十字社拟定的规则呈请会长核准施行，并制定集资入会章程，实现可持续发展。

第二条，从前上海万国红十字会经由中西总董会议审定，使用中西合璧的印章作为凭据。现在创设中国红十字会，请铸造中国红十字会大印一枚，由会长执掌，以昭凭信。

第三条，中国红十字会按照《日内瓦公约》使用白底红十字标识，在会人员衣袖上均缝有白底红十字标识。除此之外，又参照日本等国会章，备有镶嵌双龙的红十字勋章，第一等金质，第二等银质，第三等铜质，拟定字样，请会长审核，请朝廷允准通行。以上会旗、会衣、勋章，不是在会人员不得滥用，违者查办。

第四条，上海徐家汇路中国红十字会总会设立医院，按章施医。又设学堂，定额招生，教习医学；另选略懂德文的聪颖子弟，每班 10 人，分年送入上海德医学堂，学制为 8 年，学生毕业后可获得高等文凭，然后由中国红十字会总会安排工作。同时由总董分别向各省、各埠展设分会拓展会务。

第五条，中国红十字会按照《日内瓦公约》的规定，参照《简明章程》《日本赤十字社章程》，因时因地开展救护工作。救护车辆由中国红十字会总会陆续仿造，救护医船与战地医院随时商量调用，节省经费。

第六条，各项文件，中国自相往来均用中文，对外交涉配用英文。未尽事宜，随后由总董禀报会长，斟酌办理。

1910 年 2 月 27 日，朝廷同意，《试办章程》开始实施。

3. 来自军谘处的质疑

《试办章程》只是一个基本框架，内容不够详细，自称"试办"("近似于"试行""暂行"之意），也是恰如其分的。

对《试办章程》的内容，朝廷并无疑义，但下发军谘处审核时，军谘处不以为然。1910年5月20日，由军谘处主稿，综合外务部、筹办海军事务处、陆军部意见，形成一份奏折——《详核红十字会原奏敬陈管见折》，上呈朝廷，对《试办章程》颇有指摘，认为《试办章程》较显粗糙，很不系统。对此《详核红十字会原奏敬陈管见折》提出多项建议，具体包括以下几方面：

第一，上海虽然是通商口岸，设立红十字会在先，但不适宜设中国红十字会总会，毕竟远离政治中心京城，建议中国红十字会总会移设京师，各省省会及沿海商埠各设分会1所，以便相互联络，逐渐推广。

第二，关于"借船出海"选派学生分配到同济德文医学堂学习，本无不可，但陆军部正筹划将原来的军医学堂加以扩充，改为全国军医学堂，由各省选送学生入医学堂，每年招收1个班，学制为5年。尽管红十字会按年段分送10名学生入医学堂学习，不必舍近求远，但是8年仅培养20名学生，实在太少了。

第三，对护理人才的培训力度也不够，日俄战争中，两国男女护士众多。他们都是医院的护理人员，懂得救护技能。中国红十字会应该多挑选识字之人，在各省及各镇医院实习，一旦发生战争即可派上用场。请命各省将军、督抚及统兵大臣与红十字会会商办理，尽管花费不多，但收效显著。

此外，还应该筹款募捐建立制药厂，制造各种西药及治疗器械以备海陆军购买使用。

军谘处的意见和建议，确有许多合理的地方，朝廷表示同意。这也说明《试办章程》不够完善，反映出当时中国红十字会尚不成熟，还处于低效运行的初级阶段，需要全社会的帮助。

三、钦派盛宣怀任中国红十字会第一任会长

1. 现实的要求

中国红十字会走上了独立自主的发展之路，为了适应这一新的变化和巩固中国红十字会的基础和地位，运作机制发生重大调整，会长应运而生。

以前，上海万国红十字会采用的是董事会制度，其中董事会是最高权力机构，办事董事是执行者，没有会长，体制方面显然不够完善。现

在，中国红十字会自立后，有了医院、学堂，事业发展有了一定的基础。要实现中国红十字事业的长远发展，会长作为中国红十字会的领导人不能长期空缺。基于中国红十字事业发展的现实需要，1910年2月27日，吕海寰、盛宣怀、吴重熹三位大臣在向朝廷呈递《酌拟中国红十字会试办章程请旨立案折》的奏折中，提出任命会长的正式请求。

2. 会长资格问题

谁将成为中国红十字会第一任会长呢？或者说什么人有资格担当此任呢？根据当时的情况，第一任会长候选人至少应具备两个条件。

第一，会长候选人必须是有官方背景的朝廷重臣。虽然中国红十字会本质上是非政府组织，但没有政府的支持很难在全国形成规模，毕竟中国红十字会是全国性组织，不是地方性慈善团体，会长的职务不是一般人能够胜任的。

第二，会长候选人必须参与上海万国红十字会的运筹，具有创办人的资历。

沈敦和、施则敬、任锡汾，都是上海万国红十字会的创始人、办事董事，也都有一官半职，但官位不高，权威性、影响力都十分有限，很难掌控全局。这样看来，会长的合适人选也只有吕海寰、盛宣怀、吴重熹三位大臣了，他们既是钦差大臣，也是朝廷高官，同时又被推举为上海万国红十字会的领袖人物，当然是绝佳的候选人。三位大臣谁被朝廷任命为会长，都是顺理成章的。

3. 为什么第一任中国红十字会会长是盛宣怀

1910年2月27日，宣统皇帝颁布圣旨，"著派盛宣怀充红十字会会长"。

盛宣怀出任中国红十字会第一任会长，是意料之中的事。盛宣怀一直热衷于慈善事业，由他来主管中国红十字会事宜，轻车熟路，这也是他能成为第一任中国红十字会会长的一个重要条件。1907年，上海万国红十字会解散后，上海绅商曾举行专门的会议，决定另行组织中国红十字会。因为盛宣怀恰巧在上海，于是被公推为会长，只是没有得到朝廷的正式任命而已。

盛宣怀是一个极具传奇色彩的人物。他的一生之中创造了11项

"中国第一"：1872年，参与创办中国第一个民用洋务企业——轮船招商局；1880年，创办中国第一个电报局——中国电报总局；1886年，创办中国第一个内河小火轮公司——山东内河小火轮公司；1895年，办成中国第一所正规大学——北洋大学堂（原天津北洋西学学堂，天津大学的前身）；1896年，接办汉阳铁厂，逐步将其打造成第一个钢铁联合企业——汉冶萍煤铁厂矿公司；1896年，督办中国第一条铁路干线——卢汉铁路（卢沟桥至汉口，后称"平汉铁路""京汉铁路"，于1906年全线通车）；1897年，创建中国第一家银行——中国通商银行；1897年，在南洋公学（上海交通大学的前身）首开师范班，这是中国第一所正规的高等师范学堂；1902年，创办中国第一个勘矿总公司——中国勘矿总公司；1910年，被任命为中国红十字会第一任会长；1910年，创办第一个私人图书馆——上海图书馆（后改称"愚斋图书馆"）。他被誉为"中国实业之父""中国商父"。

四、更名大清帝国红十字会

1. 为什么改名

1910年2月27日，任命"圣旨"颁布，盛宣怀走马上任。

盛宣怀

朝廷直接任命会长意味着中国红十字会在性质上发生了变化。以前，中国红十字会是民间性组织，在官方的支持下开展人道救助工作，现在变成了官方机构，中国红十字会总会也要移到京师。

盛宣怀上任后立即做了一件大事，那就是把中国红十字会改名为"大清帝国红十字会"（又称"大清红十字会"）。

3月13日，盛宣怀呈请礼部铸造"大清帝国红十字会"关防（大印）。5月5日，盛宣怀委派山东补用直隶知州袁鉴专程赴京，等着领取"大清帝国红十字会"关防。5月16日，礼部将"大清帝国红十字会"关防交给袁鉴，令其送往上海盛宣怀处。6月5日，"大清帝国红十字会"关防正式启用。中国红十字会由此变成了大清帝国红十字会。

之所以改名，一是盛宣怀向清王朝表示忠心，二是大清帝国红十字会之名也与外交辞令"大清国""大清帝国"的称谓相吻合。

2. 外交照会

1910年6月7日，盛宣怀就以"钦命红十字会会长"的名义向驻京各国公使、驻沪各国领事发出照会，传递了这样的信息：大清帝国红十字会与中国红十字会一脉相承；大清帝国红十字会是官方机构、政府组织，具有全国统一性，而作为国际性公益慈善机构，又具有足够的代表性，各国理应承认；盛宣怀是"钦命"的会长，其正当性、权威性毋庸置疑。出于外交方面的考虑，收到照会的驻京各国公使、驻沪各国领事纷纷做出回复，表示赞赏，并向这位"钦命"会长表示祝贺，也表达了对中国红十字事业兴旺发达的美好祝愿。

3. "京会""沪会"的矛盾

可是，此次更名引起了中国红十字会的具体承办人沈敦和等人的强烈不满。中国红十字会总会原设于上海，现要改设京师。应该说，中国红十字会总会设在京师更具有象征意义，各国红十字会总会也是如此，设在首都便于协调。但是中国红十字会的发源地在上海，沈敦和等人苦心经营多年，初具规模。如此变更，其积攒下的基业势将难以为继。而更名之后，中国红十字会成了具有浓重政治色彩的"官办"机构，与一直以来的"官督民办""官督民营"的运作模式大相径庭，这是沈敦和等人所不能容忍的。1911年10月23日，沈敦和在给吕海寰的一通电文中说：改名大清帝国红十字会，那就得归陆军部领导，如果遇有战事，也只能随本国军队后救伤，与不分敌我的红十字会中立性宗旨完全不同，上海方面决不认可。尽管如此，沈敦和无力扭转变局，只得以"不合作"的态度加以抵制，由此产生了所谓"京会""沪会"的矛盾，"统一"的局面也由此被打破。因此，更名并没有收到巩固"初基"的实效，反而造成南北对立，得不偿失。

第四节 辛亥战事的"救伤葬亡"

一、中国红十字会万国董事会组建

1. 辛亥革命爆发之后

大清帝国红十字会开办不久,改变中国命运的辛亥革命爆发了。

1911年10月10日,辛亥革命首先在有"九省通衢"之称的武汉三镇之一的武昌爆发。接着,湖南、陕西、江西、山西、云南、上海、贵州、江苏、浙江、安徽、广西、福建、四川等地纷纷响应,形成声势浩大的革命洪流。清王朝的统治地位摇摇欲坠。

辛亥革命的发生是以孙中山为首的资产阶级革命派长期宣传、酝酿、组织和发动的结果,但其导火线恰恰与大清帝国红十字会会长盛宣怀直接相关。

1911年5月,清政府废除军机处,成立内阁,内阁名单中满族人有9名(其中7名是皇族),汉族官员仅有4名(包括盛宣怀),被人称为"皇族内阁"。

"皇族内阁"上台后,在盛宣怀的筹划下宣布"铁道干路国有",强行接收已归各省商办铁路公司的筑路权。5月18日,任命端方为督办粤汉、川汉铁路大臣,首先剥夺两路商民自办铁路权。5月20日,"皇族内阁"邮传部大臣盛宣怀与英国、法国、德国、美国四国银行团签署《粤汉川汉铁路借款合同》,出卖路权,激起民愤,酿成汹涌澎湃的"铁路风潮"。这是辛亥革命的导火线。作为经办人的盛宣怀被推到舆论的风口浪尖。10月26日,朝廷发布上谕,革去盛宣怀包括大清帝国红十字会会长在内的所有职务。11月13日,清廷颁发谕旨任命吕海寰为中国红十字会会长。大清帝国红十字会"正名"为中国红十字会,这既是对盛宣怀的彻底否定,也是为了"兼并"沈敦和组织的中国红十字会万国董事会。

2. 沈敦和另辟蹊径组建中国红十字会万国董事会

在辛亥革命的炮火声中,革命军与清军鏖战,死伤累累。在这场战争中，人们渴望红十字的人道关怀。10月23日，沈敦和接到由汉阳某兵轮上发来的无线电报，恳请速派红十字医队前来战地，救护同胞。

救伤之事，刻不容缓。10月24日，沈敦和在上海大马路工部局议事厅召集特别大会，中外人士700余人与会。大会决定抛开具有浓重官办色彩的大清帝国红十字会，另辟蹊径，成立中国红十字会万国董事会，推举古柏、麦尼尔、包克斯、吴板桥、马医生、爱德华医生、福医生、亨司德医生、施则敬、任锡汾、丁榕、江趋丹、汪汉溪、王西星为董事，沈敦和与英国按察使苏玛利为总董。

中国红十字会万国董事会决定以《新闻报》报馆楼上为红十字会事务所，以江趋丹为干事部长，正金银行大班儿玉谦次、朱葆三为会计；组织甲、乙、丙三支救护医队驰赴战地救护；汉口设养病院，战地附近设临时野战病院，战线附近设绷带所；筹备上海总会，劝募捐款，采办药品、食物。大会是在热烈的气氛中进行的，当沈敦和宣布中国红十字会万国董事会采取中立立场，"救人宗旨不分革军（革命军）、官军"①时，来宾纷纷慷慨解囊，当场捐款合计大洋（银圆）8 339元，白银4 082两，药品、衣物不计其数。

3. 继承与超越

中国红十字会万国董事会无疑是对上海万国红十字会的继承和超越。首先，中国红十字会万国董事会继承了上海万国红十字会的组织形式，这种组织形式，曾经取得日俄战灾救护的巨大成功。其次，虽然二者都有"万国"的招牌，但中国红十字会万国董事会已与上海万国红十字会有了天壤之别，上海万国红十字会为五国合办，中国红十字会万国董事会为中国独自拥有，只不过董事会由中外慈善家组成，这显然是一种超越。

二、构建救援行动的支持系统

"京会""沪会"既然难以协调一致，就只有各自行动。其中，"沪会"的救护行动颇有成效，是整个辛亥救援行动的枢纽和中心。要实施有效的救援，构建稳定的保障支持系统至关重要。为此，"沪会"不断

---

① 《红十字会大会志盛》，《申报》1911年10月25日。

构建保障支持系统，并在救护过程中不断完善，使之发挥救援效益的最大化。

1. 建立分会，构建救护网络体系

辛亥战事波及范围广，仅仅依靠上海缓不济急。借鉴日俄战争救护的成功经验，中国红十字会万国董事会联络各界人士，在战争之地遍设分会，不仅构建起救护网络体系，提升救护效率，而且通过分会的组建，为中国红十字事业的未来发展培植根基。

根据1911年11月26日《民立报》、11月27日《申报》刊登的《红十字会第一届分会职员一览表》显示，截至11月16日，经"沪会"正式承认的第一批分会有江苏（包括上海）9个、湖北2个、安徽2个、江西2个、福建2个、湖南1个、浙江1个，涉及7个省，共19处。实际数字尚不止于此，整个辛亥革命期间，分会分布于17个省市。分会的添设，使上海的救护能量得以扩散，形成以上海总部为中心、各分会协同的庞大救护网络体系，为辛亥救援行动的成功实施，奠定了基础。

2. 征集会员，积聚能量

会员为立会之根本，东西方红十字组织概莫能外。红十字事业得以维系的一个重要保障，就是会员所交会费。辛亥战事骤起，而中国红十字会万国董事会经费捉襟见肘。为此，中国红十字会万国董事会立即征集会员以缓解经费支绌之苦，而恪尽人道天职。

1911年11月1日，理事总长沈敦和在《申报》刊登《红十字会征集会员广告》，对征集会员的依据、会员的种类、会费标准、入会程序、会员待遇等做了说明。会员分名誉会员、特别会员、正会员三种，先征集特别会员（交纳会费200元以上者）、正会员（交纳会费25元以上者）。征集会员的目的在于群策群力，以最大限度满足辛亥战事救护的人道需求。

会员征集得到热心人士的积极响应。自1911年11月1日起至次年1月下旬，在几个月的时间里，中国红十字会万国董事会先后征集3届会员，入会人数逾数千。会员入会后，出入战地可以受到保护，但不可损害该会的声誉。一旦发现会员有违背会章的行为，立即取消其会员资格及应享有的待遇，以维护"红十字"标志的纯洁性。

3. 筹款募捐，为救护行动提供后援保障

战事激烈，救伤投入不断追加。而中国红十字会万国董事会经费本就十分紧张。为保证救护行动的顺利进行，除征集会员外，理事总长沈敦和还多次在《申报》上刊登《敬募红十字会捐款》的劝捐广告，号召上海及外埠爱心人士慷慨解囊。

劝捐呼吁得到海内外各界人士的热烈响应，且捐款情绪高涨，从《申报》所载《大阪商务总会捐日金九百七十四元》《三藩市中国少年同盟会捐洋二千元》《中国红十字会谨谢泗水中华商会》《中国红十字会谨谢孙伯雄君特捐洋一千元》《谨谢刘公鲁君特捐洋一百元》《谨谢金陵隐名氏捐洋三百元》《谨谢仁川中华会馆捐日金七百五十九元》《中国红十字会谨谢神户中国慈善会捐日金三千四百元》《中国红十字会谨谢小吕宋中华商会银五千两》《中国红十字会谨谢上海烟叶商会经募洋三百元》等鸣谢广告，足可见捐款之踊跃。社会各界的踊跃捐输，保证了救护行动的顺利开展。

4. "借才邻国"，增强救护力量

为增强救护力量，弥补自身救护力量的不足，沈敦和向日本赤十字社求助，得到日本方面的大力支持。1911年11月18日晨，日本赤十字社救护团一行34人抵达上海，沈敦和举行欢迎大会，随后一行人赶往汉口。日本赤十字社救护团的到来，使中国红十字会武汉战地救护如虎添翼。

支持体系的构建与不断完善，为"沪会"的救援行动提供了强有力的后盾，战事救护逐渐推展开来。

三、救护行动的展开

1. 武汉战场的救护

1911年10月25日晚，中国红十字会万国董事会的救护队30余人被分编成甲、乙、丙三个医疗队，在中国红十字会总医院英国医生柯师的带领下乘"襄阳丸"号轮，由上海溯江西上，于10月30日抵达汉口后，来不及休息，立即设立战地医院，投入救护行动之中。

武汉救护行动持续月余，总计汉口医愈病兵576名，伤兵415名，病民31名，伤民106名，医治无效而死者34名；武昌治愈病兵860名，伤兵562名，病民18名，伤民116名，医治无效而死者25名；汉阳治愈病兵571名，伤兵120名。

自武汉开战以来，死伤累累，尸骸如果不及时掩埋，极易暴发疫情。沈敦和在接到汉口葬亡求援来电后，立即组织武汉掩埋队。11月20日，武汉掩埋队在队长朱庆章，副队长沈石农、姜彰容、周际唐的带领下，乘日清公司"大元丸"号轮出发，于11月25日驶抵汉口，进入战地收葬。到战争结束，武汉掩埋队掩埋尸体共计2 200余具。

2. 南京战场的救护

11月8日，新军统制徐绍桢发动起义，率部进攻南京，攻城不下，退至镇江，重整旗鼓，组织苏浙沪联军，徐绍桢为联军总司令，江苏都督程德全出山督师。11月24日，苏浙沪联军自镇江向南京挺进。

南京交战在即，中国红十字会特派救护医队，以侯逸如等医士为救护医员，于11月24日启程赴宁。南京开战后，中国红十字会与美国红十字会江安分会、旱西门金陵医院、螺丝湾贵格医院、鼓楼基督医院联手，救治伤病兵民，同时商请沪宁铁路医长齐福果医士、总办朴爱德，特备红十字医车，在镇江与南京之间往返抢救伤兵，随到随医，并借南京尧化门车站为战地医院、镇江金鸡岭医院为临时机关，以便收治医车所送伤兵，同时雇工100人编为担架队，以便抬送伤员。大战期间，医车每日收容伤兵上百人，镇江医院不能容纳，将其送往中国红十字会总医院、分医院，由医车收治的伤兵共计500余人。

血战之余，伏尸遍地。为此，沈敦和组织中国红十字会南京掩埋队，于12月8日委派于少彰、宋培之率队向南京进发。该掩埋队在南京凤台关、一枝园、五龙桥、将军署、后宰门、皇城、紫金山、雨花台等处收葬遗尸约700具。

3. 其他战场的救护

武昌首义成功，各省纷纷响应。战火燎原，烽烟四起，救护任务繁重。为此，中国红十字会万国董事会于11月2日向通商各埠发出通电，要求各通商口岸教会医院改设红十字会临时医院。与此同时，各地纷纷组织分会，进行协助。这样，除武汉、南京及中国红十字会总会所在地上海之外，其他地方的救护任务主要由分会来承担。

在上海，11月4日，革命军猛攻制造局。沈敦和闻讯，急忙派出汽车两辆，延请西医亨司德，中医侯光迪、周光松、王吉民、陈家恩及看护李安登女士驰赴现场救护，制造局大厅改作红十字会临时医院，侯光迪医生留在此地相机救援，另以徐家汇路中国红十字会总医院为总养病所、天津路分院为分养病所，收治伤兵。

在镇江，11月8日，守将林述庆发动起义，镇江独立并成为苏浙沪联军进攻南京的基地。11月底，苏浙沪联军围攻南京，伤亡众多，救护无人。镇江近在咫尺，中外慈善家集体商议创设红十字会，推举瑞记洋行大班址茂生及吴某为董事。11月26日，镇江红十字会救护队21人、担架队78人随都督林述庆的军队开赴南京，在马群设立临时医院。南京光复时，镇江红十字会救治伤兵数百人。

在杭州，11月4日浙江光复，11月5日杭州分会成立。实际上，在11月4日的激战中，杭州的慈善家们就组织了两支救护队，一支奔赴城西，另一支奔赴城东，从事救护。分会成立后，救死扶伤，不遗余力。南京光复，负伤军士30余人返回浙江，均由杭州红十字会救治。

宜昌、沙市、荆州等处，战事爆发。中国红十字会就宜昌铁路医院设立临时医院，沙市则由商会捐助设立红十字会分医院。宜昌医院于11月14日开办，共治愈1 400余人，沙市医院治愈伤兵、病民500余人。

安徽滁州、江苏江阴和常熟、湖南长沙、福建福州、江西南昌等地分会，以及北京总会吕海寰会长组织的救护队、张竹君女士为会长的中国赤十字会、留学日本的医学生回国后在沈敦和的支持下组成的"留日医学界红十字团"，也都在硝烟弥漫的战场上参与救援，谱写了一曲曲人道主义赞歌。

四、辛亥人道救援的影响

辛亥人道救援的影响是多方面的，其中以下几个方面尤其值得注意。

1. "红十字"深入人心

在整个辛亥人道救援的过程中，社会各界捐款捐物，热情支持。《申报》《民立报》《新闻报》《时事报》等报纸所登"志谢"广告，不计其数。士、农、工、商、海外华侨华人及国际友人都给予了中国红十字会大力的支持。捐款来源的广泛性，说明"红十字"深入人心，赢得社会各界的认可与信赖，这是救护行动成功的保障。而红十字人道行动的推进，不断扩大其社会影响，为中国红十字事业的未来发展奠定了更加坚实的社会基础。

2. 为中国红十字会走向世界开辟道路

1912年1月12日，中国红十字会得到红十字国际委员会的正式承认，享有与各国红十字会同等的待遇。中国红十字会由此正式成为红十字国际委员会大家庭中的一员。

中国红十字会之所以得到红十字国际委员会的正式承认，同样与辛亥人道救援密不可分。

辛亥革命爆发后，沈敦和改弦更张，发起成立中国红十字会万国董事会，开展卓有成效的战地救护行动。中国红十字会声名鹊起，引起国际社会的关注，争取承认的时机已经成熟。于是，沈敦和希望通过日本赤十字社的臂助来实现这一愿望。1911年12月26日，日本赤十字社社长松方侯爵特致函红十字国际委员会，以中国红十字会成立有年，在辛亥革命救护中功勋卓著为由，特请吸纳中国红十字会为红十字国际委员会大家庭中的成员，得到支持，从而为中国红十字会走上国际舞台铺平道路。

3. 壮大了中国红十字会自身的力量

辛亥救护的卓有成效也得力于各分会的积极协助与配合，而分会如雨后春笋般地涌现，促进了中国红十字会自身力量的壮大。

1904年，为救济日俄战灾，中国红十字会曾在东北及烟台、金陵等地设立数十处分会。但救护工作结束后，各地分会在无形中解体，蓬勃发展之势急转直下，这无疑是一个教训。直到辛亥革命爆发后，这种局面才得到改观。60余处分会为中国红十字事业的未来发展积蓄了能量。

中篇

民国时期：在灾难救护中成长

第四章
民国初期的"内外兼修"

1912年1月1日,中华民国成立,中国社会跨入新时代,中国红十字运动进入新的历史时期。1931年,抗日战争爆发前的民国初期,中国红十字会"内外兼修",在人道救助领域取得新的业绩。

第一节 民国肇始与中国红十字会的转型

1912年1月1日,孙中山在南京就任中华民国临时大总统,宣告了统治中国2 000余年的封建帝制终结,中国历史开始了新纪元。在新的历史条件下,中国红十字会求新求变,力求打造出一个全新的"自我"。1912年,中国红十字会的五大转变值得关注。

一、积极奔走,达成立案之请

清朝灭亡,民国诞生,中国红十字会何去何从,面临新的抉择。在举国同庆声中,中国红十字会向新政府表达了美好愿望。2月15日,《红十字会致北京临时政府袁及孙大总统、黎副总统》电文称:"统一已见明文,南北战祸永息,本会乐赞和平,曷胜额庆!"对于中国红十字会的良好祝愿,即将接替孙中山担任临时大总统的袁世凯和黎元洪副总统表示赞赏。2月17日,袁世凯复电说:"共和成立,战祸永息,贵会乐赞和平,今已幸告成功,谨代南北军界同胞叩谢。"2月18日,黎元洪电复沈敦和,称:"诸公持人道主义,抱和平宗旨,不独中华民国所倚赖,亦天下万国所共仰。现南北战祸永息,为诸公庆,为贵会庆,更为民国庆。"①

清朝已不复存在，作为国际性人道救助组织，中国红十字会理应争取新政当局的立案，以维持它的合法存在。为此，沈敦和代表中国红十字会向黎元洪提出立案请求，并于2月17日致电袁世凯，吁请"维持保护"。对此，民国政要做出了积极回应。2月19日，袁世凯回复沈敦和表示"维持保护，责无旁贷"。2月21日，副总统黎元洪致电孙中山，恳请予以立案，得到孙中山的支持。2月23日，孙中山回电黎元洪"准予立案"，电文大意是：辛亥革命中，各地起义将士勇敢作战，伤亡惨重，全靠中国红十字会救护、掩埋，不遗余力，建立了卓越的功勋，已得到红十字国际委员会的承认，理应立案，加以表彰。

政坛风云变幻莫测，但政界要人对中国红十字事业的首肯和支持是始终如一的。2月28日，内政部为中国红十字会办理了立案事宜。中国红十字会在新旧交替之中实现了平稳过渡。

二、首次登上国际舞台

1912年1月12日，中国红十字会得到红十字国际委员会的正式承认，意味着中国红十字会应该在国际事务中发挥作用，有所担当。不久，第九届国际红十字大会在美国召开。对中国红十字会而言，这是实现由内而外转型的难得机遇。

第九届国际红十字大会于1912年5月7日至17日在美国首都华盛顿举行。留美学生监督黄鼎、驻美参赞容揆和驻美公使张荫棠分别代表中国红十字会和中国政府出席大会，福开森为顾问。

中国红十字会代表团首次"亮相"国际大会，引人注目：一则"中国代表座（坐）在前一排，故地位较优"②；二则"举本会代表黄鼎君为会场书记（大会秘书）"③；三则"中国代表的表现比较出色"④。在大会开始前，中国红十字会代表团在中国使馆开会，决定中国红十字会

---

① 《红十字会圆满功德》，《申报》1912年2月21日。
② 池子华、丁泽丽主编：《中国红十字运动史料选编》第二辑，合肥工业大学出版社2015年版，第281页。
③ 池子华、丁泽丽主编：《中国红十字运动史料选编》第二辑，合肥工业大学出版社2015年版，第281页。
④ 马强、池子华主编：《红十字在上海，1904—1949》，东方出版中心2014年版，第90页。

的大会报告由黄鼎宣读，福开森进行补充；讨论相关问题，由福开森代表中国红十字会发表见解。黄鼎宣读中国红十字会报告时，声音洪亮，其标准的英语表达，赢得了与会者的一致赞美。福开森几次发言也都具有针对性，如英国代表富尔理发言时说，红十字会的工作仅限于战地救护。福开森进行驳斥，提出参与赈灾救荒等慈善事业也是红十字会的分内之事。福开森的意见得到绝大多数与会代表的认同。

参加第九届国际红十字大会的有32个国家的代表，中国红十字会第一次参会就引人注目。中国红十字会也由此登上了红十字运动的国际舞台。

三、探索合作办学的新路径

民国肇建，人道教育成为红十字人所关切的"根本大计"。有媒体报道说，1912年9月15日，中国红十字会高等医学堂开学。这个高等医学堂，就是中国红十字会医学堂的"升级版"，同时也是合作办学的新尝试。

原来，1912年美国哈佛大学拟在中国设立分校，而中国红十字会总医院及其附设的医学堂有良好的基础，"一切设备适合医学堂制度，请与合办，以成一完备之大医校"。于是，沈敦和代表中国红十字会与哈佛大学签订了7年的合作协议，哈佛大学每年补助银圆9万元作为经费，院长由哈佛大学胡登医士担任，"驻院管理校务医务"，沈敦和担任副院长。① 中国红十字会高等医学堂与上海哈佛医学堂虽然称呼各异，但却是一回事。

相对"借船出海"的人才培养模式，合作办学，更具有开创性意义，对改进办学条件，促进事业发展裨益良多。1914年9月6日，《申报》发表评论说，中国红十字会总医院及其附设的医学堂自"与哈佛医学校合办以来，力求扩充，所有医药、仪器、课程等事，均经分别添置，近又添建院屋"②，扩大规模，学生倍增。1916年，医学堂因故停办（中国红十字会总医院在7年合同期满后又与安息会合办，于1921

---

① 《中国红十字会总医院与哈佛合办缘起》，《申报》1918年1月24日。
② 《红十字会纪事》，《申报》1914年9月6日。

年收回自办），未毕业的10位医学生由美国洛克菲勒基金会资助，被分别派往美国及北京协和医学校、福州医学校、上海约翰大学继续学业。

基于双赢与哈佛大学建立的合作关系，虽然医学堂没有持续下去，但与国外名校联手办学，这种尝试值得肯定，对当代人道教育事业也具有借鉴的价值。

四、中国红十字会首届会员大会确立新的运行机制

民国诞生，万象更新。中国红十字会如何应对纷繁复杂的局面，关键在于自身的建设。为此，中国红十字会首届会员大会应运而生。

1912年9月29日，中国红十字会首届会员大会在上海英租界大马路议事厅隆重召开。到会会员共计1352人。大会主席沈敦和报告开会宗旨，追溯了辛亥革命期间中国红十字事业发展的喜人局面——会员近2000人，纳捐善士数千人，捐款155 270余元，分会60余处；面临的挑战——重建家园及自然灾害的频发；未来发展的愿景——超越日本，并对会员和志愿者寄予厚望。

推举常议员，选出新一届中国红十字会领导，为此次会员大会的中心议题。经讨论，推举施则敬、洪毓麟、朱佩珍、席裕福、唐元湛、汪龙标、陈作霖、狄葆贤、张蕴和、周晋镳、童熙、李厚祐、金世和、蒋辉、何怀德、哈麟、何亮标、谢纶辉、丁榕、施肇曾、郁怀智、叶韶奎、桂运熙、徐镜澜、袁嘉熙、叶德鑫、邵廷松、贝致祥、王勋、林志道、朱礼琦、余之芹、洪肇基、江绍墀，共计34人为常议员。

10月6日，常议会成立，34位常议员履职。这就意味着中国红十字会由董事会制向常议会制转变。作为权力机构，常议会在顶层设计、会务管理、财务监督等方面，都发挥着举足轻重的作用。

10月6日，常议员集会，公举大总统、副总统为名誉总裁；选举吕海寰为正会长，沈敦和为副会长兼常议会议长，江绍墀为理事长。10月9日，公电政府，请以明令宣布正、副会长。10月19日，大总统令颁布，任命吕海寰为中国红十字会正会长、沈敦和为副会长。

中国红十字会首届会员大会通过了《中国红十字会章程》，使中国红十字事业的发展步入正轨；完成了董事会制向常议会制会内运作机制的转变；通过《京沪合并章程》，化解了"京会""沪会"之间的矛盾，实现了合并，北京设立中国红十字会总会负责内外交涉，上海设立中国红十字会总办事处负责红十字会务、业务工作的开展。这些举措有利于中国红十字会事业的协调发展。

五、中国红十字会统一大会建章立制，理顺体制

中国红十字会首届会员大会隆重召开，但还有一个关键性的问题没来得及解决，那就是"统一"问题。说到底，就是管理体制问题。

中国红十字会自1904年成立以来，虽具有全国性质，但从未实现真正意义上的统一，只要有需要谁都可以创建红十字会。特别是辛亥革命时期，这种情况更为常见和普遍，如广东就有广东红十字会、中华红十字会、粤东红十字会、济群红十字会、大汉红十字会、广东河南赞育红十字会等，许多慈善团体也纷纷打出红十字会旗号或赤十字社旗号。毫无疑问，这是国人慈善热情高涨的体现，但"宗旨相同，而手续互歧"①，造成一定程度的混乱，亟待正本清源。有鉴于此，中国红十字会"特开统一大会，联合政府及各省分会，共筹进行"②。

1912年10月30日至11月1日，统一大会在上海召开。参加会议的代表有黎元洪副总统代表，奉天、江苏都督代表，外交部、内务部、陆军部、海军部代表，以及中国红十字会总会、中国红十字会总办事处和各分会的代表，多至数百人。国务总理赵秉钧和中国红十字会名誉总裁黎元洪副总统发来贺电。

中国红十字会统一大会旨在"统一"，而要改变各自为政、一盘散沙的局面，就要"规定办事章程"，理顺体制。中国红十字会首届会员大会上制定的《中国红十字会章程》6章20条，是中国红十字会历史上第一个正式会章。中国红十字会统一大会上该章程获得认可，并以此为蓝本制定并通过了《中国红十字会分会章程》5章16条，统一分会名称为"中国红十字会某处分会"，"分会所用旗帜袖章，均由中国红十字会总会给发"，"分会须遵照总会章程办理"，"在战时应遵守本国海陆军部定章及临时军司令官命令，协助医队救护病者伤者"，"在平时应筹募款

---

① 《中国红十字会二十年大事纲目》，中国红十字会总办事处1924年编印，第6页。
② 《副会长沈敦和君宣布开会宗旨》，中国红十字会总会编：《中国红十字会资料选编（1904—1949）》，南京大学出版社1993年版，第266页。

项,设立医院,造就医学人才,置办医务材料,并预备赈济水旱偏灾、防护疫疠及其他各项危害之用"。① 这就统一了分会名称,明确了分会的义务及分会与中国红十字会总会的关系等。自此以后,设立分会不再像从前那样随意而为,而要履行《中国红十字会组织分会申愿书》规定的程序向中国红十字会总会提出申请(申愿),经中国红十字会总会审批后才能开办,才算合法。这就意味着中国红十字会统一大会之后由地方人士组织分会报请中国红十字会总会批准的形式逐渐制度化,但不排除因事急先行设立而后报请中国红十字会总会批准这样的情况存在。总之,通过建章立制,中国红十字会向规范化管理迈出了至关重要的一步。

民国肇建,中国红十字会顺应时局的变化,调适自我,于内于外,力图变革。经过努力,无论在国际事务中,还是在运作机制上,抑或是在管理体制上,中国红十字会都较之前有了新的超越,实现了新形势下的新转型。这种求新求变的转型,使中国红十字会的面貌焕然一新,也使社会各界对中国红十字事业的未来发展寄予了厚望,"从此日益宏大其事业,措之于至尊极隆之域"②。

第二节 战火中的人道

一、"二次革命"③救护

1."二次革命"爆发

中国红十字会统一大会召开不久,政局突变,"二次革命"爆发,中国再次进入战争状态。

---

① 《中国红十字会分会章程》,原载《中国红十字会杂志》1913年第1号,中国红十字会总会编:《中国红十字会历史资料选编(1904—1949)》,南京大学出版社1993年版,第226-227页。

② 《统一大会记》,原载《中国红十字会杂志》1913年第1号,中国红十字会总会编:《中国红十字会历史资料选编(1904—1949)》,南京大学出版社1993年版,第259页。

③ 二次革命:称"讨袁之役",1913年为农历癸丑年,又称"癸丑之役",因主战场为江西、南京,所以也称"赣宁之役"。

原来，袁世凯自从接替孙中山出任临时大总统之后，很快把发扬共和精神的誓言抛到脑后，走上专制独裁的道路。为扫清专制道路上的阻碍，袁世凯向国民党人开刀。1913年3月20日，在上海火车站刺杀国民党代理理事长宋教仁，接着在6月9、14、30日相继免除江西都督李烈钧、广东都督胡汉民、安徽都督柏文蔚的职务，公开向革命党人宣战。

在袁世凯的步步紧逼之下，孙中山决定发动"二次革命"，捍卫共和。7月12日，李烈钧在湖口起义，宣布江西独立，"二次革命"随即爆发。

2. 救护行动的展开

江西独立后不久，7月14日，江苏宣布独立；7月17日、18日，安徽和上海先后独立。接着，广东、福建、湖南、重庆等地也相继独立。兴师讨袁的"二次革命"全面爆发。袁世凯调兵南下"戡乱"，一时间烽烟四起。中国红十字会迅速做出反应，组织救护队分赴战地救护伤兵。

在江西战场，沈敦和副会长电请中国红十字会九江分会组织救护队，设立临时医院，疗伤葬亡；同时，募集捐款，源源接济。

在上海战场，沈敦和组织的中国红十字会救护队立即出发，抢救伤兵。

战争是残酷的，社会各界希望息兵罢战。而上海毕竟是国际性大都会，一旦冲突升级，会造成更大的人员伤亡和经济损失。沈敦和认为，只要有一线希望，就决不放弃和平的努力。7月23日，经他和柯师医生往返交涉，北洋军与讨袁军答应休战8小时。7月24日，沈敦和与柯师医生再次分别和交战双方交涉，希望化干戈为玉帛，取得城南闸北闹市区"勿用炮火击射"的承诺，两军从7月25日上午6点起休战10小时。

沪南之战虽没有因沈敦和的调停而化解干戈，但减轻了战争的危害。庆幸的是，在吴淞之战中，红十字会的和平"运动"（调停之意）大获成功。

上海制造局之役失败后，讨袁军退守长江门户吴淞，7月26日，击退海军的进攻,俘获"联鲸"舰。8月11日,北洋军进抵吴淞,将讨袁军围得水泄不通。守卫吴淞炮台的钮永建部军心不稳,有厌战情绪。沈敦和得知这一情况后立即派柯师医生赴宝山城内,向钮永建劝和,然后又去李鼎新总司令、郑汝成镇守使处劝和。8月13日,炮台守军2 000余人解除武装,狮子林、南石塘炮台高悬红十字旗,暂由中国红十字会接管,"联鲸"舰作为红十字会医船归孟纳司暂管。这样,经过沈敦和的特使柯师医生苦口婆心的劝说,终于"得达和平目的"①。

"二次革命"以江苏战场争战最为惨烈。从7月15到8月11日,南京经历了三次独立起义,讨袁战事复杂多变。8月11日,激进的革命党人何海鸣宣布了第三次独立,南京讨袁之役进入最为残酷的阶段。

南京独立之初,救护工作主要由南京分会会长于少彰及宝琅医生组织实施。进入8月中旬,战事激烈,伤亡惨重,南京分会虽不遗余力但疲于应付,顾此失彼。中国红十字会总办事处于是在8月17日派王培元驰援南京,与南京分会合力救护。

3. "大通"救护难民出险

争城之战不同于野战,在野战中,老百姓可以四散逃避,但在争城之战中,老百姓就不会那么幸运了。冲出"围城"并非易事,南京之战就是如此,成千上万的民众被困城中,逃生无路。他们麇集江边,风餐露宿,渴望能有人救其出险。8月21日,绅士杨鸿发、李耆卿、焦霭堂等人也向沈敦和副会长发出乞援电报,乞求派船救护难民脱离险境。8月23日,承原中国红十字会会长盛宣怀慷慨捐助白银4 500两,沈敦和得以租赁英国太古洋行商轮"大通"号作为红十字救护医船。

8月24日,"大通"号起航。救护医船随带药料20箱,防治疫疾药水等10箱,饼干4 000磅,大米50石,面包5 000件,银圆2 500元,担架40副,同时将临时捐助的一些食物,也一并装运上船。8月25日下午,"大通"号抵达南京后,立即营救难民,救出难民2 000余人,伤兵百余人。

8月28日,"大通"号安全回到上海。第二天,立刻投入第二次救

---

① 《吴淞炮台就降捷报》,《申报》1913年8月14日。

援行动之中,"大通"号再次由太古码头起航,于8月30日抵达南京,队长王培元亲自进城引渡难民,被困城中,险些丧命。9月1日,"大通"号返回上海,因封锁过严,仅救出难民808人,伤兵、伤民53人。

4. 成效显著

"二次革命"的救护工作,在沈敦和副会长的领率下得以顺利进行。据统计显示:上海一隅设医院5处,吴淞设临时病院1所,治疗受伤军民947人;设留养院3处,留养男妇婴孺3 310余人;上海江湾、吴淞掩埋尸骸371具;资遣伤军、难民、溃勇、败兵回籍10 400人;南京分会医院(鼓楼医院、基督医院、金陵医院)救护、治疗受伤兵民1 900余人;镇江医院救护、治疗受伤兵民612人;南京分会掩埋尸骸7 300余具,总计支出13万余元。虽然开支浩繁,但海内外捐款源源不绝,从上海开战到1913年11月底,各界善士共捐银圆165 700余元,保证了救援行动的实施。①

二、日德青岛之战救护

1. 第一次世界大战亚洲唯一战场

"二次革命"的救护工作刚刚告一段落,河南、安徽战火再起。1914年年初,白朗反袁世凯武装纵横驰骋鄂、豫、皖三省,安徽六安等地惨遭蹂躏,中国红十字会组织赈救。然而祸不单行,山东半岛风云突变,日本和德国以青岛为中心展开决战。日本和德国的青岛之战成为第一次世界大战中亚洲唯一的战场。

原来,1898年德国通过《胶澳租界条约》强行租借中国的胶州湾,并把山东半岛变成它的"势力范围"。但日本对这块富饶的土地垂涎已久,也想据为己有。第一次世界大战的爆发,恰好为日本提供了可乘之机。

1914年7月28日,由英国、法国、沙俄等国家组成的协约国的一方,和由德国、意大利、奥匈帝国等国家组成的同盟国的另一方,在欧洲大动干戈,两大军事集团忙于欧战,无暇东顾,日本便蠢蠢欲动。8月15日,日本政府以"日英同盟""确保东亚和平"为借口,向德国政

---

① 池子华:《红十字与近代中国》,安徽人民出版社2004年版,第156页。

府发出最后通牒，要求德国解除驻华武装，将胶州湾租借地转交给日本，在8月23日前如无满意答复，日本将采取军事行动。德国同意将青岛"交还中国"，条件是日本也应将它占据的台湾地区归还给中国。日本当然难以接受。8月23日，日本以德国没有给出满意答复为由，正式对德国宣战。9月2日，日军在龙口、莱州附近登陆。北洋政府无力阻挡两军的军事行动，只好依照日俄战争时的做法，把潍县车站以东的地区划为日德交战区，其他地区为中立区。在中立区，中国的领土主权及官民的生命财产必须得到尊重。但日军对中国政府的严正声明充耳不闻。9月10日，日军侵占平度；9月12日，兵临即墨、高密；9月13日，占领胶州，其后续部队也从崂山湾登陆，直攻青岛。

2. 上海救护队出征

8月9日，沈敦和以中国红十字会总办事处的名义在《申报》上发布《中国红十字会召集救护队员》的广告，决定从辛亥革命、"二次革命"的救护队队员中招聘队员，组建救护医队。

中国红十字会总办事处组建的救护医队整装待发

9月13日，由43人组成的救护医队，搭乘"新济"号轮船赶赴胶东。沈敦和委任上海南市医院医生陈杰初为队长，吴丽山、邓笠航为副队长,另以金幼香为掩埋队队长,吴凯为担架队教练,金汉声等3人为医员。临行时,沈敦和特地在群雅菜馆为救护医队饯行,"以人道主义及博爱恤兵等旨为临别赠言"①。船行3天,9月16日到达烟台,救护医队投入救援行动。

3. 山东各分会的参与

与此同时,寓居青岛的吕海寰会长,就近组织红十字会医院以备战时救护。烟台接近战地,交通便利,烟台分会奉命组建临时医院,作为治疗伤兵的基地。

战火蔓延,中国红十字会山东各分会在会长吕海寰的指挥下开展力所能及的战争救护工作。吕海寰本拟在青岛设立临时医院,因青岛为战地,只好移往潍县(吕海寰不久离开山东进京),同时拓展分会,推定陈绮垣为烟台分会理事长、卫礼贤(又译作尉礼贤)为青岛分会理事长、傅稚谷为莱州平度理事医长、艾体伟为黄县分会理事医长、顾林森为海阳临时分会医长、庄钰为济南分会理事长(不久因滥用红十字标志而被辞退),其余接近战线之处由各该分会分驻救护医队。9月16日,沈敦和派出的救护医队到达山东后,救护力量大增。

4. 青岛分会功勋初建

青岛是日本和德国争战的焦点,青岛分会在9月成立后,就在被誉为"德国的孔夫子"的德国传教士卫礼贤会长(理事长)的领导下,组织起45人的医疗队,展开救护,收容难民。进入10月,青岛之战日趋激烈,卫礼贤会长指挥红十字救护人员救治伤兵,掩埋尸骸,配备的2辆救护车,也不停地穿梭在枪林弹雨之中。

青岛分会的救护行动得到中外人士的广泛支持,显示出人道的力量。卫礼贤会长说,当筹备青岛分会之时,"在短短的半个小时里已通过认捐的方式,募集到了很大一笔捐款"②。在随后的救护中,青岛分会陆续吸纳14名正会员(捐款25元以上者)和38名临时会员(捐款5元以上者),为救护行动的开展提供了人力和财力上的保障。

---

① 《红十字会医队出发》,《申报》1914年9月13日。
② 刘宗伟:《案卷里的青岛》,青岛出版社2016年版,第206页。

5. 为建会 10 周年献上一份厚礼

战争仍在继续，救护工作也在有条不紊地进行着，直到 11 月 7 日，德军战败投降。其间，无论是救护医队，还是包括青岛分会在内的山东各分会，无不尽心竭力，救护伤兵、难民，受到各界的赞誉。

1914 年是中国红十字会成立 10 周年大庆，从 1913 年开始，中国红十字会总办事处就在沈敦和的安排下着手筹备 10 周年的庆祝活动，但直到 1914 年结束，庆典活动都无暇举办。事实上，沈敦和等人以人道主义行动为 10 周年大庆献上一份厚礼，为中国红十字运动增色不少。

三、从"护国"到"护法"

1. 护国战争中的救护

日本完成了对山东的军事进攻后，不仅要接手德国在山东的一切特权，而且企图把整个中国变成它的殖民地。为此，1914 年 11 月 11 日，日本内阁通过了所谓的《对华交涉案》（又称"二十一条"），并于 12 月 2 日上奏天皇批准。1915 年 1 月 18 日，日本公使日置益将"二十一条"面交袁世凯，并称"日本政府希望贵大总统高升一步"①。所谓"高升一步"，就是以支持袁世凯做皇帝为交换条件，诱使他出卖国家主权，并承认"二十一条"。原来，袁世凯虽于 1913 年 10 月 10 日宣誓就任正式大总统，但他并不满足，还企图不顾一切地追求他的"皇帝梦"，于 1914 年抛弃《中华民国临时约法》，炮制《中华民国约法》，把总统的权力扩大到几乎与皇帝一样的地步，同时极力寻求帝国主义的支持。日本的"承诺"正中其下怀。1915 年 5 月 9 日，袁世凯接受"二十一条"，半年后完成了称帝的准备，于 12 月 13 日在居仁堂公然称帝，又下令改 1916 年为"洪宪元年"，并决定在元旦举行"登极"大典。

袁世凯出卖国家主权、复辟帝制的行为，激起国民的强烈反对，孙中山、梁启超、蔡锷等人纷纷发表通电，号召民众行动起来，用武力捍卫共和，讨袁护国。

1915 年 12 月 19 日，原云南都督蔡锷辗转到了昆明，联络云南督军

---

① 陶菊隐：《北洋军阀统治时期史话》第 2 册，生活·读书·新知三联书店 1957 年版，第 55 页。

唐继尧于12月25日通电反袁，宣布云南独立，成立护国军，讨伐袁世凯。1916年元旦，云南军政府宣告成立，推举唐继尧为都督，组织三路护国军：蔡锷任第一军总司令，出兵四川；李烈钧任第二军总司令，进军两广；唐继尧兼第三军总司令，坐镇云南。1月10日，护国军誓师出征，护国战争爆发。中国红十字会于是投入护国战争的救护行动之中，虽不像从前那样派出医队奔赴战地，但担负着指挥调度和筹款募捐的重任。分会及临时救护机关纷纷设立，据3月7日《申报》报道，计有四川成都、宁远、雅州、嘉定、叙州、泸州、自流井、荣县、重庆、涪州、忠州、湖南长沙、常德、辰州、洪江、麻阳、贵州铜仁、安顺、云南昭通、广西梧州、百色，共21处，开支巨大。于是，沈敦和领导的中国红十字会总办事处多方筹措，募集善款，成为救护行动的坚强后盾。

1916年6月6日，袁世凯在四面楚歌中撒手归西，护国军取得了讨袁战争的最后胜利。在整个护国战争的救护行动之中，中国红十字会"分设机关多至数十处，用款至十余万元"①。中国红十字会总会筹款，各地分会救援，上下同心，通力合作，取得护国战争的救护行动的圆满成功。

2. "复辟之役"中的救护

袁世凯死后，中国进入军阀混战时期，皖系、直系、奉系、晋系、滇系、桂系六大军阀集团加上遍布全国的小军阀互相攻伐，导致整个中国四分五裂。各派军阀相互攻伐，中国由此陷入军阀混战的大动乱年代，战火不断。在这个时代，中国红十字会以博爱为怀，继续着救伤恤难的人道事业。

护国战争救护行动结束一年后，"复辟之役"的炮声响起。1917年6月，张勋率"辫子军"②进入北京，于7月1日拥戴溥仪复辟帝制，史称"张勋复辟"。

中华民国建立，民主共和深入人心，任何倒行逆施的企图都不会得逞。袁世凯没有成功，张勋也不可能成功。

---

① 中国红十字会总办事处：《中国红十字会二十周年纪念册》，中国红十字会排印本1924年版，第16页。

② 辫子军：中华民国成立后，张勋的军队仍顽固地留着发辫，人称"辫子军"。

果然,"张勋复辟"立即激起民愤,声讨浪潮此起彼伏。这时,被黎元洪总统罢免的国务总理段祺瑞在天津马厂组织"讨逆军",兵分两路,于7月12日兵临北京城下,与"辫子军"展开激战。"乱事忽起,伤亡枕藉"①,7月10日,中国红十字会沈敦和副会长紧急召开临时常议会,决定着手组织医疗队,将其派往前线救死扶伤。

"复辟之役",天津首当其冲。中国红十字会天津分会迅速行动,组织起救护医队第一队,推举王延年为医务长、赵善卿为庶务长,于7月7日出发前往廊坊战地,随后开赴北京永定门,救护伤兵。7月13日,天津分会又组织起救护医队第二队,进驻丰台。中国红十字会总会也组织了第一医队,一切医务均由协和医校医员主持,如军情紧急,准备派出第二医队。京城各医院联合收治伤病兵民,京奉铁路管理局给予配合,"预备红十字会医队专车以便救济伤军"②。

7月12日,"讨逆军"进攻北京,"辫子军"不堪一击,溃败而去。还没等沈敦和派出救护医队,"复辟之役"迅速结束。在此过程中,天津分会"成绩昭著"。7月13日,前任中华民国大总统黎元洪颁给天津分会"肫然慈力"匾额一方,以示褒奖。

3. 护法战争中的救护

"复辟之役"虽然持续时间短,但社会紧张的局面没有得到改善。不久,护法战争爆发。

段祺瑞驱逐张勋后,再次出任国务总理兼陆军总长,黎元洪辞职,冯国璋虽然继任大总统,但徒有虚名,大权牢牢掌握在段祺瑞手中。为了建立独裁统治,段祺瑞向日本大借外债,扩军备战,并且宣称"一不要约法,二不要国会,三不要旧总统"③,拒绝恢复象征共和的《中华民国临时约法》和国会,这一举措受到社会各界和国民党人的强烈反对。1917年8月,孙中山在广州举起"护法"旗帜,成立军政府,并于9月10日就任海陆军大元帅。段祺瑞调兵南下,挺进被称为广东、广西的"门户"及云南、贵州"咽喉"的湖南。10月,两军在湖南交火,

---

① 《红十字开会忙》,《大公报》1917年7月8日。
② 《关于红会之种种》,《大公报》1917年7月16日。
③ 觉民:《天津通讯》,《民国大新闻报》1917年7月22日。

护法战争开始。

护法战争爆发后，沈敦和及其同事正全力赈济北京、直隶水灾，无暇分身，但救死扶伤，不容耽搁。战争爆发后，中国红十字会总办事处急电长沙、岳阳、常德、衡州、永州、汉口、重庆、威远、樊城、潜江、富顺、自流井、灌县、析津等分会分别组织救护医队前往战地，设立临时医院救护伤病兵民。中国红十字会总办事处募集捐款，量力接济。1918年2月3日，中国红十字会总办事处应通城分会请求，派刘月如和曹晨涛医生、药剂员李安福、看护唐永年及职员鲍康宁、鲍康祚等人携带药品、器具乘招商局"江宽"号轮船前往通城协助救护。

1918年5月21日，受西南军阀排挤，孙中山被迫离开广州前往上海，护法运动失败。在整个护法战争中，湖南是战争的中心。战灾蹂躏，加上水灾，湖南民众身陷水深火热之中。中国红十字会把赈济的重点投向湖南，不仅筹集善款给予救助，而且特别设立湘赈干部处，委派交通部专门学校校长唐慰芝为部长，办理湖南救济事宜。据中国红十字会史料记载，湖南赈灾救护"前后用款总计六万元左右"①，有效缓解了人祸天灾给湖南民众带来的苦痛。

四、江浙、浙奉战争中的救护

1. 江浙战争的前奏

护法战争后，时局仍处于动荡之中。各派军阀相互攻伐，冲突愈演愈烈，并导致江浙战争的人道灾难。

1918年8月，粤桂联军向福建北洋军发起进攻，福州大震。福州、延平、莆田等处分会开赴战地救死扶伤。

1919年，零星的战灾救济仍在进行中。相对平静的时局实际上正酝酿着更大规模的战乱。一方面，中国红十字会完成新与旧的交替——沈敦和辞职，蔡廷干出任副会长，唐元湛担任理事长；另一方面，进行自身建设，以提高救护能力。

1920年7月14日，直皖大战在京郊正式爆发，北京分会、天津分

---

① 中国红十字会总会编：《中国红十字会历史资料选编（1904—1949）》，南京大学出版社1993年版，第467页。

会及北京女界红十字会（1928年改称"北平女界红十字会"）全力投入救护工作。

在1920年动荡不安的时局中，中国红十字会内部发生了两件大事：其一，7月5日，沈敦和逝世。沈敦和是中国红十字会的缔造者，办理会务前后十七载，功勋卓著。他的去世，是中国红十字事业的巨大损失。其二，10月2日，北洋政府发布大总统令，同意吕海寰辞去中国红十字会正会长职务，派汪大燮为中国红十字会正会长。吕海寰是中国红十字会的先师，对推动中国红十字事业的发展有着不可磨灭的历史功绩。

直皖大战，直系胜出开始主宰中国政坛。但军阀之间的纷争恶斗并没有因此而停歇。

1921年6月，第二次粤桂战争爆发。战争期间，桂林等处分会派救护队奔赴战地救护伤兵，掩埋弃尸。中国红十字会总办事处筹集银圆500元汇至桂林分会给予支持。

1922年，直系、奉系利益之争加剧，由此导致第一次直奉战争的爆发。4月29日，吴佩孚、张作霖各投入10余万兵力，在马厂、固安、长辛店展开激烈战斗。保定分会、天津分会竭力救护。

1923年，军阀混战仍在持续，四川、广西、广东、贵州、福建、湖南等地，战火燎原。中国红十字会总办事处筹款募捐，量力资助分会。1924年，直、皖冲突升级，最终导致江浙战争（又称"齐卢之战"）的爆发。

2. 第一次江浙战争中的救护

1924年，战争仍在持续。新当选的中国红十字会会长颜惠庆、驻京副会长蔡廷干、驻沪副会长杨晟预做准备。江浙战争是指江苏军阀齐燮元和浙江军阀卢永祥之间发生的战争，前后共两次。1924年9月3日，第一次江浙战争爆发。皖系浙江督军卢永祥因通电反对曹锟贿选总统为直系所不容，在曹锟、吴佩孚的授意下，直系江苏督军齐燮元、安徽督军马联甲、江西督军蔡成勋、福建督军周荫人结成攻浙联盟。双方投入的兵力各近10万人。9月3日，苏军向浙军发起进攻。

战事发生后，中国红十字会总会及战区各分会救护伤兵、难民不遗余力。10月12日,卢永祥宣布下野,第一次江浙战争结束,而中国红十字会善后疗伤、掩埋、赈济工作仍在进行,直到11月初才告一段落。2个月中,中国红十字会总办事处先后在沪设立医院12处,向昆山、常州、浏河等处派出6支救护队,参与战地救护的医生、男女看护等400余人,规模空前。沪城分会及昆山、吴县等地分会也投入大量人力、物力、财力协力救援,卓有劳绩。在这场大规模的军事冲突中,中国红十字会走过了20年的风雨历程。

3. 第二次江浙战争中的救护

1925年元旦刚过,第二次江浙战争爆发。原来,1924年10月,北京政变后,中央政权转移到奉系军阀手中。12月,被张作霖、冯玉祥推选为中华民国临时执政的段祺瑞任命卢永祥为苏皖宣抚使,免去齐燮元苏皖赣巡阅使兼江苏督军职务。张作霖为扩展地盘,派张宗昌随卢永祥南下。齐燮元先发制人,与孙传芳联合组织江浙联军,于1925年1月9日击退北京政府派来上海的淞沪护军使张允明部,接着与南下奉军交战于无锡、苏州等地。战事持续到月底,以齐军的失败而告终。

战火突起,伤亡惨重,受灾难民颠沛流离。中国红十字会总办事处及沪城分会立即组织救援。淞沪之战中,中国红十字会第五疗养所在松江设立9处收容所,3天内收容难民3 000余人。莘庄、七宝等地成立红十字事务所协助救护。苏州附近战火燃起,中国红十字会总办事处于1月13日派沈金涛率救护队乘"大利"号轮船前往苏州施救难民,1月14日入城,救出避难妇孺310人。至1月27日,救护船已7次往返苏州、上海,救出难民数千人。

4. 浙奉战争中的救护

第二次江浙战争结束,浙奉战争又起。北京政府陆海军大元帅张作霖为了向南方扩张奉系势力,于1925年8月29日要求段祺瑞任命杨宇霆为江苏督军,姜登选为安徽督军。孙传芳先发制人,联络苏军旧部及鄂、皖、赣三省直系军阀,组成浙、闽、皖、赣、苏五省联军(孙传芳自称"联军总司令"),于10月15日兵分五路,向上海发动进攻。杨宇霆、姜登选不战而败,放弃上海、南京等地。奉系山东督军张宗昌奉命固守徐州,与联军展开激战。11月7日,奉军战败回鲁,战争结束。

在持续近 2 个月的争战中，中国红十字会总办事处进行了广泛的救护动员，分会积极响应。据《申报》报道，参与救护的分会有镇江、泗泾、松江、高邮、南京、常州、扬州、昆山、丹阳、宝应、仪征、阜宁、宿迁、泰县、武邑、清江浦、徐州、盐城、惠民、涟水、淮安、明光、滁州、临淮、蚌埠、宿县、泗县、江阴、郾城、永城、渑池、虞城等，有一些乡镇如三河、刘庄、板浦、楚旺、众兴、高资、窑湾等镇也组建分会，参与救护。分会的广泛参与，使浙奉战争中的救护获得成效。

五、北伐战争中的救护

1. 孙中山北伐

早在 1921 年 5 月，孙中山在广州就任非常大总统之时，为了结束军阀割据的局面，建立民族独立、自由、民主、统一的中国，他准备举兵北伐。8 月，非常国会通过"出师北伐"的决定。

为了支持孙中山北伐，宋庆龄与何香凝等人发动妇女组织"出征军人慰劳会"，宋庆龄任会长，何香凝任总干事。同时，组织番禺红十字会 10 余人组成救护队，随孙中山进行战事救护，并遵

孙中山题写"博爱"二字

章加入中国红十字会，宋庆龄担任南海、番禺、顺德分会联合会总裁。孙中山欣然为番禺红十字会题写"博爱"二字，以示表彰。这个题词载入中国红十字会史册，薪火相传，成为中国红十字运动的强大精神动力，激励一代又一代红十字人献身人道主义事业。中国红十字会总会机关刊物《博爱》，即以此题词作为刊名。

2. 北伐战争的开始

北洋军阀穷兵黩武，兵戈四起，民不聊生。人们渴望结束战争，社会各界包括中国红十字会不断呼唤和平。1926 年，一场以战止战的战争——北伐战争拉开序幕。

北伐战争分为前后两期。第一期北伐是国共两党联手共同推进的。

自 1924 年第一次国共合作以来，两党为北伐作战做了充分的准备。北伐的目的是结束军阀割据的局面，实现统一。北伐的对象是盘踞湖北、湖南、河南及河北、陕西部分地区的吴佩孚集团，割据江苏、浙江、安徽、江西、福建的孙传芳集团，割据东北、直隶、山东、热河、察哈尔等地的张作霖集团。1926 年 7 月 9 日，国民革命军在广州举行北伐誓师大会，北伐战争正式开始。

3. 第一期北伐中的救护

北伐战争在两湖战场、江西战场、福建战场、浙皖苏战场、河南战场展开。瞿兵各省分会，立即组织救护。

在两湖战场，8 月 19 日，北伐军攻克湖南平江时，平江分会派出掩埋队掩埋阵亡兵士尸骸 53 具，设立临时医院 3 所，救治伤兵 370 余人，收容妇孺千余人；湖北蕲春分会在两军交战时，设立妇孺收容所 3 处，并派出由 40 名队员组成的救护医队赴前线救伤；武汉开战后，汉口分会设立临时医院 2 所，收治伤兵千余名，分设妇孺救济所 47 处，收容难民妇孺 50 000 余人。

在江西战场，曾在"二次革命"救护中取得卓著成绩的吴城分会组织起救护医队，赴战地救伤葬亡，同时开办妇孺救济所，留养落难妇孺；南昌分会自 9 月投入战事救护起，1 个多月中派出掩埋队掩埋尸骸 2 000 余具，收容伤兵、难民 4 000 余人；九江分会救伤恤难勉力而为；吉安分会在邻县军情告急之时，出队救护。

在浙皖苏战场，杭州分会、宁波分会组编医队参与战地救护。松江分会在 1926 年年底着手筹备战事救护事宜，战争发生后，受中国红十字会总办事处委托，于 1927 年 2 月 18 日开办中国红十字会第五疗养所，至 3 月初收容伤兵、难民 3 000 余人；沪城分会在 3 月 15 日派出救护医船前往青浦，救出难民 240 余名，于 3 月 23 日派出掩埋队前往闸北，掩埋尸骸百余具；扬州分会设立临时医院 4 所，收治伤兵 600 人。新成立的六合、奉化、南通、砀山、漕河泾等分会，也都开展了力所能及的救援工作。

在北伐战争的救护行动中，中国红十字会总会也发挥了巨大的作用。中国红十字会总办事处在致电前敌各军对中国红十字会的救护行动给予"一体保护"之外,还亲自参与浙皖苏战场的救护。1927年3月15日,为救济松江难民,中国红十字会总办事处特租内河招商轮船局"恒吉"号轮船加挂船只,驶往松江,救出难民227人。3月17日,"恒吉"号轮船再赴松江,救出难民352人。3月23日,闸北突遭兵燹,中国红十字会总办事处派专员乘汽车,往返救护,并派出掩埋队会同沪城分会,掩埋遗尸。

4. 宋庆龄组建北伐红十字会

在北伐战争中,宋庆龄于1926年1月发起的中国国民党党立红十字会(以下简称"党立红十字会"),组织起女子北伐救护宣传队(又称"北伐妇女救护队"),由国民党中央妇女部干事高恬波担任队长。高恬波率领13名队员辗转湖南、湖北、江西三省,随军救护。而宋庆龄则在9月29日接受党立红十字会聘任,担任征募部部长,筹款募捐,为北伐救护事业提供后援支持。

北伐战争捷报频传,但1927年蒋介石发动"四一二"政变,大肆捕杀共产党人,国共合作瓦解。宋庆龄一边在武汉发起讨伐蒋介石的运动,捍卫孙中山的三大政策;一边鉴于集中武汉的北伐军伤兵逾万,缺医少药,乃与何香凝等人发起成立北伐红十字会,并在5月27日举行的由汪精卫、徐谦、孙科、顾孟余、吴玉章、彭泽民等国民党中央委员及周恩来等300余人参加的谈话会上,正式将其定名为"北伐伤兵救护大会"。会议规定:每个团体由1~2人共同组织;聘请专门救护人才分别

女子北伐救护宣传队合影(右起第五人为队长高恬波)

负责救护事宜；设立执行委员会执行会务，宋庆龄担任执行委员会委员长。这个北伐伤兵救护大会脱胎于北伐红十字会，仍属于中国红十字会组织。

6月8日，宋庆龄出席北伐伤兵救护大会召集的各团体代表联席会议，决定为救护伤兵筹款募捐。为了培养救护伤兵的工作人员，宋庆龄又创办了看护训练班。学员接受培训后，会被派往伤兵医院工作。

5. 第二期北伐中的救护

1927年4月，南京国民政府建立。但"四一二""七一五"政变后，国共两党关系破裂，"十年内战"（1927—1937年）爆发。1928年4月，第二期北伐由国民党独自进行。12月29日，张学良"东北易帜"标志着北洋军阀统治的终结。在此过程中，直到1931年，中国红十字会虽然采取了一些救护措施，但内战救护并不踊跃，一则经费枯竭，二则缺乏热情。正因为如此，国民革命军总司令部专门成立彻查上海红十字会委员会（以下简称"彻查委"）进行彻查。1927年8月13日，在彻查委二次会议上，国民革命军总司令部军医处处长陈方之表示，中国红十字会积弊较深，理应整顿。彻查后，中国红十字会先后派出5支医队前往南京、常州、镇江等地救护沪宁战伤，救护工作稍有起色。其实，中国红十字会并没有忘记自己的人道天职，而是把目光转向社会救助和社会服务方面。

第三节 雪中送炭，情暖人间

拯灾赈饥，扶危济困，乃是中国红十字会的宗旨，从事社会救济及社会服务本就是红十字会的职责。晚清时期，除了直接赈济罹兵、难民、灾民之外，旱魃、水灾、时疫等灾害的赈济活动也时有举办，特别是1910年夏，皖北、苏北水灾，"继以大疫，死亡枕藉"[1]。中国红十字会派医生和同济德文医学堂学生组织甲、乙、丙、丁4支救疫医队，携

---

[1] 孙柏秋主编：《百年红十字》，安徽人民出版社2003年版，第111页。

带救疫药物器具,由江趋丹率领,驰往皖北临淮、寿州、凤阳、正阳、凤台、怀远、宿州、蚌埠及苏北清江、海州、桃源等处,竭力拯救,合计治愈67 580人。从中华民国建立到1931年,战乱频仍,灾荒不断。中国红十字会在救伤葬亡的同时,广泛参与自然灾害及其他意外灾害的救济活动。这里择其要者,略述如下。

一、水灾的救济

在各种天灾中,水灾称得上祸首。因此,中国红十字会对天灾的赈灾行动,以水灾救济最为常见。

1. 1912年水灾赈济

1912年入夏以来,顺直(顺天、直隶,今京津冀地区)阴雨连绵,永定河、大清河、滹沱河、子牙河等河泛滥成灾,灾民上百万。沈敦和深表关切,他除了在《申报》上发布劝募顺直赈捐启事外,于12月初亲自前往顺直灾区,调查月余,对灾情了然于胸。回到上海后,除募集棉衣裤6万套、粮食数万石运往灾区散放急赈外,沈敦和还向海内外华人、华侨及红十字国际委员会"告急募捐"①。中国红十字会常议员分头劝募,不遗余力。

北方顺直水祸未已,东南温处(温州、处州,今属浙江)又告陆沉。1912年秋,温处大水为灾,灾民饥寒交迫,加上疫病来袭,命运堪忧。沈敦和特派陆军第一军军医司长柏栋臣医士担任队长,陈士芬医士担任副队长,连同看护、配药20余人,组成救疫医队前往救灾;又派掩埋队掩埋尸骸,由沈石农担任队长;另派查赈队随带棉衣裤2 000套、白米数百石、银圆数千元,令其散放急赈。为了扩大救助范围,沈敦和又商请大慈善家唐锡晋等10余位爱心人士,组建"中国红十字会协济青田义赈局",派员携带棉衣裤1万余套、小包面粉2万袋,于11月5日乘"普济"号轮船赴温处办理赈务。温处赈灾于1913年结束,救济灾民2万余人。

2. 1914年山东赈灾

1914年,日德之战,无辜百姓惨遭荼毒,水灾接踵而至,更使胶东

---

① 《红十字会之筹赈忙》,《申报》1913年11月12日。

半岛的民众不堪其苦。1914年9月17日,《申报》报道称,山东"福山、即墨、胶县、高密、潍县、昌邑等县暴雨河滥"①,百姓的生命安全受到威胁,财产损失巨大。水灾发生后,内务部及山东省当局急电沈敦和,恳请中国红十字会"量力赈济"。9月22日,中国红十字会总办事处在上海召开第九次召开常议会,决定"筹募捐款,酌量放赈"②。沈敦和当场捐出200元,做出表率,常议员蒋星阶、江趋丹等人也纷纷解囊。9月28日,中国红十字会总办事处在《申报》上刊发《中国红十字会急募山东水灾赈捐并新旧棉衣广告》,劝募赈款棉衣。

常议会后,沈敦和携带善款万元、棉衣5 000件驰赴胶东,散放急赈。鉴于灾区广,灾民多,1915年年初,沈敦和专程进京求助。由于沈敦和"不远数千里,奔走呼号于冰天雪地之中","至诚足以动人"③,终使大总统命令财政部拨款救助,陇海铁路督办施省之、交通银行行长任振采表示愿代募捐款。山东获得赈灾用款3万余元,成千上万的灾民得到救助。

3. 1916年安徽水灾救济

1916年夏秋之交,安徽大水,江淮一带"汪洋千里,一望无际"。告灾乞赈,函电纷飞。安徽省省长倪嗣冲也向沈敦和求援。沈敦和立即做出安排:一方面,派出调查员星夜赶赴灾区,调查灾情;另一方面,在8月17日的《申报》上发布《中国红十字会敬募江皖水灾急赈》启事,向社会各界劝募急赈。9月17日,中国红十字会总办事处又与安徽旅沪同乡会发起成立中国红十字会安徽义赈会,由沈敦和与安徽名流余诚格、李经方任干事部长。9月23日,干事部举行第一次会议,决定由该义赈会垫银圆2万元,派查赈员与灾区传教士一起为受灾特别严重的灾民散放急赈。11月1日、12月4日,沈敦和、余诚格、李经方联名在《申报》上发布《中国红十字会安徽义赈会敬募急赈》《中国红十字会安徽义赈会急募新旧棉衣裤》启事,筹集赈灾物资。12月中旬,根据查赈员报告,这次安徽水灾以淮远、凤台、五河3县为最重。沈敦和与余

---

① 《胶澳战云中之水灾》,《申报》1914年9月17日。
② 《红十字会常议会纪事》,《申报》1914年9月24日。
③ 《红十字会筹赈之进行》,《新闻报》1915年1月18日。

诚格、李经方会商，决议购白米3 000石、棉衣3 000件，即日运抵蚌埠转运3县，又购买高粱1万石、黄豆3 000石，为受灾各县提供种子。接着，中国红十字会赶办春赈，于1917年2月在上海、镇江分购红粮1 600余包、豆饼29 000张装运蚌埠分转灵璧、盱眙、阜阳、涡阳、蒙城5县散放。皖北赈务直到1917年夏初始告结束，10万余灾民得到救助。

4. 1917年直隶水灾救济

1917年夏秋之际，直隶连降大雨，永定、潮白、南北运河等河堤相继溃决，百余县受灾，灾民达560余万人。水灾发生后，直隶督军曹锟等人纷纷向沈敦和求助。8月18日，沈敦和在《申报》上刊发《中国红十字会谨募直隶水灾急赈》广告，呼吁社会公众献出一份爱心。9月15日，沈敦和派蔡吉逢、朱仲宾、邓笠航、姚衢笙为放赈员，携粮款、药品北上，分

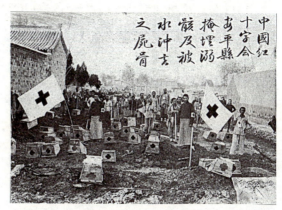

中国红十字会在安平县掩埋溺骸及被水冲去之尸骨

赴京师、天津、石家庄、文安等受灾特重区域散放急赈。

直隶受灾人口众多，没有大宗款项难以为继。中国红十字会除继续借助媒体进行劝募之外，沈敦和副会长还再次做出表率。据9月28日《申报》报道称，沈敦和与家人把一年的家用节省出来，捐助棉衣1 500件。同时，沈敦和又举办灯会、游园等活动筹集赈款。10月29日，沈敦和委托英国路透社"拍发全球通电，报告京直灾情"，希望得到国际社会的支持。11月3日，中国红十字会总办事处收到英国代领事转交的曼谷《泰晤士报》代募赈款银400余两。①

直隶水灾赈济由急赈到冬赈，散放赈款11万余元，棉衣10万余件，

---

① 《红十字会赈务二则》，《申报》1917年11月4日。

连同药品、面粉等，共用款 22 万余元，直到 1918 年春才宣告结束。半年多来，沈敦和副会长"日临总办事处，与理事长、各职员规划一切"①。在沈敦和副会长的带领下，中国红十字会上下同心，全力以赴，取得赈灾行动的巨大成功。

二、旱灾的救济

旱魃为祸之烈，有时较水灾犹过之。在旱魃肆虐之下，哀鸿遍野，饿殍满地，不忍目睹。人道攸关，中国红十字会对旱灾的救济也尽力为之。

1. 1913 年旱灾救济

1913 年，徐州利国驿及山东韩庄等处兵灾之后，继以旱荒，十室九空，哀鸿无告，中国红十字会常议员施则敬"垫巨款，征募棉衣"，派员驰赴灾区，"核实散放，全活灾民甚众"。②据报道，中国红十字会特请王叔相为徐州放赈队队长，冯子英为监视员，随带现金 2 万元及棉衣、棉被、食粮等物，于 10 月 22 日开赴徐州，直到 1 个月后的 11 月 26 日才放赈完毕，回沪复命。徐州放赈"费款三万，民赖以苏"③。这是民国时期中国红十字会救济旱灾之始。

2. 1920 年旱灾救济

1920 年，黄河流域亢旱异常，直、鲁、豫、晋、秦五省发生"四十年未有之奇灾"④。东起海岱，西达关陇，南至洛阳，北抵京畿，禾苗枯槁，赤地千里。灾民众多，只有动员一切所能动员的力量投入赈灾行动才能战胜灾荒。为此，中国红十字会"为三千万灾民含泪乞赈"，产生强烈的社会效应。9 月 23 日，中国红十字会总办事处向各分会发出通电，号召各地分会携起手来共赴时艰。

作为人道救助团体，一方面，中国红十字会与其他慈善团体精诚合作，参与发起国际救灾总会、北方救灾总会、北五省灾区协济会，采取

---

① 中国红十字会总会编：《中国红十字会历史资料选编（1904—1949）》，南京大学出版社 1993 年版，第 466 页。
② 中国红十字会总会编：《中国红十字会历史资料选编（1904—1949）》，南京大学出版社 1993 年版，第 461 页。
③ 《红十字会纪事》，《申报》1913 年 12 月 29 日。
④ 《北方四十年未有之奇灾》，《申报》1920 年 9 月 14 日。

联合行动；另一方面，组织救灾调查队、救济队，令其赴灾区考察、救济，并在河北通州、保定、大名开办临时诊疗所，为罹病灾民服务。

为筹集赈资，中国红十字会总办事处借助媒体向海内外劝募，并多次延请上海四大舞台艺员义演助赈。据9月26日《申报》报道，中秋佳节，上海红十字会医院同人特省节宴折资作为赈捐，住院患者颇受感动，纷纷伸出援手。中国红十字会身体力行，经媒体报道，赢得社会各界的交口称颂，产生良好的"感应"之效。在社会各界的支持下，中国红十字会募捐赈灾成效显著，据中国红十字会史料记载，1920年度中国红十字会总办事处共拨赈灾款项84 250元，棉衣裤8 000套。其中，绝大部分用于北五省旱灾的赈济。

3. 1928—1930年旱灾救济

1928年西北、华北奇旱，至1929年旱情已十分严重。据相关文献记载，甘肃60余县绝粮，饥民500余万人；陕西全省受灾，灾民达700余万人；绥远人口约250万人，灾民多达190万人；山西灾民数百万人，"人将相食，惨状极苦"；河南112县无县不灾，饥民达1 500余万人，饿殍载道。①

饥荒愈演愈烈，引起社会各界的关切。中国红十字会先行垫款5 000元，急赈棉衣裤2 000套，但杯水车薪。为筹集赈款，从1929年2月4日开始，中国红十字会特在《申报》刊发《中国红十字会总办事处为豫陕甘晋冀察绥灾民乞赈启事》《中国红十字会谨代陕西甘肃河南及晋冀察绥七省数百万灾民叩求大慈善家随缘乐助以救垂毙灾民生命》等一系列乞赈广告。中国红十字会的乞赈广告引起广泛的共鸣，每日前往上海二马路望平街中国红十字会总办事处捐款者络绎不绝。

5月10日，新任中国红十字会第五届正会长颜惠庆，副会长王正廷、虞洽卿就职后，决定另设筹赈处。6月15日，中国红十字会筹赈委员会成立大会正式召开，公推李鸿章之孙李国杰为筹赈委员会委员长。为募集捐款，中国红十字会决定发行"宝塔捐"②，并组织"募赈宣传

---

① 李文海、林敦奎、程歗等：《近代中国灾荒纪年续编（1919—1949）》，湖南教育出版社1993年版，第231-246页。
② 宝塔捐：类似于福利彩票，于1913年春首次发行。

队",宣传鼓动,分送宝塔捐"宝号"(抽奖号码)。这一创造性举措在上海滩产生强烈的"轰动效应",捐款"颇形踊跃"。① 截至次年2月21日,筹集赈款近25万元,保证了中国红十字会各项救援行动的展开。

随着赈款的日聚日多,1929年6月底,中国红十字会出台"治标治本"救灾计划。"治标"的办法,即在北平、开封、西安各设临时灾童留养院、灾女教养院6处,每处额定1 000人,开办费共约20 000元,月支衣食每处5 000元,共需30 000元;在西安、郑州、张家口等要地各设灾民流亡接济所,凡遇逃荒者,给以干粮、零用钱,使其赴丰足之省做工,减少饿殍。至于"治本"的办法,待筹到赈款,即招集灾民开河、筑路,以工代赈。

7月15日,中国红十字会筹赈委员会召开第三次委员会,决定对西北、华北地区旱灾采取救援行动,"侧重逃荒妇孺勿令倒毙,收养灾童造就成材,并防甘陕有灭种之祸"②。这就是"救灾保种"计划。为此,中国红十字会在上海开办中国红十字会灾童留养院,额定收容500名灾童,并推举杜月笙为名誉院长。这些灾童多为失去父母的孤儿,他们得到了中国红十字会的精心呵护。

中国红十字会对西北、华北地区旱灾的救济,从1928年年底开始,至1930年春结束,在此过程中,中国红十字会工作人员全身心投入,赢得各界普遍称赞,"为中国赈务作一模范"③。

三、其他灾患的救济

民国时期,天灾人祸不断。中国红十字会秉持"人道、博爱、奉献"的红十字精神,对于遭受刀兵水火之外各种灾患的难胞给予物质救助和精神慰藉。这其中对风灾、火灾的救济及疫病的防治,同样引人注目。

1."八二"风灾救济

风灾指因暴风、台风或飓风过境而造成的灾害。中国红十字会对风灾的救济也是经常性的,其中"八二"风灾救济颇具典型性。

---

① 《红会组织募赈宣传队》,《申报》1929年6月22日。
② 《红十字会昨开第三次委员会》,《申报》1929年7月16日。
③ 《红会昨开筹赈会议》,《申报》1929年7月5日。

1922年8月2日午后，广东沿海飓风突起，酿成沉灾，民众生命安全受到威胁，财产损失惨重。据报道，汕头倒塌房屋无数；潮安船只损失大小百余只，淹毙水手不下千人；潮阳汪洋一片；揭阳"满城瓦砾横飞"；澄海竟有全村人命财产化为乌有者。①

灾情发生后，中国红十字会总办事处迅速做出反应，于8月11日派出医生郁廷襄、沈嗣贤，看护钱宝珍、潘遵福、张一鸣、张永清、刘宣辅、魏宝兴、陈国宝9人组成的医队，乘"苏州"号轮船前往香港转赴灾区。8月26日，中国红十字会总办事处加派第二医队（以施兆堂为领队），携带药品数箱，搭乘太古公司"新宁"号轮船，驶往汕头增援。

善款为人道救助的保障。中国红十字会总办事处一边通过媒体呼吁民众捐资助赈，一边于8月21日致电中央政府为灾民乞赈，得到支持后，经内务部税务处核准，关税拨用附捐10万元，作为汕头赈灾费。这对灾民来说，不啻为福音。

在赈灾过程中，中国红十字会番禺分会、汕头分会、南海分会、澄海分会，均积极参与，量力协助。如番禺分会，先后派出2支救护队参与风灾救济，并设立临时医院救治伤民；汕头分会2支医队分赴澄海、潮阳，月余时间共诊治灾民5 369人；南海分会也派出医队，诊治灾民5 268人；澄海分会，即岭东分会7次派出医队，诊治灾民千余人。

"八二"风灾救济持续月余，救死扶伤上万人。中国红十字会总办事处在兵灾救护及其他自然灾害救济的同时，筹款募捐，为灾民请命，专门派出了救护医队，可谓恪尽天职。

2. 火灾救济

在各种灾害中，火灾是经常发生、严重威胁民众安全的灾害之一。作为社会救助组织的中国红十字会，对火灾自然尽力救助。

1918年10月28日，湘潭发生火灾，延烧2 000余户。中国红十字会总办事处接到湘潭县商会求赈后，致电长沙分会，嘱咐从湘赈款下支款散放，加以救助。

---

① 李海文、林敦奎、程歔等：《近代中国灾荒纪年续编（1919—1949）》，湖南教育出版社1993年版，第66页。

1919年，吴淞发生火灾，吴淞分会赈济难民，"极贫者棉衣一套，米八升，次贫者六升"①。

1921年11月12日，上海闸北邢家木桥一带发生火灾，数千间棚屋化为灰烬，烧死22人。中国红十字会闻讯立即派遣救护人员赶赴火场调查，散放银圆、棉衣裤救赈。

1922年3月20日，上海虹口分水庙火灾造成77户341口受灾；3月22日，胡家木桥火灾，103户477口受灾。2处火灾发生后，中国红十字会总办事处于3月27日《申报》刊发《中国红十字会为被火灾民募捐启》，为"劫后之遗"的难民筹募赈款，按名放赈，共施现银2 000余元。

1923年2月19日夜，四川乐山县（今四川乐山）城内校场附近大火为灾，800余户遭殃。乐山分会筹款2 300余元，赈济极贫及次贫500余户。

1924年1月，上海闸北邢家宅发生火灾，数百户人家遭焚。1月18日，中国红十字会总办事处特派职员多人，会同当地警察6人前往勘灾，按户计口，发给领米票证，灾户凭米票即可到各粮店领米，每人5升，发出米票有500余张。邢家宅大火不久再酿惨剧。3月10日午夜，上海闸北川公路祥经织绸厂发生重大火灾，因救火不及，百余女工葬身火海，300余人幸免于难。惨剧发生后，中国红十字会总办事处于3月12日特派职员鲍康宁、夏凤池前往调查。3月13日，携带棉衣裤170套、现洋数百元前往施赈，并按照水陆路程，分别给以船票、车票，资遣回籍。据报道，3月14日，由中国红十字会资遣回籍者共84人；3月17日，资遣回籍者共87人。

1925年，上海火警时闻。4月，上海闸北孔家桥、太阳庙发生火灾，中国红十字会总会散放赈款600余元。12月3日，上海闸北安康里发生火灾，230余户受灾，中国红十字会总办事处散放棉衣裤数百套，予以救助。

1926年4月1日，上海闸北广肇路、裕通路黑烟滚滚，烈火熊熊。

---

① 《中国红十字会二十年大事纲目》，中国红十字会总办事处1924年编印，第20—21页。

大火焚毁千余户，灾民达 3 700 余人。火灾发生后，中国红十字会总办事处特派救护人员散放急赈，以济燃眉。

类似上述火灾救济事例不胜枚举。中国红十字会的人道关怀，给遭受火灾之殃的不幸者以慰藉，值得称道。

3. 1918 年浙江宁绍疫患救治

疫病流行，中国红十字会责无旁贷，积极参与防治工作。在中国红十字会总办事处所在地上海，中国红十字会依托时疫医院，每年采取防治措施，减轻或消除疫病对社会公众的伤害。除此之外，中国红十字会总办事处对上海之外的疫病也给予力所能及的支持。1918 年浙江宁绍疫患救治就是一个典型的例子。

1918 年入秋以来，浙江宁波、绍兴一带疫患严重，据 10 月 19 日《申报》报道称，该疫"初起时类似伤风，如带咳嗽，命尚可延，否则一经腹泻，旋即毙命"，绍兴有的地方"自发现是疫以来，死亡人数已占百分之十，棺木石板，所售一空，枕尸待装，不知其数"[1]，令人不寒而栗。疫患引起中国红十字会总办事处的关注，并于 10 月 22 日派出以曹思勉、谢筠寿、李家骥、林春山、鲍康宁等医生组成的救疫医队，乘"宁绍"号轮船前往上虞救治患者。10 月 24 日，中国红十字会总办事处组织第二医队，以王培元为领队奔赴余姚。11 月 3 日，由中国红十字会总办事处从杭州医生处借调的医生刘冰心、药剂师章德钦等人组成的第三医队，乘小轮从杭州驶往湖州救疫。中国红十字会总办事处聘请医生杨任林、药剂师蔡金鑫组织第四医队，于 11 月 6 日乘"江天"号轮船驶往宁波。

这 4 支救疫医队，在当地慈善组织的协助下，迅速控制了疠疫的蔓延，20 余日共治愈疫病患者 6 000 余人，取得了较好的时疫救治效果，也在一定程度上提高了民众的卫生防疫意识。

---

[1] 《绍属时疫剧烈之来函》，《申报》1918 年 10 月 19 日。

第四节　日本关东大地震的人道救援

中国红十字会拯灾恤难，不仅尽职于国内，而且采取援外行动，以弘扬红十字国际人道主义精神。

自从1912年首次亮相红十字国际委员会的舞台以来，中国红十字会与其他国家红十字会的国际交往日渐频繁。"援外"是其国际交往的一个有机组成部分。红十字会本是国际性的组织，在人道主义旗帜下，各国红十字会互相援助，是理所应当之事。

中国红十字会"援外"活动始于清末，即参与1906年美国旧金山地震的救助工作。进入中华民国后，中国红十字会"援外"活动有增无减。据《中国红十字会二十年大事纲目》记载：1914年，日本鹿儿岛发生地震，中国红十字会捐助2 000元用于急赈；1918年，中国红十字会派出救护医疗队19人赴海参崴参加国际救护工作；1919年，为救济西伯利亚苏俄难民，中国红十字会募款7 700元、棉衣裤1 500套托美国红十字会驻沪办事处携往施赈；1922年，中国红十字会募集2 000法郎救助土耳其难民；1923年，募捐20 000元救助避难来沪的苏联难民；等等。在"援外"行动中，1923年，中国红十字会对日本关东大地震的人道救援堪称典范。

一、组织救援队东渡日本

1923年9月1日，日本关东地区发生里氏7.9级强烈地震。这场"亘古未有之大地震"①，造成14.3万人死亡，20多万人受伤，50多万人无家可归，其生命安全受到威胁，财产损失惨重。这是日本历史上罕见的大浩劫。

关东地震举世震惊，也引起上海中国红十字会总办事处的关切。"救灾恤邻，本为天职，何况侨胞学子，殃受池鱼？"② 于是，中国红十

---

① 《日本巨灾中之救急运动》，《大公报》1923年9月6日。
② 《中国红十字会二十年大事纲目》，中国红十字会总办事处1924年编印，第50页。

字会总办事处决议立即组队，驰赴救援。中国红十字会总办事处医务长牛惠霖亲自带队，自告奋勇前往者甚多。救护医队迅速组建起来，热情之高，不难想见。

不约而同，中国红十字会总会已组织救护队，准备即日东渡。9月4日，中国红十字会总会致电中国红十字会总办事处说："日本发生亘古未有之灾，人民生命财产及我旅日华侨，伤害不可计数，惨痛情形，殊堪怜悯，善后救济，刻不容缓。总会现已组织救护队，刻日出发，并电各埠分会，设法集项（款），汇总办理。"中国红十字会总办事处当即回电："日灾奇重，自应救护。已决由沪出发医队，前往东京，专任救护。"① 尽管两个机构之间未能及时沟通，但心同此想，并无轩轾。

中国红十字会总办事处职司救护，是中国红十字会的执行机关，日本地震救护自然一力承担。救护医队组织起来后，中国红十字会总办事处一边与驻沪日本总领事矢田七太郎接洽赴日事宜；一边奔走联络，动员社会各界参与赈灾，促成9月6日中国协济日灾义赈会的成立。加入该义赈会的团体除中国红十字会之外，还有仁济堂、中国济生会、联义善会等数十家之多。中华民族乐善好施，于此可见一斑。

"中国协济日灾义赈会"公推朱葆三为会长，盛竹书、王一亭为副会长，这3人均系红十字会中人，难怪中国红十字会文献称："成立中国协济日灾义赈会，上海各团体合组，而本会领袖之。"②

中国红十字会不仅参与中国协济日灾义赈会的发起工作，而且率先垂范，在9月6日的成立大会上当场认捐万元赈款。在中国红十字会的表率下，其他团体亦纷纷解囊，据次日《申报》报道，成立大会共集款65 000元。这为救护工作的展开，奠定了坚实的物质基础。

中国红十字会的善行义举得到了官方的首肯与激励。9月5日，即中国协济日灾义赈会正式成立的前一天，上海护军使何丰林致函中国红十字会总办事处，对其大加称赞，并捐款5 000元，表示支持。外交、

---

① 中国红十字会总会编：《中国红十字会历史资料选编（1904—1949）》，南京大学出版社1993年版，第417页。
② 中国红十字会总会编：《中国红十字会历史资料选编（1904—1949）》，南京大学出版社1993年版，第442页。

交通等部门也为中国红十字会的日本之行铺平道路。

9月8日晚,救护医队在理事长庄录的率领下,登上"亚细亚皇后"号轮船,扬帆东渡。救护医队组成人员有:中国红十字总办事处理事长庄录,医务长牛惠霖,男医生焦锡生、汤铭新、华阜熙、张信培,女医生刘美锡,日文顾问陆仲芳,会计沈金涛,英文书记李桐村,看护生杜易、朱继善、张惠理、陈威烈、史之芬、孙有枝、钱宝珍、孙文贤,女看护曾德光、刘振华、王秀春、钱文昭,连同队役4人,共26人,携带现款2万元,药品器具90余箱。

同日,中国红十字会特请中国医界前教育总长汤尔和、中华民国医药学会会长侯毓汶、陆军军医学校校长戴棣龄、京师传染病院院长严智毓、前山东医学校校长孙柳溪代表中国红十字会赴日本慰问并协助日本赤十字社救护伤民,因他们都曾在日本学医,在中国医界素有名望,为日本医界所熟悉,相互沟通较为顺畅。2支救护医队同日出发,开始了中国红十字会史上第一次大规模的国际人道救援。

二、抗震救灾,救护灾民

经过4天的乘风破浪,上海救护医队于9月12日安全抵达神户,受到神户商业会议所副会长西川庄之、外事课长西川涉及神户市长石桥为之助等代表的接待。9月14日,救护医队抵达东京后,一边与中国驻日使馆取得联系,了解灾情及旅日侨胞受灾情形;一边与日本赤十字社往返联络,接洽办理救护事务,达成"不分畛域,救拯灾民"① 默契。

9月19日,庄录理事长前往横滨勘察灾情;9月22日,复至神户,沿途所经,但见昔日繁华锦绣之场,化为残垣断壁,尸骸横陈,令人触目心伤。有鉴于此,庄录等4人于9月25日由神户搭乘"塔虎脱"号轮船先行回国,办理募捐筹资事宜,东京救护全权委托医务长牛惠霖代理。

救护医队在东京麻布区高树町设有临时医院,主要为日本灾民提供医疗服务,同时每日赴华侨收容所为华侨诊治病症,并分遣队员至横滨救护难民,十分繁忙。

---

① 《红会救济日灾续闻》,《申报》1923年9月29日。

中国红十字会救护医队在东京从事3个星期的医疗救护，其间还与日本赤十字社甘苦与共，精诚合作，救治伤员。直到伤员痊愈，中国红十字会救护医队才于10月6日乘"约弗生总统"号离开日本返程。临行时，中国红十字会救护医队将药品器械等赠予日本赤十字社。10月11日，牛惠霖等21人抵达上海。

另一支赴日救护医队在汤尔和的率领下，于9月8日晚乘火车从北京动身，经奉天、安东、釜山、大阪，于9月14日到达东京后，就在陆军卫戍病院、帝大医院和赤十字病院服务。至10月初，该救护医队诊治病人合计不下5 000人。

三、救运中国灾胞

中国红十字会救护医队日本之行的目的固然是"救灾恤邻"，但于"恤邻之外，原以疗治灾胞，及救运灾胞，为第一要义"①。旅日侨胞在这次大浩劫中并不能幸免。据统计，地震中死难华人约2 000人，伤约3 000人，尚有近万人流落街头，苦不堪言。他们绝大多数为工人，次为学生、商人，遭此大难，思归心切。"救援灾侨，也就是救援日本"②。因此，中国红十字会救护医队在与日本赤十字社合力救治日本难民的同时，与神户中华会馆合作，以资遣难侨为"第一要义"。

回国难侨由中华会馆发给绒毯1条，现金5元，救护医队则给予协助，如联系船只、电告中国红十字会总办事处难侨抵沪日期以备接护等。中国红十字会总办事处则更为忙碌。每次难侨抵沪，中国红十字会"领袖"的"中国协济日灾义赈会"负责接待、安置，中国红十字会总办事处则派出医护人员收治伤病同胞。从9月8日到10月18日，41天接待21批6 421名难胞，加上10月22日（97人）、29日（11人）、11月4日（107人）、8日（36人）、18日（52人）陆续抵沪难侨，总数达6 724名，任重事繁，不待言可知。

上海只是一个中转站。难侨抵沪后，要根据籍贯分批资遣，所费不

---

① 《中国红十字会救日本震灾纪事本末》，中国红十字会总会编：《中国红十字会历史资料选编（1904—1949）》，南京大学出版社1993年版，第430页。
② 李灼华：《1923年日本关东大地震后中国红十字会在救援难侨中所作的努力》，《中国红十字》1991年第2期，第13页。

赀。难侨以浙江、山东、江苏省籍为多，尤以浙江温州籍为最。截至12月11日，有8批3 000余名浙江温州籍难侨在中国红十字会医护人员的护送下回乡。其他省籍的难侨也在中国红十字会的人道关怀下回到故乡。

四、各分会的后援

对日本地震的救援行动是一项繁重的"生命工程"。中国红十字会全力以赴，有序推进，取得此次"援外"行动的成功。但成功的背后，毫无疑问，有许多现实的条件做保证，如社会各界的支持、中国协济日灾义赈会的保障等，而中国红十字会各分会的后援之功未可小视。

如前所述，9月4日，设在北京的中国红十字会总会发出通电，号召各分会筹集款项，一致进行。南京分会首先响应，捐款千元，其他分会也是量力接济，如沙市分会捐款1 000元，临汝县汝郏分会捐款50元，天津分会捐助和服1 000件，商丘分会捐款61元，仪征十二圩分会捐款100元，宜都分会捐款100元，新野分会捐款53元，正阳分会捐款10元，郧县分会捐款119元，洛宁分会捐款5元，汕头分会捐款400元，玉山分会捐款150元，阿城分会捐款52元，经棚分会捐款35元，襄阳分会捐款100元，曹县分会捐款30元，上洋分会捐助小洋1 090角，樊城分会捐款100元，大荔分会捐款30元，沘源分会捐款25元，仙游分会捐款30元，蚌埠分会捐款30元，禹县分会捐款25元，扬州分会捐款21元，屯溪分会捐款67元，武安分会捐款4元，广州分会捐款20元，武功分会捐款64元，高密分会捐款4元，西平分会捐款12元，黎川分会捐款100元，鄱阳分会捐款50元，泰县分会捐款5元，安顺分会捐款44元，临淮分会捐款5元，潜江分会捐款12元，安阳分会捐款30元，兴化刘庄分会捐款35元，万安分会捐款10元，昆明分会捐款100元，贵阳分会捐款62元，荣县分会捐款10元，南宛分会捐款50元，朝阳分会捐款25元，浦城分会捐款60元，南昌分会捐款500元。各类捐款总计不过4 000余元，算不上巨款，有的分会仅能捐助数元。

但"款不任多,热心正同"①,体现了国际人道主义的精神。特别值得一提的是,西安分会会长杨鹤庆还受陕西省政府"特派",赴日"调查灾况,慰问灾民"②,表达了中国人民"恤邻"的深情厚谊。

日本地震救助,中国红十字会各地分会纷纷捐款,其赈款总数虽然不多,但是在当时的时代背景下实属不易。

五、良好的国际影响

对中国红十字会的热心捐助及遣派医队漂洋过海在灾地救援的善行义举,日本各界表示由衷感激。10月2日,日本载仁亲王接见中国红十字会救护医队,外务省为之送行。中国红十字会救护医队回国后,日本赤十字社、神户商业会议所均具函申谢。日本赤十字社社长平山成信谢函云:"此次东京、横滨等地方大地震,承贵会关心甚切,医务长牛惠霖君率领救护班来此服务,勤勉尽职,不胜感激之至。"③ 神户商业会议所会长泷川仪作,副会长森田、西川庄之致函中国红十字会理事长庄录,称"此次敝国遭灾,乃蒙阁下亲临代表,贵国对于敝国,实心体恤,极为诚挚,吾等不胜感激,且深悉此等美善之意,必使两国,更加亲密"④。日本外务省司长冈部谢函称,中国红十字会救护队"远涉海洋,惠临东京,专心致力于救护灾民之事,特对于伤病者厚赐治疗,使我国人同深感泣"⑤。感激之情,溢于言表。

为答谢中国人民给予日本地震的援助,日本派出以臼井哲夫、铃木富久弥、砂田重政、半泽玉城等人组成的"国民表谢团",于10月20日起程来华答谢。"国民表谢团"首先抵达大连,而后前往奉天、天津、北京、洛阳、汉口、南京、杭州,于11月21日到达上海,特别拜会中国红十字会总办事处,称谢不置,谓:"此次贵国人民,对于敝国震灾

---

① 《中国红十字会救日本震灾纪事本末》,中国红十字会总会编:《中国红十字会历史资料选编(1904—1949)》,南京大学出版社1993年版,第435页。角、分忽略不计。
② 《中国红十字会救日本震灾纪事本末》,中国红十字会总会编:《中国红十字会历史资料选编(1904—1949)》,南京大学出版社1993年版,第438页。
③ 《日本赤十字社函谢中国红会》,《申报》1923年10月16日。
④ 《中国红十字会救日本震灾纪事本末》,中国红十字会总会编:《中国红十字会历史资料选编(1904—1949)》,南京大学出版社1993年版,第432页。
⑤ 马强、池子华主编:《红十字在上海,1904—1949》,东方出版中心2014年版,第156页。

所给予伟大之同情,与贵会派遣医队之协助,殊足使敝国上下一致感动。此次来沪,敬表谢意,极希望此后中日两国国民益臻亲善。"①。

中国红十字会赴日救护的人道之举,"日人感激,列邦称赞"②,产生良好的国际影响。

中国红十字会赴日救护医队返国时的合影

---

① 《中国红十字会救日本震灾纪事本末》,中国红十字会总会编:《中国红十字会历史资料选编(1904—1949)》,南京大学出版社1993年版,第439、441页。
② 池子华、严晓凤、郝如一主编:《〈申报〉上的红十字》第2卷,安徽人民出版社2011年版,第578页。

第五章
抗战救护的"伟绩宏效"

1931年"九一八"事变后,中国进入抗日战争时期。一切为了抗战,一切服从抗战,围绕这一时代主题,中国红十字会整合人力、物力、财力,全力以赴投入民族抗战救护工作之中。

第一节 抗战初期的战地救护

在抗战初期(1931年9月至1937年7月),中国红十字会组织了对1932年淞沪抗战的救护、1933年长城抗战的救护,以及1936年绥远抗战的救护,为全面抗战救护做好了充足的准备。

一、淞沪抗战救护

1."一·二八"事变

1931年9月18日夜,日本关东军炸毁沈阳北郊柳条湖铁道,并以此为借口向中国驻军发动进攻,拉开蓄谋已久的侵华战争的序幕,史称"'九一八'事变"。在国民党消极避战的决策下,日军在4个多月的时间内占领整个东北。1932年3月9日,傀儡政权——伪满洲国建立。

"九一八"事变后,中国红十字会准备组织救护队赶赴前线,但因山海关交通梗阻没有成行。不久,淞沪争战爆发,中国红十字会开始了抗战救护的伟大事业。

1932年1月28日,日军向上海发起大规模的军事进攻,史称"'一·二八'事变"。国民革命军第十九路军在军长蔡廷锴的指挥下英勇抵抗,从1月28日到3月2日,与日军激战数十次,战斗十分惨烈。

2. 战事救护

淞沪战争爆发，中国红十字会迅速做出反应，连夜组织起救护队，以王培元为总队长，于1932年1月29日晨前往战地抢救伤兵、难民。沪城分会（上海市红十字会的前身）给予协助。

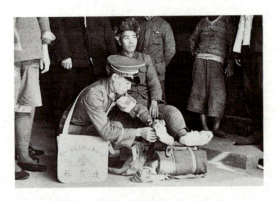

中国红十字会救护队队员救护伤兵

救护队不断组织起来，临时伤兵医院纷纷组建，战地救护紧张地进行着。国难当头，社会各界响应红十字会号召捐款捐物，支援抗战救护行动。特别值得一提的是，妇女界领袖何香凝女士也加入红十字会的行列，组织救护队，建立伤兵医院，慰问受伤官兵。举国上下万众一心、共赴国难的爱国热情也给红十字会救护行动予以巨大的推动。

战事仍在持续。中国红十字会救护队队员出生入死救护伤兵。在开战以来的1个月中，中国红十字会先后组织起20支救护支队，拥有救护队队员471人，他们都是来自各条战线的志愿者；开办临时伤兵医院41处（后增加到43处），医护、服务人员1 400余人。此外，设立难民收容所多处，收容难民。

3. 血染的红十字

红十字会是中立性、国际性的人道主义团体，根据《日内瓦公约》之规定，在为战争受难者提供救援服务时，红十字会人员、设施、车辆等，在任何情况下都应得到充分的尊重和保护。但日军置国际公法于不顾，不仅肆意屠杀平民百姓，而且连红十字会也不放过，枪击红十字会会员，炸毁红十字会运输车辆。1932年2月29日，日机公然轰炸江湾中国红十字会第十五伤兵医院。中国红十字会会员前往真茹、大场、江湾等处救护伤兵、难民时，所有救护车内伤兵、难民400余人，均遭屠杀，无一生还。这种残暴行径激起中国人的极大愤慨，中国红十字会电告日内瓦红十字国际委员会，强烈要求各友邦主持公道。遭日军残害、击毙的中国红十字会会员有第二救护队队长薛振翼（2月3日，在上海闸北遭日军枪击）；第七救护队队员刘祁瑞（2月15日，在上海闸北战区身中10余弹，次日不治而亡）；第一救护队队员郁鸿章（2月29日，在上海邢家桥被日军枪杀）；第十九救护队队员陆春华、陈祖德、潘家吉（3月1日，在上海南翔救伤时被日军俘获残害）；等等。他们用一腔热血捍卫人道，使红十字更加鲜艳夺目。

4. 有力的保障

1932年3月1日晚，国民革命军第十九路军因后援不继，全军撤退至第二道防线——嘉定、黄渡一线。中国红十字会在上海救伤工作于3月3日结束，而队员激于义愤，决心随军前往战地救护。从3月4日晨起，中国红十字会先后派出第七、第四、第二十救护队前往苏州等地，设立伤兵医院。为办理救护事宜，中国红十字会特组"前方办事处"，下设医务、运输、交涉、总务四股，委派张箴言为主任、沈金涛为副主任。3月8日，上海各救护队又抽调队员混合组织一大队共计67人，以张箴言为正队长、沈金涛为副队长，随带大批药品向前线进发。虽然前方战事因战略变更而趋于平静，伤兵无多，但救护队队员没有丝毫懈怠，直到5月5日中日双方签订《淞沪停战协定》，战事告一段落，救护队才于5月10日从前线撤回。在长达3个多月的救护行动中，中国红十字会先后派出救护队20余队，开办临时伤兵医院40余所，设立难民收容所5处，共救伤兵8 600余人，收容难民53 100余人。这次救护行动，用款达283 000余元之巨，药品、食物、衣服等不计其数，均来自海内外爱国同胞的慷慨资助，这也为中国红十字会抗战救护的首次行动提供了有力保障。

二、长城抗战救护

1. 中国红十字会华北救护委员会的组建

淞沪战场的硝烟刚刚散尽，东北告急。1933年1月3日，被称为"天下第一关"的山海关被日军攻陷，中国军队伤亡惨重。

中国红十字会一直关注东北局势的变化，山海关失陷后，迅速组织起50余人的东北救护队。东北救护队以王培元为总队长，于2月3日乘火车北上天津，2月6日抵津后筹备后方医院。随后，王培元前往北平与军政当局取得联系，并与国民政府卫生署署长刘瑞恒、中华医学会上海地方协会代表颜福庆、协和医学院教授林可胜筹商救护事宜，决议整合各方救护力量，以中国红十字会的名义成立联合救护机关。2月14日，名为"中国红十字会华北救护委员会"的联合组织宣告成立，刘瑞恒为主任委员，颜福庆、姜文熙为副主任委员。东北救护队遂纳入中国红十字会华北救护委员会系统。

2月下旬，日军兵分三路大举进攻热河。救伤行动在中国红十字会华北救护委员会的统一部署下紧张而有序地进行。在此过程中，新成立的北平分会（国民政府定都南京后，中国红十字会总会迁至上海，北京易名为北平，1928年10月29日，北平分会宣告成立）也发挥了重要的作用。

2. 救护行动的推展

1933年2月21日，日本关东军、伪满军10余万人，兵分三路进犯热河。3月4日，热河省会承德沦陷，中国军队退守长城各口抗击日军。

3月，长城抗战，中国红十字会华北救护委员会所隶各队迅即奔赴战地。由于战线的延长，中国红十字会救护队分编成13组，分别派往康庄、喜峰口、通州、三屯营、遵化、蓟州、密云、帅府园、冯大、广化寺等处救护伤员。此外，中国红十字会设立直辖救护医院2所，第一救护院设在帅府园，于3月10日由接收北平临时救护院扩充而成，收容量为500人；第二救护院设在冯庸大学（由张学良挚友冯庸创办，冯庸为校长），于3月27日接办，收容量为600人。这两处救护医院所需经费，全部由中国红十字会支给。

3. 灭虱新举措

除救伤、疗伤之外，还有一项新举措值得注意，那就是灭虱工作，"伤兵最易发生传染病，其中以斑疹伤寒之传染，以虱为媒介，凡收容伤兵之医院，若能及早灭虱，即能预防斑疹伤寒之发生也"①。为此，中国红十字会华北救护委员会特设防疫组，置备蒸汽锅炉一具，专为灭虱之用，伤兵"应用之件，同时灭虱，仅费十五分钟。此项锅炉，可以移

---

① 池子华、严晓凤、郝如一主编：《〈申报〉上的红十字》第4卷，安徽人民出版社2011年版，第5-6页。

动,现在第一救护院实行灭虱,本月(3月)六日,第一救护院灭虱工竣,即可移往他院"①,为伤兵提供更为人性化的服务。

长城抗战于5月结束。2个多月以来,中国红十字会华北救护委员会所隶各救护队"热血奔放,工作极佳"②,救治伤兵7 486人,其中67人死亡,这在当时实属不易。

三、绥远抗战的前方与后方

1. 初战告捷

1933年5月31日,中日签署《塘沽协定》,双方达成停战协议。中国红十字会战地救护暂告一段落,转入自身建设阶段,以提升抗战救护的能力。

1936年11月12日,日伪军向绥远省红格尔图发起进攻,绥远省主席兼第三十五军军长傅作义率军迎头痛击,苦战七昼夜,重创来犯之敌,歼灭日伪军1 700余人,俘虏300余人。

绥远初战告捷,举国欢腾。11月18日,上海市商会、上海市地方协会与中国红十字会总会联合发起成立绥远剿匪慰劳救护委员会(以下简称"慰劳会"),表示全力支持绥远抗战。11月20日,《申报》刊登《上海市商会、中国红十字会总会、上海市地方协会合组绥远剿匪慰劳救护委员会公告》,号召各界人士踊跃捐款捐物。慰劳会的号召得到社会各界的广泛响应,据12月14日《申报》报道,不到1个月,慰劳会就筹集款项74 323元。

绥远抗战仍在继续。11月24日,绥远守军收复百灵庙。12月3日,日伪军反攻百灵庙被击退。12月9日,绥远守军乘胜追击,收复被日伪军盘踞的大庙(锡拉木楞庙,也作锡拉木伦庙)。

2. 组建中国红十字会总会绥远经济委员会筹款募捐

守土将士在冰天雪地中挥洒热血,作为人道救护组织的中国红十字会承担起更多的责任与义务。因此,除全面参与慰劳会的工作之外,中

---

① 《中国红十字会华北救护报告》,《申报》1933年4月11日。
② 《中华民国红十字会历史与工作概述》,中国红十字会总会编:《中国红十字会历史资料选编(1904—1949)》,南京大学出版社1993年版,第503页。

国红十字会有着独特的作用,其中"募集捐款,实力援助"①,至关重要。

11月19日,即慰劳会成立的第二天,中国红十字会总会绥远经济委员会(以下简称"经委会")宣告成立,中国红十字会会长王正廷担任主席,副会长杜月笙、刘鸿生担任副主席,林康侯、虞洽卿、王晓籁、钱新之、俞佐庭、穆藕初、宋汉章、袁履登、张慰如担任常务委员,吴铁城、朱子桥、叶誉虎等31位各界名流担任委员。经委会的首要职能为筹集救护物质。经委会决议,全体委员每人承担5 000元的募款任务,从1936年12月1日起到1937年1月1日止,2个月内完成筹款目标。

3. 组织协调战地救护

战事惨烈,伤亡不可避免。在战火燃起之前,绥远分会已有所准备。但绥远抗战开始后,绥远分会难以应付,请求中国红十字会总会给予支持。中国红十字会总会除补助千元之外,特派即将出任秘书长的庞京周搭乘飞机前往绥远视察。鉴于绥远分会势单力薄,缺医少药,12月1日,庞京周赴南京与中央防疫处、卫生署接洽药品材料事宜,而后转赴北平组织救护队,以充实前方救护力量。庞京周到北平后立即着手筹备中国红十字会总会救护委员会华北分会,因筹备需时,于12月上旬先行成立中国红十字会总会救护委员会华北临时分会(正式分会成立于1937年1月20日),接受中国红十字会总会救护委员会之托办理华北临时救护防疫工作。该临时分会成立后,迅速组队驰赴前方,开办临时医院,救护伤员。到12月中旬,"前线一带,已布遍红十字会之旗帜"②。而庞京周也再度搭乘飞机前往绥远前线,指挥调度。

4. 征募救护材料以应急需

前线缺医少药,医疗用品如棉花、纱布、绷带、黄碘、石碳酸(苯酚)、来苏儿(煤酚皂液)、双氧水(过氧化氢)、刀剪、镊子、注射液、注射器等更为急需。为此,12月10日起,中国红十字会总会在

---

① 《全沪各重要团体一致奋起援绥》,《申报》1936年11月19日。
② 《红会前方电告需要救护药品》,《申报》1936年12月14日。

《申报》上刊登《中国红十字会征募救护材料启事》《中国红十字会征募救护材料》《中国红十字会募急救药囊》等广告，动员社会各界踊跃捐助。1936年12月25日、1937年1月20日和2月10日，中国红十字会总会分3批将募集到的大宗药械医品433件、急救包20余万只运往绥远前线，为医疗救护提供了有力的保障。

5. 募集救护车为救援提供便利

鉴于前方救护车辆不敷应用，中国红十字会联络慈善团体联合会及道路协会发起筹募救护车运动。1936年12月15日，这3个团体特请上海各大汽车公司在青年会举行茶话会，商讨购车办法，40余人出席了会议。中国红十字会会长王正廷报告筹募宗旨。会议最后商定组建由这3个团体派出的人员如赵晋卿、颜福庆、钱新之、楼兆念及各汽车公司代表共9人组成的购车委员会加以落实。有救护车作为保障，便利前线救护行动的展开。

6."激励"与"唤醒"之效

此外，考虑到战区附近难民众多，中国红十字会捐助10万元，设立难民收容所，给予难民以人道关怀。

总之，绥远抗战的成功，与中国红十字会、慰劳会等社会各界的"后援"行动是分不开的。慰劳救护行动，不仅激发起前方将士高昂的斗志，而且唤起人们对祖国前途命运的强烈关注，诚如傅作义将军所言，"此次绥远抗战，迭蒙海内外爱国人士热情援助，既予物资补充，复荷精神鼓励，可钦可敬。但慰劳意义，非仅限于今日作战官兵，要在激励将来无穷斗志；非仅限于今日爱国热忱，要在唤醒将来全民奋起"[①]，具有积极的社会效应。

抗战初期救护是中国红十字会全面抗战救护的预演。通过上述几次救护行动的锻炼，提升了中国红十字会的使命感和责任感，也使中国红十字会意识到自身存在的不足。因此，完善自我、强化自身建设，被提上了中国红十字会的议事日程。中国红十字会直辖内政部后第一次全国

---

① 全国政协文史资料委员会编：《文史资料精华丛书》第2卷《从国内战争到共同抗日》，安徽人民出版社2000年版，第432页。

会员代表大会（以下简称"中国红十字会'一大'"）就在这种情况下召开了。

第二节 国难当头

一、"重开一个新纪元"

1. 中国红十字会"一大"召开的背景

中国红十字会"一大"于1934年9月24日召开。这是中国红十字运动史上具有转折性意义的会议，也是中国红十字会自成立以来举行的第四次会员大会，对中国红十字会自身建设和应对即将到来的全民族抗战救护至关重要。

中国红十字会建设是一个不断自我完善的过程。继中国红十字会第一次会员大会和中国红十字会统一大会之后，1922年6月25日，中国红十字会第二次会员大会在上海召开。会议针对当局屡次欲将中国红十字会纳入"官办"系统，通过了《中国红十字会修正章程》，确立了"免受政府非法命令所束缚，反致不能发展"① 的自立自主原则。

但是，官方对中国红十字会施加的影响与日俱增。1930年4月20日，中国红十字会第三届会员大会在上海天后宫桥上海特别市商人团体整理委员会（前身是上海总商会）召开。大会决定修改章程，将会长制改为委员制，但改选委员会议因发生暴徒持械捣乱会场的恶性事件而被迫中止，不得不在3个月后举行临时会员代表大会予以补救。8月19日，临时会员代表大会召开，推定委员11人成立修改章程委员会，修正章程。修改章程委员会经过16轮的反复推敲，终将章程修改完毕。修改后的章程于9月22日经常议会通过后被呈报至国民政府备案。值得注意的是，章程名称改为《中华民国红十字会章程》。第一条改为："本会为国际上慈善法团，由本会会员组织之，定名为中华民国红十字会，

---

① 池子华、崔龙健主编：《中国红十字运动史料选编》第一辑，合肥工业大学出版社2014年版，第117页。

简称为中国红十字会。"① 把中国红十字会改称为"中华民国红十字会",尽管其简称"中国红十字会",但显然加重了官办色彩。1932年12月6日,国民政府公布《中华民国红十字会管理条例》。1933年6月3日,行政院院长汪兆铭、内政部部长黄绍竑、外交部部长罗文干、军政部部长何应钦、海军部部长陈绍宽联衔以训令的形式颁布《中华民国红十字会管理条例施行细则》,明定"总会以内政部为主管官署,并受外交、军政、海军三部之监督;分会隶属总会,以所在地地方行政官署为主管官署。又规定总会之理事及监事,由部转呈国民政府聘任"②。中国红十字会已成为官方事实上的附庸机构。

为适应战时需要,开创抗战救护的新局面,经内政部核准,中国红十字会决定于1934年9月24日至28日召开中国红十字会"一大",就如何理顺关系、如何加强自身建设、如何动员人道资源等方面进行讨论,形成决策,以应对即将到来的、旷日持久的民族自卫战争救护的需要。

2. 中国红十字会"一大"的召开

1934年9月24日,中国红十字会"一大"在上海召开。会场设于上海天后宫桥上海特别市商人团体整理委员会大礼堂内。内政部代表甘乃光、军政部代表陈辉、海军部代表陈泰鳌、外交部代表赵铁章及中国红十字会总会、分会代表共164人与会。会议由闻兰亭主持,甘乃光、陈辉、陈泰鳌、赵铁章等人依次致训词。会议完成各项议事日程后于9月28日闭幕。在这次会议上,代表依法选举出林康侯、王培元、王晓籁、虞洽卿、关炯之、闻兰亭、杜月笙、王一亭、王正廷、朱子桥、颜惠庆、许世英、史量才、王振川、刘鸿生15人为理事;劳敬修、汪伯奇、黄涵之、沈联芳、叶恭绰、钱新之、穆藕初、姚慕莲、狄楚青、陆伯鸿、袁履登、宋汉章、赵晋卿、徐新六、胡孟嘉15人为监事。会议还讨论通过征求会员案、舟车免费案、发行月刊案、章程修正案等诸多议案。大会发表了宣言,表示中国红十字会以首次全国会员代表大会为

---

① 《红会修改会章委员会五次会议》,《申报》1930年9月7日。
② 《中国红十字会全国代表会昨开幕》,《申报》1934年9月25日。

契机，改弦更张，不断完善自我，以期"从此另换一番新气象，重开一个新纪元"①。

10月1日，中国红十字会第一届理监事会假座巨籁达路刘公馆举行联席会议，公推蒋介石为名誉会长，内政部部长黄绍竑、上海市市长吴铁城为名誉副会长（10月11日第二次理监事会添聘颜惠庆、虞洽卿为名誉副会长），王正廷为正会长，史量才、刘鸿生为副会长（史量才遇刺后改推杜月笙为副会长），王一亭、闻兰亭、林康侯、杜月笙、王晓籁为常务理事，黄涵之、钱新之、陆伯鸿为常务监事。10月3日上午10时，新任中国红十字会领导成员正式就职。

3. "合乎时代之需要"

中国红十字会"一大"，在体制机制方面出现了巨大变化。

第一，理监事会取代了常议会，行使选举会长和副会长、审查预算决算、审查入会会员资格、订定各项规则等职权，是中国红十字会的中枢机构。

第二，理事、监事同会长、副会长一样也要由政府任命。这就意味着中国红十字会的人事安排受制于官方，中国红十字会的"独立性"会受到影响。

大会选举产生了新一届中国红十字会领导人，通过了一系列有益于自身建设的议案，明确了工作方向与目标，体现了中国红十字会"合乎时代之需要"、与时俱进的可贵品质。但要在未来大战救护中应付裕如，必须大力开发人力资源，征求会员运动积极开展。

二、"为国人谋福利，为国际增光荣"——征求会员运动

从1934年到1937年，中国红十字会掀起三次大规模征求会员运动，这在中国红十字运动史上是前所未有的。

1. 征求会员运动的背景及原因

所谓征求会员，即发展会员，壮大会员队伍。早在1922年6月25日，中国红十字会第二次会员大会后就加快了征求会员的步伐，但未采取"运动"的方式加以推进。从1934年开始，中国红十字会之所以发起征求会

---

① 《中国红十字会代表大会昨日闭幕》，《申报》1934年9月29日。

员运动,固然是遵照《中华民国红十字会管理条例施行细则》第十八条之规定,中国红十字会每年得征求会员一次,但根本原因还在于中国红十字会力量弱小,无法适应国际国内恶化局势的"时代之需要"。

从国际局势来看,战争阴霾弥漫全球,第二次世界大战随时可能发生,作为国际性的人道组织,中国红十字会不能不心存忧患。而要"应付时变",中国红十字会必须强化自身建设,这是时代的呼唤。

从国内局势来看,"九一八"事变后民族危机日趋严重,中国极有可能成为第二次世界大战的主战场。中国红十字会亲历战事救护,倍感心力交瘁,倘若战祸进一步扩大,将如何应对?对中国红十字会而言,大力开发人力资源,壮大救护队伍,实为当务之急。

征求会员也是提升中国红十字会国际地位的需要。中国红十字会历经 30 年的发展,会员人数超过 10 万,但与日本 388 万会员相比较,会员人数还是不够。所以要"使得中国在国际上慈善地位,一天一天提高起来"①,非多征求会员不可。

征求会员当然也是中国红十字会自身建设的需要。30 年来,中国红十字会没有得到充分发展,经费的捉襟见肘是最大的制约因素之一。如果会员规模庞大,仅会费收入一项,即可以解决许多问题,这对中国红十字事业的发展至关重要。

2. 三次征求会员运动实况

自 1934 年 3 月 1 日起,中国红十字会正式启动第一次征求会员运动。根据《第一次征求会员章程及酬赠给奖办法》规定,学生会员每人 1 元,普通会员 10 元,正会员 25 元,特别会员 200 元,名誉会员 1 000 元。学生会员以在校肄业期间为有效期,普通会员有效期 10 年,正会员、特别会员、名誉会员均为终身会员。征求会员的期限为 2 个月,4 月 30 日应为征求运动的截止之日,因边远分会筹备不及,纷纷请求展期。经内政部批准延期 1 个月,而实际截止日期,上海本埠于 7 月 31 日结束,外埠于 9 月 30 日才全部结束。在这段时间里,共征求新会员 5 055 名,征得会费 75 189 元。征求会员运动的成绩虽然差强人意,但

---

① 《红十字会征求会员昨开幕》,《申报》1934 年 3 月 2 日。

离百万会员的预期目标相去甚远。因此，中国红十字会决定发起第二次征求会员运动。

1935年8月1日，第二次征求会员运动开始，全国20个省共有445处分会同时举行这项运动。此次征求会员运动打出了"为国人谋福利，为国际增光荣"的响亮口号。9月30日为截止日期，但鉴于救济长江流域受水灾影响的灾民等原因不得不展期，所以实际截止日期是1936年6月30日。在这段时间里，共征得各类会员总计12 500名。至于会费，因按第一次征求会员会费标准减半收取，第二次征求会员会费收入少于第一次征求会员会费，总计72 737元。其中，江苏盐城分会成绩最优，征得15 897分（每分计国币1元），荣获匾额一方。

第三次征求会员运动从1937年1月1日开始，原定于2月28日终止，但因时局多变，征求会员工作至10月方告结束，共征得各类会员8 222名，会费合计52 824元。

3. 特点与不足

三次征求会员运动共征求会员25 777人，使会员总数接近14万。会费收入200 750元，对中国红十字会进行抗战救护准备裨益良多。

纵观三次征求会员运动，可以发现有以下几个鲜明特点：

第一，政府推动，各级官员率先垂范。每次征求会员运动，均组织征求委员会，聘请各级行政长官为名誉总队长或总队长，各级行政长官也热情参与，率先垂范。如第一次征求会员运动，从《申报》报道的《中央委员赞助红十字会征求》《汪精卫、何应钦赞助红十字会征求》《各部长纷纷加入红会》等新闻标题中可见一斑。政府运用行政手段加以推动，这对征求工作无疑是有力的促进。

第二，借助地方名流影响力，发挥"名人效应"。政府官员固然具有号召力，社会名流的力量同样不容小视。中国红十字会总会及地方分会对此也是极为重视，以求发挥"名人效应"。这在上海尤其突出，第一次征求会员运动，中国红十字会总会即聘"海上闻人"105人为总队长。第二次征求会员运动也有"海上闻人"99人出任总队长，如王一亭、杜月笙、陈光甫、黄金荣、刘鸿生等，社会各界的"海上闻人"几乎都囊括在内。他们具有广泛的社会影响力，借助他们的"名人效应"，自然有助于征求会员运动的开展。

第三，酬赠给奖，建立激励机制。为使征求会员运动广泛开展，激励民众投身中国红十字事业，每届征求会员运动都会有相应的酬赠给奖办法出台，建立激励机制。除"凡各总队长暨各该地方委员长在征求会员期内对于征得会员之成绩分别酬赠给奖"①之外，各总队之下各分队及各委员会之下各委员或其他个人在征求会员期间征得一定的分数，同样给予奖励。如《中华民国红十字会第二次征求会员酬赠给奖办法》就做出如下规定：50分以上者推赠为普通会员；100分以上者推赠为正会员；500分以上者推赠为特别会员；1 000分以上者推赠为特别会员，并给予丙等奖状、奖章；2 000分以上者推赠为特别会员，并给予乙等奖状、奖章；3 000分以上者推赠为特别会员，并给予甲等奖状、奖章；5 000分以上者推赠为名誉会员；1万分以上者推赠为名誉会员赠给匾额；5万分以上者推赠为名誉会员，并呈请内政部依照褒扬条例转呈奖给匾额；10万分以上者推赠为名誉会员，并呈请内政部依照褒扬条例转呈奖给褒章。无论征求者抑或被征求者，只要做出一定贡献，都会受到表彰。这样的激励机制，无疑在征求运动中发挥着推波助澜作用。

第四，利用大众传媒，宣传鼓动。每届征求运动中国红十字会都会利用《申报》《新闻报》等报纸，宣传鼓动，同时借助广播进行造势，如在第二次征求会员运动中，全上海40余处无线电台友情赞助，中国红十字会通过电台播放"特别节目"，进行社会动员。

通过以上几种具有鲜明特点的方式进行推广，征求会员运动极一时之盛。

不过，从总体而言，征求成绩距离设定的百万会员目标相去甚远，这除了国贫民弱、时局动荡的客观原因之外，还有几点不足是值得中国红十字会改进的。一是进度把握不够精准，每次征求按规定为2个月期限，但没有哪一次不延期，虎头蛇尾，缺乏运动的紧迫感；二是社会名流的力量没能被充分激发，如第一次征求会员运动"海上闻人"有105

---

① 《中华民国红十字会第二次征求会员酬赠给奖办法》，中国第二历史档案馆档案，全宗号476，卷号1971。

人出任征求总队长，但征求有成绩者只有23人。第二次征求会员运动有99人，征求有成绩者也只有18人，而这18人中，总计仅征得1 825分，其中还有征得半分者。不能不说，十之七八的"海上闻人"仅仅是挂个虚名而已。

三次大规模征求会员运动使中国红十字会"新细胞"有所增加，这有利于中国红十字事业的发展，有利于提升中国红十字会的国际地位，有利于全面抗战救护力量的整合。尽管存在不能尽如人意之处，抗战初期三次征求会员运动在中国红十字运动史上具有重要意义。这时全国分会有464处，红十字医疗卫生机构262处，中国红十字会整体实力有所增强。

三、中国红十字会救护委员会的应对方略

1. 中国红十字会救护委员会的成立

经过三次大规模的征求会员运动，中国红十字会整体实力有所增强。但要提高"应付时变"的能力，必须统筹全局，有所擘画，有所整合。战争救护已成为中国红十字会的首要任务。为适应时局的要求，在全面抗战前夕，中国红十字会救护委员会在上海成立。

中国红十字会救护委员会成立于1936年6月1日（一说是5月6日），王正廷会长为主席，杜月笙、刘鸿生副会长为副主席，推定林康侯、朱恒璧、陆伯鸿、徐乃礼、许超、金润庠、言潘景芝7人为常务委员，闻兰亭、曹云祥、翁之龙等41人为执行委员。该委员会下设"训练""供应""人事"3个委员会，分别办理相关事宜。

2. 统计现有医护人才以备调用

中国红十字会救护委员会自成立后，积极筹备全面抗战救护工作，采取了一系列"应变"方略。其中对现有医护人才进行摸底就是一项重要举措。为统计准确，中国红十字会救护委员会特印制志愿服务调查表，分送中华医学会3 000份，全国医师联合会3 000份，中华护士会5 000份，中华民国医学会1 500份，由各团体分寄会员填就寄回汇总存案，确保必要时能在24小时内征调到位。

3. 培训救护人员，提高救护能力

通过征求会员运动，会员人数骤增。但会员数量的增多并不意味着救护能力的提高。实际上，绝大多数会员出于爱国热情或对中国红十字事业的支持缴费入会，但对救护不甚了了。为此，中国红十字会救护委员会决定开班培训救护人员。护病、防毒2个训练班于10月开办，并于年底续开护病班。为加快培训进度，1937年2月，中国红十字会救护委员会开始招收"业余班"。至"七七"事变前，经中国红十字会救护委员会训练组培训的救护人员近千人（不包括业余班）。与此同时，各分会也举办规模不等的训练班。通过培训，造就了一批具有一定战地救护技能的专业队伍，他们随时准备开赴前线，为全面抗战挥洒热血。

4. 添设中国红十字会救护委员会华北分会

自"九一八"事变以来，特别是东北沦陷后，华北危机四伏，而中国红十字会救护委员会鞭长莫及。要组织起高效快捷的救护行动，添设华北分会势在必行。如前所述，为救护绥远之战，1936年12月，先行组织中国红十字会救护委员会华北临时分会，办理救伤事宜。1937年1月20日，中国红十字会救护委员会华北分会正式宣告成立，聘请姜文熙为主席，齐清心为副主席，全绍清、林可胜、方石珊、杨朗川、吴祥凤为常务委员。中国红十字会救护委员会华北分会的成立，可以有效整合以北平为中心的医疗救护资源，实现救护效益的最大化。

5. 储备药品材料以供不时之需

中国红十字会救护委员会联手新药业公会，预先准备多量药品（以500床为单位），存储于各药商号，以便随时取用，并征募大量药箱、防毒面具作为训练之用，同时筹备大量急救包，以便发给伤兵备用。

总之，中国红十字会救护委员会一经成立，便未雨绸缪，积极筹措应对方略，为全面抗战救护做好准备。中国红十字会救护委员会也因此成为红十字救护网络的中心，发挥着救护资源整合、调配的特殊功能。

第三节　全面抗战初期的战事救护

一、平津战场的救护

1. "七七"事变拉开全面抗战序幕

当中国红十字会救护委员会筹备救护物资，加紧训练救伤队员之时，大战不期而至。

1937年7月7日，日军在北平西郊的卢沟桥附近进行军事演习时，公然向中国驻军挑衅，炮击宛平城，挑起全面侵华战争的战火，史称"'七七'事变"（又称"卢沟桥事变"）。宋哲元带领的国民革命军第二十九军奋起自卫，由此拉开了全面抗战的序幕。

宛平城的炮声，举国震惊，抗日气氛高涨。7月8日，中共中央发文《中国共产党为日军进攻卢沟桥通电》，大声疾呼："全中国的同胞们！平津危急！华北危急！中华民族危急！只有全民族实行抗战，才是我们的出路！"① 社会各界也纷纷行动起来支援抗战。

2. 战时救护

危难之秋，中国红十字会更是责无旁贷。"七七"事变发生后，中国红十字会总会急电中国红十字会救护委员会华北分会"从速组织救护队，赴卢沟桥方面救护"②。中国红十字会救护委员会华北分会立即组织起重伤手术组和救护组，并与北平市市长秦德纯、师长冯治安接洽救护事宜。随后，中国红十字会救护委员会华北分会会同北平红十字会组织的救护队，分赴琉璃河、廊坊、黄村、榆堡及长辛店等地，为抗日军民和战区难民提供医疗服务，救护受伤军民500余人。

华北战火蔓延，需用浩繁。为此，中国红十字会总会在《申报》等报刊刊登《中华民国红十字会总会募捐华北救护经费启事》，筹集款项。7月27日，中国红十字会总会召开全体理监事联席会议，在听取华北战

---

① 全国政协文史和学习委员会编：《西安事变历史资料汇编1电文（上）》，中央文献出版社2017年版，第471页。

② 《中国红会派队赴卢救护》，《申报》1937年7月15日。

区救护报告后，决议积极筹集经费，鼎力支持平津战场的救护工作。接着，中国红十字会总会在《申报》发布《紧要启事》，呼吁社会各界伸出援手，"以期减少人类之痛苦，保障民族之生存"①。

3. 京津沦陷之后

7月29日、30日，北平、天津相继沦陷，华北平原硝烟四起。为厚集救护力量，中国红十字会总会电令清苑分会与中国红十字会救护委员会华北分会"切实合作，扩大救护"②。

战地救护全面铺开。除由北平协和医院、山东齐鲁大学医科同学为基干会同清苑分会、保定分会组队分赴卢沟桥、天津、廊坊、南苑、北苑、杨村等地救护外，中国红十字会总会又加派三支医疗大队奔赴前线：一支在沧州，由齐鲁大学担任；一支在定兴、保定一带，由保定医学院担任；一支随军救护，由中央医学院担任。同时令小站、武清、蠡县、任丘、饶阳、献县等分会分别组织救伤医队出发战地，而青岛、沧县、宣化、洛阳、定兴、惠民等分会也纷纷请缨，表示"并力协助"③。

中国红十字会总会远离战地，直接遣派救护队多有不便。随着战区的扩大，华北救护力量明显不足。为此，中国红十字会总会救护委员会组织两支医疗队，分别由国立上海医学院与国立同济大学担任。8月5日，两支医疗大队驰赴前线。

正当中国红十字会总会筹集药品、医疗器械源源接济华北战地救护之时，上海战火燃起，中国红十字会总会不得不将救护工作的重点转移到上海方面。

二、淞沪战场的救护

华北战地救护仍在推进中，而上海战事又起。8月13日，淞沪会战爆发，中日双方在淞沪地区展开激烈鏖战，上海这座中国的大都会被炮火和硝烟所笼罩。

上海为中国红十字会总会所在地。按照《中华民国红十字会章程》

---

① 《中国红十字会总会紧要启事》，《申报》1937年7月30日。
② 《红会华北救护》，《申报》1937年7月30日。
③ 《抗战中救护事业底一个断面》，中国红十字会总会编：《中国红十字会历史资料选编（1904—1949）》，南京大学出版社1993年版，第350页。

及1936年6月30日立法院通过的《中华民国红十字会管理条例》，中国红十字会总会理应设在首都（南京），但基于诸种原因，一直没有"例行故事"。所以，淞沪会战爆发后中国红十字会总会直接担负起救护职责。

1. 淞沪会战爆发与中国红十字会的应对

淞沪会战爆发时，中国红十字会总会不似中国红十字会救护委员会华北分会那样于"七七"事变后仓促筹划布置，而是从容应对，有条不紊地开展救护工作。这主要得益于战前的精心准备。

自"七七"事变后，沪地处于临战状态。中国红十字会除扩大救护训练积极准备之外，于7月20日联络上海市商会、地方协会、医师公会、中华医学会、药业公会、医事教育机关及其他与救护有关的团体，在上海市救护事业协进会基础上重组中国红十字会上海市救护委员会，推举颜福庆为主任委员，许冠群、徐乃礼为副主任委员，俞松筠等人为委员，内设总务、医务2组，下设事务、医院、材料、救护等14课。这种救护资源的大整合，为淞沪会战救护工作准备了条件。7月27日，中国红十字会总会又在上海新闸路会所召开全体理监事联席会议，决定正式加入上海市各界抗敌后援会、上海慈善团体联合救灾会等团体，与各团体精诚合作。这样中国红十字会的救护工作很大一部分融入各种社团的救助行动之中，以收规模效应。

2. 救护队、急救队的应急救护

淞沪会战从8月13日开始，到11月13日结束，其间几乎无日不战，虹口、杨树浦、狮子林、川沙口、罗店、北新泾等都是著名的交战地，交战双方搏战激烈，伤亡惨重。中国红十字会全力以赴，竭力施救。

自8月13日至20日，在短短的1周时间内，中国红十字会先后成立救护队6队，按照《中央救护大纲》加以缩编，每队队员56人，择其"干练者"，由中国红十字会委任其为各队队长。各业救护团体纷纷请求参加救护，除煤业公会单独组织队员有百余人的救护队1队外，其余经中国红十字会审查编为急救队6队，每队16人。救护队、急救队分布江湾、大场、闸北、浦东一带，互相策应。8月25日后，战线逐渐扩大至吴淞、罗店等处，原编救护队、急救队不敷调遣，乃续编救护队4队、急救队6队，先后出发前线，协助工作。队员们舍生忘死，出入于枪林弹雨之中，救护伤兵伤民，有的队员因此献出宝贵生命。

3. 救护医院与特约医院的伤兵救治

救护队、急救队从战场上救回伤兵，分送各救护医院救治。医院无疑寄托着抗日伤兵生的希望。

当淞沪军情日趋急迫、战事爆发之际，中国红十字会总会立即着手组织救护医院，以便及时收治伤兵。淞沪会战战端既开，第一至第七及第二十救护医院次第开办，随后第八至第十三及第十八救护医院相继成立、至8月底已有15处救护医院投入救护工作之中。9月以后，战线扩大，战事趋烈，伤兵日增，已有救护医院不敷收容，于是又有9所医院相继开办。

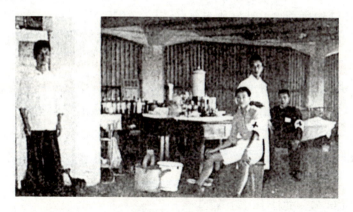

救护医院的治疗室

除救护医院之外，还有特约医院参与中国红十字会救护工作。当战事初起之时，救护医院未及全部开办，为此中国红十字会总会与上海原有医院洽商兼收伤兵，由中国红十字会按收容伤兵人数给予津贴（每名伤兵每日药品伙食费5角）。与中国红十字会合作的特约医院如人和医院、大德医院、大华医院等，共计16所。特约医院床位共计千余张，对于伤兵之收容不无助力。

除上述中国红十字会所属救护医院24处、特约医院16处之外，还有一些社团或私立医院，组织、经费完全独立，但仍与中国红十字会合作。从1937年8月14日到1938年4月30日，由上述各医院收治伤兵、伤民共计19 539名。

4. 伤兵分发与沪战救护结束

由于战事扩大，伤兵运沪每日有数百名，多时近千名，而上海各救护医院床位最多时仅5 000余张，无法全部收容，所以自8月22日起在第六救护医院内设立伤兵分发站1所，自前线救回伤兵视伤势轻重分别处理，重者送入医院，轻者暂留分发站，等候火车、船只转送后方。9月20日，第六救护医院停办，伤兵分发站改设于枫林桥外交大楼，此处可容伤兵1 000名，内设站长1人、医师2人、护士10余人，司理伤兵换药包扎事宜，另由上海市商会童子军团部派童子军1队，驻站维持秩序及料理伤兵登记、转送后方诸事。第六救护医院附设之伤兵分发站自8月20日至9月20日共收容分发伤兵2 267名，外交大楼分发站自9月21日起至11月8日止共收容分发伤兵17 940名。此外，昆山伤兵分发站自10月26日开办，至11月13日停办，在短短不足20天时间里分发伤兵3 200余名。

11月13日，上海沦陷，后方交通断绝，留沪伤兵安危可虑，中国红十字会遂将救护工作的重点转移到疏散伤兵上来。据中国红十字会资料记载，上海沦陷前后经中国红十字会疏散安置的伤兵：杭州5 750名，松江264名，苏州405名，嘉兴659名，吴兴321名，无锡67名，香港91名，宁波5 607名，温州291名，其他1 603名，伤愈归队895名，残废院158名，共计16 111名。①

11月13日，上海被日军占领，淞沪会战结束。据《中华民国红十字会战时工作概要》的最终统计，自1937年8月14日至1938年4月30日，救护医院收容伤病兵民19 539名，由上海伤兵分发站运送伤病兵民7 128名，由上海前线急救队及救护队救送伤病兵民43 446人。三项相加为70 113人。中国红十字会于淞沪会战救护可谓颇有成效。

---

① 《中华民国红十字会总会三年来总报告》，中国第二历史档案馆档案，全宗号476，卷号3198。

5. 上海红十字会煤业救护队

在淞沪会战救护中，上海红十字会煤业救护队格外引人注目。

1937年8月9日，日军在虹桥无端枪杀中国驻军人员而挑起事端的"虹桥机场事件"发生后，大量难民涌进租界。为救济难民，煤业公会成立救护委员会，潘以三、魏志大、鲍哲芗、陈渭滨、王文正任委员，下设上海煤业救护队，田鄂芳担任正大队长，罗希三、罗德传、金振华担任副大队长。大队之下共辖15个中队和分队。上海煤业救护队由此诞生。

8月13日，淞沪会战爆发后，拥有500多名队员和50多辆汽车的规模巨大的上海煤业救护队迅速组织起来，分赴八字桥、宝山、罗店、江湾、大场等地救护伤兵。为救护伤兵和车辆出入租界方便，自8月16日起，上海煤业救护队并入中国红十字会救护委员会交通股，改称"上海红十字会煤业救护

上海红十字会煤业救护队从温州、南昌等地运往新四军伤病医院的卫生用品

队"，挂红十字旗帜，佩戴红十字臂章。红十字会方面则负担汽油及汽车修理费用。在淞沪会战中，上海红十字会煤业救护队出生入死，救护伤兵14 000余名。

11月13日，上海沦陷，数千名伤兵亟待运往后方，上海红十字会煤业救护队担负起转运伤兵的重任。1938年1月，中国红十字会总会和上海煤业公会决定将交通股接运站和上海红十字会煤业救护队合并，改称"中国红十字会总会交通股一、二组"。该交通股正、副主任由中国红十字会派金芝轩、上海煤业公会派田鄂芳担任。二组对外仍沿用上海红十字会煤业救护队的名称。两组并肩战斗，经过艰难曲折，分别经由昆山、宜兴、南京、长兴、宣城、宁波、永康、丽水三路到达皖南和江

西南昌，集体加入新四军，转战大江南北。

上海红十字会煤业救护队投身淞沪会战救护工作之中，在中国红十字运动历史上留下浓墨重彩的一笔，而百余名队员集体加入新四军，也使这支特殊的救护队伍成为"三十年代青年的光辉榜样"①，在中国红十字运动史上书写了永不磨灭的华丽篇章。

6. 上海国际红十字会与南市难民区

淞沪会战，难民如潮，救助难民为各界所关切。9月18日，在中国红十字会前会长颜惠庆的奔走联络下，中外名流在上海国际饭店举行会议，会议商定成立一个执行委员会。10月2日，执行委员会召开会议，公推颜惠庆为主席，饶家驹、钟思、普兰特为副主席。10月16日，执行委员会接受中国红十字会授权，正式定名为"中国红十字会上海国际委员会"（以下简称"上海国际红十字会"）。

上海国际红十字会自成立后，多渠道筹款募捐，救助伤兵、难民。尤其是南市难民区的设立，堪称"难民救助的典范"。

饶家驹

南市难民区是在上海国际红十字会的支持下，由法国天主教神父饶家驹主持设立的，是上海国际红十字会难民救助的有机组成部分。正因为南市难民区由饶家驹主持，故该区又被称为"饶家驹区""饶家驹安全区"。南市难民区自1937年11月9日开办，至1940年6月30日停办，不到3年的时间，约30万生灵免遭涂炭。饶家驹因此被誉为"难民之父"。

南市难民区救助战争难民卓有成效，形成"上海模式"，并得以在南京、杭州、汉口、吴江、香港、广州、福州等地"复制"，不少于50万难民得到救助，影响深远。这一模式作为战时保护平民的成功范例被写入1949年8月12日《关于战时保护平民

---

① 陈丕显题字，中共上海市委党史资料征集委员会主编：《皖南从军纪实——上海红十字会煤业救护队抗战史料选编》，1987年编印，"插页"。

之日内瓦公约》（又称《日内瓦第四公约》），其中第十五条"一般背景"中明确指出："1937年中日战争期间，一个中立区也在上海建立起来……它被称为饶家驹区，是为了纪念成立这个区的人。"①《日内瓦第四公约》是国际人道法的重要组成部分。"上海模式"作为战时难民救助成功的典型案例被国际人道法所吸收，这既是饶家驹的创举，也是上海国际红十字会的贡献。

三、侵华日军南京大屠杀期间的人道救助

1. 惨绝人寰的大屠杀

1937年11月13日，上海沦陷，南京唇亡齿寒。日军步步进逼，中国军队节节败退。12月13日，日军占领南京，开始了惨绝人寰的大屠杀。

面对血腥屠杀，中国红十字会的救护工作陷入前所未有的困境。10月15日，刚刚开张的被誉为全面抗战初期最大的伤兵医院——中国红十字会首都医院，仅仅运转1个月便于11月16奉命结束，所有医师、护士，除遣散一部分外，其余200余人分三批迁往武汉。

难能可贵的是，中国红十字会南京分会义不容辞地担负起救护职责。

南京沦陷前，设有两处红十字分会：一处在贫儿院，另一处位于下关静海寺11号（后迁至静海寺9号）。按照有关规定"一地不能有两个分会"②，故下关分会于1937年秋改称"中国红十字会南京分会办事处"（以下简称"南京分会办事处"），城内分会于南京沦陷前迁往重庆。南京沦陷后，南京分会办事处就以中国红十字会南京分会的名义开展活动，80余位成员在日军的疯狂暴行下，救伤、掩埋、济困，不遗余力。

2. 参与国际红十字会南京委员会的工作

南京之战开始后，为了保证南京难民们的安全，留驻南京的丹麦、

---

① ［美］阮玛霞：《饶家驹安全区：战时上海的难民》，白华山译，江苏人民出版社2011年版，第180-181页。

② 张宪文主编，孙宅巍编：《南京大屠杀史料集5——遇难者的尸体掩埋》，江苏人民出版社、凤凰出版社2005年版，第158页。

德国、英国和美国等外籍人士借鉴上海南市难民区的经验，决定在南京设立安全区。12月12日，日军兵临城下，南京危在旦夕，"决定立即组织一个国际红十字会"①，并"呈请上海国际红十字会及中国红十字会，分别予以承认"②，同时致函日本使馆参赞福田，恳请日本当局准许委员会进行人道救援工作并给予保护。尽管未能得到日本方面的认可，但在12月13日，国际红十字会南京委员会宣告成立，美国圣公会牧师约翰·马吉为主席，中国红十字会南京分会会长李春南（又译作李春楠、李健南）、洛威为副主席，金陵女子文理学院教务长及教育系主任魏特琳、金陵大学美籍教授贝德士、德商西门子洋行南京办事处主任拉贝等12人为委员，旨在开展伤兵救护与难民救助工作。中国红十字会南京分会会长李春南出任副主席，意味着中国红十字会南京分会对国际红十字会南京委员会的人道救援工作给予了积极的配合。南京安全区及国际红十字会南京委员会，使20万难民免遭屠戮，中国红十字会南京分会有协助之功。

3. 设施粥厂赈济难民

中国红十字会南京分会除在宁海路25号和平仓巷6号两处设立收容所收容难民之外，还于12月13日在金陵女子文理学院开设施粥厂，救济难民。每日施粥2次，每日领粥人数最多时可达8 000余人。至1938年6月18日，将施粥厂移交金陵女子文理学院自行办理时，领粥人数累计达86万余人。

4. 施医送药

鉴于南京下关一带受兵灾最为严重，难民染病者无力就医，中国红十字会南京分会于是在下关设立施诊送药所一处，中国红十字会南京分会理事郭子章任施诊送药所所长。施诊送药所内分内科、外科，内科系用中医中药，外科则用西医西药，为难民提供医疗服务。

---

① 张宪文主编，章开沅、刘家峰、黄怀玉等编译：《南京大屠杀史料集4——美国传教士的日记与书信》，江苏人民出版社、凤凰出版社2005年版，第226页。
② 《1937年12月15日国际红十字会南京委员会致日使馆参赞福田公函》，［英］田伯烈：《外人目睹中之日军暴行》，杨明译，江西人民出版社1986年版，第130页。

5. 施送棺木

南京沦陷之前，中国红十字会南京分会在会员中发起"募集施材运动"，要求每名会员捐助 1 具棺木，共募集棺木 960 具，南京沦陷后陆续施出。

6. 掩埋尸骸

日寇在南京屠城，举世震惊，30 万同胞惨遭杀戮，尸横遍野，血流成河。从 1937 年 12 月到 1938 年 5 月底，中国红十字会南京分会共掩埋军民尸体 22 371 具。

中国红十字会南京分会募集棺木

7. 开办义学义渡

南京失陷后，学校都已停课，大量难童求学无门，终日无所事事，下关区的情况尤甚。中国红十字会南京分会"为补救起见，举办下关义务小学一所"①。这所小学最初只有 1 间教室，最多只能容纳 50 名学生，但当时实际要求入学难童逾百人，中国红十字会南京分会工作人员四处寻觅新校舍，使学生能够重新回到教室。此外，为解决难民渡江往返受滞的困境，中国红十字会南京分会又"办理义渡"②，免费为难民提供服务。

总之，中国红十字会南京分会在南京沦陷后，在无法取得中国红十字会总会支持的情况下，在极其险恶的环境中，对战争受害者提供了力所能及的人道救助。他们的人道行动为这一时期中国红十字会抗战救护留下光彩的一页。

---

① 《中国红十字会南京分会工作报告》，中国第二历史档案馆藏档案，全宗号 476，卷号 1976。

② 《中国红十字会南京分会工作报告》，中国第二历史档案馆藏档案，全宗号 476，卷号 1976。

第四节 救护总队部①的组建及其变迁

一、救护总队部的组建

1. 组建救护总队部的原因

1937年，上海、南京相继沦陷，战线仍在延伸，而此时中国红十字会的救护工作难以铺开，陷于极端尴尬的境地。转变救护策略，重整旗鼓，势在必行。这就需要有一个专门负责统筹救护工作的首脑机关，其驻地称为"救护总队部"。

2. 临时救护委员会成立

为推进救护总队部建设，1937年12月6日，中国红十字会总会成立了临时救护委员会，以王正廷会长为主席，杜月笙、刘鸿生、王晓籁、林康侯、钱新之、刘月如为委员。在临时救护委员会看来，战线延长，依托大城市办大医院的传统做法已经不合时宜，组建规模小、机动能力强的医疗队更切合实际。毕竟中国的抗战已不再是局部抗战，而是全民族抗战，全国各地到处是抗日的烽火，到处是战场，中国红十字会的战事救护只能从集中走向分散。此时，救护委员会认为，最好的办法就是与各医疗机构合作。鉴于此，临时救护委员会决定组织各种机动性医疗队前往各战区担任技术工作，以弥补原有治疗伤兵机关之不足。

3. 翻开抗战救护新的一页

为将上述决策落到实处，临时救护委员会决定聘请林可胜博士为临时救护委员会总干事，全面负责各战区医疗救护事宜，彭达谋、张祖棻、陈璞、胡会林、柳安昌、杨崇瑞、高家聚7人为干事，协助林可胜工作。干事室下设总务、医务、运输、材料4股，架构起救护组织系统。经过积极筹备，1938年春，救护总队部在汉口宣告成立。作为中国红十字会抗战救护的中枢机构，救护总队部的成立翻开了抗战救护新的一页，而负责筹建救护总队部的林可胜理所当然担任救护总队部总队长。

---

① 救护总队部：指中国红十字会救护总队部，此处为简称，下同。

4. 林可胜总队长

林可胜祖籍福建海澄（今属福建龙海），生于新加坡。1919年，林可胜毕业于英国爱丁堡大学，以优异的成绩获得医学和化学双学士学位。之后几年中，他以过人的精力、卓越的学术成就，先后获得哲学博士学位、生理学博士学位和科学博士学位，并于1923年当选为英国皇家学会爱丁堡分会会员。1924年10月，林可胜进入协和医学院担任生理系教授兼系主任，他由此成为协和医学院"第一个华人教授"。

林可胜总队长

在协和医学院的12年中，林可胜开拓进取，锐意创新，在科研、教学、人才培养诸方面，取得卓越成就。1926年2月27日，在林可胜的积极推动下，中国生理学会宣告成立，他出任第一任会长；1927年春，《中国生理学杂志》创刊，林可胜担任主编；1928年，林可胜出任中华医学会会长。林可胜被誉为"中国现代生理学奠基人""中国生命科学之父"。

林可胜是一位爱国学者。1925年，上海发生震惊全国的"五卅"惨案，他毅然两次与协和医学院学生一道上街游行示威，抗议英帝国主义的暴行，同时积极策划、支持学生成立救护队，以援救在示威活动中受伤的学生和市民。1931年"九一八"事变后，日军侵占东北，进窥华北。林可胜组织协和学生成立救护队，开赴古北口前线，实施救护。林可胜敏锐地意识到，抗日战争将是长期的，因而他在协和医学院组建了军官救护训练队，在课余时间，除实习医生之外，一至三年级学生一律参加，为持久抗战救护做好准备。

华北局势日趋紧张，全面抗战势将不免。有鉴于此，"七七"事变前夕，林可胜特向协和医学院校长胡恒德建议派遣协和医学院医疗队南下南京待命，以便在战争爆发时为前线将士提供服务。胡恒德考虑到美国及校方的自身利益，不敢得罪日方，拒绝了林可胜的提议，并建议林可胜去英国休假。1937年9月，林可胜便以休假为名，辗转南下，临危受命，筹组救护总队部，出任总队长。林可胜由此成为救护总队部的核心人物，担负起全面抗战救护的重任。

二、从武汉到贵阳

1. 撤退长沙

救护总队部成立后，在前期改编经验的基础上加快救护队的改编和组织进程，到3月底编就47队，陆续派往各地。林可胜总队长及庞京周秘书长亲自前往徐州、开封、西安等战区"实地视察"①，推动救护工作有序进行。

但不久，救护总队部所在地武汉成为日军进攻的目标。1938年6月，日军越过淮河南下，连克寿县、正阳关、合肥、安庆、马当，进逼武汉。救护总队部于是迁往长沙，设在长沙广雅中学里。

在长沙，救护总队部与内政部卫生署合办"战时卫生人员训练班"，招收社会上医护人员及流亡青年进行短期医疗救护卫生训练后，编成医护卫生队（每队20~30人不等），将其派赴战区担负伤兵救护及民众医疗工作。

2. 再迁祁阳

1938年10月25日，武汉失守，长沙震动。救护总队部于是奉命撤出，11月6日，西迁至300多千米以外的祁阳，在县城隔江的一块平地上安营扎寨。救护总队部需要的建筑，如办公室、存放医药材料的仓库、汽车停车间和修理车间、职工住的宿舍、公共食堂等都要自己建造。

武汉、长沙相继失守，大批伤病员涌向后方。由于卫生条件差，大多数官兵患有皮肤病，痛苦不堪。移驻祁阳的林可胜把大汽油桶改装成锅炉，并设置了简易灭虱治疥站，在56个后方医院推广，进行灭虱、治疥，并给予伤病员特别营养，疗效显著。

救护总队部在祁阳仍未能"站稳脚跟"，因战局不幸，2个月后不得不再次"开拔"，目的地是距祁阳千里之遥的贵阳。

---

① 《野战救护队》，《申报》1938年4月6日。

3. 迁入贵阳图云关

历经千辛万苦，1939年春，救护总队部抵达贵阳图云关。

图云关地处贵阳城东5千米的黔桂公路上，是贵州通往广西、湖南的必经关隘。在救护总队部未迁入之前，这里是一片植林场地，公路两旁及其附近的山谷地带栽种了片片松柏，路边间种着一排排刺槐，较远的山坡旷野开满了野生的杜鹃花。救护总队部就在这块环境优美的土地上"安家落户"，直到抗战胜利。

4. "一室四股"各履其责

1939年5月2日，中国红十字会总会核定救护总队部的名称为"中国红十字会总会救护委员会救护总队部"。6月1日，救护总队部图记及橡皮印章正式启用。

经过调整，救护总队部下设"一室四股"，即总队长办公室、医务股、材料股、运输股和总务股。

总队长办公室是原来的干事室（秘书室），设中英文秘书4~5人，专司中英文函件和公文的拟稿、打印、收发及救护总队部档案的保管。

医务股是救护总队的主体，人数也最多，初辖3个医疗大队，迁入图云关后，为了加强战地救护、医疗、医防等工作，医疗大队增加9个，中队增至40个，区队94个，手术队9个。各大队、中队、区队及手术队，均以战区划分，每个战区配属大队1个，每个大队辖中队5个，每个中队设区队2个。这只是一般规定，随着军情变化，也会做出相应调整。

材料股主要负责卫生材料的收发、管理、分配等事务，是维系救护系统的物资命脉。

运输股的任务主要是运输救护队需要的人员、装备，必要时承担部队伤病员的运送。运输股是救护总队部的动力系统，通过这一载体，有效地维系救护总队部与各战区之间的联系，将医药、人员送往所需之地。

总务股下设总务、财务、会计诸科，担负救护总队部和全体工作人员的事务工作，是救护总队部的后勤保障系统。

"一室四股"各履其责，相互配合，和衷共济，形成一个有机整体，支撑起抗战救护的一片蓝天。

5. 行动口号和救护信条

救护总队部工作重点是在抗战前线，救护伤员。因此，救护总队部的行动口号是"救死扶伤，博爱恤兵"。林可胜总队长为所有工作人员订立了八条救护信条：

一具丰富情感，二抱牺牲志愿，
三本博爱襟怀，四献科学身手，
五作精密准备，六求迅速效率，
七保伤病安全，八增人类幸福。①

这些行动口号和救护信条鞭策、激励救护总队部全体工作人员忘我工作，用实际行动履行红十字会的人道天职。

三、救护总队部与卫训总所②

在贵阳图云关，还有卫训总所的存在。卫训总所既有其特殊性，又与救护总队部的关系非同一般。

1. 卫训总所的前身

卫训总所的前身是战时卫生人员训练所，1938年6月，由林可胜总队长创办于长沙，该训练所由林可胜担任主任，陈韬（沈阳小河沿医学院毕业）担任大队长兼总务主任。抗战持续进行，伤兵日益增多，后方医院人满为患。医院不仅设备简陋，而且人手也不够，中外人士希望这种局面能有所改变。培训正规医护人员时间长，缓不济急，利用救护总队部雄厚的师资力量进行短期培训，不失为一种权宜应急之策。蒋介石手令林可胜总队长兼顾军医训练，林可胜总队长在战时卫生人员训练所增设军医班，并把战时卫生人员训练所更名为内政部军政部战时卫生人员联合训练所。

2. "二合一"的关系

救护总队部由长沙先迁至祁阳，再迁至贵阳图云关，训练所一直紧跟其后。为军事需要，训练所又改名为军政部战时卫生人员训练所（以

---

① 《回忆抗日战争时期的救护总队部》，中国人民政治协商会议贵州省贵阳市委员会文史资料研究委员会编：《贵阳文史资料选辑》第22辑《红会救护总队》，1987年编印，第57页。

② 卫训总所：指军政部战时卫生人员训练总所，此处为简称，下同。

下简称"卫训所"），以培训军医为主，计有看护士兵班、军医尉级班、军医高级班及军医分期教育班。图云关成为"军医的摇篮"。林可胜总队长继续担任主任。救护总队部与卫训所你中有我，我中有你，实际就是一种"二合一"的关系。

3. 网络式的教育体系

卫训所自迁至图云关后，由于客观需要和为了充分发挥中国红十字会各救护大队医护人员的作用，林可胜总队长决定在陕西、江西、湖北、四川、湖南建立5个卫生训练分所（自有分所之设，军政部战时卫生人员训练所更名为卫训总所）。第一分所在陕西褒城，陈韬为主任；第二、三、四、五分所分别在江西上饶、湖北老河口、四川黔江、湖南东安，负责人分别为刘经邦、马家骥、彭达谋、林竟成。每个分所驻地同时驻有红十字医疗大队，大队长为分所主任。各分所利用健全完善的设备和教育系统为所在战区不断培训医护人才，并对各战区医护工作给予就近指导。卫训总所与分所构成了一个网络式的教育体系。

4. 学员大队和学生大队

卫训总所内分学员大队和学生大队两个体系。学员大队为在职军医进行复训和提高，为短期训练性质，每期培训3~6个月后，学员可回原单位工作。这是卫训总所的重点工作。学生大队则为养成教育，有分期军医教育班、高级护士教育班、初级护士教育班、检验班等，学制也较长。如分期军医教育班，招收初中毕业及高中肄业学生，学制为8年。在校学习2年后，学生被分配到部队见习1年，再回学校学习2年，再返部队见习1年，最后2年在校学习和留医院实习，学生如此反复培养训练，既掌握了理论知识，又有了实践经验，这样可达到医学院毕业水平。这个计划由于抗日战争胜利与相同机构合并没有完全实现。为配合教学，1939年，林可胜创办了卫训所"实习医院"①，高级医务人员均属卫训总所编制。这所综合性教学医院，既是卫训总所的实习基地，同时也是设备先进、人才济济的正规医院。

---

① 实习医院：在1944年改称"贵阳陆军医院"，拥有病床200余张。

5. 最大的医护人员培训基地

卫训总所由军政部所管辖,但培训费用的大部分则由救护总队部筹措,培训计划、教学管理等均由救护总队部统筹安排。林可胜总队长同时兼任卫训总所主任,救护总队部的一些主要医疗技术人员如荣独山、张先林、周寿恺、周美玉、屠开元等同时又是卫训总所各部门的负责人和主要教师,也是贵阳陆军总医院各科室的一些负责人,"真如一个单位之感"①。

卫训总所是抗战时期中国最大的医护人员培训基地,卫训总所连同5个分所,估计共训练将近2万人,他们是抗战救护的生力军,不仅为抗战救护事业做出了不可磨灭的贡献,而且为中华人民共和国的医疗卫生事业积累了有生力量。

救护总队部自迁至图云关后,在林可胜总队长的苦心经营下,呈现出前所未有的繁荣,1940年前后,医疗队扩充至114队,医护工作人员达3 420人。救护总队部成为全国抗战救护的指挥中心。遗憾的是,1942年9月,林可胜总队长遭到排挤,被迫辞去总队长职务(总队长职务先后由胡兰生、汤蠡舟接替),这使得抗战救护事业受到了一定程度的冲击。

第五节 救护总队部抗战救护的典型案例

救护总队部下辖救护总队医疗队,在各战区出生入死救治伤兵,书写了一篇篇战地救护传奇,闪耀着人道的光辉。

一、第九大队与四次长沙会战救护

1. 第一次长沙会战千里驰援

1939年9月至1944年8月四次长沙会战,是抗战史上中日双方出动兵力最多(日军66万人次,中国军队100余万人次)、规模最大、历

---

① 《红会救护总队与卫训所的培训关系》,中国人民政治协商会议贵州省贵阳市委员会文史资料研究委员会编:《贵阳文史资料选辑》第22辑《红会救护总队》,1987年编印,第156页。

时最长的大会战。第九战区司令长官薛岳集结重兵，与日军在长沙一带展开鏖战。救护总队部根据组织规程，在每个战区设置1个医疗大队，并配属医疗中队及区队。救护总队部第九战区救护事宜由救护总队部第九大队承担。第九大队下辖9个中队、18个区队，大队长为林竟成。

1938年10月，广州、武汉失守，抗日战争进入相持阶段。为争取战略主动权，日军不断发起新的攻势。1939年3月27日，日军攻下南昌后，制订"湘赣作战"计划：进攻湘赣北部，歼灭第九战区主力，打通粤汉路，呼应鄂中日军西进。

9月14日，第一次长沙会战开始，湘北是日军的主攻方向。救护总队部第九大队多支医疗队、医防队和卫生队，初次推进到湘北最前方部队工作，随军进退。救护队队员立下誓言："中国部队所能到的地方，我们中国红十字会救护人员也应该能到。"①

湘北许多公路被破坏，救护队队员只好徒步前行，这对携带大批医疗设备的救护队队员来说是一个严峻考验。在林竟成的带领下，各队历尽艰辛，随军徒步10余天，行程近500千米，救护因战受伤的伤兵。

10月初，第一次长沙会战结束，日军无功而返。救护总队部第九大队所属各队迅速赶回长沙，对炸伤民众进行救护，开展霍乱疫苗注射、伤病兵灭虱及重伤员医疗手术工作。

2. 随军进退不顾自身安危

1941年9月6日，日军由湘北进攻长沙，第二次长沙会战拉开帷幕。双方在新墙河以北之港口、甘田、草鞋岭、白羊田一带展开激战。9月17日，日军突破新墙河。9月28日，日军一度攻占长沙，中国军队组织反击。10月1日，日军撤退，中国军队乘胜追击，至10月11日会战结束，中国军队共歼敌4.8万余人，击落飞机3架，击沉汽艇7艘，使日军一举歼灭第九战区主力的企图未能得逞。

第一次长沙会战中，救护总队部所属第三、六、九大队均开往战地实施救护，其中分布在衡阳、衡山、湘潭、长沙、益阳等地的救护总队

---

① 林竟成：《第九大队与四次湘北会战》，中国第二历史档案馆档案，全宗号476，卷号1985。

部第九大队所属各队最先加入前线部队开展工作。日机沿要道低飞，狂轰滥炸，给救护工作带来极大的困难，但救护队队员不稍退却，表现出"空前的耐劳、吃苦、冒险、犯难、勇敢、牺牲的精神"①。在这次救护行动中，"女英雄畅革新小姐，一个人于敌机狂炸中俘了两匹日本马和救了一位同志，冲出重围"②的故事在当时传为佳话。

3. "模范大队"获通令嘉奖

第二次长沙会战结束不到3个月，日军再次集中12万兵力，发动第三次长沙战役。12月22日，日军进攻新墙河。12月24日、27日，日军先后突破新墙河、汨罗江，进抵永安。1942年1月2日，日军进攻长沙，受到中国军队的顽强抵抗，于1月4日后撤，遭到中国军队的围追堵截，伤亡5万余人，付出惨重代价。

此次大捷中，救护总队部第九大队工作人员随军进退，在伤兵必经之路设立裹伤救护站。日军退出长沙，救护队队员不顾湘江布有水雷的危险，乘汽船赶回长沙，开展伤兵医疗手术及民众防疫工作，动作之神速让湖南卫生处处长张维由衷叹服，钦佩不已。救护总队部第九大队出色的救护行动受到救护总队部通令嘉奖，被誉为"红十字会模范大队"。

第三次长沙会战结束后，救护总队部第九大队除在野战医院协助工作之外，着重于部队环境卫生的改善，颇见成效。1943年7月，美国医药援华会主席柯尔波到湘北视察部队卫生工作，对救护总队部第九大队的工作赞叹不止："愈到前线，部队环境卫生愈优良，印象之佳，是出乎意料之外的。"③

4. 四大"看家本领"

1944年5月26日，日军发动旨在打通中国大陆南北交通并与南洋连接的豫湘桂战役，做困兽之斗。在湖南战区，日军兵分三路，中路军以长沙为正面主攻方向。受河南战场惨败的影响，湖南守军皆无斗志，

---

① 林竞成：《卫生工作应再接再厉才能配合愈战愈强的部队》，《会务通讯》总第7期（1942年4月），第3页。

② 林竞成：《第九大队与四次湘北会战》，中国第二历史档案馆档案，全宗号476，卷号1985。

③ 林竞成：《第九大队与四次湘北会战》，中国第二历史档案馆档案，全宗号476，卷号1985。

连战皆败。6月18日，长沙失守。

中国军队撤出长沙，救护总队部第九大队不得不随军撤退。经过前三次长沙会战的磨砺，医护人员已练就"能饿、能冻、能晒、能走"的四大"看家本领"。面对恶劣形势，他们抢运存放在衡阳、邵阳两个材料库中的医疗卫生器材，组织手术组、换药组奔赴衡阳工作，直到衡阳沦陷。

第四次长沙会战中，救护总队部第九大队所属各队热情高涨，各尽所能，积极主动地开展救护工作：有的在战区搜寻重伤将士施行手术；有的在做好本职工作之余，乘坐卫生列车，协助运输各种物资；有的在医院和诊所为受伤将士裹伤，注射疫苗；有的在前方随军工作，和部队共同进退，进行300多千米的长途跋涉。中国红十字会"救死扶伤，博爱恤兵"的信条，在四次长沙会战中得到了充分体现。

二、敌后战场的救援行动

在抗日战争中，救护总队部正面战场的救护不遗余力，而对敌后战场，林可胜总队长也给予了应有的重视。在共产党领导下的抗日根据地，红十字旗帜鲜艳夺目。

1. 奔赴延安

还在救护总队部筹办之时，林可胜总队长就特别关注西北敌后战场的救护事宜。1937年年底，林可胜总队长应周恩来的请求，首批派出第七、第二十三、第三十九医疗队开赴西北，协助八路军开展医疗卫生救护工作。其中，由中央大学、齐鲁大学联合医疗队改编的第二十三医疗队最为精干。1937年10月，第二十三医疗队曾在安庆的一个后方医院为上海战场及沪宁路沿线作战中负伤的重伤员进行手术治疗，在短短的40天时间里，完成大小手术近800例。12月中旬，该联合医疗队到达武汉后被整编为第二十三医疗队，由14人组成，队长为外科医师侯道之，队员有内科医师谢景奎，妇产科医师金茂岳，外科医师李汇文、姜传习、张伯英，护士朱朝政、朱芹、王学礼、王金泉、朱朝城（后改名朱朝成），事务员吕起润，工人李福淮、刘长山。其中，6名医师均是齐鲁大学七年制医疗系毕业，护士是四年制高级护校毕业。

1937年12月20日，三支医疗队由汉口乘车北上郑州，转赴西安。

途中几经周折，月底抵达西安中国红十字会救护总队第一大队部（以下简称"第一大队部"）。八路军驻西安办事处中共中央代表林伯渠在七贤庄驻地接见了三支医疗队全体队员。随后三支医疗队由侯道之领队，乘卡车向延安进发。在延安，队员们受到八路军留守处首长萧劲光、中共联络员姬鹏飞、中共中央军委卫生部副部长饶正锡和孙仪之及边区医院院长傅连暲等人的热烈欢迎。鉴于第二十三医疗队整体实力较强，姬鹏飞及中共中央军委卫生部两位副部长与侯道之队长商定：第二十三医疗队到距离前线最近的第二后方医院（后改为兵站医院）协助工作，负责该院手术治疗任务；妇产科医师金茂岳、内科医师谢景奎及第七、第三十九医疗队留在边区医院协助工作。

2. "山洞医院"

第二后方医院位于延安东40千米的甘谷驿，院部原是一个旧天主堂，依山穴洞而成，灰砖铺地，石灰粉墙，显得整洁、明亮。手术室、药房、消毒室、办公室、食宿地都在这"山洞医院"。医院的仓库、病区设在院部后面的山坡上，条件简陋。

第二后方医院除院部之外，还设有四个医疗所：一所在甘谷驿东延水边上的杨家湾，距院部10余里①；二所在延川县禹居镇，距院部上百里；三所在延长县交口镇，距离院部近百里；四所在院部西北数十里。医院范围之大，驻地之分散，出乎队员的意料。分散救治可以尽量接近前线，便于就近收治伤员，一旦形势紧张，也便于农民分散掩护伤员；但不便之处也是显而易见的，队员要不辞辛劳，奔波于各医疗所为伤兵敷药、疗伤。加之山路崎岖，交通不便，困难之多可想而知。

第二后方医院的医疗救护工作异常繁重，因当时八路军一二九师、一一五师、一二〇师和山西新军对同蒲路、石太路沿线日军形成大包围态势，扫荡与反扫荡持续不断，伤兵众多，院部原有救护力量有限，队员几乎处于超负荷状态。尽管如此，第二十三医疗队还先后抽调两个手术组于1938年春、1939年春，分别由侯道之和谢景奎率领前往延长县交口镇第三医疗所和延川县禹居镇第二医疗所开展手术活动。第二十三

---

① 1里等于0.5千米，下同。

医疗队的服务对象主要是八路军和山西新军伤病员。

1940年5月，第二十三医疗队被抽调至第五战区的湖北老河口前线开展医疗工作。临别之时，中共中央军委副主席周恩来、八路军总司令朱德等各级领导及中共中央军委卫生部、边区医院、第二兵站医院等有关团体向第二十三医疗队赠送锦旗，并召开隆重的欢送会，表达边区军民对第二十三医疗队衷心的谢意。第二十三医疗队在陕北的近800天中，完成各类大小手术3 000余例，无一死亡病例，这在红十字会史上是不多见的。

1938年年初，林可胜总队长派齐清心大队长率2支医疗队、1支医护队和1支X光队到延安八路军战区服务。到达目的地后，他们受到延安军民的隆重欢迎。2支医疗队分别安

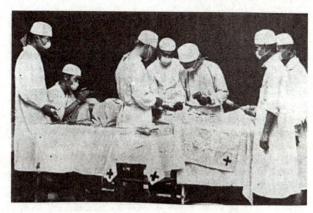

第二十三医疗队在陕北工作的情形

排在"中国最大之山洞医院"宝塔山边区医院、甘谷驿兵站医院工作，医护队分在市内门诊部服务，2台X光机分别配备给2支医疗队。

3. 翻越太行山

山西是中国红十字会另一个援助地。1938年9月，救护总队部组织3个医疗队——第六十一医疗队、第十三医疗队和"驴马队"前往山西。他们克服重重困难，突破日军封锁线，冒着风雪翻越太行山，于1939年1月辗转抵达山西潞城，受到朱德总司令等人的款待，随后被派往沁县八路军野战医院开展医疗救护工作，直到1939年才返回西安大队部休整。

1939年，细菌学家江涛声自德国留学回国，途经香港时与宋庆龄不期而遇。宋庆龄以"保卫中国同盟"的名义向国外募集一批医药器械，托新西兰友好人士詹姆斯·贝特兰护送至西安，转运延安，江涛声及其

妻希尔达护理员要求同往。经过千辛万苦，一行人到达目的地。江涛声决心留在敌后战场，向西安第一大队部请求派其到五台山白求恩医院为八路军服务，得到嘉许。西安第一大队部将要求去敌后为八路军服务的人员组编为第四十医疗队，江涛声任队长。

1939年冬天，第四十医疗队在八路军办事处刘民的帮助下离开西安赴五台山白求恩医院。几经波折，渡河到了桓曲，途经山西新军独三旅驻地时应邀在该军后方医院为重伤病员施行手术，还办了一个培训班为院方培训医务人员。不久，第四十医疗队被阎锡山军队围困，几经交涉，始准放行。但祸不单行，当医疗队步行到东路地区时，遭到国民革命军第二十七军范汉杰部的围困，阻挠医疗队上五台山。在多次强烈要求下，医疗队终于获准前行，由国民革命军二十七军押送过黄河，返回西安第一大队部。

第四十医疗队返回西安后，江涛声、郭步洲分别向第一大队部和八路军驻西安办事处汇报情况。医疗队重新整编，人员扩增到19人。整编完毕，该队又被派往湖北老河口第五战区为新四军服务。

中国红十字会除了对八路军抗日根据地提供人力支援之外，还经常提供物资援助。如1938年7月，在巴黎召开反轰炸不设防城市恢复和平大会时，英援华会提议在中国设立国际和平医院救济伤兵、难民。次年，国际和平医院在晋南一所教会医院落地。中国红十字会承担每月经费中的50镑。这座医院也成为国际援华医疗队与中国红十字会医疗队的共建基地。1939年冬，以英国牛津大学巴吉尔教授为首的英国援华团，携带约10吨贵重医疗器械和药品，自贵阳图云关出发，由林可胜以救护总队部总队长的名义，委派西北视导员郭绍兴在陕西汉中接待，将其转运至西安，交予第十八集团军办事处。几经周折后，这批物资运达延安。

4. 对新四军的医疗援助

对新四军的医疗援助也为中国红十字会所关注。

皖南事变前，新四军主要活动在江西、皖南、苏南等地。在林可胜看来，抗日战场只有一个，对新四军进行医疗援助是题中应有之义。而援助行动的源源不断，与艾格尼丝·史沫特莱的"纽带"作用是分不开的。自1938年艾格尼丝·史沫特莱和林可胜在汉口相识后，就以《曼彻斯特卫报》特约通讯员的身份深入新四军战地，每周向外邮寄2篇通讯，报道新四军医疗工作和红十字医疗队救护实况；向国际组织写报告呼吁医药、救护车辆等物资的援助，同时将战地调查情况随时寄送至救护总队部，作为林可胜总队长了解敌后战场、调整救护力量的依据。

1938年，艾格尼丝·史沫特莱由陆路来到长沙，请求林可胜总队长拨发前线奇缺的医药，尤其是治疗"打摆子"（疟疾）的奎宁片和针剂。在艾格尼丝·史沫特莱的建议下，林可胜派出2支医疗队前往新四军战区开展医疗救护工作。关于医疗队工作情形，作为战地记者的艾格尼丝·史沫特莱多有报道。

艾格尼丝·史沫特莱有"中国伤兵之母"之美誉，她穿梭于新四军各大战场，及时向救护总队部报告新四军战区伤兵、难民状况。随新四军经南昌时，艾格尼丝·史沫特莱亲眼看见了一次红十字医疗队的紧急救护："第二天，又一场可怕的空袭刚过，我就穿过仍在冒烟的街道到一〇九后方医院去了。有一个红十字救护队在那里工作……甚至在炸弹落到医院四周的时刻，他们也不曾畏缩。我们穿上白罩衣，戴上白帽子，走进手术室……"①

自全面抗战至抗战胜利，中国红十字会先后派出20多支医疗队到八路军、新四军军中服务，抗日根据地飘扬的红十字旗帜向世人展示了人道的力量。

三、域外救护

1. 林可胜挂帅远征

林可胜虽然遭受排挤和不公正对待，但他并没有离开抗战救护第一线，而以中国远征军军医视察总监的名义亲率医疗队前往缅甸战场，为中国远征军提供医疗救护服务。

太平洋战争爆发后，日军相继占领中国香港、印度支那地区及新加坡，接着挥师北上，进攻缅甸。1942年3月12日，日军攻占仰光，滇

---

① ［美］艾格尼丝·史沫特莱：《中国的战歌》，江枫译，作家出版社1986年版，第251-252页。

缅路这条关系中国抗战命脉的国际交通运输线受到威胁。根据1941年12月23日达成的《中英共同防御滇缅路协定》，1942年3月16日，中国正式组织远征军，下辖第五军（军长杜聿明）、第六军（军长甘丽初）和第六十六军（军长张轸），在杜聿明（不久改为罗卓英）的统率下由云南进入缅甸，先后在同古、仁安羌、腊戌等地对日作战。救护总队部迅即抽调医护人员，组成3支救护医疗队，以计苏华、严家贵和龚念慈为队长，另由运输股修理所长张世恩组织1支救护车队，在林可胜的亲自率领下，于3月22日由贵阳启行。当救护医疗队"抵达缅境之时，前方战事日烈，兼程驰往，开始工作"①。战事激烈，救护总队部加派3支医疗队"出征"缅甸进行支援，但因战局突变受阻，暂留滇边工作。

由于盟军指挥步调不一，各行其是，因而屡失战机。中国远征军虽取得一些战果，但无力扭转被动的局面。日军利用盟军孤立作战之机，迅速增派机械化快速部队，于4月底从缅东部绕道北进腊戌、畹町，以切断中国远征军的退路。战局急转直下。5月，中国远征军一部分由缅退回云南，另一部分进入印度。已深入前线的林可胜率领的3支医疗队不得不放弃在西保开办临时收容医院的打算，带领伤病员回国。

林可胜前往缅甸参与救护工作

4月23日，医疗队在林可胜的带领下拟由眉苗取道密支那到云南腾冲。途中渡伊洛瓦底江，过那巴、喀什，一路险象环生。将到密支那时，医疗队又因日军堵截而"上野人山，去印度"，然后转道回国。经过26天的艰难跋涉，医疗队穿越了被日军封锁

---

① 《红十字会半年工作概况》，《新华日报》1942年10月2日。

的缅甸丛林，到达印度阿萨姆邦的利多火车站。① 这次出色的转移，完好保存了入缅的3支医疗队，使之继续为战场服务，林可胜也因此获得了美军高级勋章。

中国远征军在缅甸作战失利后，一部分由司令官罗卓英与中国远征军最高统帅部参谋长史迪威中将带领，于1942年5月20日到达印度英帕尔。根据史迪威与印度当局达成的协议，在加尔各答的蓝珈（莱姆伽）建立中国军队训练营。蓝珈成为中国驻印军的训练基地。林可胜到达那里，主持中国军医训练。为此，林可胜抽调图云关卫训总所的马安权和戴根法工程师率医疗环境卫生工程队20多人去往蓝珈，开设短期军医训练班，培训驻印军医护卫生人员，传授丛林作战救护和防疫知识。同时，留在滇西的中国军队，由陈诚任司令长官，组成滇西远征军。林可胜又派杨文达医师为首的包括虞颂庭、刘庆东、孔庆德等医护环境卫生工程人员30多人，到昆明黑林铺协助军医、军护的培训。不久，林可胜增派汪凯熙、李庆杰等医师充实黑林铺师资。

培训工作步入正轨后，1942年7月中旬，林可胜携秘书汪犹春自印度阿萨姆邦的汀江军用机场搭乘美军便机回国，随后回到图云关。喜讯传来，图云关一片沸腾，8月3日，救护总队部、卫训总所在卫训所大礼堂举办了热情洋溢的欢迎会，救护总队部工作人员及来宾千余人出席，"颇极一时之盛"。图云关到处张灯结彩，还邀请"厉（慧良）家班"演戏3天，以资庆祝。② 中文秘书詹汝嘉赋七律一首：

> 欢跃声中发浩歌，
> 迎来绝域异闻多。
> 林林壮志怀诸葛，
> 总总雄心迈伏波。
> 队伍伤残蜀道苦，

---

① 《难忘的岁月——记中国红十字会贵阳医疗队在缅甸》，中国人民政治协商会议贵州省贵阳市委员会文史资料研究委员会编：《贵阳文史资料选辑》第22辑《红会救护总队》，1987年编印，第179-182页。

② 《林总队长可胜载誉归来》，《会务通讯》总第10期（1942年9月），第26页。

长官慈爱醉颜酡。
回春妙手膏肓起，
国才无双一笑呵。①

  这是一首"藏头诗"，该诗每句的首字组成"欢迎林总队长回国"，表达了救护总队部、卫训总所全体工作人员对林可胜孜孜奉献于人道事业的崇高敬意。
  林可胜重新回到图云关，仍以卫训总所主任的身份关注着中国驻印军抗战救护工作。这年夏，林可胜由卫训总所派出防疫学组代理主任薛庆煜去印度阿萨姆邦的雷多，出任中国驻印军新三十八师军医处长，加强指导与管理。

  2. 域外救护再出发

  域外救护工作因战事复起而重新启动。1943年10月，中国驻印军由卡拉奇一线向南挺进，进击拉班、沙都苏、虎关盆地，取得重要进展。同时抽出中国驻印军新三十八师、五十师之一部与美军两个营合组中美联军，并于1944年4月进攻密支那。在中国驻印军发动缅北战役时，中国政府又重组中国远征军，由滇西出击缅北，并于5月西渡怒江，形成对日军夹攻之势。由于林可胜未雨绸缪，军医培训到位，中国驻印新军战事救护有条不紊展开。新组建的中国远征军，由救护总队部第十大队担负起救护任务。1944年4—5月，救护总队部第十大队所属011、012、021、022、031、032、041、042、051九个支队及附属英国公谊三队、新运会四队到达前线，随军开展野战救护工作。
  战事激烈，伤亡颇多，救护总队部第十大队所属各支队救护任务繁重，药品消耗量大，往往超过预算应用量，常有捉襟见肘之感，救护总队部第十大队所属第六材料分库尽量供给，仍"有十日九空之慨"，幸得美国红十字会及美军供应局拨助，救护工作得以顺利展开。在短短数月中，救护总队部第十大队取得了这样的工作业绩：内科住院52 058人，外科住院86 936人，门诊106 266人，手术1 140人，化验13 544

---

  ① 薛庆煜：《记中国红十字会救护总队与战时卫生人员训练所》，《中国科技史料》1999年第2期，第173页。

例，特别营养44 414例，预防接种18 300人，X光检查176人次。

3. 滇缅反攻的医疗保障

战事仍在进行，救护力量也在不断充实。8月，救护总队部第十大队所属052医疗队组建。11月，第一至第六手术队报到。这为滇缅反攻提供了有力的医疗保障。

野战救护对于红十字会医疗队不仅意味着面临枪弹之险，而且还得经历辛苦备尝的行军。陡转的山岳地势与多雨的气候，使他们经常陷于窘境。深入前线而又没有便捷的运输条件，补给异常困难，中国红十字医护人员往往因不能及时得到给养而挨饿受冻。但是，救护高于一切。每有伤兵出现，中国红十字医护人员便不顾一切地为他们医治。救护总队部第十大队所属051医疗队队长甘理安在高黎贡山施行急救手术时，对面突然有排炮飞来，而他仍镇定自若地将手术做完。中国红十字医疗队临危不惧的事例在战地上数不胜数。

域外救护持续到1945年滇缅反攻的胜利而结束。在此过程中，林可胜时刻关注着战局的变化和救护工作的进展。1944年8月，收复密支那后，林可胜所派新三十八师军医处处长薛庆煜调任新一军军医处处长，他又派遣卫训总所外科学组教官张涤生接替新三十八师军医处遗缺。他们不负林可胜的厚望，圆满完成域外救护任务。

特别值得注意的是，1944年年底，国民党内部进行人事调整，林可胜被任命为军医署署长，恢复了他对战地救护工作的组织、领导职权。林可胜重新获得重用，除了他在海内外拥有崇高的声望、胡适等人的推荐及人事关系的调整等因素之外，与他开创的远征军救护工作的新局面有着直接的关系。林可胜依然为抗战救护事业挥洒热血。

第六节　国际援华医疗队的抗战救护

红十字会是国际性的组织，在人道主义旗帜下，各国红十字会相互援助乃应尽之义务。在中国红十字运动史上，"援外""外援"的例子不胜枚举，而在抗日战争这场关系到中华民族生死存亡的大战中，国际红十字组织给予了可贵的人道援助。据不完全统计，从 1937 年 8 月 30 日到 1938 年 3 月 21 日，中国红十字会共收入国币 4 484 万余元，1942 年 2 000 万元，1943 年 2 500 万元，1944 年 14 000 万元，1945 年 60 000 万元。这其中，捐款数目最大，占一半以上，而国外捐款又占总捐款的 95% 以上。国际社会有物力的支持，更有人力的援助，特别是国际援华医疗队，直接参与了中国红十字会的抗战救护，谱写出一曲国际人道主义的颂歌。

一、白求恩领队的"加美医疗队"

青年时代的白求恩

1937 年 7 月，全面抗战爆发后，宋庆龄前往香港筹建保卫中国同盟（以下简称"保盟"），向全世界介绍中国抗战情况，并呼吁国际社会给予人道援助。被誉为"北美洲的四大名医"之一的加拿大医生白求恩了解到中国的抗战情况，坚定了他前往中国的想法。在一次晚宴上，白求恩向陶行知表示："如果需要，我愿意到中国去，同你们一起战斗。"是年年底，白求恩前往纽约向国际援华委员会报名，主动请求组建一支医疗队到中国服务，得到批准。不久，一支由白求恩任队长，加拿大女护士琼·尤恩、美国外科医生帕森斯为队员的"加美医疗队"组建起来。

1938 年 1 月 2 日，白求恩率领"加美医疗队"，并携带大量医药物资前往中国。1 月 23 日，"加美医疗队"到达汉口之后，左翼人士同时也是中国红十字会志愿者的艾格尼丝·史沫特莱前来迎接。中共中央军委副主席周恩来和八路军医疗服务协调人博古希望医疗队能前往共产党的革命根据地工作。医疗队与中国红十字会取得联系，中国红十字会救护委员会总干事林可胜正在筹建救护总队部，为国共两党的军队提供医疗服务，他征询白求恩的意见，白求恩认为共产党领导的八路军更需要医疗援助，于是决定北上延安。2月22日，白求恩一行离开了汉口。

1938年3月31日，白求恩等人一到延安就受到毛泽东的接见。毛泽东表示会大力支持他的工作，并决定由白求恩组织一支战地医疗队，去往战争的前线——晋察冀抗日根据地。

1938年4月24日，白求恩离开延安前往晋察冀抗日根据地；6月17日，到达五台山，并在晋察冀军区司令员聂荣臻及保盟的支持下建立了一所模范医院，对八路军伤兵进行救治。

二、印度救护队的中国之旅

1938年秋，印度国民大会"以我国此次发动全面抗战，不特为争取中华民族之生存，且为维护远东和平，打击世界侵略者之抗战，极表同情，特组织印度救护队来华服务"①。

1938年9月1日，印度救护队首批5人——爱德（又译作亚特、雅图、亚达尔、阿塔尔、阿泰尔）医生，巴苏（又译作巴素、巴森、巴士）医生，卓克（又译作高路拿、乔尔克古）医生，柯棣尼斯（又译作吉尼士、德巴斯、考尼斯，即人们熟知的柯棣华）医生，木克吉（又译作摩卡治、莫克介尔）医生——备救护车2辆、医药仪器55箱，以爱德医生为领队，乘英国邮轮"兰浦丹拿"号自孟买起航，于9月14日抵达香港，受到中国红十字会、香港中华医学会的欢迎。9月15日下午，中国红十字会驻港办事处、香港中华医学会联合假座华商俱乐部举行欢迎大会，中国红十字会副会长杜月笙、中华医学会会长李树培及何香凝、倪士钦、黄炎培、王晓籁、伍长耀等社会名流共百余人参加欢迎大会，"情形异常热闹，济济一堂，极一时之盛"②。

---

① 《为正义而服务之印度救护队昨抵港》，《申报》1938年9月15日。
② 《中华医会红会欢迎印护队盛况》，《申报》1938年9月16日。

9月17日，援华医疗队到达广州，宋庆龄亲自到码头迎接，这使医疗队员深受感动。

印度救护队在广州停留数日，即赴汉口，于9月30日抵达，参加救护总队部的工作，并被编入第十五救护队。

武汉沦陷后，印度救护队于11月21日撤至重庆待命，受到重庆各界欢迎。医疗队队员要求去延安为八路军伤兵、难民服务，却遭到国民党的阻挠。他们据理力争，国民党只好妥协。队员们还特意请中印文化协会创办人、著名佛学家谭云山为他们每个人都起了一个中国名字：爱德华、卓克华、巴苏华、柯棣华、木克华，即取印度名字前两个字，后面加上中华的"华"字。随后，该队奔赴华北敌后救护八路军伤兵、难民。

三、"西班牙大夫"接踵而至

继印度救护队之后，"西班牙大夫"接踵而至。

1939年秋，救护总队部贵阳图云关迎来了一支国际援华医疗队。队员们来自欧洲，因来华之前曾参加过1936—1939年西班牙内战共和国派的国际医务纵队，所以被称为"西班牙大夫"。他们分别来自8个不同的国家，通过伦敦的英国援华会组织而成国际援华医疗队。

根据中国人民对外友好协会提供的资料，国际援华医疗队名单如表5-1所示。

表5-1 国际援华医疗队名单

序号	国籍	英文名	译名	中文名
1	波兰	Dr. S. FLATO	斯·弗拉托医生	傅拉都
2	波兰	Dr. V. TAUBENFLIGEL	维·陶本弗利盖尔医生	陶维德
3	波兰	Dr. F. KRIEGEL	弗·克里格尔医生	柯理格
4	波兰	Dr. W. JUNGERMAN	沃·云格尔曼医生	戎格曼
5	波兰	Dr. L. KAMIENIECKI	列·卡梅涅茨基医生	甘理安
6	波兰	Mrs. M. KAMIENIECKI	玛·卡梅涅茨基夫人	甘曼妮
7	罗马尼亚	Dr. Y. KRANZDORF	雅·克兰兹多尔夫医生	柯烈然
8	罗马尼亚	Mrs. KRANZDORF	克兰兹多尔夫夫人	柯芝兰

续表

序号	国籍	英文名	译名	中文名
9	德国	Miss. E. MARKUS	艾·玛库斯小姐	—
10	匈牙利	Dr. G. SCHON	捷·舍恩医生	沈恩
11	保加利亚	Dr. J. KANETTI	杨·卡内蒂医生	甘扬道
12	德国	Dr. H. BAER	赫·贝尔医生	贝尔
13	罗马尼亚	Dr. D. JANCU	达·杨库医生	杨固
14	奥地利	Dr. W. FREUDMANN	沃·弗雷德曼医生	富华德
15	苏联	Dr. A. VOLOKINE	亚·沃罗金医生	何乐经
16	德国	Dr. C. COUTELLE	卡·考泰勒医生	顾泰尔
17	奥地利	Dr. H. KENT	亭·肯特医生	肯德
18	德国	Dr. R. BECKER	罗·贝克尔医生	白乐夫
19	捷克	Dr. F. KISCH	弗·基什医生	纪瑞德
20	奥地利	Dr. F. JENSEN	弗·严森医生	严斐德
21	奥地利	Dr. WANTOCH	王道医生	—

部分"西班牙大夫"在贵阳图云关合影

他们分三批陆续到达中国。第一批出发的是白乐夫、严斐德及纪瑞德，他们于1939年5月1日从英国利物浦出发，6月抵达中国。第二批出发的是贝尔、富华德、杨固、甘扬道，他们于1939年8月5日从英国伦敦乘船抵达法国马赛港口，与傅拉都、戎格曼、甘理安夫妇、柯理格、陶维德、柯烈然、沈恩、何乐经及戎格曼太太汇合，9月13日一同抵达香港，10月16日抵达贵阳图云关。第三批出发的是顾泰尔及肯德，他们直到1940年才抵达中国。他们陆续被派往前线，以新的姿态投身抗日战争救护事业之中。

四、英国、美国等国的援华医疗队

除印度救护队、"西班牙大夫"之外，英国、美国等国援华医疗队也纷纷到来。

1939年4月，瑞士红十字会派遣伯尔乐医生、何尔姆（又译作贺木、霍尔曼）医生，携带药品来到中国红十字会总会驻香港办事处，于4月23日启程前往贵阳图云关救护总队部，听候调遣。不久，他们又被分配到长沙某士兵医院中服务。

1939年夏初，据报道："由美国自动来华加入红会工作之外科医生有五名，同时自德国被驱逐出境的犹太籍医生多名，亦已加入。"①

1941年，由英国、美国、加拿大合组的救护队来华，有队员50人，救护车10辆，并有流动手术室、消毒器、发电机及X光等设备。

1941年9月4日，柯恩女士乘轮抵达香港，而后前往贵阳图云关救护总队部服务，她被称为"美国赴自由中国服务女医生之第一人"②。

1942年4月20日，美国医药助华会宣布，将派遣一支由内外科医生、护士、技术人员组成的医疗队赴华，与救护总队部合作，担任医药指导及医师双重职务。

1942年5月4日，中国驻英大使顾维钧在大使馆设宴，欢送即将赴华的由24位队员组成的英国援华医疗队全体队员。另据10月15日《新华日报》报道："为响应救治中国伤兵，英国红十字会特派遣医院工作人员一队来华，现已抵达长沙，即将在该处设立后方医院一所，以应需要。该队包括医生八人，看护十二人，X光技术员一人，会计一人。该队除长沙之后方医院外，并计划在湘潭设立医院，且已成立流动医疗

---

① 《外籍医师纷纷来华参加救护工作》，《申报》1939年6月19日。
② 《美医药助华会派女医来华服务》，《新华日报》1941年9月5日。

队,以便在前线附近工作。"① 这支医疗队应该就是顾维钧大使设宴欢送的医疗队。

国际红十字组织的人力援华,自 1938 年以来,人员持续增加,到 1942 年达到高潮。来华服务的医护人员数量虽然缺乏可靠的资料统计,但仅从上述罗列的不完全的数据来看,也已超过百人。这在当时的历史条件下是一支相当可观的救护力量。

外籍医疗队队员在红十字旗帜下,与中国红十字会救护队队员甘苦与共,在反法西斯战争中建立了不朽的丰碑。

五、不朽的丰碑

国际援华医疗组织遵照中国红十字会制定的《外籍医生服务办法》,前往各战区,致力于救死扶伤的神圣职业,鞠躬尽瘁。他们为抗战救护做出了伟大的贡献,有的甚至献出了宝贵的生命。白求恩、柯棣华、高田宜等人就是如此。

1939 年 2 月,白求恩率一支 18 人的"东征医疗队"到冀中前线救治伤员,他们不顾日军炮火袭击,连续工作 69 个小时,给 115 名伤员做了手术。1939 年 10 月,白求恩在涞源摩天岭战斗中抢救伤员时左手中指被手术刀割破,又在后来的手术中感染,于 11 月 12 日因病情恶化抢救无效逝世于河北唐县黄石口村,终年 49 岁。12 月 1 日,中共中央、八路军、边区主要领导人及延安各界举行追悼大会,数万群众参加。毛泽东送了花圈,并写了挽联:"学习白求恩同志的国际精神,学习他的牺牲精神、责任心与工作热忱。"② 挽联高度概括了白求恩身上所体现的精神和品格。

柯棣华于 1938 年到中国后,在前线救护伤兵。1939 年 2 月,柯棣华前往延安参加了八路军医疗队,在晋察冀边区全力抢救和日本军队作战的伤员,并以自己的身体试验,治疗当时在边区流行的传染病。1941 年 1 月,柯棣华被任命为白求恩国际和平医院的院长。1941 年 11 月,

---

① 《英籍医师来华服务》,《新华日报》1942 年 10 月 15 日。
② 中共中央文献研究室编:《毛泽东年谱(1893—1949)》中卷,中央文献出版社 2005 年版,第 145 页。

柯棣华大夫

柯棣华和卫生学校的教员郭庆兰结婚,婚后生有一子,由当时晋察冀边区司令聂荣臻为他儿子起名为柯印华。柯棣华于1942年7月7日加入了中国共产党,同年12月,他由于癫痫病发作在前线逝世,年仅32岁。柯棣华被誉为"第二个白求恩"。12月30日,柯棣华追悼会在延安中央大礼堂举行。毛泽东送了亲笔挽词:"印度友人柯棣华大夫远道来华,援助抗日,在延安华北工作五年之久,医治伤员,积劳病逝,全军失一臂助,民族失一友人。柯棣华大夫的国际主义精神,是我们永远不应该忘记的。"① 宋庆龄发去唁电,表达了对他的无限哀思。

高田宜,英国人,曾在印度热带病研究所工作。来华后,高田宜被分配到救护总队部。当高田宜得知日本侵略军投掷细菌弹给中国人民造成巨大灾难时,要求参加广西的医疗队去治疗传染病,临行时因感冒而匆忙地打了防疫针,不料引起反应,不到24小时就不幸去世了。如今,贵阳图云关仍存有"英国女医生高田宜之墓"。墓的两侧有中英文对照的碑文,中文是"英国女医生高田宜,1941年来华支援我国抗战。翌年,侵华日军投掷细菌弹,她为防治菌疫,不幸以身殉职。兹刻碑以志不忘"②。

1944年,罗马尼亚籍女医生柯芝兰在云南昆明参加防疫时,她和丈夫柯烈然双双被感染。柯烈然闯过了"鬼门关",而柯芝兰病情时轻时重,终因心力衰竭于1944年3月14日殉职,献出年仅39岁的宝贵生命。临终时,柯芝兰希望丈夫将其葬在建水,柯烈然遵从她的遗愿。第二十师官兵特别为她举行葬礼,挽联云"淋惠遽云亡,南国同声失慈

---

① 廖盖隆、胡富国、卢功勋主编:《毛泽东百科全书》,光明日报出版社1993年版,第551页。

② 贵州省地方志编纂委员会编:《贵州省志·人物志》,贵州人民出版社2003年版,第385页。

母;伤残未尽起,西方何处觅美人"①,表达了抗日军民对她的爱戴和崇敬之情。

王道医生来自奥地利,维也纳大学毕业,是第二批抵达救护总队部的"西班牙大夫"。1939年,第四十医疗队本拟前往五台山为八路军服务,但因阎锡山部的阻挠,于1940年被迫折返西安第一大队部。医疗队重新整编,王道医生和他的夫人苏珊被编入第四十医疗队。整编完毕,医疗队被派往湖北老河口第五战区为新四军服务。在湖北前线,王道和中国同伴互帮互助,受到大家的爱戴,"王道医师在郧阳后方医院工作时,认真负责,对伤病员非常热情。学起中国话来很快,为人和蔼可亲,大家与他开玩笑他从不生气。他们夫妻非常恩爱,大家仿照'玉堂春'这出戏,叫他(她)们是'王公子'和'苏三'"②。遗憾的是,由于工作太过劳累,生活条件又差,王道医生的肺结核病复发,大量吐血,住进襄阳医院治疗,于1945年在重庆逝世,葬于南岸墓地。

英国红十字会配属救护总队部昆明办事处指挥的医疗队,队长韩正义,在抗战间殉职。经行政院会通过报请,国民政府曾于1944年6月2日下令褒扬。原文是:"英国红十字会医疗队队长韩正义,以外籍人员在华从事医疗队工作有年,急难扶伤,忠勇任职,于湘豫等省早著令誉,远近受其惠者,为数非其少,博爱存心,良深嘉尚。迺因调动繁剧,积劳病逝,特予明令褒扬,以彰异绩,而永仁声。此令。"③

这些国际友人无私的奉献、可贵的国际人道主义精神在中国人民的心里竖起了一座不朽的丰碑。

---

① 中共红河州委党史研究室编:《红河历史百名人物》,中共党史出版社2013年版,第213页。
② 《抗战时期我在"红会"医疗队的一段经历》,中国人民政治协商会议贵州省贵阳市委员会文史资料研究委员会编:《贵阳文史资料选辑》第22辑《红会救护总队》,1987年编印,第19页。
③ 《红会救护工作拾遗》,中国人民政治协商会议贵州省贵阳市委员会文史资料研究委员会编:《贵阳文史资料选辑》第22辑《红会救护总队》,1987年编印,第137-138页。

第七节　不可磨灭的历史功绩

一、一支不能忽视的人道力量

1. 辉煌的救护业绩

1945年8月15日，日本宣布无条件投降，中国人民取得抗战的最后胜利。这是全民族不畏强暴、流血牺牲换来的成果，也是对世界反法西斯战争的巨大贡献。这其中红十字会就是一支不能忽视的人道力量。在全面抗战的过程中，中国红十字会的战事救护成就辉煌。据不完全统计，从1938年1月到1945年9月，外科方面，进行手术119 856人次，骨折复位35 522人次，敷伤8 784 731人次；内科方面，住院人数2 142 997人次，门诊军人2 481 685人次，门诊平民2 002 996人次；其他方面，X光照相5 631人次，X光透视52 798人次，检验226 593人次，特别营养934 833人次，可谓业绩辉煌。

2. 守护生命健康

救护固然重要，防疫也不能忽视。斑疹伤寒、回归热等传染病在军中肆虐，以致病兵多于伤兵，严重影响军队战斗力。有鉴于此，救护总队部将防疫纳入救护工作的重点，展开集体灭虱、抗疟、防疫及改善环境卫生等运动。这种救护、防疫并重的救护理念贯穿于整个抗战救护事业中。如在1939年第一次长沙会战中，据救护总队部第九大队林竟成大队长回忆，灭虱站距离敌军最近只有5千米，队员们在战壕里连日开展防疫作业，广泛宣传环境卫生的重要性，救护总队部也派遣技术专家到前线指导。在全面抗战的过程中，中国红十字会预防接种4 632 446人次，灭虱人数792 148人次，灭虱物数3 881 176件。通过灭虱、治疗、饮水消毒、清洁厕所等一系列措施的推行，天花、斑疹伤寒、回归热、痢疾、下腿溃疡等发病率显著减少，军队战斗力因此大大提高。

3. 民众的医疗服务

战时救护是中国红十字会工作的重中之重，但并不局限于此。民众的医疗服务作为中国红十字会的一项传统业务从来没有停止过。1940

年，中国红十字会总会先后设立直属医防服务队 24 队（后有所增加），为普通百姓施医送药。1942 年，医防服务队归并于救护总队部，但于贵阳、桂林、赣州、曲江、成都、昆明、柳州、衡阳、恩施、福州等地，则由医疗队开设诊疗所，为民众提供免费医疗。在这方面，中国红十字会总会在重庆的工作颇引人注目。1939 年 8 月 29 日，中国红十字会总会在重庆沙坪坝建成重庆时疫医院（后改称"重庆医院"）。院中设备完善，病人一律免费。除正常门诊之外，住院病人随到随收。同年 11 月，中国红十字会总会又在重庆近郊设 4 处诊疗站（所），每天免费为病人诊病。不幸的是，2 年后，即 1941 年 8 月，重庆医院在日机的一次空袭中被炸毁。1942 年，重庆医院与卫生署中央医院合并，改名为重庆中央医院，增设床位，改善医疗设施。据门诊部社会服务科统计，从 1943 年 7 月 15 日到 1944 年 2 月 12 日，免减药费诊病的贫民、荣誉军人、难童、公教人员等共 175 516 人，取得了良好的社会效益。

4. 教授医助

抗战时期，中国经济濒临崩溃边缘，物力维艰，供应紧张，物价腾涨，普遍的贫困化成为战时中国突出的"社会病"。教授作为学界精英，也与其他阶层一样陷于贫困之中。1943 年 6 月 18 日，中国红十字会总会制定的《中国红十字会大学教授医药服务补助办法》，开始在重庆、昆明先行实施，据《大公报》报道说，中国红十字会总会"近并举办渝昆两区国立大学教授医药补助。重庆区受补助者计十三校，共一千五百六十九人；昆明区受补助者六校，五百五十六人"①。至 1944 年，补助范围扩大到 39 所院校，补助金额总计达 626 698 850 元。

"医药补助"实际上是生活补贴，这在物价飞涨的时代条件下，有效地缓解了教授生活上的压力，有助于教育的振兴和教育事业的发展。

5. 荣军福利

荣军福利是中国红十字会社会服务的又一重要方面。在抗日战争这一伟大的民族自卫战争中，爱国将士抛头颅，洒热血，筑起保家卫国的钢铁长城。他们是中华民族的脊梁，拥军、荣军于是成为社会各界自觉

---

① 《红十字周今日开始，全国各地同时举行》，《大公报》1943 年 10 月 1 日。

的行动。中国红十字会作为人道救助组织，也用自己特有的方式向抗日将士献上一份爱心。

中国红十字会的荣军福利主要分为两个方面：一是对残废军人的扶助，其中最有特色者当数矫形外科中心的开办。该中心于1940年会同军政部共同开设，延揽专家，对残废军人进行康复治疗，装配"义肢"（假肢），同时根据残废军人的具体情况给予相宜的职业培训，使他们残而不废，鼓起他们生活的风帆。二是对抗日军属的关爱与救助，特别是对陪都辅助抗属会的工作，予以积极配合，施医赠药。

6. 难民救助

在全面抗战的时代背景下，难民流离失所，无家可归，挣扎在死亡线上，尤其是妇孺，处于异常脆弱的尴尬境地。

针对日军全面侵华造成的人道主义灾难，中国红十字会义不容辞地担负起一份责任。还在抗战初期，无论在东北、长城沿线、绥远，还是在上海，中国红十字会均筹集捐款，对难民进行救助，饥则食之，寒则衣之，竭尽全力。全面抗战爆发后，中国红十字会对弱势群体的救助工作也进入最艰苦的阶段。中国红十字会多方筹措，进行物质救助、精神抚慰和医疗服务。例如，1944年豫湘桂战役爆发后，西南、华南难民众多。从9月到12月，救护总队部所属各队在黔桂线医治难胞166 606人，湘黔线医治难胞153 790人，川黔线医治难胞731 588人。

总之，在全民族抗战过程中，中国红十字会以抗战救护为中心，汇聚人道力量，以巨大的牺牲精神投身保家卫国战争的救援中，彰显出人道的光辉，也得到社会各界的盛赞。不仅"救治军民达一千六百万人，其贡献于国家者殊大"①，而且国际地位也因此得到显著提高。1945年，中国红十字会会长蒋梦麟当选为国际红十字会协会（后改称"国际红十字会与红新月会协会"）副主席，中国红十字会领导第一次担任这一职务，正是基于中国红十字会"抗战艰苦光荣之贡献"②。

---

① 沈怡：《本会募集事业基金——人人有帮助红十字的义务》，《红十字月刊》总第20期（1947年8月），第1页。

② 《蒋会长报告》，中华民国红十字会总会编：《复员期间中华民国红十字会总会第一次常务理事会议事录》，1946年内部刊行，不著页码。

二、"伟绩宏效"的背后

在抗战过程中，中国红十字会之所以取得令人瞩目的"伟绩宏效"，当然有多方面的原因。

1. 整建中国红十字分会，提供组织保障

组织建设是任何时候都不容忽视的基础工作。中国红十字会分会是中国红十字会总会的重要依托，尤应强化组织建设。受抗战局势影响，1936年登记在册的中国红十字会分会有464处，到1937年年底减少到254处，净减210处。这其中绝大多数中国红十字会分会鉴于战争原因被迫宣告解体。如何建立健全中国红十字会分会组织，成为摆在中国红十字会总会面前的一个难题。

1940年4月1日，中国红十字会总会由沪迁至重庆小龙坎梅园新村办公后，立即着手中国红十字会分会的整建工作。整建工作首先从四川省开始，继而扩展到贵州省、云南省等省份。其中，四川省成绩最佳，整建中国红十字会分会达33处。无论是新设的中国红十字会分会，还是原有的中国红十字会分会，均能按中国红十字会总会的要求，因地因时制宜，或开设医院，或开办诊所，或组织救护队，为地方军民提供医疗服务。如中国红十字会武昌分会，从1938年5月3日到8月16日，3个多月时间中，协助救治伤兵、难民共达1万余人，"颇得伤军赞扬"[①]。中国红十字会分会的救护工作在相当程度上弥补了中国红十字会总会救护力量的不足，扩大了救护范围。概言之，中国红十字会分会的整建工作为抗战救护提供了组织保障。

2. 举办"红十字周"，拓展征募渠道

与组织建设相关联，征募工作也不可或缺，否则红十字组织就会徒具空名。对此，中国红十字会有清醒的认识："征募工作，乃红十字会最基本的工作，'征'是征求会员，'募'是筹募基金。红十字会的组织细胞是会员，红十字会的组织营养是基金。明乎此，红十字会的生命泉源，便少不得会员，缺不得基金。红十字会的生命力量，就是要会员健

[①] 《中国红十字会武昌市分会报告》，中国红十字会总会编：《中国红十字会历史资料选编（1904—1949）》，南京大学出版社1993年版，第346页。

全,就是要基金充足。"① 特别是在抗战这样的"非常时期",征募工作就显得格外重要而紧迫。

全面抗战前,如前所述,中国红十字会曾举办过3次颇具规模的征求会员运动,为抗战救护创造了良好的条件。然而,随着日军侵华战争的持续,原有的中国红十字会分会大多遭到破坏,会员人数锐减,会费收入微乎其微,只有依赖外援。为了改变这一局面,中国红十字会总会在迁至重庆后,在整建中国红十字会分会组织的同时开始了"征募"工作,不过形式与以往征求会员运动不同,"征募"以"红十字周"的新面目出现在世人面前。"红十字周"与当今盛行的"5·8"世界红十字日颇为相似,每年选定一个相对固定的时间举行(从1942年起每年10月1日为"红十字周"开始之日),时间一般为10天(1944年为1个月)。"周"在这里只是一段时间的象征,与7天为1周不能同日而语。

首届"红十字周"于1941年1月1日至10日举行,实际至4月底才结束,共征得会员20 000余人,会费收入45 029元。这其中,名誉会员加入者有刘峙、李宗仁、余汉谋、张发奎、张群、邓锡侯等20余人;特别会员加入者有孙科、梁寒操、周恩来等160余人;正会员加入者有顾一樵、陈访先、贺国光等5 000余人,其他普通会员、青年会员加入者亦各达数千人。

1942年、1943年、1944年又连续举办3届"红十字周"。这4届"红十字周"总计征求会员42 069人。尽管距离每届征求10万人,4届征求40万人会员的预定目标相去甚远,但毕竟取得一定的成绩,增加一些新生力量,募集到一些经费,对抗战救护工作不无裨益。

3. 争取外援,做好人道外交工作

在尽可能搞好"内务"的同时,中国红十字会积极开展民间外交以争取外援。外援,不仅仅是物资方面的援助,还包括人力支援和道义声援等。如前所述,国际组织人力、物力的援助自全面抗战以来持续不断,这与中国红十字会利用各种场合呼吁、争取是分不开的。如1938年6月22日,中国红十字代表团在第十六届国际红十字会大会上慷慨陈

---

① 中华民国红十字会总会编:《中华民国红十字会征募手册》,1946年内部印行,扉页。

词，呼吁国际社会给予有力援助。中国代表的报告赢得"全场鼓掌，颇为热烈"①。这是一种道义的力量。英国、美国、法国、比利时、荷兰、澳大利亚、捷克斯洛伐克、加拿大、埃及等国代表于散会后"亲来握手道贺，表示同情，并愿回国报告，继续作（做）有效之援助"②。援华行动由此得到强有力的推动。

就拿美国红十字会来说，1941年12月太平洋战争爆发，美国也陷入战争的泥淖，但是美国红十字会对华援助并未因之停止和减少。这一时期，美国红十字会除致力于本国救济事务及大力援助欧洲外，中国也是其人道援助的重点区域。如1942年3月，为救济四川各县市被炸城区小学生，美国红十字会特捐赠蓝布40吨作为衣料。同年，美国红十字会续捐重庆市社会局布匹10吨，重庆市政府当局专门组织了赠布分配委员会进行分发。自1942年以来，中国红十字会因海外侨胞捐款锐减而经费支绌，美国红十字会驻华代表伊文思、李德为此电商美国红十字会捐款协助中国红十字会，以便维持中国的伤兵救护和平民救助等工作。为此，美国红十字会除捐助中国红十字会10万美元作为其运作经费之外，另赠予中国妇女指导委员会及战时儿童保育会5万美元，均由中国红十字会收转。为协助中国发展童子军事业起见，美国红十字会捐赠童子军总会1 000美元，指定该款项作为办理中国女童子军事业之用。1943年3月23日，美国红十字会又捐赠中国红十字会5万美元用以救济伤兵、难民。抗战胜利前夕，为救济广州、贵州、湖南等地灾民，美国红十字会还慷慨捐助救护总队部2 000多万元（法币）。尽管战争屡屡阻碍着国际红十字组织医药物资运华的进度，但人道援助中国的步伐一直在继续。从1943年11月到1944年5月半年间，美国红十字会援华医药用品已有235吨以上空运到中国。自1943年以来，美国红十字会赴华工作人员骤增，至抗战胜利前夕，美国红十字会在华工作人员已达70余人。另外，美国红十字会还先后在中国设立战地服务所7处，从而成

---

① 《中国红十字会代表参加第十六届万国红十字会大会报告书》，中国第二历史档案馆档案，全宗号476，卷号3198。

② 《中国红十字会代表参加第十六届万国红十字会大会报告书》，中国红十字会总会编：《中国红十字会历史资料选编（1904—1949）》，南京大学出版社1993年版，第407页。

为中国战地救护体系的重要外援力量。

4. 慷慨捐输，支援抗战救护事业

在外援中，海外侨胞的鼎力资助不容忽视。抗战爆发后，世界各地华侨激于民族大义慷慨捐输，"近则南洋，远则美洲，莫不争先恐后，组织筹款会，热烈捐输以助战费及救济伤兵等项"①。他们为抗战胜利做出了巨大贡献。

华侨捐助同样是中国红十字会抗战救护的重要保障。自全面抗战以来，中国红十字会一直把争取海外华侨的资助作为"外事"活动的中心工作之一，不仅通过媒体进行呼吁，而且派专人前往南洋等地劝捐。1937年12月，中国红十字会以救济伤兵、难民问题日渐扩大，会内经费尤感缺乏为由，特派冯少山、王志圣赴南洋群岛向侨胞劝募。华侨纷纷响应，捐款捐物，源源不断。救护总队部成立之初，部分医疗队所需开支均由华侨资助。

海外赤子热心捐助，款项、药品、器材、救护车辆等，凡有所需，均量力赞助。例如，缅甸华侨不仅捐款捐物，全力支持中国红十字会的抗战救护工作，还于1938年1月组织缅甸华侨救护队。经培训后，该救护队于8月回国投入火热的抗战救护工作之中，为抗战救护事业增色不少。

总之，海外华侨为支援中国红十字会抗战救护事业，竭尽全力，慷解仁囊。没有华侨的鼎力相助，抗战救护工作就无法顺利展开，难怪中国红十字会史料记载称："本会战时工作经费，仰赖侨胞捐助者甚多，故侨胞亦堪称'中国红十字会之母'。"②

三、为了忘却的纪念

抗日战争是中华民族的壮举，也是中国红十字运动史上的里程碑。在这场关系中华民族生死存亡的战争中，红十字人义无反顾，践行"救死扶伤，博爱恤兵"的天职，全力从事军民救护工作，血汗交织，艰苦卓绝，取得了举世瞩目的"伟绩宏效"。为此，不少红十字人献出了宝

---

① 陈嘉庚：《陈嘉庚回忆录》，山西古籍出版社1996年版，第452页。
② 中华民国红十字会总会编宣股：《中华民国红十字会战时工作概况》，1942年内部印行，第12页。

贵的生命。

1. "为国牺牲"的刘祁瑞

1932年1月28日，日军大举进攻上海，中国红十字会先后组织20余支救护队救护伤兵、伤民。在此过程中，第七救护队队员刘祁瑞（有报道称"刘祁端"）殉职。

2月15日上午，战事稍稍停歇，刘祁瑞与20多位救护队队员在闸北战区救护伤兵。据2月18日《申报》报道，"刘见沙袋前面伤兵甚多，亟应前进救护，遂越过第三第二沙袋而进至第一沙袋线内，并携有红会救护旗帜，以示敌方明了系救护人员，当不至（致）发生其他危险。不料甫抵线内，正在实施工作之际，而敌方阵线，忽向我开枪，其枪弹尤集中红会旗帜之下，当时我红会同人曾高呼系救护者，讵敌兵竟置而不睬，仍继续发枪，刘君忠于职责，虽在枪林弹雨之下，仍从事工作。惨无人道之日兵，更瞄准向刘氏连射十余枪，遂集（击）中刘氏左臂上及肚部、腿部等处。（刘）氏受枪击后，乃退出阵线，而日兵竟敢追击之，于是又续中两弹，刘氏顿时昏倒，不能行动，经同人等抬之上车，赴宝隆医院诊治，经医生施行手术急救，无如伤势太重，且系中毒弹，卒无法挽救，遂延至十六日下午四时气绝身死"①。刘祁瑞殉职时年仅26岁。

日军肆意践踏国际公法的野蛮行径，使人道救援行动变得愈加险恶。尽管如此，红十字人"秉承博爱恤兵宗旨，严守万国红十字会章程，不避艰险，努力工作"②的信念，绝不动摇。在2月18日为刘祁瑞举行的葬礼上，800余名救伤队员打出了"为国牺牲"的巨幅标语，这既是对死难者的褒扬，也是对他们不畏凶险的赞颂。

2. "惨烈绝伦"的罗店四烈士

1946年10月，一座雄伟的红十字纪念碑在上海罗店拔地而起。这是中国红十字会上海区办事处及上海市分会为纪念红十字会因参加全面

---

① 《红会救护队刘祁瑞被日兵射死经过》，《申报》1932年2月18日。1932年2月19日，《申报》报道《刘祁瑞葬万国公墓》消息称"第七队队长刘祁瑞"。按：第七队队长为汤蠡舟，刘祁瑞或为副队长，亦未可知，此处存疑。
② 《红十字会宴请万国红会代表》，《申报》1932年3月13日。

位于上海市陈伯吹中学的红十字纪念碑

"抗战救护牺牲之第一人"——中国红十字会第一救护队副队长苏克己医师（江苏武进人，毕业于南洋医科大学，中国红十字会罗店医院院长），以及护士谢惠贤（女）、刘中武、陈秀芳（女）四位烈士而树立的。碑址所在地——罗店，即烈士的殉难处。四位烈士是在1937年淞沪会战中，因冒险救护被迫降落战地的空军士兵苑金函而于8月23日遭日军残忍杀害的。

8月23日，日军进犯罗店，狂轰滥炸，救护队房屋也被炸毁。当队员正准备西撤时，适逢中国空军战士苑金函在对敌空战中机毁人伤，降落在罗店近郊。苏克己闻讯，亲率队员把苑金函救回，施行急救手术。据中国红十字会史料记载，"手术未终，寇兵遽至。苑君蒙苏君等掩护，匿猪圈中得不死"[1]，而苏克己与队员则不幸被俘。据目击者称，苏克己"大节不屈，意（义）气凛然，曾以药囊击群冠。敌大忿，立枪杀之，并支（肢）解其体为六段，血肉狼藉，惨不忍睹"[2]。队员谢惠贤、刘中武、陈秀芳同时遇害。这是第一救护队"工作历史最惨痛之一页"[3]。

事件发生后，各界人士强烈谴责日军枪杀中国红十字会工作人员，残暴践踏国际公法的行为；中国红十字会特别电请驻美大使兼会长王正廷提请红十字国际委员会、红十字国际联合会，对日军残杀中国红十字

---

[1] 《中国红十字总会第一救护队抗战殉职烈士纪念碑》，上海市档案馆馆藏档案，档号：Q6-10-390。

[2] 《中国红十字总会第一救护队抗战殉职烈士纪念碑》，上海市档案馆馆藏档案，档号：Q6-10-390。

[3] 《中华民国红十字会总会三年来总报告》，中国第二历史档案馆档案，全宗号476，卷号3198。

会救护人员予以严厉谴责；中国红十字会上海分会、中华医学会、南洋同学联合会，在上海西藏路一品香饭店礼堂联合召开追悼会，缅怀四位烈士宁死不屈的精神；宋美龄女士在中央广播电台特作英语广播，发布《日军残杀我红十字会苏克己医师》的报道，昭告世界，赞颂死难英烈之悲壮，抨击侵略军之残忍。

抗战胜利后，中国红十字会在罗店立碑纪念。纪念碑于1946年10月12日举行揭幕仪式，上海市政府、医师公会等机关团体，上海各界代表及空军伞兵代表等数百人参加致祭。中国红十字会蒋梦麟会长与杜月笙、刘鸿生副会长合撰的祭文，向人们诉说着苏克己等四位烈士悲壮的事迹。碑文"炎炎华夏，浩浩烟尘。八年抗战①，泣鬼惊神。壮哉诸子，罔顾艰辛。枪林弹雨，重义轻身。恫伤遇难，慷慨成仁。沸腾热血，惨烈绝伦。以寒敌胆，以式国人。河山不改，姓字常新"②，寄托着红十字人无限的哀思和对先烈们献身人道事业的讴歌。

3."忠烈成仁"的娄氏父子

常言道："打虎亲兄弟，上阵父子兵。"在抗战救护中，父子携手投身人道事业的例子并不鲜见。娄氏父子就是其中的典型。

娄云鹤，中国红十字会正定县分会会长，行伍出身，曾任职北洋直系部队，官至团长。1924年，直奉战争中直系战败后，娄云鹤厌倦了军阀战争，更惋惜在战争中失去的年轻生命，痛下决心，弃官还乡。随后，在当地士绅的举荐下，娄云鹤出任中国红十字会正定县分会会长。娄云鹤在任内创立医院，举办救济事业，颇有成绩。

"七七"事变后，素有"燕南故郡，京师屏障"之称的正定县成为日军进攻的目标。1937年9月24日，日军在攻克保定后，占领新乐县（今河北新乐）；10月4日，进逼正定县郊外；10月8日，分兵三路占领正定县城，开始了灭绝人性的凶残大屠杀。据《正定县志》记载，日军3天之内在正定县城内及近郊的13个村庄屠杀百姓达1 526人。

---

① 目前，抗战时间更改为从1931年9月18日"九一八"事变算起，至1945年9月2日结束，共14年抗战。

② 《中国红十字总会第一救护队抗战殉职烈士纪念碑》，上海市档案馆馆藏档案，档号：Q6-10-390。

面对日军疯狂的进攻，娄云鹤将生死置之度外，亲率担架队出入枪林弹雨，抢救受伤官兵。其子娄家骧①当时在南京求学，在日军全面侵华战争爆发后，以"国家将亡，上学何用"为名，毅然回到正定县老家，出任中国红十字会正定县分会救护队队长。10月9日（农历九月初六），攻破正定县城的日军展开杀人竞赛，连红十字人娄云鹤也不放过。娄云鹤身中七刀，壮烈殉国，时年56岁。年仅29岁的娄家骧也不幸罹难。

为缅怀烈士，经中国红十字会总会报请，国民政府行政院于1947年12月6日颁发"忠烈成仁"匾额一方，以此纪念。

4. 114人的《追思录》

刘祁瑞、罗店四烈士、娄氏父子是甘洒热血为人道的典型。其实在抗战中还有许多这样的红十字人。在中国红十字会史料中，我们发现了这样一份《追思录》，记载了"殉职员工"和"积劳病故"者名录。

殉职员工：苏克己、墨树屏、李树藩、宋国清、刘宗猷、陈乃宽、刘中武、谢蕙贤、陈秀芳、张松林、杨全兴、胡瀛学、方顺宝、湛小林、游联弟、杜运生、沈毛毛、曹惠丰、翁福根、王元发、陈亚头、谭海萍、薛士汉、张海霖、吴庸、古少真、唐寿生、鹿文林、王孝义、邹学树、毛熙臣、王清弼、王家龢、梅碧芳、徐锡汉、龙春庭、曾宜材、何克潜、刘万春、张砚塘、李硕瑞、秦昌明、戴慕庄、谢少林、苏多加、D. HANKEY、C. KRANZDORF。

积劳病故：王正明、杨硕庆、傅贤锡、王剑鸣、周国元、文宗杰、杨从周、梁仙佩、朱少道、邱长汉、周仙珍、李书迟、高伯明、李成生、赵广义、袁树德、秦松霖、王仲申、方克庆、谢天明、洪亮生、王克明、丁林民、王永谦、刘立达、杨隶忠、彭鉴、崔翠云、苍生成、张华、徐正祥、梅华、王文英、郑玉顺、卜政、钱心慈、陈仁强、刘星阶、杨瑞华、沈金福、丁孝雍、刘传玉、韩真全、彭玉麟、陈沛华、李云、陈学忠、吴国斌、姜仲彝、钟学之、朱旭东、韩绍愈、张俊峰、谢绍林、林生嘉、吴健生、周金生、蒋传彬、麦淑贞、刘明经、柏子然、

---

① 娄云骧：中国红十字会文献作"娄家骧"，根据其后人口述，应为娄家骧。

朱金发、胡鸿鹏、陈汉清、王裕华、柳桂林、B. G. COURTNEY。

这份《追思录》，涉及114位为人道事业而献出生命的红十字人。

不过，可以肯定地说，"追思录"虽然不是挂一漏万，但遗漏甚多。如在1932年淞沪抗战中，殉职员工还有薛振翼、郁鸿章、陆春华、陈祖德、潘家吉、王和平等；在1937年淞沪会战中，有30多位红十字救护队队员惨遭杀害；等等。至于地方红十字会在抗战救护中还有多少会员献出生命，不得而知，但历史同样不能忘却那些"无名英雄"。加上不远万里来到中国加入中国红十字会、为抗战救护而牺牲的外籍人士，如白求恩、柯棣华、高田宜等，总计当有数百人。他们是中国红十字会的骄傲。

5. "血账"与"血债"

为什么会有如此众多的红十字人以身殉职？透过中国红十字会历史资料所载《中华民国红十字会抗战期间遭受日军危害行为调查表》，中国红十字会职员殉难与日军危害行为之间的关系一目了然。

根据《日内瓦公约》所规定的救护原则：一是各交战国，应对伤者病者不分国籍，负责收集护养；二是凡在作战时，伤者病者及救护车辆与医院暨从事伤病救护各级人员，不论在任何时期与环境，皆应视为中立者。旋《陆战法规》亦有明文规定：一是不能妨碍红十字会的救护工作；二是敌方伤兵亦应负看护之责；三是不能轰击救护伤兵的车辆；四是不能囚锢敌方的医师和护士。这些战时国际性的公约和法规，可谓充满了人道主义的精神。中日两国都是《日内瓦公约》缔约国。自战争爆发后，中国红十字会就给予日军伤兵以人道救护，1942年、1944年，还先后派医疗队担任镇远俘房收容所700名战俘、重庆南温泉敌侨集中营200名战俘的医疗卫生保健工作，"营所卫生，一致显有改进，死亡率因之锐减"。1944年，国际红十字会联盟派员来华视察俘房卫生时，"获有良好之印象"。① 相反，日军则不顾国际公法和中国红十字会的严正声明、抗议及国际红十字组织的强烈谴责，肆意枪杀、轰炸红十字会

---

① 中华民国红十字会总会编印：《中华民国红十字会战时工作概要》，1946年内部印行，第12—13页。

人员和设施，遂造成红十字会大量人员伤亡和重大财产损失。更令人发指的是，日军经常寻找红十字目标，进行野蛮轰炸。1938年，美国战地记者艾格尼丝·史沫特莱女士报道说："每天我都看见覆盖着厚厚灰尘的红十字卡车和救护车在医院里卸下血肉模糊的伤员，听司机们说，日本飞机沿公路扫射和轰炸红十字会的车辆。终于再没有一个伤员愿意上车了，除非是用泥把红十字的标志涂掉。"①"红十字"这一保护性标志竟然成为刻意攻击的目标，堪称世界战争史上的"奇观"。

更有甚者，日军连救护总队部也不放过。1940年夏，正在图云关访问的艾格尼丝·史沫特莱女士亲历这一骇人听闻的残暴行为，她在《中国的战歌》一书中写道："七月二十八日，敌人的海军飞机专程绕道来炸红十字总部和医疗中心。那次空袭使得这里的医生不得不为第二次受伤的伤兵作（做）第二次手术，而由正在康复的士兵构筑过夜的临时住所。林（可胜）博士开始考虑疏散病房的计划——那将是一种会使医疗工作变得更加困难的局面。"②艾格尼丝·史沫特莱女士所说"专程"轰炸救护总队部，并非虚言渲染，据《申报》报道，"查七月九日，曾有日方侦查飞机至该村（指救护总队部）详细侦察中国医药团与红十字医院，显系摄取照相"③。幸而救护总队部及时得到情报，预做防范，否则后果不堪设想。损失情况，据救护总队部英文秘书王春菁说："敌机一架在毗邻卫训所的教学医院——167后方医院投弹三枚，炸毁了医院的一部分，炸伤了五人，其中一人是护士。史沫特莱女士是位作家和新闻记者，她当日连夜伏在打字机上，嘴含着香烟，拍发电报给世界各通讯社，控诉日军无视国际公约，轰炸红十字会及医院的残暴行为。"④

日军肆意践踏《日内瓦公约》，危害中国红十字会的事例不胜枚举。这种危害行为，直接造成红十字会大量人员伤亡和重大财产损失，《追

---

① [美] 艾格尼丝·史末特莱：《中国的战歌》，江枫译，作家出版社1986年版，第234页。

② [美] 艾格尼丝·史末特莱：《中国的战歌》，江枫译，作家出版社1986年版，第513页。

③ 《贵阳红十字村惨遭炸毁》，《申报》1940年8月2日。

④ 《参加中国红十字会工作的回忆》，中国人民政治协商会议贵州省贵阳市委员会文史资料研究委员会编：《贵阳文史资料选辑》第22辑《红会救护总队》，1987年编印，第121页。

思录》和《中华民国红十字会抗战期间遭受日军危害行为调查表》所传达的信息，虽然并不完整，但日军的残暴行径昭然若揭。这是不争的事实。

对在抗战救护中殉职的中国红十字会的会员，人们深表怀念。抗日战争取得最终胜利，中国红十字会功不可没。这是有目共睹、不容抹杀的。但从本质上说，"红十字"是和平的使者，正因为如此，为了忘却的纪念，中国红十字会将日军之于红十字会罄竹难书的危害行为记为"血账"而非"血债"，旨在唤起人类对和平的珍视和对战争的唾弃。时任中国红十字会副秘书长的汤蠡舟在《日本危害中国红十字会的罪行》一文中就表达了这一美好愿望，他说："不把敌人的罪行写作'血债'，而写作'血账'总是应该的。因为'血债'一定要还的，就难免以牙还牙'冤冤相报'，我们需要的是未来人类的和平，更需要的是世界的集体的安全，我们不容再见人类残杀和流血了。但我们为了保护国家和自己的权益，为了维持国际法的尊严，为了惩儆战争罪犯和永保未来人类的和平，这笔'血账'我们该记也该清算的。我们必须完成这个工作，尤其是自红十字会的立场上格外要记上这篇'血账'，意义是十分重大的。"① 这是历史的警示，值得人们永远记取。

---

① 汤蠡舟：《日本危害中国红十字会的罪行》，《红十字月刊》总第1期（1946年1月），第3页。

第六章
战后"复员"与"服务社会"

抗战胜利后,中国红十字会进入"复员"时期,工作重点也由战争救护转移到社会服务,在"服务社会,博爱人群"精神的指导下,中国红十字会除扩大医疗服务进行传统的救济工作之外,还开办了儿童营养站、儿童同乐会、失学儿童补习班、会员业余补习班、妇女职业训练班、乡村服务站、沙眼防治所、图书阅览室等,做了一系列积极的工作。因这一时期的南京是国民政府的首都,地理上的优势使江苏红十字运动成为全国红十字运动的中心,尤其是南京市红十字会开展的玄武湖青年服务团的工作,成为中国红十字青少年运动的实践基地。1947年11月13日,中国红十字会还在南京举行第四次理事会,通过"请政府颁布《红十字会法》以崇体制案",第一次明确表达依法建会的愿望。

第一节 "复员"与工作重心转移

一、"改隶"的意义

1. 从战时救护到善后救济

1945年夏秋之交,抗日战争即将取得胜利。虽然战地救护工作尚未结束,善后工作就被提上了日程。为配合行政院善后救济总署的计划,中国红十字会总会开始办理收复区民众医药救济工作,这项工作由黔桂路开始,随复区逐步推进。同时,中国红十字会总会组织流动医疗队开展反攻战事救护。

抗战胜利后,中国红十字会以战地救护为重中之重的工作宣告结束。但善后救济仍需要中国红十字会的配合。1945年12月，救护总队部由贵阳图云关迁到重庆，仍与行政院善后救济总署合作，处理民众医疗救济工作。根据新形势，医疗队缩编为40个区队，至1946年6月完成任务后被中国红十字会总会分别编遣，其中12个区队经改编配属于南京、上海、北京、广州、汉口、常州6个中国红十字会分会诊疗所。救护总队部完成自己的历史使命被撤销。40个区队从1945年11月到1946年6月开展医疗服务，使587744人受益。

抗战胜利意味着中国红十字会抗战救护的使命已告完成，工作重点势必发生转变，协助行政院善后救济总署办理民众医疗救济工作实际上就是工作重心转移的一个信号。"改隶"则是中心转移的明显标志。

2. 管理办法的出台

在抗战时期，中国红十字会的工作依《中华民国红十字会战时组织条例》之规定，以卫生署为主管官署，又依《国民政府军事委员会战时监督红十字会暂行办法》之规定，接受国民政府军事委员会监督。抗战胜利后，行政院在1945年11月20日举行的第二十一次例会上，通过《复员期间管理中华民国红十字会办法》，并于12月8日颁布，提出了中国红十字会"改隶"及相关事宜。《复员期间管理中华民国红十字会办法》共11条，其中部分条款规定，"中华民国红十字会业务参照日内瓦红十字会协会之规定及中国社会实际需要，就其人力、物力、财力之可能，随时决定之"；"中华民国红十字会设总会于首都，以行政院为主管官署，并依其业务性质，受社会部、卫生署、善后救济总署之指挥监督"；"总会置会长一人、副会长二人、理事十五人至二十一人，组织理事会，并就理事中指定七人为常务理事，均由行政院聘任之。秘书长一人、副秘书长一人或二人，由会长遴请行政院聘任之。其他办事人员，由总会派充并汇报行政院备案"[①]。根据这个文件，中国红十字会的主管官署"改隶"为行政院，会长、副会长及常务理事均由行政院聘任。

---

① 池子华、李欣栩主编：《中国红十字运动史料选编》第六辑，合肥工业大学出版社2016年版，第132—133页。

3. "变"与"常"

"改隶"与"复员"从1946年1月开始。1月初，行政院正式聘任蒋梦麟为会长，杜月笙、刘鸿生为副会长。中国红十字会完成改组正式进入"复员"时期。

"改隶"不过是业务主管官署的变更，不变者，则是中国红十字会与政府的隶属关系。蒋梦麟在《中国红十字会改隶之意义》一文中说："本会虽经一再改隶，然始终属于半官性，则未改变……抑有言者，本会虽仰助于政府，但能补助政府施政所不及；而政府虽给予本会之辅助，亦系一种道义上之义务，衡诸其他各国情形，正复相同。此次改隶，则本会与政府间之关系，当更较为直接，对于会务之推行，殊多裨助也。"① 中国红十字会仍未抹去浓重的官办色彩。

二、"还都"与中国红十字会总会组织调整

1. 由重庆"还都"南京

抗战胜利后，国民政府"还都"南京。根据《复员期间管理中华民国红十字会办法》的规定，中国红十字会总会设于首都所在地。因此，中国红十字会总会在办理"复员"事宜的同时准备"还都"。1946年1月19日，曾大钧副秘书长飞抵南京，"勘定会址"②，购得中山路275号一处三层楼房作为新会址。新厦巍峨耸立，素有"白屋"之称，于屋脊两端高树红十字旗帜，颇为赏心悦目。中国红十字会"还都"人员分两批自重庆东下，首批于1946年4月乘飞机抵达南京，第二批携带文卷档案等乘船顺流而下，于5月中旬抵达南京。

2. 组织架构的调整与完善

在"还都"声中，中国红十字会总会内部组织架构也进行了调整、完善，以适应"复员"工作的要求。

根据《复员期间管理中华民国红十字会办法》之规定，"复员"期间以会长、副会长综理一切会务；以理事会为最高权力机构，取消监事会，由秘书长、副秘书长主持日常事务。

---

① 《中国红十字会改隶之意义》，中国红十字会总会编：《中国红十字会历史资料选编（1904—1949）》，南京大学出版社1993年版，第126页。

② 《工作动态》，《红十字月刊》总第1期（1946年1月），第14页。

"复员"期间中国红十字会应办事务甚多，根据需要，内设机构由原来的二处扩充为四处二室：第一处主总务，下设人文、事务两课；第二处主会务，下设分会、编宣两课；第三处主社会服务，下设青年、妇女两课；第四处主医务，下设医务、材料两课；秘书室下设机要、视导两课；会计室下设账务、审计两课。以上处室除第三处之外，其他各处室均系就原有组织及救护总队部编并充实，第三处为新设，社会服务设专处办理，足以表明中国红十字会对此项工作的重视。第三处于1946年1月1日正式成立。同时，根据《复员期间中华民国红十字会总会组织规程》第八条"总会视业务之需要分区设办事处"之规定，设上海、北平、汉口、广州区办事处（中国红十字会总会迁南京后增设重庆办事处），承中国红十字会总会之命"辅导分会会务及筹办服务实验区等事宜"。①

3. 增设顾问委员会

中国红十字会总会根据《复员期间中华民国红十字会总会组织规程》第七条"设会务顾问委员会"的规定，制定了《复员期间中华民国红十字会总会顾问委员会组织简则》，"依各种专门问题及技术上之研究"，设置社会服务、灾难救济、卫生福利、基金筹募、会员征求、分会业务、妇女组训、青年训导、编印事业、会章起草10个顾问委员会，作为中国红十字会总会"设计谘（咨）询之机构"。②

4. 加强规范化管理

从1946年1月到8月，中国红十字会总会出台一系列规章制度，加强规范化管理。除文中提及的之外，还有《复员期间中华民国红十字会分会组织规程》《复员期间中华民国红十字会总会调整及管理分会办法》《复员期间中华民国红十字会诊疗所暂行通则》《复员期间中华民国红十字会资产管理办法》《复员期间中华民国红十字会医药事业资产管理办

---

① 《复员期间中华民国红十字会总会区办事处组织规定》《复员期间中华民国红十字会总会区办事处通则》，中华民国红十字会总会编：《复员期间中华民国红十字会法规辑要》，1946年内部刊行，不著页码。

② 《复员期间中华民国红十字会总会顾问委员会组织简则》，中华民国红十字会总会编：《复员期间中华民国红十字会法规辑要》，1946年内部刊行，不著页码。

法》《中华民国红十字会总会任用工作人员暂行办法》《中华民国红十字会总会工作人员考核办法》《中华民国红十字会总会职员给假规则》《中华民国红十字会总会职员领用证章规则》《中华民国红十字会奖励抗战有功人员暂行办法》《中华民国红十字会总会选送国外考察及进修人员暂行办法》《中华民国红十字会分会会计处理纲要》《中华民国红十字会总会所属各单位报销须知》《中华民国红十字会各分会诊疗所（医院）药械请领报销办法》《中华民国红十字会各分会诊疗所、医院工作报表填送办法》《中华民国红十字会救护车服务办法》等。一系列政策法规的相继出台，保证了中国红十字会总会组织的规范管理，提高了运作效率。

经过调整，组织机构趋于完善并进入良好的运行状态，这对推动"复员"时期中国红十字运动的发展多有裨益。

三、重心转移与工作目标的确立

1. 工作重心的转移

抗战胜利，和平肇始，战事救护已不是中国红十字会工作的重心，而开拓新的工作领域，参与社会保障，开展广泛的社会服务成为中国红十字会"复员"期间的工作重心。

要"为社会服务，为人群造福"，就必须突破救护的藩篱，将中国红十字会工作纳入社会安全（社会保障的别称）计划，按照蒋梦麟会长的解释，"战时红十字会的中心工作是偏重救护，只限于医药卫生范围；复员后必须突破救护的藩篱，而进行广泛的社会救济"①。总的宗旨就是"服务社会，博爱人群"。

2. 工作目标的确定

"复员"期间的工作目标，蒋梦麟会长概括为两点：一是"打定会的基础"；二是"促进社会安全"。② 前者指调整组织，刷新会务；后者指"发展人群生活，增进社会福利"③。这两个方面实际上是统一的密

---

① 蒋梦麟：《复员期间的中国红十字会》，《大公报》1946年2月17日。
② 蒋梦麟：《复员期间的中国红十字会》，《大公报》1946年2月17日。
③ 《复员期间中华民国红十字会总会初步工作实施计划纲要》，《红十字月刊》总第1期（1946年1月），第8页。

切相关的有机体。要"促进社会安全",必须"打定会的基础",而"打定会的基础",为的是"促进社会安全"。这两大工作目标,实二而一。

3. 实现目标的路径

目标确定,为打开工作局面,1946年1月,中国红十字会总会出台了《复员期间中华民国红十字会总会初步工作实施计划纲要》,提出11项工作要点:一是"调整总会组织",以刷新会务,提高工作效率;二是"增进分会机能",健全基层组织,使分会成为现代化的社会服务团体;三是"推广征募运动",增强红十字会实力;四是"建立服务中心",推广医药救济、会员保健、青年工作、退伍军人工作及其他社会服务工作;五是"扩大医药救济",于各大城市、交通要道设诊疗所、医院、急救站,扩大医药救济的覆盖面;六是"推行全员保健",使会员享有健康检查、疾病诊疗的权利;七是"训练专业人才",就服务中心实验区举办家庭妇女短期急救、助产、医护、家事等训练,或在南京、重庆开办红十字会服务人员见习班,吸收有志参加红十字会事业青年予以短期见习,分发各地办事处或分会工作;八是"加强国际联络",扩大与国际红十字组织工作交流与合作;九是"出版宣传书刊",如《红十字月刊》,以发布红十字会工作动态,介绍各种学科新知;十是"整理本会会史",总结历史经验,以求继往开来;十一是"搜集服务资料",特别是对各国红十字会历史沿革、经验总结等书刊资料进行搜集,以为工作借镜。①

工作目标明确,实施计划也具有针对性、可操作性,这有利于中国红十字会务的开展。

四、奖励抗战救护有功人员

1. 制定奖励办法

抗战胜利后,人们不会忘记那些为抗战救护挥洒热血,甚至献出宝贵生命的红十字工作者。根据前文所引不完全的统计,抗战期间以身殉

---

① 《复员期间中华民国红十字会总会初步工作实施计划纲要》,《红十字月刊》总第1期(1946年1月),第8-9页。

职的红十字会人员47人，积劳病故者67人，至于有突出贡献者，更是指不胜屈。为表彰抗战救护有功人员，中国红十字会总会在"复员"之初制定了《中华民国红十字会奖励参加抗战有功人员暂行办法》（以下简称《暂行办法》），并于1946年5月19日在上海召开的抗战胜利后的第一届理事大会上通过。

2. 《暂行办法》主要内容

《暂行办法》主要内容：其一，下列情形之一者"对于本会确具特殊贡献之事迹者""迭经战役救护有功者""身经战役因公负伤者"，"如合于政府勋奖条例，得转请政府酌予勋奖或由本会给予奖章"。其二，下列情形之一者由红十字会分别奖励。"在会工作十年以上成绩卓著者，除给奖章外，另给一次酬劳金十万元"，"在会工作五年以上成绩卓著者，除给奖章外，另给一次酬劳金五万元"，"在会工作两年以上成绩卓著者，给以奖状"。其三，下列情形之一者"特殊劳绩因而病故者""前方救护壮烈牺牲者"，"报请国史馆及红十字会国际联合会载入史篇，或转请政府给予褒扬"。上述规定中，"如有身陷敌后维护红十字会业务，经证明确无附逆行为者，得比照以上各款予以奖励"，分会工作人员如有合于本《暂行办法》奖励条件者，"除由总会给以奖章外，其应给之酬劳金应由分会自行酌给或酌情作为受奖人之捐款"。《暂行办法》要求"本会工作人员呈请奖励须填具《功绩表》，总会由秘书长、分会由会长、其他单位由各该主管报请总会会长核定之"。①

3. 胜利勋章获得者

根据《暂行办法》的规定，中国红十字会总会对符合条件的中国红十字会人员给予奖励。经中国红十字会总会报请，1946年5月5日，国民政府发布政府令，对胡兰生、曾大钧、印公田、冯子明、庞京周、唐承宗、郭兰馨、汤蠡舟、朱润深、倪葆春、江晦鸣、马玉汝、俞百新、陈德星、祖张琪、袁松人、唐文铭、林竟成、钱惠伦、刘培、舒道隆、林和鸣、陈生白、侯崧生、田增基、黄兴汉、朱文俊27名优秀红十

---

① 《中华民国红十字会奖励参加抗战有功人员暂行办法》，中华民国红十字会总会编：《复员期间中华民国红十字会法规辑要》，1946年内部刊行，不著页码。

工作者，"各给予胜利勋章"，这是中国红十字会的光荣。例如，云南大理分会因在抗战期间成绩优异，对于防治霍乱贡献颇巨，1946年4月，中国红十字会总会特为其颁发奖状。至于为抗战救护献出宝贵生命的先烈，载入史册，成为激励后人献身中国红十字事业强大的精神动力。

第二节 "打定会的基础"

一、基层组织的恢复与重建

"打定会的基础"是"复员"期间中国红十字会的工作目标之一。中国红十字会要在"促进社会安全"方面有所作为，必须加强自身建设，必须有强大的支撑力量，基层组织、会员、基金，就是中国红十字事业发展的三大不可或缺的支撑力量。所谓"打定会的基础"，毫无疑问，应着眼于三大支撑力量的培植上。

1. 量的扩充和质的提高

中国红十字会的管理体制为垂直管理，分会是中国红十字会的基层组织。抗战中，由于各种原因，分会组织不仅没有得到发展，反而被严重削弱。因此，分会组织的恢复与重建显得急不可缓。

基层组织建设主要包括两个方面的工作。一方面是量的扩充。全面抗战前有512个分会，抗战期间，多数分会生存困难，在重庆登记的仅91个分会。分会数量锐减，无法适应"复员"时期中国红十字会工作的需要，必须大加扩充。另一方面是质的提高。要严格把关，使恢复、重建或新设分会"成为现代化之社会服务团体"[①]，即一是具有高度募集基金与征求会员的能力；二是有德才兼备、富有经验的干部；三是有社会服务的实体。

2. 恢复重建进程

恢复健全基层组织的工作在中国红十字会"复员"之初即已开始，

---

① 《复员期间中华民国红十字会总会初步工作实施计划纲要》，《红十字月刊》总第1期（1946年1月），第8页。

中国红十字会总会在1946年1月出台的《复员期间中华民国红十字会总会初步工作实施计划纲要》中提出，在1946年年内拟调整或组织合乎上述3条标准的分会40个。第一期于上半年内尽先健全较有基础的各大城市之分会20个，第二期于下半年内继续健全另外20个，其他各地分会无论原有的或新设的，均依此标准推进。同时，在《复员期间中华民国红十字会总会调整及管理分会办法》中，对战时后方分会、收复区分会的恢复及新设分会的程序进行了规范。

根据中国红十字会总会的统筹安排，各大城市较有基础的分会率先启动恢复重建工作，北平、南京、天津、上海、广州等分会的整建，在中国红十字会总会的指导下顺利完成。

经过3年的努力，截至1948年，恢复、重建和新设分会总计为192处，虽然仍未恢复到全面抗战前的水平，但较抗战时期，还是取得了不小进展。

3. 基层组织的新成员——支会

"复员"时期中国红十字会的基层组织又多了一名新成员——支会。1947年4月24日，中国红十字会第二次常务理事会上通过了《复员期间中华民国红十字会支会组织规程草案》（以下简称《规程草案》）。《规程草案》共14条，对分会下设支会的条件、标准、工作内容等进行规范，鼓励分会设立支会，以推进乡村服务。从1947年7月到1948年12月，经中国红十字会总会核准成立的支会有信阳分会东双河支会，连城分会龙湖乡支会，凤台分会东石峡支会、展沟乡支会、行署乡支会，孝感分会花园支会，铁岭分会新台子支会，商丘分会马牧镇支会、古宋镇支会，当涂分会宋石支会。虽然只有10个支会，但是组织建设的新拓展，对"打定会的基础"不无小补。

二、东北、台湾分会的接管与整顿

1. 历史遗留问题

在基层组织建设中，东北、台湾分会最具特殊性，也颇为棘手。

东北、台湾都曾被日本侵占，在长期的军事占领中，日本为满足其殖民统治的需要，对两地的建设颇费心机，赤十字社（日本红十字会组织）当然也在"建设"之列。

1931年,"九一八"事变前,东北为中国红十字会基层组织较为发达的地区之一,共有分会52个,即热河8个、辽宁15个、吉林18个、黑龙江11个。1934年,伪满洲国拨款百万元作为基金,创设财团普济会,侧重社会事业奖励及医药救护普及,同时日本赤十字社在东北设立满洲委员本部,办理红十字事业。1938年,伪满洲国正式组建赤十字社,接管上述2个机构的财产与事业,在长春设伪满赤十字社总部,各省设赤十字社支部,各市县设办事处,会员共65万余人。在沈阳、哈尔滨、呼兰、锦州、牡丹江、佳木斯、孙吴、虎林、丰满、开山屯10处开设赤十字医院,其中沈阳、哈尔滨、锦州3处赤十字医院附设"救护看护妇养成所",用以培养护理人员。此外,尚有医学院、恤兵院、聋哑学校、助产士学校、护士养成所、民众诊疗所等附属机构,为日本人全权掌管。

台湾自中日甲午战争之后便处于日本的殖民统治之下。日本设有赤十字社台湾支部,由台湾总督府总务部部长负责指导,于台北市内设支部事务所。支部下辖台南、台北、台中、高雄、新竹5个州部。其他各县市则于地方行政机关内附设事务所,以推进会务。台北市内经营大规模医院1所。据统计,全台共有社员50万人。

2. 东北分会的接管与整顿

抗战胜利后,曾由东北人士张益三等人组织的中华民国东北红十字会总本部,呈请中国红十字会总会办理接收。中国红十字会总会遂于1946年4月拨款30万元,同时商请东北善后救济分署拨助流通券10万元,暂予维持。1946年8月13日,"复员"期间中国红十字会首届常务理事会,专门讨论了"东北及台湾红十字会应如何处理"问题,决议在长春及台湾分设区办事处,负责整理东北及台湾境内所有红十字会资产;医药事业由区办事处协同当地分会接收,按照《复员期间中华民国红十字会医药事业资产管理办法》,商请当地有关机关合作办理;呈请政府申明红十字会具有国际性立场,所有敌伪红十字会事业亦应归中国红十字会接管,并请予以维护。9月,中国红十字会总会奉行政院令接管东北及台湾赤十字社事业及资产。1947年1月9日,中国红十字会总会派视导于恩德赴东北。5月28日,在沈阳正式设立"中华民国红十字会总会接管东北敌伪赤十字社事业资产委员会",聘请东北各省地方行政长官及各分会会长25人担任委员,负责办理接管事宜。因东北战事复起,接管工作受到影响,改组者仅有长春、沈阳、铁岭、绥中、山海关、北镇6个分会。

3. 台湾分会的接管与整顿

台湾光复后,1946年9月,奉行政院令,中国红十字会总会负责接管日本赤十字社台湾支部。中国红十字会总会委托台湾大学校长罗宗洛会同当地人士进行接收与改组。1947年7月,中国红十字会总会派视导于恩德前往台北组织"接管台湾赤十字社资产事业委员会",负责办理接管该社资产手续,并筹组台湾分会。经多方努力,1947年11月28日,台湾分会正式宣告成立,会长为蔡培火先生。中国红十字会总会还制定了《复员期间中华民国红十字会台湾分会所属支会暂行组织规程》(以下简称《组织规程》),以便进行规范管理。《组织规程》规定,"支会以台湾分会为主管机关,其设立范围限于各县市或县与市","支会以所在地名称定名为'中华民国红十字会台湾分会市、县支会',但县与市合办创设者,在县名下附加县市两字定名之"。① 这与大陆情形相较,显然具有特殊性。这是历史原因造成的。

东北分会、台湾分会的改组回归,不仅结束了中国红十字会不统一的局面,而且增强了红十字会的实力,为社会服务的全面铺开奠定了基础。

三、"红十字周"与征募运动

1. 征求会员、募集基金的必要性

"打定会的基础",说到底会员是依靠,基金是保障。会员、基金历来被视为红十字会的"细胞与营养",是红十字事业的生命之源。因此,在进行基层组织建设的同时,征募运动也在不断推进中。

中国红十字会自成立至抗战胜利,会员总计不过22万人,与发达国家相比差距较大。不仅会员人数少,而且经费不足。在新的历史条件

---

① 《复员期间中华民国红十字会台湾分会所属支会暂行组织规程》,中国第二历史档案馆档案,全宗号476,卷号2183。

下，中国红十字会业务范围扩大了，"所定之服务对象，广及于儿童、青年、妇女、荣军与平民，所定之服务范围，广及于灾难、伤害、贫困、疾病与愚弱，所定之服务目的，广及于保健、乐育、安全、助人与益世……其任务即如此重大，其业务自更加广泛，而其所需开辟财源，实至殷切"①。基于此，征求会员，募集基金，不能不为中国红十字会所推重，这是达成"服务社会，博爱人群"宗旨的关键所在。

2. 征求会员运动的展开

"复员"时期，中国红十字会会员分为 5 种：团体会员，一次性缴纳会费国币 10 万元以上；名誉会员，一次性缴纳会费国币 5 万元以上；特别会员，一次性缴纳会费国币 1 万元；普通会员，每年缴纳会费国币 1 000 元；青年会员，每年缴纳会费国币 500 元。团体会员、名誉会员、特别会员为永久会员，由中国红十字会总会统一颁给证书和证章。普通会员、青年会员只给证书，不发证章。

征求会员既然为分会的中心工作，征求成绩自然也就成为分会考核、定级的依据。《复员期间中华民国红十字会分会组织规程》明文规定，征得会员 3 万人以上者为甲级分会，征得会员 1 万人以上 3 万人以下者为乙级分会，征得会员千人以上万人以下者为丙级分会。

征求会员在"复员"时期成为中国红十字会总会及分会经常性的工作，可以随时举行，也可以定期举行，特别是"红十字周"期间，更是成为征募运动的亮点。

征求会员运动从 1946 年到 1948 年，连续 3 年未曾间断，各地分会积极推动，"红十字周"期间达到高潮。1946 年，征得会员 230 037 人；1947 年，征得会员 80 301 人；1948 年，征得会员 98 643 人。3 年合计 408 981 人。1947 年、1948 年的征求成绩远逊于 1946 年的征求成绩，这与时局的动荡有莫大的关系。不过，中国红十字会的整体实力有了明显的增强。

3. 筹募资金工作的实施

"经费为事业之母"，没有基金，中国红十字会事业就无法拓展。因

---

① 金宝善：《慷慨解囊捐助红会》，《红十字月刊》总第 20 期（1947 年 8 月），第 2 页。

此，筹募资金成为"服务社会"的必要条件，这是征募运动的另一重要方面。

中国红十字会在1947年4月24日举行的第二次常务理事会上通过《中华民国红十字会总会筹募事业基金实施办法》，决定筹募事业基金50亿元。蒋梦麟会长热切希望通过举行"筹募事业基金五十亿元运动"，能够"加强本会服务力量，增进民众福利"。[①] 从7月开始，各地分会根据中国红十字会总会的部署，纷纷组建筹募事业基金委员会，聘请社会名流，成立劝募队，进行劝募活动。至12月底，共募集捐款1 547 049 510元。"五十亿元运动"的目标在当年没有实现，只好延续到第二年。为此，中国红十字会总会在1948年4月颁布了《中华民国红十字会统一募捐办法》14条，决定采取统一行动。截至1948年10月，近2年全国共收到捐款265 200万元。

"五十亿元运动"的目标最终没有实现，一个重要原因是民生的凋敝，整个社会经济的萧条，在这样的国情国力之下，50亿元的目标显然是太高了。另一个值得注意的原因是时局的动荡，征募运动难以广泛开展，只在几个大城市艰难推进，无法形成全国性的运动，运动的效果不能尽如人意。政治、经济、社会的多重原因，虽然使预期的目标没有完全实现，但近27亿元的捐款，为中国红十字会开展社会服务活动奠定了良好基础。

四、红十字青少年组织的建立

"打定会的基础"，除了健全基层组织开展征募运动之外，中国红十字会还把注意力转向学校，筹建红十字青少年组织。学生是未来社会的主人，是建国事业的新生力量，当然也是中国红十字会的"新细胞"，发展学生会员可以增加中国红十字会的原动力，使中国红十字事业建立在更加牢固的基础之上。

1. 红十字青少年运动的兴起与发展

自第一次世界大战以来，红十字青少年运动在许多国家兴起，格外

[①] 《本会筹募事业基金之意义》，中国红十字会总会编：《中国红十字历史资料选编（1904—1949）》，南京大学出版社1993年版，第125页。

引人注目。据统计，截至1945年年底，有49个国家的红十字会建立了青少年组织，会员人数达3 000万人。

国际红十字组织对青少年工作也倍加重视。1945年10月15日至11月2日，红十字会国际联合会在日内瓦召开各国红十字会代表咨询会议，与会各国代表（共39个国家的红十字会的59名代表参加，中国红十字会代表为胡兰生秘书长）一致认为"推行红十字青年会员运动，确系灌输红十字会的博爱人道思想和根绝战争保障和平的最彻底最有效的方法"①，为此建议各国红十字会大力开展红十字青少年工作。1946年7月8日至12日，在英国牛津举行的国际红十字会协会第十九届理事会上，通过5项决议对此加以强化，胡兰生秘书长与会。经过这两次国际会议的推动，红十字青少年运动更加广泛地开展起来。中国红十字会作为国际红十字会大家庭的成员，理所当然应响应号召，积极行动，才能与国际接轨。

2. 红十字青年组织的"试验"

自1919年中国红十字会加入国际红十字会协会后，虽有"学生会员"名目，但效果不显著。抗战胜利后，在"打定会的基础"行动中，青少年工作得到应有的重视。1946年1月，中国红十字会总会特设第三处，下设青年、妇女两课主管其事，同时指示各地分会，本年度着重征求会员，对于青年会员尤其注意，"欢迎在校学生与红十字会发生关系，而分会发展社会服务工作亦以青年为主要对象"②。1946年开始的征求会员运动得到了教育行政部门的配合与支持，收到了良好效果。据统计，1946年共征得会员197 371人，其中青年会员121 139人，占三分之二左右，"此乃复员以后红十字会之新气象，亦即红十字会之新生命泉所在"③。中国红十字青少年运动由此进入"草创试验时期"。

在"试验"阶段，南京分会的工作堪称楷模。1946年10月3日，

---

① 胡兰生:《红十字青年会员组织的新动向》，《红十字月刊》总第13期（1947年1月），第1页。

② 吴耀麟:《如何发动中小学教师倡导红十字青年工作》，《红十字月刊》总第13期（1947年1月），第11页。

③ 吴耀麟:《如何发动中小学教师倡导红十字青年工作》，《红十字月刊》总第13期（1947年1月），第11页。

南京分会在玄武湖举行了全市中小学校长招待会,发出组织红十字青年服务团的倡议,希望得到各学校的支持。同时拟定《南京市分会组织红十字青年服务团暂行办法》,对青年服务团组织原则、宗旨、任务、方法等做了明确规定。倡议很快得到各学校的回应,不到半月就组织就绪,团员来自10个学校,总计42人。他们多数是初中二、三年级学生,小部分为高中一年级学生。他们均系品学兼优的学生,经学校推荐及家长同意,自愿入团服务。红十字青年服务团于10月31日正式成立。它是"南京市分会今后展开社会服务的新生命,也是中国红十字青年运动的初页"①。

服务团从成立到1947年10月,举办各类活动27次,主要有"参加母婴保健会慈善游园会服务""红十字讲话""公共卫生讲话""制作国际交谊纪念册""举行同乐会""参加征募会员运动""举行救护实习""参加划船比赛服务""外科救护实习"等,活动形式丰富多彩。通过这些活动,中国红十字会实现"训练青年会员养成服务社会能力,培育博爱人群精神"②的初衷。

3. 红十字少年运动的启航

鉴于南京分会的"实验"卓有成效,中国红十字会总会决定从1948年开始开展红十字少年运动。

红十字青年与红十字少年组织,其组织单位、对象当然不同。一般来说,小学生称为"红十字儿童",初中生称为"红十字少年",高中生称为"红十字青年",统称"红十字青少年"。

1948年1月,中国红十字会总会专门成立红十字少年委员会,胡兰生秘书长担任主任委员,视导吴耀麟担任总干事,"专责推动,共策进行"。该委员会先后制定下发了《中国红十字会总会红十字少年委员会组织暂行简则》《中华民国红十字会各地分会推行红十字少年工作办法》《学校团体组织红十字少年会办法》《红十字少年会训练实施办法》等,

---

① 吴耀麟:《玄武湖服务站与红十字青年服务团——中国红十字会青年运动的前奏》,《红十字月刊》总第11期(1946年11月),第26页。

② 吴耀麟:《玄武湖服务站与红十字青年服务团——中国红十字会青年运动的前奏》,《红十字月刊》总第11期(1946年11月),第25页。

对组织红十字少年会的目的、任务、程序等做了详细的规定。

2月4日，中国红十字会总会为筹组红十字少年会特致电南京、上海、江都、武进分会，嘱先行试办。南京分会在红十字青少年运动的组织方面，一直扮演着"拓荒"的角色。在接到中国红十字会总会筹组红十字少年会的电文后，南京分会立即行动，于3月20日召开各校指导员及导师座谈会，商讨组织办法。事属创举，决定在人数方面进行限制，规定会员人数以20至40人为宜，待办有成效后，再行扩充。一经发动，学生报名极为踊跃。从3月下旬到6月，南京市共有14所学校建立了红十字少年会，会员565人，其中男生331人，女生234人。

红十字少年会的训练在经过培训的导师指导下进行，将学习、实践相结合。主要活动有健康活动、社会服务、红十字少年知识的宣传3种。这些活动虽然小，但可以使会员养成良好个人卫生习惯，陶冶情操，锻造服务社会技能。

4. 红十字青少年运动的意义

红十字青少年是中国红十字事业的"根基"所系，在中国开展红十字青少年运动具有深远的意义。为"打定会的基础"，中国红十字会注意开发这一取之不尽、用之不竭的"资源"，实属难能可贵，尽管"草创试验时期"没有取得骄人成绩，但为中国红十字运动的未来发展开辟了道路。

第三节 "服务社会，博爱人群"

一、"服务信条"

1. 蒋梦麟会长手订"服务信条"

"打定会的基础"，如前所述，为的是"促进社会安全"，这是"复员"期间中国红十字会工作的两大目标之一。"促进社会安全"，归根到底就是"服务社会，博爱人群"。这既是中国红十字会的宗旨，也是中国红十字会工作的重心所在。中国红十字会基层组织建设、征募运动及组建青少年会等"打定会的基础"的一系列举措，都是为此宗旨、重心工作铺平道路、创造条件的。

为广泛开展社会服务，蒋梦麟会长于1946年手订"服务信条"8条：具丰富情感、抱牺牲志愿、本博爱襟怀、献科学身手、作精密准备、求迅确效率、策社会安全、增人群幸福。①

蒋梦麟，浙江余姚人，是国民政府第一任教育部部长，任北京大学校长近20年，是北京大学历史上任职时间最长的校长。1943年1月26日，中国红十字会改组，蒋梦麟出任会长，开始了中国红十字运动史上的"蒋梦麟时期"。

2."服务信条"的内涵

对"服务信条"的内涵，蒋梦麟会长做了如下阐释。

（1）具丰富情感

人为万物之灵，具四端，备万善，是最富有情感的，虽然弱肉强食，优胜劣败，是天演的公例，然而人与人之间的情感，终是不可抹灭的，世界上最伟大最神圣的就是人类的情感。

（2）抱牺牲志愿

见义勇为，当仁不让，这是何等的光荣，抱牺牲志愿的人，只要是合乎仁与义的条件，他们不计成败祸福，更不计生死，彻底去干，拼命去干，所谓杀身成仁，舍生取义，这都是伟大牺牲者。

（3）本博爱襟怀

基督最宝贝的教训是"博爱为怀"，孔子的道理是"泛爱众而亲仁"，国父②遗教是"天下为公"，可见爱的精神伟大，世间上苟非是这个爱字来维系的一切，恐怕我们不会有生存，更不会有幸福。

（4）献科学身手

世界上进步，日新月异，所以总理的遗言，是教我们迎头干（赶）上去，富有革命精神的人，首先就要有科学的头脑与身手，"故步自封"，那是落伍的政策，那是自杀的途径。

---

① 《红十字会服务信条》（蒋梦麟手订，宋如海释义），《红十字月刊》总第9期（1946年9月），第2-3页。

② 此处的"国父"系"中华民国国父"，即孙中山先生。

（5）作精密准备

未雨绸缪，有备无患，是做事的基本训练，是成功的秘密要诀，所以说知己知彼，百战百胜，如漫无准备，仓皇应付，未有不一败涂地者。

（6）求迅确效率

迅速确实，这是新生活运动的要件，也是办事的至宝，就是说差之毫厘，失之千里，吾人做事做人，要力求迅确的效率，要有狮子般的体力，骆驼般的精神，猴子般的迅速，庶几可以完成使命。

（7）策社会安全

民为邦本，本固邦实，社会上的人民，如能安居乐业，那国家也强盛了，民族也兴旺了，试看古今中外的历史，如遇有人民不安居乐业，老弱死于沟壑，少壮散而之于四方者，则国危矣，势所必趋，理所必然。

（8）增人群幸福

人类幸福，是要达到至真至善至美的生活，这种幸福，绝非一方而演成的，也不是少数人演成的，这就是国父的"大同世界"，是要人人都能造幸福，才能人人享受幸福。①

"服务信条"旨在强化会员的服务意识，提升会员所应具备的能力、资质；"策社会安全、增人群幸福"是红十字会所应发挥的功能，红十字人必须清醒认识自己的使命；"具丰富情感、抱牺牲志愿、本博爱襟怀"就是"人道、博爱、奉献"的精神，没有这种精神，就不配做人道工作；"献科学身手、作精密准备、求迅确效率"，要求红十字人应有创新意识、创新技能，要有未雨绸缪的理念和行动，要有快速的反应能力和高效的工作效率。

3. 红十字会工作的纲领性文件

以上8条，在蒋梦麟会长看来，"是红十字会服务的信条，扩大言之，也就是公民的信条，更是世界人类的信条，愿我同志同胞，切实的

---

① 《红十字会服务信条》，中国红十字会总会编：《中国红十字会历史资料选编（1904—1949）》，南京大学出版社1993年版，第114页。引文中"作精密准备"现应为"做"。

（地）记着，将这种精神，在每个人身上发扬出来，这才是红十字会的会员，才算是我国的国民"①。

"服务信条"8条，是对林可胜"救护信条"的继承和弘扬，其丰富的内涵，直到现在仍令人受益无穷。

"服务信条"是"服务社会，博爱人群"宗旨的明细化，是"复员"时期红十字会工作的纲领性文件，对指导红十字会社会服务工作的开展，具有非同一般的价值和意义。

二、儿童福利

1. 传统业务的转型

中国红十字会对儿童的人道关怀，并不是从"复员"后开始的，对妇孺的救助一直是中国红十字会的一项业务。1922年，中国红十字会加入国际儿童救济协会，中国成为该协会的会员国。其主要职责是办理失养及残废儿童救济、开办难童留养院、战争及灾难儿童救济等。在抗日战争中，抢救战区儿童、设立儿童保健门诊部等，成为其救护工作的一部分。1942年，中国红十字会与贵州省社会服务处合办贵州儿童福利指导所，负责指导贵州全省儿童福利事业，该所附设儿童乐园1所、育婴院1所，并办理难童收容工作。除此之外，中国红十字会还与儿童保育会贵州分会、湘东女难童教养院、战时儿童第三保育院等20家儿童福利机关保持经常性联系，除捐赠衣物及营养补助品之外，还发给以上各合作机关医药卫生用品。

1946年9月，国际儿童救济协会与国际儿童福利促进协会合并，改组为国际儿童福利协会，中国红十字会遂转入该组织成为会员，并被推为执行委员。这样中国红十字会的儿童工作由战时"儿童救济"为主转变为和平"复员"时期的"儿童福利"工作。

2. 开办儿童营养站

从1946年7月起，中国红十字会与行政院善后救济总署（以下简称"行总"）各地分署合作，办理儿童营养站，"站内所需的牛奶、奶

---

① 《红十字会服务信条》，中国红十字会总会编：《中国红十字会历史资料选编（1904—1949）》，南京大学出版社1993年版，第114页。

粉、代汤粉、鱼肝油、面包等营养品的来源，概由行总所在地的各分署负责供给，经费则由所在地的分署及承办分会各负其半"①。儿童营养站的服务对象为12岁以下的贫苦儿童、贫穷的孕妇及哺乳期妇女。例如，南京分会与行总苏宁分署合办的第五儿童营养站，从1946年7月25日开幕到12月底，供奶36 818听，饮奶人数51 928人次。

从1946年7月到1947年春，中国红十字会南京、上海、广州、武进、鄢城、安阳、江都7个分会共建儿童营养站12所。虽然营养站数量少，规模小，但"颇具成效，深受人民爱戴及外人好感"②。

3. 设立儿童福利机构

"复员"期间，中国红十字会各分会设立了不少儿童福利机构，主要有儿童福利站、儿童福利社、恤孤育幼院、盲哑学校、难童教养站等。如武进分会设有儿童福利站1所，收容贫苦失学儿童500人。除创设儿童福利机构之外，中国红十字会还为许多儿童福利机构提供医药卫生用品及食品、衣物等，共同促进儿童福利事业的发展。

4. 爱心助学

爱心助学形式多样，南京分会所设的"贫苦儿童奖学金"特别值得一提。1948年1月，中国红十字会总会马玉汝处长、孙以琴课长向南京分会捐款1 500万元，并与沈慧莲会长洽商，决定办理贫苦儿童奖学金暨儿童门诊部。南京分会随即制定《贫苦儿童奖学金暂行简则》，经呈请中国红十字会总会核准施行，以"救济学行优良之贫苦儿童"③。至4月，已发放奖学金130万元。

儿童福利工作是一个庞大的社会系统工程，需要全社会的共同参与。中国红十字会深感责任之繁重，但由于经费拮据，只能尽力而为。

三、医疗服务

1. 救护医疗队转建

医疗服务是中国红十字会的特色业务。抗战胜利后，救护总队医疗

---

① 胡道珂：《儿童福利工作在中国——民国三十五年度的调查》，《红十字月刊》总第15期（1946年3月），第12页。
② 《中国红十字会新闻》，《红十字月刊》总第13期（1947年1月），第40页。
③ 帆影：《南京分会的社会服务》，《红十字月刊》总第33期（1948年9月），第13页。

队经裁并保留40个，散布在10个省，其中浙江4个，江苏2个，江西2个，湖北3个，湖南6个，四川7个，福建3个，广东2个，广西5个，贵州6个。为适应"复员"时期"服务社会"的需要，医疗队进行裁并转建，设立诊疗所，为平民服务。例如，原在浙江杭富公路工作的331与332两个医疗队在完成杭州全市小学生接种牛痘任务后，与311、351两队开赴南京，先在下关办诊所为难民施诊，于1946年7月改建为南京分会太平路街红十字诊疗所。再如，在江西的741、742两个医疗队，于1946年12月改建为南昌分会红十字诊疗所。又如，在湖北的621、622两个医疗队，加上从湖南调来的931医疗队，于1946年7月合并改建为汉口分会红十字诊疗所。如此等等。

诊疗所"本服务社会，博爱人群之宗旨，推行医疗保健及社会服务工作"①，因而诊疗所门诊除酌收挂号费之外，以免费为原则。

红十字诊疗所及医院是"复员"期间各地分会进行社会服务的重要设施之一，是民众迫切需要且受益人数众多的仁爱设施，成为这一时期中国红十字会工作的一大特色且成绩斐然。从1946年1月到1947年6月，医疗服务统计内科诊疗人数309 453人，外科诊疗人数308 445人，防疫注射236 416人，X光透视4 577人，X光照相623人，检验69 983人，共计受惠人数929 497人。

2. 服务形式多样化

按照《复员期间中华民国红十字会诊疗所暂行通则》的规定，诊疗所以门诊为主，除助产及家庭访视之外，概不出诊。这为患者就诊造成一定的不便，许多远途来求治的人，往往车费比挂号费多了好几倍。作为补救，中国红十字会上海市分会率先与上海市民营电台同业公会联合，推出了"流动诊疗车"服务——"一种新的服务和新的实验"——"送诊给药，不取分文，作为彻底的（地）救济贫病的一件事业"。流动诊疗车由美国红十字会捐赠的救护车改装而成，于1947年10月10日开诊，基金来源于电台的"空中劝募"。流动诊疗车的诊疗站，分为沪东、

---

① 《复员期间中华民国红十字会诊疗所暂行通则》，中华民国红十字会总会编：《复员期间中华民国红十字会法规辑要》，1946年内部刊行，不著页码。

沪南、沪西、沪北4个区,"依着日程时间排列",轮流到各站点,"给全市人民做免费的医疗工作"。①

3. 送医下乡

红十字医院、诊疗所大多集中在城市,广大农村地区的患者难以享受医疗服务。农村地区兼顾不到,"服务社会,博爱人群"的广泛性难以具备。如何兼顾,武进分会的工作具有开拓性。从1947年2月开始,武进分会先后设立了前黄镇、湟里镇、寨桥镇、厚余镇、西夏墅、马迹山、湖塘桥、雪堰桥和坂上镇9个乡村服务站,以医疗工作为重点,开展社会服务活动。

1948年7月,中国红十字会利用美国援华经费设置了上海、南京、武进、砀山、灌县、邕宁、长泾、青浦、江都、孝感、开封、长春12个乡村巡回医务队,深入农村,为民众服务。同时,凤台、昆明、重庆等分会也组织起巡回医疗队,为农民施医送药。

4. 沙眼防治

中国红十字会在南京、西安、北平、上海、昆明、广州开办6处沙眼防治所,为民众开展沙眼防治服务,受到民众欢迎。美国红十字会驻华代表马迪成给予其高度评价,称这些沙眼防治所均由美国红十字会在协助中国红十字会的计划中,供给材料和少数经费。在中国红十字会开始此项服务以前,中国对于沙眼防治工作做得不足。沙眼防治所由当地各界所组织的顾问委员会协助,全部免费治疗。大规模的宣传运动也由中国红十字会推展,以期每个人都得知道这种疾病的起因、传染的方式及免费治疗之利用,以有效阻断沙眼的传播,造福大众。②

四、社会救济

社会救济是中国红十字会的传统业务,灾民、贫而无告者等弱势群体是社会救济的主要对象。

1. 水灾救济

水灾救济史不绝书。例如,1947年夏,两广、四川闹水灾。在广

---

① 申屠长真:《三个月来的流动诊疗车——上海市民营电台公会与本会上海市分会合办的医药服务事业》,《红十字月刊》总第25期(1948年1月),第15页。

② 连栋译:《本会医药卫生服务》,《红十字月刊》总第23期(1947年11月),第6页。

东，丰顺受灾最重。丰顺分会为救济难民，特地发动泰国华侨开展寄米回乡运动，寄回之米，由分会代运，从中抽出30%赈济灾民。这一办法得到了旅泰华侨的积极响应。据统计，当年受托运米840大包，配发侨胞家属外，放赈贫户480余户，受赈人数27 000余人。9月，丰顺分会又从韩江水灾救济会领得赈米29大包（计重4 652磅），麦片3大包（计重300磅），"分赈各户"。同时，经中国红十字会总会核准，该分会发起募集名人书画义卖活动，分请国民政府部门首长、当代名流，惠赠书画。中国红十字会总会蒋梦麟会长首起响应，为此活动题字一幅。之后，该分会先后收到李宗仁、孙科、于右任、居正、白崇禧、薛岳等政界要员及名画家罗晓帆、宋省予、蔡澄安诸先生书画作品113件。由于邮寄途中耽搁，至1948年4月4日，方于汕头广州会馆正式展览，举行现场募捐，以书画为酬谢品，共募得近2.3亿元。此项捐款，由中国红十字会电请丰顺县政府填发白米采购证后，到兴宁采购白米，为灾民施粥。

2. 火灾救济

除进行水灾的救济之外，各地分会还组织或参与火灾的救济。例如，1947年1月，江都砖街居户发生火灾，延烧14户，损失惨重，江都分会立即发动紧急捐赈，募得捐款57万元，加上江都分会3万元，共募款60万元，散发受灾各户。又如，1947年4月11日，灌县东门外发生火灾，被焚房舍计355户，灌县分会立即劝捐赈济，共募款390.5万元，每户发款1.1万元。再如，1948年4月29日，南京分会赴西郊二道埂子火灾区救济灾民101户，每户分发食盒一大盒。

灾害救济并非"复员"时期中国红十字会的中心工作，但毕竟属于"服务社会，博爱人群"工作的一部分，职责所在，各地分会量力从事，中国红十字会总会也量力支持，从1946年到1947年，有资料显示，中国红十字会总会共采取15次拨款赞助分会的救灾行动，以惠灾黎。

3. 冬令救济

除水灾、火灾等灾害的救济之外，冬令救济也是中国红十字会的一项"例行"业务。每届冬季，天寒地冻，许多无家可归者和贫而无告者饥寒交迫，苦不堪言。中国红十字会立即给予救助，从1946年到1947

年，中国红十字会总会下发童衣5 396件，棉衣8 489件，毛衣210件，毛线910磅，袜子及手套3 209件，棉花143斤，面粉袋422个，裙子72条。其中，毛线发给徐州、江都、安庆3个分会，就地动员女学生编织成衣，发给贫民。各地分会也采取行动，实施冬令救济。例如，南京分会在1948年1月22日会同金陵大学学生自治会赴4所村棚户区向贫民发放寒衣1 000余件。又如，北平分会于1946年12月开办了国子监暖厂及极乐庵粥厂，受救济者计暖厂每天平均40余人，粥厂每天平均1 900余人，从1946年12月到1947年3月，施济贫民就食领粥者共190 066人，寄宿就食者4 824人。再如，武进分会于1947年冬季发起"一衣运动"，号召民众捐助衣物以救助赤贫，自1947年12月28日起至1948年1月7日止，共收到各方捐来寒衣2 850余件，鞋帽280余件，现款2 091 000元，待义卖书画13件，该分会把所捐寒衣迅速发放给贫苦民众。继"一衣运动"之后，武进分会又发起"一升运动"，呼吁每户捐出白米一升以救济饥民，帮助他们渡过难关。

以上只不过是红十字会冬令救济中的几个片段。从量上来说，红十字会所能提供的救助是非常有限的，但爱心无价，温暖人心。

五、开辟社会服务"新径"

中国红十字会还努力开辟新的服务领域，其中开办图书阅览室、妇女职业培训班及查人转信等，在当时都是令人耳目一新的服务项目。

1. 开办图书阅览室

开办图书阅览室，向渴求新知的人们提供精神食粮，是中国红十字会社会服务新举措——文化服务的重要方面。1946年9月17日，图书阅览室在中国红十字会总会二楼正式开幕，向读者提供免费服务。这一南京城北唯一供给众人阅览的场所，开办不久，就吸引了大量读者。阅览室开办之初，图书、杂志数量少，供不应求，中国红十字会总会不断追加经费添购，至1947年10月，库内存书共有1 495册，文艺及科学杂志68种，医学杂志上百种，西文杂志12种，报纸12种，画报6种。阅览人数也不断增加，平均每日100人。

1947年4月15日，中国红十字会总会又推出了流动图书供应服务，选定中央医院和鼓楼医院，以住院外科病人为对象提供服务。供应的书籍以小说、画报、报刊为主,每2周调换1次,由中国红十字会服务人员直接送往,颇受患者欢迎,至10月底,2所医院阅读者6 109人。

"文化服务是社会服务中最富有精神营养的一项活动"①,因此有不少分会推出此项服务。例如,中国红十字会北平区办事处在1946年8月开办图书阅览室,平均每日阅览人数达40余人。章丘、邻水、上海、南京、郾城、临汝、泸县、灌县等分会,也都开办图书阅览服务。这一新的服务项目在一定程度上满足了人们对时代新知的渴求。

2. 举办妇女职业训练班

举办妇女职业训练班是开辟社会服务"新径"的又一举措。据中国红十字会文献资料记载,中国红十字会总会将8架缝纫机调拨给南京、上海、郾城3个分会,开办缝纫训练班,每周训练3次,每3个月为1期。对贫困家庭的学员可酌情免费（半免或全免）。2年中,该训练班共培养近万名妇女就业。南京分会与妇女会等机构联合举办妇女训练班,对象是歌女、女侍,共87人,课程有生活指导、卫生常识、急救知识等,并帮助她们治病,指导其就业。虽然这一服务项目没有得到全面推广,但颇有新意,这比单纯的救济要实用得多。

3. 查人转信

查人转信是办理战俘及失踪人员的查询服务,中国红十字会曾于1944年开展过,并于1948年重新启动。在整个"复员"时期,中国红十字会共受理查询业务442件,查询有结果的343件,退回的29件,无回音的80件。这项工作没有开展多久,就因战争复起而中止。

中国红十字会因"需要"而服务,在"服务社会,博爱人群"宗旨的指导下,服务领域得以拓宽而成为"促进社会安全"的一支重要力量。尽管受物质条件缺乏和时局的动荡所限,中国红十字会服务社会的能量没有得到充分发挥,但其所做的探索与尝试,值得借鉴。

---

① 《加强精神食粮供应,为文化服务辟一角》,《红十字月刊》总第22期（1947年10月）,第21页。

第四节　在历史的转折关头

"复员"时期并没有持续多久。1947年年底，随着国内形势的日趋紧张，中国红十字会的"复员"时期理应画上句号，但中国红十字会没有重新"改隶"，仍归行政院主管，这就意味着战争救护并不是这一阶段中国红十字会的中心工作。中国红十字会也没有改变"服务社会，博爱人群"这一"复员"时期的工作宗旨，组织仍旧，体制不变。中国红十字会实际上仍处于"复员"中。

一、依法建会的诉求

中国红十字事业发展需要法律的保驾护航。这种诉求在"复员"后有了新的进展。

1. 《中国红十字会条例》的颁布及其发展

中国红十字运动的法治化始于1914年。同年9月24日，袁世凯以大总统令颁布《中国红十字会条例》11条。这是民国时期第一部慈善法规，由此拉开了民国慈善事业法治化的序幕。1915年10月5日，北京政府颁布《中国红十字会条例施行细则》，对中国红十字会各项事业、会员、议会、职员、资产等，都做了详细规定。1920年6月3日，修正后的《中国红十字会条例施行规则》公布实施。虽然《中国红十字会条例》及《中国红十字会条例施行细则》，在北京政府时期政局动荡、军阀混战的时代背景下，没有真正得到执行，但对营造中国红十字事业发展的法治环境还是有一定意义的。

2. 《中华民国红十字会管理条例》的实施

1927年，南京国民政府建立后，不断加强对中国红十字会的管控。1932年11月25日，国民政府立法院第213次会议讨论通过《中华民国红十字会管理条例》（14条），于12月16日公布实施。1933年6月3日，行政院、内政部、外交部、军政部、海军部联衔以训令的形式颁布《中华民国红十字会管理条例施行细则》（43条），明定"中华民国红十字会依军政、海军两部之指定，辅助陆海空军战时后方卫生勤务，并依内政、外交两部之指定，分任国内外赈灾、施疗及其他救护事宜"。又规定"总会以内政部为主管官署，并受外交、军政、海军三部之监督；分会隶属总会，以所在地地方行政官署为主管官署"。还规定"总会之理事及监事，由部转呈国民政府聘任"。① 中国红十字会由此改称"中华民国红十字会"（以下简称"中国红十字会"）。《中华民国红十字会管理条例》的颁布，意味着中国红十字会已成为事实上的官方机构。

3. 战时状态与《中华民国红十字会战时组织条例》

1937年7月7日，卢沟桥事变拉开了全面抗战的序幕。中国全面进入战时状态，一切为了抗战，一切服务于抗战。对此，南京国民政府对中国红十字会进行重新定位，以适应战争救护的需要。1943年4月1日，南京国民政府颁布《中华民国红十字会战时组织条例》（于1946年2月15日明令废止），规定会长、副会长、理监事均由军事委员会委员长令派，卫生署署长、军政部军医署署长为当然理事；各战区救护队受战区司令长官指挥。国民政府将中国红十字会纳入军管体系。

4. 政权更迭与《中华民国红十字会法（草案）》的搁浅

抗战胜利后，中国红十字会进入"复员"时期。1945年12月8日，行政院颁布《复员期间管理中华民国红十字会办法》（11条），其中规定"中华民国红十字会设总会于首都，以行政院为主管官署。并依其业务性质，受社会部、卫生署、善后救济总署之指挥监督"②。1947年秋，鉴于"复员"时期事实上已经结束。同年11月13日，中国红十字会在南京举行第四次理事会，通过"请政府颁布《红十字会法》以崇体制案"，第一次明确表达依法建会的愿望。接着组建《红十字会法》起草委员会，并于1948年2月26日将《中华民国红十字会法（草案）》（共8章40条）提交中国红十字会总会第三次常务理事会通过后转呈行政院。但因为国共两党内战，直到这年秋天该草案才进入立法程序。11月27日，立法院卫生委员会召开会议审议《中华民国红十字会法（草案）》。中国红十字会代表对"以发展博爱、服务事业为宗旨"等条文

---

① 《中国红十字会全国代表会昨开幕》，《申报》1934年9月25日。
② 《复员期间管理中华民国红十字会办法》，中国红十字会总会编：《中国红十字会历史资料选编（1904—1949）》，南京大学出版社1993年版，第242页。

做了解释。12月1日，立法院卫生委员会再次召开会议加以审议，同意提交立法院进行讨论。1949年春，立法院数度开会讨论。但因战争影响，南京国民政府于2月5日宣布迁往广州，立法院等各部门随迁至羊城。4月23日，首都南京被攻克，南京国民政府覆灭。《中华民国红十字会法（草案）》最终搁浅。

二、解放战争救护的点点滴滴

中国红十字会虽然把"服务社会"作为"复员"期间的中心工作，但战争的阴霾挥之不去。1946年6月，全面内战爆发。在解放战争中，中国红十字会始终没有统筹规划战事救护方略，也没有采取大规模的救护行动。但救死扶伤是中国红十字会的天职，战区各分会在开展社会服务的同时，或多或少地兼顾战地救护工作。

1. 山东战场的救护

章丘县（今山东章丘）分会自1946年7月复会后，鉴于"鲁境仍有不幸战事发生"，乃组织救护队，备置担架50副，随时投入战地救护。11月，该分会又设临时收容所5处，收容伤兵。据记载，自11月9日至13日，共收容伤兵281人。① 该分会受到山东省政府的嘉奖。

1947年6月，青岛外围不断有战事发生，平度县（今山东平度）分会组织救护队，在队长徐墨林、吴德宽的率领下，队员们深入战地，救治伤兵、病民228名。

博山、济宁、日照、桓台、淄川等地也有分会或临时设立的红十字救护组织参与救伤工作。

2. 河南战场的救护

1947年10月，郾城县（今河南郾城）分会因豫东战局吃紧，淮阳等地逃来难民众多，特设立收容所，办理战灾难民救护事宜。

10月，洛阳分会以豫西激战，立即就分会医院成立"伤兵治疗站"，并在郊外设立伤兵治疗所为伤兵服务。同时，于城内设立临时妇孺避难所，仅10月就收容难民152人。郏县分会组织起40人的救护队，于10月开展战地救护工作，共治疗伤兵319人，救出难民及重伤兵民

---

① 《中国红十字会新闻》，《红十字月刊》总第11期（1946年11月），第33页。

1 500余人，掩埋尸体129具。新蔡、商丘、潢川等分会也积极参与战事救护工作。

1948年6月16日，解放军向开封发起进攻，于6月22日占领全城。开封分会立即组织救援。一方面，开办收容所收容伤兵、难民，至6月23日累计收容伤病军人651人，难童245人，难民1 442人；另一方面，救治伤病，掩埋尸体。至6月30日，累计诊视病人2 437人，其中军人930人，难童480人，难民1 027人。自6月20日至28日，累计掩埋军民尸体1 623具。同时，为预防传染病之流行，开封分会在全市范围内开展环境卫生消毒工作，巡回注射防疫针，历时9日，共注射12 722人。

3. 东北战场的救护

1947年3月初，国共两军在长春外围的德惠、农安展开激战，双方均有伤亡。3月5日，长春分会派出救护队。9月7日，绥中县分会派出救护队，经过兴城、大寨、汤上、黎树、沟门、凉水、泉子、二道沟、三道沟等地，救护伤兵28人，掩埋尸体6具。

4. 江苏战场的救护

1946年8月9日，鉴于砀山局势紧张，砀山县分会集合县卫生院及各诊所人员45人，组织志愿救护队开赴战地，至8月12日晚救护负伤官兵150余人、负伤贫民120余人，救护难民500余人，掩埋尸体150余具。1947年9月，砀山县分会设临时负伤军民收容所1处，内有病床20张，以救治伤兵。11月8日，砀山发生激战，砀山县分会立出动救护队分往四门裹伤，并设收容所5处收容负伤军民。此次战役，砀山县分会总计治疗负伤民众360人，收容负伤官兵61人，掩埋死尸441具、马尸3匹。

5. 河北战场的救护

1947年11月12日，解放军大举围攻武清县城，但久攻不下，撤退而去。武清县（今天津武清）分会派出全体救护队队员，救护伤兵23人，掩埋尸体72具。次日清晨，救护队分赴县城附近各村医治轻重伤军民56人，掩埋尸体8具。1948年7月23日，解放军攻占武清县城，武清县分会派救护队救护受伤军民百余名。

6. 其他战场的救护

在安徽，1947年2月1日，解放军攻占亳县时，亳县分会立即派救护队、担架队、掩埋队出发工作，并设难民收容所3处，亳县共收容难民3 000余人，收容伤兵210人，掩埋尸体1 050余具。中国红十字会总会以该会"热心会务，工作努力，特予颁发奖状，以资矜式"①。

在陕西，1947年2月20日，西安分会开始协助西安市政府调查河北籍难民，至3月20日的1个月时间内，共登记难民7 920人，并给予救助。

在天津，1948年5月1日，天津分会组织救护医疗队，前往杨村前线，救护伤兵163人。

在北平，1947年2月15日，通县（今北京通州）发生军事冲突时，北平分会总干事吕芝山偕同结核医院侯振岱医师、卢展援护士，以及诊疗所医护员金德峦前往现场实施救护，救治伤兵、伤民16人。

总体而言，在解放战争中，战事救护虽然不是中国红十字会工作的重点，但中国红十字会也投身其中，开展力所能及的人道救助。

三、新的抉择

经过三大战役，国民政府的统治分崩离析，陷于瓦解。作为具有浓重官办色彩的中国红十字会面临新的抉择。

1. 吁请交战方尊重红十字标志

中国红十字会不同于一般社会团体，它是具有中立性、国际性的民间组织，尽管它有着浓重的官办色彩，但在内战中尽可能保持中立的立场，对交战双方的伤员一视同仁，并给予力所能及的救助。面对激烈的军事冲突，中国红十字会希望交战双方尊重红十字标志，对其人道救护行动提供方便和保护。

1949年，在中国人民解放军的强大攻势面前，国民政府岌岌可危，南京达官要员纷纷离京，国民政府诸多部门已处于瘫痪状态。中国红十字会的部分领导人业已离职，中国红十字会的工作难以开展与普及，中国红十字会总会及各地分会陷入困境。鉴于这种情况，红十字国际委员

---

① 《中国红十字会新闻》，《红十字月刊》总第15期（1947年3月），第36页。

会向中国伸出援助之手。在上海解放前夕，红十字国际委员会备文向国共双方表示，愿在战事期间对上海市民施以援助及救济。文称："日内瓦红十字会国际委员会系一决（绝）无政治性而完全中立之组织，对于上海无数市民面临之危险威胁，极为关切，激（基）于纯粹人道主义及希望尽可能减轻将来之艰难痛苦，如对敌双方愿意，本委员会在活动范围内，协助任何方式之救济工作，以造福于战事期间上海市民。而对敌双方则应尊重红十字会标志，并保护支持本会所派之代表团。"① 这项人道倡议，得到了交战双方的认可。

2.《中华民国红十字会解放区分会目前会务注意要点》

1949年5月，全国大部分地区已经解放，中国红十字会总会鉴于"解放区各地分会因社会制度及会内人士多有变更"，特于5月30日颁布《中华民国红十字会解放区分会目前会务注意要点》（以下简称《注意要点》），对过渡阶段会务进行规范。《注意要点》是解放战争时期总会颁布的最后一份正式文件，共14点，主要内容有："解放区各地分会在新工作纲领未公布前，仍应恪守博爱人群服务社会之宗旨，目前工作应特别注重城市与乡村劳动大众之服务"；"成立未久之分会，过去尚未举办具体事业者，应依三十年所订分会工作纲要第四项'社会服务'规定之工作项目，参照当地环境之需要及经费之情形，积极举办，不得少于一项之事业，为人民服务，藉（借）以建立服务之基础"；"分会不得迁离所在市县之境地，其在解放前（中华人民共和国成立前）迁离原市县者，应即刻迁回，否则将予解散之"；"在分会组织章程未公布前，新分会暂不设立，其已设立筹备处尚未正式成立分会者，筹备期间予以延长至新章程公布为止"；"解放以后（中华人民共和国成立以后）各界人士捐赠分会之财产（不动产），应先获得当地人民政府之同意，始得接受"；"分会所有之土地，应依照人民政府法令办理"；"分会得向当地人民政府登记并接受其指导，但分会本身之组织及工作，仍不受一般人民团体法令之拘束"；"分会应尽量参加当地人民政府发动之防疫救灾工作"；"分会办理训练工作，暂限于急救及职业训练，并应事先通知当地

---

① 《市民可能遭受灾难，红十字会愿予援助》，《申报》1949年5月19日。

人民政府"。① 对中华人民共和国成立后分会名称变更、总干事以上人员变更的办法，《注意要点》也做了具体规定。

3. 向人民政府靠拢

《注意要点》颁布之时，南京、上海都已解放，中国红十字会总会会长蒋梦麟随国民政府逃往台湾地区，副秘书长汤蠡舟回东南医学院任职，副秘书长曾大钧参加上海洋行的工作。中国红十字会群龙无首，境况尴尬。中国红十字会总会在胡兰生秘书长的苦撑之下，发布《注意要点》，表达了中国红十字会渴望向人民政府靠拢的一片赤诚之心。这是中国红十字会在新的历史条件下的新的抉择。

1949年5月28日，上海市人民政府成立。胡兰生秘书长令留守南京的中国红十字会工作人员全部迁往上海，与上海办事处合并。8月，中国红十字会总会迁至上海办公。中国红十字会总会中青年职工组成的职工会正式加入上海医务工会的行列，通过工会组织系统参与了上海市的卫生救护活动，同时积极要求中国人民解放军上海市军事管制委员会（以下简称"上海市军管会"）接管中国红十字会，但因中国红十字会是国际红十字运动的重要成员，涉及对外关系，上海市军管会便未接管。直到中华人民共和国成立后，中国红十字会改组事宜才被提上议事日程。

---

① 《中华民国红十字会解放区分会目前会务注意要点》，中国第二历史档案馆藏档案，全宗号476，卷号3038。

下篇

中华人民共和国时期：在曲折中砥砺前行

第七章
中华人民共和国成立初期的辉煌

1949年，中华人民共和国的成立，给中国红十字会的新发展开辟了广阔的道路。随着国民经济的恢复和发展，社会各界对发展中国红十字会事业的要求也日益迫切。1950年8月，经过各有关方面所组成的协商会议的努力，中央人民政府完成了对中国红十字会的改组，选出了具有广泛代表性的新的理事会，通过了新会章，明确规定中国红十字会为"中央政府领导下的人民卫生救护团体"。中国红十字会实现了"新的转变，新的开始"①。

第一节 协商改组实现历史性跨越

一、"迈出了改组的第一步"

1. 工作检讨会聚焦改组

1949年10月1日，中华人民共和国宣告成立，从此中国历史进入了一个新的时期。"一切都在向新的转变"，有着45年历史的中国红十字会也面临着新的抉择。

1950年3月，中国红十字会总会在上海召集各地分会代表40余人，举行工作检讨（研讨）会，讨论中国红十字会的前途命运。上海市军管会外事处、卫生处各派代表参加会议。该会议研讨的主题就是中国红十字会如何走向未来。这次工作检讨会"可以说是改组工作的发动点。经

---

① 《新的转变，新的开始——记中国红十字会总会改组经过》，《新中国红十字》1950年第1期，第2页。

过了这次会议，我们才毅勇地走向人民，那就是推举代表团来北京，向政府反映改组的要求"①。该代表团团长为中国红十字会"支柱"人物胡兰生秘书长。

2. "支柱"人物胡兰生

胡兰生，安徽歙县人，著名骨科专家。1916年，胡兰生毕业于上海圣约翰大学医科。1920年，胡兰生获美国哈佛大学医学博士学位。胡兰生曾任上海同仁医院医师、圣约翰大学教授、第二集团军军医学校校长、国民政府军政部军医署署长。1943年1月，中国红十字会改组，胡兰生出任秘书长兼救护总队部总队长，随后兼任行政院善后救济流离人民专门委员会主席。1946年5月5日，国民政府发布政府令，对胡兰生等27名优秀红十字工作者"各给予胜利勋章"②，表彰他们在抗战救护事业中的卓越贡献。毫无疑问，胡兰生在中国红十字事业发展史上扮演着重要角色。尤其在中华人民共和国成立前夕，蒋梦麟会长前往台湾，在中国红十字会组织涣散、群龙无首的特殊时期，胡兰生成为顶梁柱、主心骨，担负起"改组"的历史重任。

3. 中国红十字会总会迁京迈出改组第一步

工作检讨会后，代表团团长胡兰生与职工会主席朱子会、南京分会会长杨登瀛、西安分会会长马彦翀③、重庆分会会长黄次咸、武汉分会会长宋镜如、天津分会会长舒敏杰一行7人，来到北京，拜访中央人民政府卫生部（今国家卫生健康委员会）、内务部、外交部。中央人民政府卫生部部长李德全、副部长苏井观等人接见了代表团，并听取了胡兰生秘书长关于中国红十字会历史、现状的汇报，以及中国红十字会会员要求人民政府接管中国红十字会的意见。接着，中央人民政府卫生部副部长兼党组书记贺诚专门接见了胡兰生秘书长，并应允将代表团的意见转报给周恩来总理。1950年4月初，中国红十字会总会接到上海市军管会卫生处转来的中央人民政府卫生部的通知：周恩来总理指示，中国红

---

① 《新的转变，新的开始——记中国红十字会总会改组经过》，《新中国红十字》1950年第1期，第2页。
② 池子华：《红十字与近代中国》，安徽人民出版社2004年版，第436页。
③ 《新中国红十字》上记作"马产翀"，从历史记载来看，此处应为"马彦翀"。

十字会总会迁北京改组,由中央人民政府卫生部和中国人民救济总会负责领导改组工作,具体筹备工作由中国人民救济总会负责。5月初,胡兰生秘书长再次进京商谈中国红十字会总会迁京和改组事宜,中国人民救济总会秘书长伍云甫接见胡兰生并告之,根据周恩来总理指示,经中央人民政府卫生部、外交部商议,指出四点意见:一是鉴于红十字会的特点及历史状况,采取改组方式而不是接管方式,将中华人民共和国成立前的红十字会改组为中国红十字会;二是中国红十字会总会搬迁北京,现有职工除不愿赴北京者外,全部留用;三是中国红十字会总会所有资产妥善保管,不得随意处理;四是将北京市民政局幼儿园占用的北京东城干面胡同22号房屋腾出来作为中国红十字会总会迁京后的会址。①

1950年7月,中国红十字会总会全部人员陆续到达北京,"迈出了改组的第一步"②。

二、协商改组会议的召开

1. 第一次全国代表大会召开

1950年8月2日至3日,中国红十字会协商改组会议在北京召开,这也是中华人民共和国成立后中国红十字会召开的第一次全国代表大会。会议由中国人民救济总会和中央人民政府卫生部主持召开,由于事前经过充分的酝酿和多方面的协商,所以会议开得非常迅速和顺利。为了扩大中国红十字会的群众基础和加强与群众的联系,这次协商会议的组成人员是全国性的和多方面的:政府方面参加的人员有中央人民政府卫生部、中央人民政府外交部、中央人民政府内务部、中央人民政府民族事务委员会、中央人民政府华侨事务委员会、中央人民政府人民革命军事委员会总后方勤务部卫生部(以下简称"中央军事委员会总后勤部卫生部")和北京市人民政府等机关的代表李德全、苏井观、龚普生、谭锡三、高伯玉、王士方、傅连暲、丁执中;群众团体方面参加协商会议的人员有中国人民救济总会、中华全国总工会、中华全国民主妇女联

---

① 中国红十字会总会编:《中国红十字会的九十年》,中国友谊出版社1994年版,第122页。

② 周辑:《改组》,《中国红十字》1983年第9期,第8页。

合会、中华全国民主青年联合会、中华全国文学艺术工作者联合会的代表伍云甫、林仲、朱学范、张元、黄振声、陈企霞；中国红十字会原有人员参加协商会议的有中华人民共和国成立前的红十字会理事刘鸿生、吴有训、金宝善、徐国懋、徐寄庼、王晓籁及职工会代表胡兰生、朱子会、付况鳞9人。该会议有足够的代表性，这也就决定了它在全国会员代表大会未召开之前有足够的权力代行全国会员代表大会的职权。

2."美好的开始"

协商改组会议于1950年8月3日胜利闭幕。会议通过了新的《中国红十字会会章》（共6章25条），明确规定中国红十字会为"中央人民政府领导下的人民卫生救护团体"，"以协助各级人民政府，面向人民大众，宣传并推广防疫、卫生、医药及救济福利事业为宗旨"。① 中国红十字会以白底红十字为标志，中国红十字会总会设于首都北京。

会议选出正、副会长，理事，常务理事，正、副秘书长分别如下：

会长：李德全（中央人民政府卫生部部长）。

副会长：彭泽民（华侨事务委员会委员）、刘鸿生（工商界事务委员会委员）、熊瑾玎（中国人民救济总会监察委员会副主任）、胡兰生（原中国红十字会总会秘书长）。

常务理事：金善宝（中央人民政府卫生部技术室主任）、苏井观（中央人民政府卫生部副部长）、陈其瑗（中央人民政府内务部副部长）、龚普生（中央人民政府外交部国际司司长）、伍云甫（中国人民救济总会秘书长）、林仲（中国人民救济总会副秘书长）。

理事：吴有训（华东教育部部长、上海交通大学校务委员会主任）、徐国懋（金城银行总经理）、王晓籁（工商界）、朱子会（中国红十字会总会组织组主任）、付况鳞（中国红十字会总会宣传组主任）、徐寄庼（浙江兴业银行董事长）、傅连暲（中央军事委员会总后勤部卫生部副部长）、杨静仁（中央人民政府民族事务委员会办公厅主任）、朱学范（中华全国总工会副主席和中央人民政府邮电部部长）、曹孟君（中华全国民主妇女联合会妇女部部长）、吴晗（中华全国民主青年会联合秘书长，

---

① 《中国红十字会会章》，《新中国红十字》1950年第1期，第8页。

北京市人民政府副市长）、梅兰芳（文艺界）、康克清（中华全国民主妇女联合会儿童福利部部长）、周鲠生（中央人民政府外交部顾问）、谢雪红（中国台湾民主自治同盟主席）、邓裕志（中华基督教女青年会全国协会总干事）。

秘书长：胡兰生（兼）。

副秘书长：林士笑（中央人民政府卫生部办公厅副主任）、倪斐君（中国人民救济总会副秘书长）。

这次协商改组会议的顺利召开和圆满成功，揭开了中国红十字会历史的新篇章，它是中国红十字会"转向新生的开始"的标志，是中国红十字运动史上新的里程碑，为中华人民共和国时期红十字事业的发展奠定了基础。中国红十字会"珍惜这个美好的开始，不断的奋斗，不断的改造，去掉旧的，迎接新的，努力奔向那广阔的道路"①。

3. 周恩来总理亲笔修改会章

中国红十字会的成功改组，与周恩来总理的直接关怀是分不开的。从"改组"的酝酿，到中国红十字会总会迁京、协商改组会议的召开，每一个环节，都倾注了周恩来总理的特别关照。应该特别值得"备忘"的是，日理万机中，周恩来总理还为中国红十字会亲自修改会章，这在中外红十字与红新月运动史上是罕见的。

改组完成后，1950年8月21日，周恩来总理亲笔致毛泽东、刘少奇等《中国红十字会改组已完成》："送上伍云甫同志关于中国红十字会改组的报告，拟予以批准。中国红十字会尚有些社会基础，特别是医院及卫生人员，我们必须予以接管和维持，而国际红十字会的组织，苏联及东欧国家也都在内，他们需要我们参加进去，故我们在开全国人民救济代表会议时，即决定改组该会，胡兰生当表示接受。现改组已完成，拟推李德全、伍云甫二人前往出席日内瓦国际红十字大会。特报。"②

时任外交部国际司副司长、参与红十字会改组工作并被选为中国红十字会副会长的龚普生曾受到周恩来总理无微不至的关怀，在回忆起这

---

① 《新的转变，新的开始——记中国红十字会总会改组经过》，《新中国红十字》1950年第1期，第2页。

② 周恩来：《周恩来书信选集》，中央文献出版社1988年版，第431页。

段历史时说,"新中国的红十字会可以说是在周总理亲自关怀下成立起来的","或者可以说旧中国红十字会是在周总理的帮助下获得了新生"。①

三、中华人民共和国首任女会长李德全

改组也意味着换届。经协商改组会议推举,中国妇女运动的先驱、杰出的社会活动家、中央人民政府卫生部部长李德全,出任中国红十字会会长,她由此成为中国红十字运动承先启后的关键人物。

李德全会长

1. 妇女运动的先驱

1896年,李德全出生于北京通县(今北京通州),1919年从北京私立女子协和大学(燕京大学前身的一部分)毕业,从此开始了她"追随真理,奉献人民"②的生涯。1924年2月19日,时任北京女青年会总干事的李德全经人撮合与冯玉祥结为伉俪。婚后,随冯玉祥"辗转军旅,传播科学知识,破除封建习俗"③,为妇女解放和社会进步奔走呐喊。

20世纪30年代初,冯玉祥隐居泰山兴办教育事业,李德全变卖首饰资助,共创办了十几所小学。1946年2月10日,重庆各界在较场口举行庆祝政协成立大会,反对国民党的独裁统治,遭到国民党特务组织的破坏,李公朴、郭沫若、马寅初等人被殴伤,大会领导人之一的李德全也未能幸免,这就是震惊中外的"较场口血案"。血腥没有使李德全屈服,反而更加坚定了她跟着中国共产党走向光明的决心。1946年,世界妇女大会在美国召开,李德全受邓颖超之托代表中国妇女组织参加会议。1948年,李德全和冯玉祥响应中共召开新的政治协商会议的号召,

---

① 晓尉、刘峰:《龚普生访谈录》,《中国红十字》1992年第1期,第17页。
② 陈敏章:《追随真理,奉献人民——纪念新中国首任卫生部部长李德全》,《人民日报》1996年9月2日。
③ 晓秋:《她属于人民——记原卫生部部长、中国红十字会会长李德全》,《博爱》1995年第4期,第62页。

从美国取道苏联回国，不料9月1日，轮船在黑海途中失火，冯玉祥及其爱女冯晓达不幸遇难。1949年2月，李德全回到北平，于10月1日参加开国大典，随后被任命为中央人民政府卫生部部长，她和史良是中华人民共和国最初的两位女部长。

2. 为事业发展"定调"

在协商改组会议上，李德全会长发表《中国红十字会今后工作的任务》的报告，为事业发展"定调"。报告指出，中国红十字会"在中国是很有基础的，就其历来所作的工作来看，它对于战争救护或救灾赈济，曾经作了不少的工作，获得了相当的成绩……现在中国革命基本上已经取得了全面胜利，并且开始转入和平建设时期，为了保证生产任务的完成，推广卫生医疗事业，已成为围绕经济建设的重要工作之一。在目前这样的情况下，中国红十字会的一套旧的机构和旧的工作方针和任务，已经不适合今天新民主主义的需要，和不能满足群众的要求了"①。因此，中国红十字会必须改组，并全心全意为广大工农兵群众服务。这是中国红十字会今后工作的任务。根据"预防为主"的卫生方针，以及"动员和组织人民实行自救助人"的救济福利方针，中国红十字会要协助各级人民政府，面向人民大众，宣传和推广防疫、卫生、医药及救济福利事业。

3. 确立工作方向与发展步骤

那么，具体工作如何开展？究竟应做哪些事？又该怎样做呢？归根到底，中国红十字会工作方向与发展步骤究竟是怎样的呢？这些均成为李德全上任后必须面对和解决的问题。经过几个月的实践和深入细致的调查研究，1951年年初，李德全在《新中国红十字》第5期发表《新中国红十字会的工作方向与发展步骤》一文，对上述问题进行了明确的回答。文章指出当前中国红十字会的具体工作，一是把现有的业务整顿起来，改被动为主动，并以这些业务为基础，结合新的力量，培养卫生人员，并开展妇婴保健及一般医防工作，同时在发展过程中特别注意工矿、农村、少数民族地区及灾难地区等急需医药的地方。二是组织机动

---

① 李德全：《中国红十字会今后工作的任务》，《新中国红十字》1950年第1期，第6页。

的医疗队，配合政府政策，完成一定的政治任务。例如，目前应发动组织各分会医护人员，在自觉自愿的基础上成立抗美援朝志愿医疗队，从事战伤救护及难民医疗等工作，并成立医防队配合生产救灾，修河工程等建设事业，推进防疫卫生及医疗工作，同时在医防队的地区结合各地人民，创设条件，建立红十字会基层组织，发展会务。三是各地红十字会组织在各级人民政府领导下，与工、青、妇、农各人民团体取得密切联系，先从有组织的群众中做起，开展救护教育及一般卫生常识宣传，而后吸收他们为中国红十字会会员，建立红十字组织，并逐渐普及一般人民，使卫生保健工作真正成为广大的群众性运动。在这三项工作有相当成效且打下基础之后，再进一步地在工厂、学校及农村中普及设立"卫生站"和"救护中心"，以及其他救济福利组织，协助政府普遍提高人民的卫生文化水平。为了保证这些工作在坚实的基础上进行，发展步骤应该是由小到大，由点到面，先做好业务而后发展会务，先整顿旧组织而后推设新组织，先由政府给予经费补助，将业务充实之后走向半自给与全自给。① 李德全会长的工作计划，毫无疑问，具有很强的现实针对性。根据这一工作方向和发展步骤，中国红十字事业健康、稳步地开展起来。

第二节　国内工作稳步推进

一、地方分会的整顿与发展

改组之后，中国红十字会在李德全会长的领导下，进行思想建设和组织建设，积极整顿和发展组织。1950年10月16日，中央人民政府内务部、卫生部联合通令各省、市人民政府协助中国红十字会整顿各地分会。10月23日，中国红十字会总会通告各地分会："希你会即将此项通令向当地人民政府反映，依照本会各地分会整理办法进行协商改组是为

---

① 李德全：《新中国红十字会的工作方向与发展步骤》，《新中国红十字》1951年第5期，第15页。

至盼。"① 在各地政府协助下，到1952年年底先后完成改组的分会有北京、天津、上海、武汉、广州、重庆、西安等51个。

1952年12月5日，中国红十字会全国工作会议在北京开幕，这是自中国红十字会总会改组以后举行的第二次全国性会议，全国绝大多数分会，不论是改组的还是未改组的，都选派人员出席这次会议。到会的有71个分会的人员，共94人，并有中共中央政法委员会及中央人民政府内务部、邮电部、水利部等政府部门和中国人民保卫世界和平委员会、中华全国总工会、中华全国民主妇女联合会、中国人民救济总会等人民团体的代表参加。会议在总结2年来红十字工作经验的同时着重讨论如何发展红十字会组织和会员的工作，以及关于今后推行急救训练等工作。经过这次会议，到1957年各地共建立分会75个，并将分会名称取消，改称为市、县红十字会。中国红十字会总会直接领导分会的体制也在逐步地改变为业务工作上的指导关系，中国红十字会总会和各地分会工作人员均列入国家编制，编制人数总计1 200人。

到1964年，除西藏、青海、宁夏、甘肃、新疆、贵州六省（区）之外，普遍建立了省级红十字会，市、县级红十字会达300多个，会员人数达500多万。各地红十字会在基层普遍建立和发展组织，在厂矿、街道、学校、农村设立红十字基层委员会，该委员会下设红十字卫生站和会员小组。中国红十字会的组织建设在稳步推进之中。

随着组织的整顿与发展，红十字各项业务也迅速开展起来，特别是在各条战线广泛开展的医防服务工作受到广大群众的赞誉。

二、积极参与爱国卫生运动

1950年9月6日，中央人民政府政务院批准公布协商改组会议通过的新的《中国红十字会会章》，明确中国红十字会为"中央人民政府领导下的人民卫生救护团体。根据'预防为主'的卫生工作总方针及'动员和组织人民实行自救助人'的救济福利方针，以协助各级人民政府面

---

① 《中国红十字会总会给各地分会的通告》，《新中国红十字》1950年第2期，第1页。

向人民大众，宣传并推广防疫、卫生、医药及救济福利事业为宗旨"①。其主要任务：团结群众，担任救护训练及宣传公共卫生；推广卫生防疫工作，进行医疗服务；办理灾害救助及救济性医药卫生工作；在必要情形下，经中央人民政府政务院批准，担负国际性救助及医疗服务工作。这就意味着卫生工作为改组后的中国红十字会的核心业务。正因为如此，1952年全国爱国卫生运动兴起后，中国红十字会积极参与。1952年8月，中国红十字会总会发出通知，要求各地红十字会响应号召，积极投身爱国卫生运动。于是，开展爱国卫生运动成为中国红十字会的中心工作。

在爱国卫生运动中，各地红十字会在当地爱国卫生运动委员会的指导下，配合卫生部门，通过广播、电台、幻灯片等媒体，以及举办卫生图片展览会等多种形式进行宣传，普及卫生知识，动员群众参加除"四害"、防治血吸虫病等活动，成效显著。

1960年6月30日，中央人民政府卫生部与中国红十字会总会联合发出《关于开展红十字工作的通知》，要求各级红十字会组织应与各级爱国卫生运动委员会结合起来，共同拟定工作计划，开展工作。一方面，这表明红十字会在爱国卫生运动中的作用得到了肯定；另一方面，表明政府希望红十字会再接再厉推进此项工作的深入开展。

三、农村巡回医防服务队深受欢迎

协商改组会议刚刚结束，中国红十字会总会便制定了《一九五零年九月至十二月工作计划大纲》，并提出组织农村巡回医防服务队，到缺医少药、疾病流行、卫生状况差的农村地区开展巡回医疗服务。实际上，在此之前，为配合政府开展群众性的卫生运动和救护卫生教育工作，中国红十字会总会于1950年6月1日成立了一支农村巡回医防服务队。该医防服务队经过短时间的学习后，于6月20日在队长何嘉明医师的率领下赴苏南农村进行巡回医防服务工作。围绕"预防为主"的方针，该医防服务队在农村开展防疫注射与环境卫生清理工作。在农村极

---

① 《中国红十字会章程》，中国红十字会总会编：《中国红十字会历史资料选编（1950—2004）》，民族出版社2005年版，第3页。

其艰苦的条件下，队员们克服人员少、条件差等困难，以饱满的热情开展卫生宣传，使群众了解防疫知识，并为20 000余人进行40 000多次的预防霍乱、伤寒的疫苗注射，门诊看病人数每天多达数百人。在苏南武进县（今常州武进）短短的3个月内，该医防服务队共为农民群众医病21 813人次，取得显著的医防效果。

中国红十字会总会在农村巡回医防服务队所做的实践探索，树立了榜样。各地分会积极行动，纷纷组织医防队"下乡"。

1952年5月，西安分会在办完第三期卫生讲习班之后组织乡区巡回卫生医防队（共14人），到岳家寨等地开展工作。至7月，该医防服务队做了多方面工作：在医疗方面，门诊4 000余人，出诊240余次。在宣传教育方面，进行20次幻灯片宣传，观者6 120余人；开展卫生画展2天，参观者610人；办黑板报17处，共更换3次；配合各村卫生行政干部检查卫生30次；在各小学开展卫生讲座18次；召开卫生小组长会议15次、各村干部会52次、群众会14次、妇女会6次；在夜校做妇幼卫生宣传2次。通过宣传、教育与检查，基本上提醒了群众对卫生工作的重视。

柳州分会根据当地需要，于1952年10月组织爱国卫生运动巡回医防宣传队（共23人），深入郊区农村。在工作中，他们把医疗疾病与宣传卫生常识结合起来，在10多天内不仅免费为1 237位农民医治疾病，还开办接生人员训练班，宣传新法接生的优越性；召开群众大会10次，参加的农民4 800多人。通过宣传教育，农民普遍认识到"四灭"（灭蝇、蚊、虱、鼠）和"五净"（道路净、房屋净、锅碗净、衣被净、身体净）工作的重要性。

1952年12月，南昌分会根据"预防为主""面向工农兵"的卫生工作方针及进一步推行爱国卫生运动的要求，组成4个巡回医防队（每队包括医师、护士、司药、化验及会务宣传干部等10余人），利用星期天到市郊七区的唐山、闸口等乡进行巡回医防工作。该医防队在当地乡政府、农会、妇女会及卫生部门的配合下，上门为病人免费医疗和检查，宣传卫生常识。

1953年夏，福州、杭州、麻城、内江、垫江、高密、永城等地分会，组织小型巡回医防队深入农村为"抗旱保秋""抗旱除虫"的农民群众服务，天津、开封、广州分会的巡回医防队则到附近水灾地区对受灾群众进行"医疗慰问"。该医防队抵达农村后，不管烈日当头，每天都在田野里、水车旁，在有农民劳动的地方，巡回防治中暑、外伤等。该医防队还利用晚间乘凉时间放映幻灯片，利用中午吃饭时间或休息时间到农民家里去串门，进行卫生常识宣传，为农民送医送药。

农村巡回医防服务队的工作形式多样，深受群众欢迎。此项活动"教育了医防队的同志们，使他们进一步体会到自己的任务是光荣的，劳动人民是多么欢迎全心全意为人民服务的医务工作者，同时，他们为劳动人民服务的具体事实，也教育了群众，使他们进一步认识今天的政府的确是人民自己的政府，今天的红十字会，是人民自己的团体"①。可见，农村巡回医防服务队的活动具有深远的意义。

四、在国家重点工程的建设中

中国红十字会医防服务队不仅在广大农村巡回服务，而且在国家重点工程建设中建功立业，特别在治淮工地上，更显中国红十字会"本色"。

在中国历史上，淮河两岸曾经是一方令人神往的乐土，宋代有"走千走万，不如淮河两岸"之美谈。但宋朝以后，淮河生态环境迅速恶化，其主要表现就是自然灾害的连年不断。据统计，从明初到1840年，凤阳府所辖淮北地区发生自然灾害不下百次。清末民国时期，淮河流域间隔不到一年就发生一次灾害②，频率之高，诚属惊人。淮河成为举世闻名的"害河"。

1950年，淮河水灾泛滥，受灾人口达1 339万人。淮河流域的洪水牵动着领导人的心。毛泽东多次批示，决心根治淮河。10月14日，中央人民政府发布了《关于治理淮河的决定》，根治淮河的战役由此打响。

根治淮河是一项造福子孙的巨大工程。参加这一工程的民工达220多万人。这支劳动大军在工地卫生条件不佳的情况下，投入紧张劳作之中，医疗防疫工作变得十分重要。保障民工健康成为根治淮河的重要任

---

① 《受群众欢迎的小型巡回医防队》，《新中国红十字》1953年第11期，第24页。
② 池子华：《中国近代流民》，浙江人民出版社1996年版，第72页。

务。为配合治淮工程，做好民工防疫保健工作，1950年12月18日，中国红十字会总会从西安、济南、汉口、上海、南京等分会抽调精干人员，在南京开办"中国红十字会医防服务干部训练班"。该训练班经过思想教育、业务学习，于1951年1月13日结束后，组织"中国红十字会第一医防服务大队"（以下简称"第一医防服务大队"），共175人，成立大队部和5个队，其中1个队是由原来的农村巡回医防服务队扩充而成的，其他4个队是由经过专门训练的医师、医士、护士、助产士、药剂人员、检验人员组编而成的。该医防服务队为配合治淮工程，与中央人民政府卫生部、水利部、中央救灾委员会及华东军政委员会卫生部、治淮委员会等有关机关联系，各队被分配到颍上、临淮关、正阳关、凤台等工作地段。该年4月，从朝鲜归来的63名医护人员加盟第一医防服务大队，该大队也由原来的5个队扩大为8个队，人数增至298人。他们在工地上以门诊和巡回医疗相结合的办法，为民工提供种痘、防疫注射、工伤医疗服务，改善工地环境卫生，还为当地建立基层卫生组织，举办接生员训练班。据统计，从1951年1月下旬到6月的5个月中，在治疗工作方面，门诊人数内科46 433人，外科66 796人；在防疫工作方面，共注射160 001人，种痘613 542人，为136 851人灭虱；在环境卫生方面，改良与新建厕所12 198个，改良与新建水井4 070个。

对第一医防服务大队在治理淮河工作中所创佳绩，中央人民政府水利部给予了高度评价和称赞："承蒙中国红十字会组织医防服务大队，开赴淮河担任民工医防工作，给我们以极大的支援，保障了民工的健康……我们是非常感激的。"①

从1950年到1954年的4年中，中国红十字会医防服务队参加了为根治水旱灾害的各项水利工程，在治淮、荆江分洪、河南的治黄、岳阳的南洞庭湖整修、锡澄运河拓浚及金盆浴鲤水库等各项水利建设中，都发挥了作用。特别是在治淮工程中，巡回服务4年，做出了突出贡献。

---

① 《保障民工健康是根治淮河的重要工作——中央水利部办公厅郝执斋在欢迎会上的讲话》，《新中国红十字》1951年第11期，第13页。

五、给予老少边穷地区特殊的关爱

革命老区和边疆少数民族地区，经济条件相对贫穷落后，缺医少药。在革命老区，"因为过去历受国民党的严重摧残，中华人民共和国成立后，虽然已经恢复了不少元气，但是人民的生活还是比较艰苦的，医疗卫生的设备，也非常需要"。在边疆少数民族地区，"各少数民族，极端缺乏科学的医药卫生设备……少数民族生活艰苦，疾病很多，特别是藏区流行的疾病，云南、西康一带的麻风和云南边境的瘴气病为害最大。此外沙眼、胃病、肠寄生虫、甲状腺肿、风湿性疾病等各地都很普遍"。鉴于此，中国红十字会除在老少边穷地区普遍建立医疗卫生机构之外，于1951年11月专门成立第二医防服务大队，"这是新中国红十字会在'动员和组织人民实行自救助人'救济福利方针下，'协助各级人民政府，面向人民大众，宣传并推广防疫、卫生、医药及救济福利事业'的又一个具体的表现；也是继治淮第一医防服务大队组成、生长、壮大后又一支医防工作生力军的出现"。①

第二医防服务大队以刚从朝鲜前线归来的国际医防服务第一大队的队员为主体扩充而成，共有医护、后勤人员249人。大队长黄超汉、副大队长胥继昌，即原国际医防第一大队的正、副大队长。"他们通过了抗美援朝这一伟大工作的实际锻炼，政治认识大大提高了，爱祖国、爱人民的热情大大增涨（长）了。回国汇报和总结工作后，全体队员，不愿休息，即一致在自觉自愿的基础上，签名要求到少数民族地区和老解放区去工作。中国红十字会总会根据了人民的需要，同时也满足了群众的要求，所以决定组织第二医防服务大队。"② 1951年年底，第二医防服务大队兵分两路，开赴江西革命老区和海南岛少数民族聚居地区，开展医防服务。

江西队于12月9日到达目的地，分赴瑞金、井冈山、上饶及7个专区从事妇幼卫生、医疗防疫、卫生宣教等工作。由于队员"具备着高度

---

① 《为少数民族及老解放区群众服务——祝第二医防服务大队出发》，《新中国红十字》1951年第4期，第3页。
② 《为少数民族及老解放区群众服务——祝第二医防服务大队出发》，《新中国红十字》1951年第4期，第3页。

服务热情及吃苦耐劳精神，颇得群众爱护与好评"。海南岛队到达目的地后，即分赴保亭、乐东、白沙3个县及五指山区开展医疗防疫工作。他们不辞艰苦，跋山涉水，深入五指山为黎、苗两族同胞普遍种了牛痘，还举办助产员、卫生员训练班，共培训出公共卫生员1 046人，助产员1 273人，同时经常向黎、苗两族同胞做卫生宣传教育，发动他们整理环境卫生。队员"艰苦的生活和努力工作的表现，深深地使黎、苗两族同胞感到只有在毛主席的领导下，才能有这样为他们服务的医生"。①

第二医防服务大队的工作于1952年10月结束。根据当地群众的要求，第二医防服务大队撤离时江西队65名队员、海南岛队34名队员自愿留在当地继续进行医疗防疫工作，其余队员整编为7个中队，由黄超汉队长率领至河南为治淮民工服务。

第三节　国际工作异彩纷呈

改组后的中国红十字会，不仅国内工作稳步推进，而且国际工作也是亮点纷呈。抗美援朝救援引人注目、人道外交独领风骚、成功访日打破坚冰，都显示了中国红十字会独特的作用。

一、抗美援朝中的救援

当中国红十字会在国内广泛开展医防服务工作之时，1950年6月25日，朝鲜战争爆发。战火迅速烧到鸭绿江边，中国面临"唇亡齿寒"的危险。10月8日，毛泽东主席发布命令，将东北边防军组成中国人民志愿军出国支援朝鲜人民军作战。抗美援朝、保家卫国成为当时全国人民的中心任务，也成为新生的中国红十字会的中心工作。国际医防服务队组织起来，肩负着神圣的使命，开赴朝鲜战场。

---

① 《第二医防大队江西队工作暂告一段落》《第二医防队海南岛队返抵北京》，《新中国红十字》1952年第11期，第19、35页。

1. 国际医防服务队的组建

朝鲜战争爆发后，1950年7月26日、8月22日，中国红十字会总会先后发表声明，抗议美国滥炸朝鲜、侵犯中国领空，号召美国和其他各国的红十字会会员，团结本国人民，一致奋起，制止美国对朝鲜的侵略与暴行。① 中国红十字会决心以行动捍卫《日内瓦公约》，维护世界和平。

随着战火的蔓延，10月，中国人民志愿军入朝作战。"抗美援朝，保家卫国"运动迅速兴起。中国红十字会也紧急动员，一边与中国人民救济总会联合指示各地分会筹款募捐提供后援保障；一边组织战地救护，并于1951年1月22日向全国各地分会发出《为组织救济朝鲜难民医疗队给各地分会的通知》（以下简称《通知》），决定组建医疗大队奔赴朝鲜前线救护伤兵、难民。《通知》号召各地分会全体会员和工作人员在自觉自愿的基础上踊跃参加。各地红十字会会员、医务工作者积极响应，纷纷报名"参战"，有的甚至以血书"请战"，令人感动。至3月5日，有50多个分会向中国红十字会总会报名，人数达833人。经中国红十字会初步审核批准，有常州、洛阳、济宁、青岛、无锡、广州、南京、武汉、西安等分会共计男181人、女102人先后来北京报到，接受包括政治学习和业务培训两个方面的短期教育。

医防服务队原打算定名为"抗美援朝医防服务队"，但由于该医防服务队不仅仅为中朝人民战士服务，同时还要救助朝鲜难民，这体现出国际人道主义精神，所以最终决定采用"国际医防服务队"的名称。短期培训后，中国红十字会总会挑选出224位队员，整编为两个国际医防服务队大队：第一大队承担一般的医疗及防疫工作，下辖10个队，大队长周立新；第二大队承担手术工作，下辖4个队，大队长冯雁忱。国际医防服务队队员以饱满的热情，随时准备开赴前线。

2. 国际医防服务队奔赴朝鲜

1951年3月10日，为欢送国际医防服务队赴朝，中国红十字会在北京饭店举行了盛大的欢送会。大会由中国人民保卫世界和平反对美国

---

① 《中国红十字会总会抗议美国侵略朝鲜》，《人民日报》1950年7月28日。

国际医防服务队授旗仪式

侵略委员会(以下简称"中国人民抗美援朝总会"),副主席陈叔通主持,中国红十字会会长李德全宣读了国际医防服务队全体队员名单,把队旗授给2名大队长和14名队长。李德全勉励队员"发扬祖国的光荣,高举起这面为祖国人民的热爱和朝鲜人民的希望所集中的旗帜……全心全意地为朝鲜前方英勇的战士,为后方苦难的朝鲜人民而服务"①。第一大队队长周立新、第二大队队长冯雁忱表示:"为了热爱我们的祖国,为保卫和巩固世界和平,为了祖国人民对我们殷切的期待,我们愿意坚决地学习白求恩的精神,救死扶伤,发扬革命的人道主义走到与帝国主义斗争的最前线去。"②

3月17日,国际医防服务队出发奔赴朝鲜,中国人民抗美援朝总会在车站举行了隆重的送行仪式,陈叔通、李德全、彭泽民等领导及各人民团体的代表和朝鲜驻华大使馆参赞等400余人到车站送行。

随着抗美援朝运动的发展和朝鲜战场救护的需要,中国红十字会又相继组织和派出了5支医防服务队,即由108名天津市医护工作者组成的第三国际医防服务队,于1951年5月25日从天津出发奔赴朝鲜;由155名医护工作者组成的第四、第五国际医防服务队于6月28日离京出发,陈叔通主持欢送仪式;由55名医护工作者组成的第六国际医防服务队于7月11日从北京出发,李德全会长等人到车站送行;9月27日,由117名医护工作者组成的第七国际医防服务队从天津出发,天津各界

---

① 池子华、郝如一主编:《中国红十字历史编年(1904—2004)》,安徽人民出版社2005年版,第131页。

② 《国际医防服务队第一大队大队长周立新答词》《第二大队冯雁忱大队长答词》,《新中国红十字》1951年第7期,第10页。

代表举行了隆重的欢送会。这7个国际医防服务队的工作人员共659人①。各队在前方工作时间一般在半年以上，有的长达1年多。在极其艰苦的条件下，队员们不负重托，完成了使命。

3. 国际医防服务队在朝鲜的防疫和医疗救护工作

国际医防服务队抵达朝鲜后，立即投入前后方的防疫和医疗救护工作之中，他们克服重重困难，白天敌机不时轰炸和扫射，他们就在夜间行动；公路和桥梁被敌军破坏，他们就绕道涉过刺骨的溪河；城市被炸成了废墟，他们就搭起帐篷住在田地里和森林里。在接近火线的战地里，在"一切为了伤病员"的口号下，队员们利用每天工作中仅有的空余时间搬运石块、砍伐树木，用自己的双手修建起手术室、升降手术台、治疗室、洗浴室、输液架及许许多多的医疗用具和设备。第七国际医防服务队建筑起可以容纳1 000余名伤病员的病室。

前线的护理工作极其艰苦，护士们每天给伤病员洗澡、漱口、喂水、喂饭，在寒冷的夜间还为他们烧火取暖。女队员们在紧张的工作之后，深夜里还坐在灯下为伤员们缝补着鞋袜。"中国人民优秀的女儿李伟英"，就"像慈母般的日夜看护着伤病员……在战斗中，更充分的（地）发挥了白求恩大夫的服务精神，她在敌机发疯似的盲目轰炸下，以自我牺牲的精神，勇敢地将伤病员们抬到安全的场所，予以救护。在八月十三和十四两日，约四百架敌机乱炸平壤城郊的和平居民区时，她勇敢地将重患者背到安全地区，因此被她的英雄行为所感动的其他工作人员和轻伤患者，也全都出动抢救重患者，得以安然避难。以后又好几次在夜间被炸时，她以同样的行动，抢救了许多伤病员。"② 许许多多"李伟英"，用实际行动实践着"一切为了伤病员"的庄严承诺。

队员们总是想尽一切办法把危在旦夕的伤员从死神的手中抢救出来。如在第七国际医防服务队，朝鲜人民军伤员李洁洙因失血过多而处于濒死状态，血型匹配的护士郜静霞毫不犹豫地献出450毫升的鲜血，使李洁洙

---

① 据相关的资料记载，这7个国际医防服务队的工作人员一说是666人，一说是624人。
② 《致本会李会长函表扬第一大队队员李伟英》，《新中国红十字》1951年第4期，第17页。

国际医防服务队进行战地救护

转危为安。第五国际医防服务队的徐道安、吴德桢、王一之、黄仙华等队员也集体输血1 000毫升,挽救了伤员苏元祥的生命。王庆春医生为了抢救重伤员从平壤徒步赶到前方,没有休息就参加抢救伤员的工作,在十天十夜里进行了大小手术40多次。诸如此类事例不胜枚举。

4. 国际医防服务队打垮了"细菌战"

为朝鲜人民服务是国际医防服务队的一项重要工作。

当时的朝鲜贫穷落后,疾病流行,斑疹伤寒、回归热、疟疾、痢疾等传染病肆虐,给民众生命安全带来巨大威胁,也对抗美援朝战争造成直接影响。防治疫病,无论在前方还是后方,都显得紧迫而艰巨。为此,国际医防服务队会同朝鲜保健部门深入农村,广泛开展疫病防治工作。如第一国际医防服务队在短短2个多月中,就为朝鲜军民种痘39 882人,预防注射9 132人,治疗传染病2 108人,一般疾病30 261人,受到朝鲜人民的赞扬。

疫情很快得到控制,而更严峻的考验则是"细菌"的应对。1952年春,为了挽回战场上的败局,美军丧心病狂地发动了"细菌战",企图利用烈性传染病削弱中朝人民的斗志。美军的行径激起世界舆论的强烈谴责。3月15日,中国红十字会会长李德全率领由全中国各人民团体、各民主党派的代表人士,以及昆虫学、细菌学、寄生虫学、立克次氏体学、病毒学、病理学、临床医学、流行病学、公共卫生学、化学、生物学、农学及兽医学等各种专家所组成的"美帝国主义细菌战罪行调查团"前往朝鲜及我国东北地区进行调查,搜集到了美国所投放与撒布的各种毒虫、毒物和细菌弹壳等。4月28日,李德全发出了给全世界红十字会会员们的一封公开信,揭发了美国侵略者在朝鲜和中国进行细菌战的罪行,同时呼吁一致行动起来制止这一罪行。7月底至8月初,在加拿大召开的第十八届国际红十字大会上，中国代表团冲破美国的阻挠，通过召开记者招待会、散发大量图片等形式，以铁证如山的事实，揭露以美国为首的联合国军在朝鲜战场上公然践踏《日内瓦公约》的真相。

在朝鲜前线，国际医防服务队一边发表声明，抗议美军大量撒布细菌、毒虫的滔天罪恶；一边通过写标语、画漫画、编墙报等形式，广而告之，强化对"细菌"危害的宣传。

与此同时，国际医防服务队因地制宜，采取积极有效的措施，消杀灭菌，捕捉苍蝇、老鼠、蜘蛛等带菌媒介物，搞好环境卫生，接种疫苗。有报道说，自美国发动"细菌战"以来，中国红十字会各医防服务队组织流动防疫队，经常翻山越岭，背着沉重的药箱，进村庄，入城市，广泛开展种痘和注射各种疫苗工作。队员们常常是摸黑循着羊肠小道归队，遇到恶劣天气，也毫不松懈。经过艰苦努力，由"细菌战"引发的疫情得到有效控制。美军的"细菌战"没有得逞。

5. 国际医防服务队在战俘营里的医护工作

国际医防服务队同样以人道主义的精神对待战俘。根据安排，第四国际医防服务队（下辖5个医防队共59人）被分配到昌城、田仓等俘房营，为战俘提供医疗卫生保健服务。在战俘营里，队员们遵照周恩来总理"消除敌对，缓和矛盾，拥护和平，反对战争"的十六字精神，给予战俘关怀。队员们不仅对营地里的环境卫生和传染病的管理给予极大的关注，并且提供给战俘丰富的饮食和其他生活必需品，还帮助和教育战俘搞好个人卫生，纠正他们偷懒、依赖、自私和随地便溺的恶习。"营地里发现流行病，他们就马上为战俘蒸洗衣被，实行隔离，并以先进的苏联医学治愈了他们的战伤和常年未愈的痼疾。"[1]

润物细无声。"生活在战俘营里的病俘，没有一个不感到中国大夫的亲切。"[2] 美军战俘汤姆生离开病院时说："我一生一世从未见过任何

---

[1] 东方明：《中国红十字会国际医防服务队在朝鲜》，《新中国红十字》1952年第9期，第15页。

[2] 东方明：《中国红十字会国际医防服务队在朝鲜》，《新中国红十字》1952年第9期，第15页。

一个美国医生像中国医生这样的仁慈和负责任,更未见过对战俘这样宽大的军队。"① 美俘瓦格纳念念不忘地说:"他们对我的关心照顾比我自己还周到。我住院后的体重从95磅增加到130磅。我不仅体力增强,精神也愉快。"② 有的战俘如英俘哈洛宾还专门写信感谢中国红十字会,信中写道:"我得到最好的药品、照顾和治疗,这是一个战俘所不能期望得到的,我还可以在医院场地的四周自由地行走,而没有人监视着;凡是我所想做的事情,差不多都已被批准,所以我要趁这个机会来向中国红十字会的林医生和曾医生道谢,感谢他们的非常周到的待遇,我将把许多愉快的回忆带回去,告诉我们英国的人民;并且把中国人民的高尚品德和善意也告诉他们,中国人民对任何人都没有宿恨,我希望他们在未来的年代里将继续进行这种对世界人民的良好工作。"③ 战俘们为国际医防服务队员们的人道主义精神所感动,亲切地称他们为"伟大的朋友"。

6. 国际医防服务队的深远影响

国际医防服务队的队员们全力以赴为中国人民志愿军和朝鲜军民服务,救护大量伤兵、伤民,比如第一国际医防服务队接办的德阳医院,从1951年6月到1953年10月,救治和运送伤病员达116 826名。不仅如此,国际医防服务队还为朝鲜人民培育了一批医护人才,增强了救护力量,建立了卓著功勋,受到朝鲜军民的称赞。

1952年12月19日,朝鲜驻华大使权五稷代表朝鲜民主主义人民共和国最高人民会议常任委员会将"朝鲜最高人民会议功劳章"(以下简称"功劳章")授予为朝鲜军民服务的中国红十字会第一和第七国际医防服务队的模范工作者30人。

权五稷大使在致辞中表达了朝鲜人民对中国人民和中国红十字会的诚挚谢意,表示"朝鲜人民一定要更加巩固朝中人民的友谊,为战胜美

---

① 池子华:《红十字运动:历史与发展研究》,合肥工业大学出版社2013年版,第247-248页。
② 王成家主编:《外交官》第3辑《朝鲜停战协定签字50周年纪念专辑》,世界知识出版社2003年版,第157页。
③ 《英美战俘感谢我们的宽待,英俘哈洛宾的感谢信》,《新中国红十字》1952年第1期,第11页。

国侵略者而奋斗到底"①。

12月21日，30位荣获功劳章的国际医防队队员向毛泽东主席致敬，"保证在不同的岗位上，加倍努力，珍爱与发扬朝鲜人民所赠予我们的荣誉，保卫祖国人民的健康，增强祖国和平建设的力量，支援朝鲜人民争取解放与独立自由的斗争，以答谢朝鲜人民和您像对待自己的子女样对我们的教导和培养"②。

《朝鲜人民军报》记者张景周撰文高度赞扬中国红十字会国际医防服务队，并称："所有的队员都在为争取每一个伤病员重返前线这一光荣的任务而忘我地艰苦地工作着。一种使伤病员忘却伤口痛楚的恳挚而慈祥的作风与精神，充满在全病院里。我们对中国人民所给予我们的这种伟大的医疗援助，表示崇高的敬意，我们要赞扬这些满怀着国际主义与革命人道主义精神的中国红十字会国际医防服务队的队员们，因为他们是朝鲜人民的'高贵的生命之恩人！'"③张景周记者所表达的心声，正代表了朝鲜人民对做出卓越贡献的国际医防服务队的队员们的高度评价和赞誉。毫无疑问，他们和志愿军一样，是"最可爱的人"。

中国红十字会在中华人民共和国成立初期，为配合当时抗美援朝的中心任务，先后14次发表严正声明，抗议美国的侵略行径和违反《日内瓦公约》的非人道行为，并以实际行动大规模地组织国际医防服务队，在国内和国际上产生了广泛的影响。它既扩大了中国红十字会和医药卫生界参加抗美援朝工作的范围，把全国医务工作者的爱国主义精神，通过医防服务队的组织具体地表现出来，对鼓舞朝鲜人民的抗战和生产起了积极作用；又扩大了中国红十字会的社会影响，使社会各方面对中国红十字会的基本方针、任务及其作用有了进一步的认识，为今后群众性的会务和业务的开展打下了基础。国际医防服务队是中国红十字运动史上的一次壮举，对中国红十字会的发展有着深远的影响，同时为

---

① 池子华、郝如一主编：《中国红十字历史编年（1904—2004）》，安徽人民出版社2005年版，第141页。
② 池子华、郝如一主编：《中国红十字历史编年（1904—2004）》，安徽人民出版社2005年版，第141页。
③ 张景周：《高贵的生命之恩人们！》，《新中国红十字》1952年第7期，第18-19页。

维护和保卫世界和平的伟大事业做出了应有的贡献。

2020年10月23日,在纪念中国人民志愿军抗美援朝出国作战70周年大会上,习近平主席说:"在波澜壮阔的抗美援朝战争中,英雄的中国人民志愿军始终发扬祖国和人民利益高于一切、为了祖国和民族的尊严而奋不顾身的爱国主义精神,英勇顽强、舍生忘死的革命英雄主义精神,不畏艰难困苦、始终保持高昂士气的革命乐观主义精神,为完成祖国和人民赋予的使命、慷慨奉献自己一切的革命忠诚精神,为了人类和平与正义事业而奋斗的国际主义精神,锻造了伟大抗美援朝精神。"①当我们在缅怀用鲜血浇灌和平之花、用生命捍卫人类正义的志愿军及所有为这场斗争的胜利做出贡献的人们的时候,不会忘记中国红十字会国际医防服务队在抗美援朝中做出的贡献和国际医防服务队的队员们的无私奉献精神。

二、外交风云

1. 五星红旗首次飘扬在国际会议的会场上

1949年,伴随着中华人民共和国的成立,国际较量在所难免。1950年4月,周恩来致电国际红十字会协会,表明中国政府的严正立场:中华人民共和国中央人民政府是中国唯一合法政府,是中国在一切国际组织中的合法代表。同时,周恩来还要求将国民党的所谓代表从国际红十字协会中开除出去。1950年5月,国际红十字会协会执委会开会,苏联代表提出开除"伪代表"蒋梦麟及其理事会副主席的职务。波兰、捷克等新民主主义国家代表拒绝出席会议,以抗议台湾当局"代表"继续留在国际红十字会协会。经过多方外交折冲,中华人民共和国红十字会才被邀请参加国际红十字会协会第二十一届理事会。

本届理事会于1950年10月16日至21日在摩纳哥蒙特卡罗召开,57个国家的红十字会代表团参加。以李德全会长为团长的中国红十字会代表团出席会议。在这次理事会上,中国代表团提出美国侵犯朝鲜的飞机轰炸中国东北边境是企图破坏世界和平、扩大侵略战争的严重事件,

---

① 《习近平:在纪念中国人民志愿军抗美援朝出国作战70周年大会上的讲话》,新华网2020年10月23日,www.xinhuanet.com/2020-10/23/c_1126649916。

并与苏联、罗马尼亚同时谴责美国出动飞机侵略朝鲜的行动破坏了《日内瓦公约》，以及滥炸朝鲜和平城市和居民的残暴行为，建议理事会通过决议，要求联合国和美国政府制止美机暴行，以保障世界和平，维护《日内瓦公约》的精神。提案原文在会上印发并经主席宣读，这对美国扩大侵略战争、破坏世界和平的罪行进行了有力揭露。理事会还根据苏联代表团的提案通过一项决议：号召世界各国红十字会组织及其会员积极地为建立和维护一切国家与民族间的持久和平而努力，要求各国政府迅速采取有效措施，禁止和防止使用原子弹和其他大量屠杀人类的武器。

中国红十字会代表团参加国际红十字会协会第二十一届理事会，是中华人民共和国第二次出席世界性的国际会议（第一次是万国邮政联盟大会）。在这次理事会上，中国红十字会取得了很大的成功：一是冲破国际红十字会协会内外各方面力量的阻挠和留难，正式加入了国际红十字会协会，当选为执行委员，并把台湾当局的所谓"代表"驱逐出去，使中华人民共和国的五星红旗第一次鲜明地飘扬在国际会议的会场上；二是李德全会长代表中国红十字会在会上做了特别发言，介绍中国红十字会的改组经过和中华人民共和国成立后进行和平生产建设的情况，还在会议上散发了《中国红十字会简报》小册子，使大会对中华人民共和国留下了深刻而崭新的印象；三是通过这次会议与国际红十字会协会、红十字国际委员会和各国红十字会，特别是苏联和各新民主主义国家红十字会建立了正式关系，为今后加强国际联系、参加国际活动打下了基础。

2. 第一个合法席位

中国红十字会虽然取得国际红十字会协会执行委员席位，但由于美国政府蓄意制造"两个中国"，因此代表权问题成为第十八届国际红十字大会上中美较量的焦点。

第十八届国际红十字大会于1952年7月26日至8月7日在加拿大多伦多召开。中国政府代表团由首席代表苏井观，代表宦乡、黄华及顾问周鲠生等8人组成；中国红十字会的代表团由首席代表李德全，代表伍云甫、廖盖隆等10人组成。出席本届大会的有70多个国家的政府和红十字会的代表团。

7月24日，当中国两个代表团抵达多伦多时，惊悉国际红十字常设委员会已经决定给台湾当局与中华人民共和国政府代表团同样的"平等"地位。中国政府代表团团长苏井观与中国红十字会代表团团长李德全遂于7月25日提出强烈抗议，反对这一违反国际红十字规章的非法决定。抗议书说："国际红十字常设委员会于七月二十四日决定，在第十八届国际红十字大会中，台湾的国民党残余分子将享有中华人民共和国政府代表团同样的'平等'地位。这个决定是没有任何理由和根据的。出席第十八届国际红十字大会的中华人民共和国政府代表团和中国红十字会代表团特对这个决定提出最坚决的反对。众所周知，无论在事实上或在法理上，中华人民共和国中央人民政府是代表中国的唯一合法政府。它获得了全中国人民的一致支持。这个政府已经解放了除台湾孤岛以外的全部中国领土……很明显，中国只有一个政府，这个政府就是中华人民共和国中央人民政府。只有中华人民共和国中央人民政府才有权代表中国参加各种国际会议，包括国际红十字大会在内……中华人民共和国中央人民政府已承认中国红十字会是中国唯一的红十字会。这个事实久已为红十字会各国际组织所承认。根本没有任何人听说还有其他任何的'红十字会组织'。因此，大会绝对不应该承认台湾国民党残余分子的所谓红十字会组织的人员，该组织是盗用名义，而且事实上根本不存在。根据以上所说的理由，参加第十八届国际红十字大会的中华人民共和国政府代表团和中国红十字会代表团强硬抗议国际红十字常设委员会的不公正而且非法的决定，并坚决主张常设委员会立刻取消上述决定……"①

在大会上，中国两个代表团进行了不懈的抗争，终于挫败了某些西方国家使台湾方面的所谓"代表"参加大会合法化的图谋，迫使台湾方面退出大会，从而使大会承认中华人民共和国红十字会是中国唯一合法的全国性红十字会。"这是新中国在国际组织中恢复的第一个合法席

---

① 《在多伦多第十八届国际红十字大会上》，《新中国红十字》1952年第8期，第9页。

位。"① 这场外交上的胜利，提高了中华人民共和国在国际舞台上的地位，扩大了中华人民共和国的国际影响。

3. "退场"风波

虽然在第十八届国际红十字大会上台湾"代表"中途退场，但并非永久退出，在美国的干预下，台湾方面跃跃欲试。

美国对中国内政的干预一直没有罢手。1955年2月5日，蒋介石的军队从浙江沿海大陈等岛撤退时，美国军事当局以第七舰队为主，调集了132艘舰艇、500多架飞机、45 000名海军士兵、3 000名空军人员，参与了劫运大陈等岛20 000多名和平居民到台湾的行动。为此，中国红十字会调查团对"大陈浩劫"进行调查取证，并于4月7日发布《中国红十字会关于大陈浩劫调查的公告》，向国际社会揭露美国的"惊人罪行"。但美国制造"两个中国"的图谋并未停止，在第十九届国际红十字大会上，中美之间的较量再次上演。

1955年9月和1956年5月，国际红十字常设委员会拟定被邀参加大会的国家，名单中"福摩萨政府（正式代表）"和"福摩萨红十字会（观察员）"赫然在内。"福摩萨"，即台湾地区。1956年11月1日，周恩来总理致电大会东道国印度红十字会主席考尔，表明坚决反对"两个中国"的严正立场。1957年10月14日，周恩来总理接见印度驻华使馆代办辛格，重申反对"两个中国"的坚定立场，指出国际红十字常设委员会决定邀请所谓"福摩萨"是在制造"两个中国"，如果不放弃这一错误决定，中国拒绝出席大会，并请辛格将谈话内容转告给尼赫鲁总理。10月17日，印方告知，台湾当局因未以"中华民国"的名义邀请将不参加大会。中国政府和中国红十字会于是决定组团参加大会。

第十九届国际红十字大会于1957年10月28日至11月7日在印度新德里召开。大会的中心议题本来是讨论"保护平民免受战争危险规则草案"等，但由于美国蓄意制造"两个中国"，中国代表权问题成为贯穿整个会议的焦点议题。

---

① 中国红十字会总会：《中国红十字会的九十年》，中国友谊出版公司1994年版，第159页。

10月22日，以中国驻印度大使潘自立为团长的政府代表团（团员有龚普生、符浩、邵天任等）和以李德全会长为团长的红十字会代表团（团员有伍云甫、胡兰生、彭炎、梁思懿、纪锋等）抵达新德里。10月25日下午，国际红十字常设委员会开会，美国代表突然提出以"中华民国"的名义邀请台湾当局，态度蛮横强硬，并以不参加大会相要挟，但因苏联代表坚决反对，同时提出不能以任何名义邀请台湾当局的决议案，双方僵持不下。10月26日晚继续开会，美国指使常设委员会主席以个人名义向"中华民国外交部部长"发出通知开会电报。在10月28日、29日的大会上，美国代表团企图强使大会通过"对一切被邀请参加大会的政府应用其各自的正式名称加以称呼"的提案，并通过外交途径向各国施加影响。为此，中国代表团提出了一项"在中国台湾省行使权力的当局和该地的红十字组织不得以任何名义参加国际红十字大会"的提案，与美国对垒交锋。11月7日下午，大会表决美国代表团提案。在美国的施压下，提案最终以62票赞成、44票反对、16票弃权、13票缺席获得通过。中国政府代表团团长潘自立立即发言，抗议美国制造"两个中国"阴谋，声明退出大会。印度红十字会主席考尔当场辞去主席职务，率印度红十字会代表团退席。接着，苏联等20多个国家的代表团纷纷退出会场。这种声势浩大的"退场"在过去任何国际会议上都是罕见的。会议无法继续，连闭幕式也没举行，草草收场。

"退场"风波影响深远，法定每4年召开一届的国际红十字大会，中间隔了8年才召开第二十届。第二十届国际红十字大会于1965年9月20日至10月5日在奥地利维也纳召开（红十字运动七项基本原则在此届大会正式通过）。第二十一届国际红十字大会于1969年9月6日至13日在土耳其伊斯坦布尔召开。这两届大会，由于邀请名单中仍有台湾当局及其红十字组织，中国表示抗议并拒绝参加。直到1973年代表权问题明确后，中国才重返国际红十字大会。

三、首访日本的"破冰之旅"

中华人民共和国在成立之初，面临着国际反华势力的封锁、孤立。中国红十字会积极开展民间外交，通过与各国红十字会的交往，架起友谊的桥梁。这其中，中国红十字会代表团访问日本，就是一次"破冰之旅"。

1. 人道之举——协助日侨归国

中国红十字会被邀访日，是基于协助日侨归国的人道之举。

抗战胜利后不久，国内战争爆发，大批日本侨民（包括中国养父母收养的"日本遗孤"）流落中国。中华人民共和国成立之初，居留中国的日本侨民有34 000多人，他们多数有回国的愿望，但因两国间并无外交关系，归国愿望成为难圆之梦。出于人道关怀，中国红十字会对这一历史遗留问题倾注心血，从1949年到1952年，协助日侨520人分批回国。但绝大多数日本侨民仍然滞留中国。

1952年7月，由中国红十字会及中央人民政府外交部、公安部、总理办公室等部门组成的日侨事务委员会，拟定出协助日侨归国的计划。《政务院关于处理日侨中若干问题的规定》对有关问题做了明确规定，其中包括归国日侨在中国境内的食宿费、路费等，由中国政府负担，个人财产允许带走等内容。日本政府委托日本红十字会、日本和平联络委员会和日中友好协会三团体组成代表团来华洽商有关事宜。1953年1月31日，代表团抵达北京，受到中国红十字会的热情接待。

1953年2月15日，中日双方就日侨归国问题在中国红十字会总会举行第一次正式会谈。中国红十字会方面出席的有：首席代表廖承志，代表伍云甫、赵安博、林士笑、倪斐君、纪锋等6人；由日本三团体组成的日方代表团出席的有：团长岛津忠承，副团长平野义太郎、高良富等7人。中国红十字会首席代表廖承志首先发言。他说，"在全中国大陆解放之后，留在中国的守法的日本侨民得到了我国人民政府的保护。他们过着和平的生活，他们可以和日本国内自由通讯（信）。随着中国人民生活的日益改善，他们的收入也逐渐增加了，他们可以汇款回国，赡养其在日本的家属。凡是愿意回国的日侨，我国人民政府都会协助他们返回日本；凡是愿意留下来的日侨，我国政府是准许的，只要他们遵守中国人民政府的法令"；"我们已请求我国政府批准了使用天津、秦皇岛、上海三地作为日侨归国的出境港口，并已做好了每批集中三千人至五千人同时分由上述三个港口出发的准备"；"关于日侨出境所携带的物品，除了我国政府所规定的禁止出口品及违禁品外，凡属日侨私人的东西在按照规定向海关办理手续后都可带走，不加限制。此外，中国红十字会为了照顾日侨的困难,对他们从开始集中到上船前的费用愿意帮助解决"。①

日本代表团团长岛津忠承"对中国红十字会以真正人道主义的精神协助日侨归国及对此次给予他们的招待表示衷心的感谢"②。中日双方代表团还就来船手续和各项具体问题举行了两次会议,达成共识。3月5日,第四次会谈通过了《关于商洽协助日侨回国问题的公报》,会谈取得了圆满成功。为感谢中国红十字会对日侨归国的协助,日方代表团团长、日本红十字会会长岛津忠承郑重提出"邀请中国红十字会各代表在今年秋间访问日本,以便加强中日两国人民的友谊"。中国红十字会代表团首席代表廖承志"对岛津团长邀请中国红十字会代表访问日本一事表示感谢,因为这种访问能够促进中日两国人民的友谊"③。

日本红十字会的邀请已经发出,但到中国红十字会代表团访日成行,却经历了20个月的漫长历程。

2. 兑现邀请历经20个月

协助日侨回国问题的公报公布后,中国红十字会着手紧张而繁重的协助工作。1953年3月20日至22日第一批归国日侨1 936人,由天津、秦皇岛、上海乘船回国。截至10月10日,共有7批日侨回国,人数达26 026人。中国红十字会协助日侨分批回国的计划宣告完成,"今后如仍有个别日侨愿意返回日本时,中国红十字会愿意继续给以协助"④。

日侨平安归国后,组织"在华日侨归国者全国联络会",于1954年元旦致函中国红十字会:"我们极为感戴,谨向贵会表示衷心的谢意。"⑤ 作为对中国红十字会人道之举的回应,日本红十字会等友好团体协助数千名旅居日本的华侨归国,并成立"中国殉难者慰灵实行委员

---

① 池子华:《红十字运动:历史与发展研究》,合肥工业大学出版社2013年版,第252页。
② 池子华:《红十字运动:历史与发展研究》,合肥工业大学出版社2013年版,第253页。
③ 《我会代表团与日本代表团就协助日侨归国问题取得一致意见》,《新中国红十字》1953年第2期,第13页。
④ 田桓主编:《战后中日关系文献集(1945—1970)》,中国社会科学出版社1996年版,第160页。
⑤ 《共和国日记》编委会编:《共和国日记》,河南人民出版社2017年版,第574页。

会",收集日本侵华期间被日军劫往日本而死的华工遗骨,分批送回中国。

但是,邀请中国红十字会访日一事由于吉田政府的百般阻挠,变得遥遥无期。为此,"在华日侨归国者全国联络会"奔走呼吁。日本红十字会等友好团体也多次集会,不断通过决议,要求兑现对中国红十字会代表团的邀请。

面对压力,1954年5月27日,日本国会众议院开会,一致通过决议,要求迅速实现邀请中国红十字会代表访问日本的诺言。5月29日,日本参议院集会,一致通过要求吉田政府同意邀请中国红十字会代表团访问日本的决议。

为促成中国红十字代表团访日的早日实现,6月5日,日本和平联络会、日中友好协会、日本国会议员促进日中贸易联盟和在华日侨归国者全国联络会等10个团体的代表,在东京成立"促进邀请中国红十字会代表访问日本协议会",商定"为了迅速实现邀请中国红十字会的代表访问日本的诺言,今后要向舆论呼吁,并展开签名运动,使吉田政府不再进行阻挠"①。

7月9日至11日,日中友好协会在大阪举行第四届全国大会,通过了促进邀请中国红十字会代表团到日本访问、促进日中贸易等决议和大会宣言。宣言强调日中友好对保卫亚洲和平的重大意义,并号召日本人民努力推进日中友好运动。

7月29日,中国红十字会李德全会长接见了应邀来华访问的日本和平代表团和日本国会议员代表团,对日本红十字会会长岛津忠承先生邀请中国红十字会代表团访日一事至今未能实现表示遗憾。李会长告知,有一批犯有各种罪行的前日本军人将根据中国人民解放军的宽大政策,获得宽赦,中国红十字会准备在得到中国政府的委托之后,和日本红十字会、日本和平联络会、日中友好协会三团体联络事务局,就协助这批前日本军人的回国问题继续联系。

---

① 《日本众议院和参议院一致通过邀请我会代表访日》,《新中国红十字》1954年第5、6(合)期,第22页。

中国人民以德报怨之举，在日本引起极大震动。"竹幕"被打破，吉田政府不得不面对现实，摆出友好姿态。1954年8月4日，经历了20个月之后，中国红十字会终于接到日本红十字会的正式邀请。

3. 代表团沐浴在"友好的海洋里"

1954年10月30日，中国红十字会代表团一行10人在团长李德全、副团长廖承志的率领下飞抵东京，受到日本人民的热烈欢迎。在日停留的13天里，该代表团访问了东京、名古屋、京都、大阪、神户、横滨6个城市，还在藤泽市参加了聂耳纪念碑揭幕仪式，游览了旅游胜地箱根，"所到之处，万人空巷，彩旗飘扬，《东京—北京》《和平之歌》歌声此起彼伏，不绝于耳"①。各地参加欢迎集会的群众有7万多人，沿途和夹道欢迎的群众不下数十万人，在由东京去名古屋时，沿途的车站及原野上都有人打着中国国旗、日本国旗及红十字旗致意。东京一地就有90多个团体要求与代表团座谈或会见。日本全国各地给代表团发来贺电、贺信和其他信件近4 000封。来信内容热情、恳切，有的对日本军国主义侵华战争给中国带来的损害表示歉意，有的希望加强中日经济和文化交流，还有人要求两国人民自由往来。送给代表团的礼品重达10余吨，其中有在街头征求行人每人缝一针而制作的千人针和平鸽和集体签名的红旗，还有纪念章、医疗器械、书籍、影片、食品等。东京一名女学生发起了"欢迎李德全赠送两万只纸鹤运动"，每只纸鹤里都写有和平、友好的词句。东京特地组织了送礼的仪式，有70多个团体200多人参加。日本著名学者、和平人士柳田谦十郎对李德全会长说："日本人民如此盛大地欢迎外宾还是头一次。"② 如此热烈隆重的欢迎盛况充分表明了日本人民对中国人民的友好情谊。

与此同时，中国红十字会代表团在访问期间会见日本各界人士，与他们进行全方位深层次的交流，传达中国人民的友谊，就共同关心的问题交换意见。代表团参观了日本红十字会及工厂、文化古迹，广泛接触日本各社会团体和社会各阶层，其中有日本红十字会名誉副总裁三笠

---

① 池子华：《红十字运动：历史与发展研究》，合肥工业大学出版社2013年版，第255页。
② 纪峰：《揭开中日关系史上新篇章的一次访问》，《中国红十字》1992年第4期，第21页。

宫、会长岛津忠承，日中友协副会长内山完造，日本拥护和平委员会主席大山郁夫，日本和平联络会事务局局长田中政春，等等。

李德全会长率中国红十字会代表团访问日本

4. 广泛而深远的影响

中国红十字会代表团访日之行，影响广泛而深远。11月18日，"促进邀请中国红十字会代表访问日本协议会"在东京举行会议，总结欢迎中国红十字会访日代表团的工作。日本工会总评议事务局局长高野实说："这次中国红十字会代表团来日本实在具有很大的影响。要求日中友好的呼声如雨后春笋般地出现在全国各地。"日中友好协会常任理事加岛敏雄报告他在中国红十字会访日代表团回国后去长野市看到的情况说："过去对日中友好不表示关心的市民也都充满信心地谈论中国和日本友好是当然的了。"① 中日友好是两国人民共同的心声。

实现这次访问是中华人民共和国和平外交政策的成功范例，访问突出了中日两国人民要求友好相处的共同愿望，结束了中日之间民间交往中的单向状态，揭开了中日关系史上新的一页。从此，中国文化、贸易、经济等各界代表团陆续访问日本，更多的日本各界代表团访问中

---

① 《日本"促进邀请中国红十字会代表访问日本协会"举行会议报告我红十字会代表团访日的广泛影响》，《新中国红十字》1954年第11、12期合刊，第8页。

国,从民间到官方,克服重重障碍,逐步形成共识,终于打破坚冰,在1972年9月实现了中日关系的正常化。

四、发展与各国的友谊

中华人民共和国在成立之初,面临着国际反华势力的封锁、孤立。中国红十字会积极开展民间外交,通过与各国红十字会的交往,发展与各国的友好关系和友谊。

为加强中苏友好关系,学习苏联红十字工作的先进经验,1951年11月,中国红十字会代表团访问苏联红十字会与红新月会联合会;1954年,在苏联红十字会与红新月会联合会第三届全苏会员代表大会上,中国红十字会代表团团长崔义田致辞,热烈祝贺大会的召开;1955年,苏联红十字会代表团团长、联合会执行委员会主席米捷列夫教授给北京医务工作者和红十字工作者关于苏联红十字工作情况的报告。苏联红十字会与红新月会联合会先后在我国旅大(今大连)、乌鲁木齐、北京等地建立红十字医院。作为苏联人民对我国人民的无私援助,在1956年和1957年,该联合会分别将这3处医院的财产和设备无偿赠予我国。1955年国庆节,周总理接见了应邀来我国参加国庆观礼与访问的苏联红十字会与红新月会联合会代表团。两国红十字会之间的这些交往,加强了中苏人民之间的友谊。

1956年6月19日至30日,中国红十字会代表团应邀访问捷克斯洛伐克并参加捷克斯洛伐克红十字会的第二次全国代表大会,在布拉格参观了列宁纪念馆,访问了捷克斯洛伐克红十字会,受到了捷克斯洛伐克红十字会和人民的热烈欢迎,带回了捷克斯洛伐克红十字会工作的经验,也带回了真挚深厚的友谊。

1957年4月22日至5月7日,应保加利亚红十字会中央委员会邀请,中国红十字会代表团访问保加利亚。在15天的友好访问中,代表团受到保加利亚人民和红十字工作者的热烈欢迎和殷勤接待。代表团先后访问了城市、工厂、学校的红十字基层组织,与基层红十字会负责人和一些地方红十字会积极分子举行了座谈会,交流了工作经验。

1957年9月8日至23日,以伍云甫为团长的中国红十字会代表团对南斯拉夫进行了为期15天的访问。访问中,中国红十字会代表团好几次被热烈欢迎的人群挡住了去路，他们手持五星红旗，高举"欢迎"的标语，亲切地向中国红十字会代表团致意。在首都贝尔格莱德（今塞尔维亚共和国首都）和6个共和国（斯洛文尼亚、克罗地亚、波斯尼亚和黑塞哥维那、北马其顿、黑山、塞尔维亚），中国红十字会代表团访问了11个红十字组织和所属事业单位，参观了医疗卫生单位和工厂、农民家庭。南斯拉夫红十字会的工作是多种多样的，如在城市、农村、工矿、学校普遍深入地开展工作，红十字会已成为不可缺少的群众团体。这次访问是对3月4日至23日南斯拉夫红十字会代表团访问中国的回访。

1957年12月，以李德全为团长、廖承志为副团长的中国红十字会代表团一行13人，应日本70多个团体组成的中国红十字会访日代表团欢迎委员会委员长大谷莹润先生的正式邀请，第二次访问日本。12月6日，代表团抵达东京，开始了为期3周的访问。所到之处，受到日本各界的热烈欢迎。代表团拜谒了许多中国烈士殉难的地方，以沉重的心情举行了悼念活动；在各地还会见了曾在中国居住过的日本归侨，他们热烈地欢迎来自中国的客人，表达了对中国强烈的怀念和向往。代表团还和一些回国探亲的日本妇女和家属见了面，他们一再表示感激中国人民对自己的帮助。访问中，代表团也受到了被宽大处理和释放的日本战犯的热情欢迎，他们对中华人民共和国政府的宽大政策表示深深的感谢，他们给代表团送照片、送纪念品，介绍他们回国后的工作、生活情况，表示要为中日两国的友好尽最大努力。通过第二次访日，中日两国人民之间的友谊有了进一步的发展，同时也更加证实了中日友好交往已经成为日本人民的普遍呼声和迫切愿望，他们愿意促进和加强中日两国的经济和文化交流，盼望着两国邦交早日恢复。

中国红十字会积极发展与东欧各民主国家的友好往来，增进人民之间的友谊。1958年9月11日至10月24日，中国红十字会代表团先后访问了波兰、德意志民主共和国（以下简称"民主德国"）、罗马尼亚三国。波兰首都华沙是第二次世界大战中被德国法西斯破坏最严重的一个城市。战后波兰人民用惊人的毅力和巨大的劳动力，把华沙重新建立起来。中国红十字会代表团在华沙访问了波兰爱国音乐家肖邦故居，波兰红十字会特为中国红十字会代表团邀请苏联钢琴家在肖邦故居演奏了肖邦的著名乐章。波兰红十字会为欢迎中国红十字会代表团举行了盛大的招待会，会上宾主都一再强调团结友谊和相互支持。9月29日，中国红十字会代表团来到民主德国。民主德国红十字会有50多万会员，它有两项比较独特的工作：水上救护和山地救护。中国红十字会代表团观看了他们的救护表演。在民主德国红十字会总会所在地德累斯顿，中国红十字会代表团参加了10月7日民主德国国庆九周年的庆祝会，在列队从检阅台前走过的队伍中，每队都有1个红十字救护小组背着急救包随后行进。10月13日，中国红十字会代表团到达罗马尼亚首都布加勒斯特，当地1 200余名红十字卫生人员举行了盛大的欢迎会。李德全会长讲了话，对罗马尼亚红十字会的热情接待表示谢意。罗马尼亚红十字会会长在致辞中谴责了美帝国主义在台湾地区进行军事挑衅的行径。罗马尼亚红十字会有会员300多万，活动重点在厂矿，对保护工人健康起了很大作用。中国红十字会代表团参观了罗马尼亚红十字会开办的一些崇尚人道主义的机构，如朝鲜、希腊儿童学校。这些学校中的学生都是战灾儿童，在罗马尼亚红十字会的呵护下愉快地生活、学习。10月24日，中国红十字会代表团结束了对三国的访问，满载兄弟国家的友谊归来。

中国红十字会与上述诸多国家的友好交往，让各国人民逐步认识了中华人民共和国，为中华人民共和国与各国建立外交关系、发展与各国人民的友谊奠定了良好的基础。

五、中印边境自卫反击战协助遣返战俘

1962年10月，中印边境自卫反击战爆发。中国人民解放军驻西藏、新疆边防部队对入侵中国领土的印度军队进行自卫反击作战，取得胜利。受中国政府委托，中国红十字会协助处理遣返印军战俘事宜。中国红十字会遵照《日内瓦公约》精神，分批将所有印俘名单、通信处和健康状况通知印度政府和印度红十字会，并且协助他们同家人建立通信联系。

11月30日，中国红十字会发电报给印度红十字会，表明中国西藏地方边防部队将陆续释放一些向中国边防部队发动进攻而被俘的印军伤病人员。被俘印军伤病人员对于中国边防部队给予的积极治疗和细心护理，十分感激。

12月8日，中国红十字会发电报给印度红十字会，表明中国西藏地方边防部队将于12月12日、13日再次释放向中国边防部队发动进攻而被俘的印军伤病人员140名，请印度红十字会届时派人到约定的地点与中国红十字会人员接洽办理交接手续。

12月10日，中国红十字会发电报给印度红十字会，表明中国红十字会准备将2 000个包裹赠送给最近被印度政府宣告逮捕和拘押的、居住在印度阿萨姆和西孟加拉等地的大批华侨，希望印度红十字会能够代为转交给接受人。

12月16日，中国红十字会发电报给印度红十字会，表明向中国西藏地方和新疆地方边防部队发动进攻而被俘的927名印军官兵中的第一批共399人的名单，已由北京航寄新德里。

1963年1月23日，中国红十字会发电报给印度红十字会，表明向中国边防部队发动进攻而被俘的印军官兵453人的名单，已由北京航寄新德里。这是中国红十字会第四次寄给印度红十字会的被俘印军人员名单。

1月31日，中国红十字会发电报给印度红十字会，表明向中国边防部队发动进攻而被俘的印军人员820人的名单，已由北京航寄新德里。这是中国红十字会第五次寄给印度红十字会的被俘印军人员名单。

2月10日，中国红十字会发电报给印度红十字会，表明向中国边防部队发动进攻而被俘的印军官兵915人的名单，已由北京航寄新德里。另外，还寄去经抢救无效而死亡的10名重伤病人员的名单。这是中国红十字会第六次寄给印度红十字会的被俘印军人员名单。至此，中国红十字会已将全部被俘印军人员名单寄给印度红十字会。

4月10日至5月25日，中国红十字会协助在中印边界武装冲突中被俘的3 211名印度军人回国。其中有不少是伤病人员，他们得到中国医务工作者的细心护理，他们"永远不忘中国军医的人道主义"[1]。

---

[1] 《中国红十字会通知印度红十字会 我将陆续释放被俘印军伤病员》，《人民日报》1962年12月1日。

此外，中国红十字会还不畏险阻，派遣工作人员进入有关地区清理和焚化印军人员尸体，并把骨灰和一部分尸体交给印方。在被俘印军人员中，有20余名士兵因伤势过重死亡，中国红十字会认真负责地将他们的死亡诊断书连同骨灰或尸体交给印方。中国红十字会对死者钱财、手表等个人物件，也一一登记，交予印度红十字会转给死者家属，受到广泛赞誉："中国真是最人道的国家。"①

---

① 王宏纬：《喜马拉雅山情结：中印关系研究》，中国藏学出版社1998年版，第245页。

第八章
拨乱反正，迎来事业发展的春天

1976年，"文化大革命"宣告结束。1978年，党的十一届三中全会的召开，标志着中国迈进改革开放的新时代。伴随着全国"科学的春天"的到来，历经磨难的红十字事业获得了"春风吹又生"的新机遇。这一阶段，各级红十字会组织恢复重建，国内工作逐渐开展。经过多年努力，组织建设取得显著成绩，急救和输血工作、红十字青少年工作、社会福利事业及国际交往等方面，也都可圈可点。1985年，中国红十字会第四次全国会员代表大会（以下简称"中国红十字会'四大'"）确立了"把中国的红十字会办成具有中国特色的社会主义的红十字会"的指导思想，正式拉开了建设有中国特色的红十字事业的序幕。

第一节 "文化大革命"中的红十字事业

经过改组，中国红十字会不断完善自我，各方面工作大有起色。在此基础上，1961年10月23日至27日，中国红十字会第二次全国会员代表大会（以下简称"中国红十字会'二大'"）在北京召开。会议改选了领导机构，李德全为会长，伍云甫、刘清扬、赵朴初、熊瑾玎为副会长，彭炎为秘书长，倪斐君为副秘书长。会议提出"红十字会的国内工作必须有计划、有重点，根据需要与可能，适当发展"，"国内国际工作结合进行"。① 在这一方针指导下，红十字事业健康稳步发展，各项

---

① 池子华、郝如一主编：《中国红十字历史编年（1904—2004）》，安徽人民出版社2005年版，第113页。

工作取得很大成就。

但红十字事业发展的势头,在"文化大革命"的冲击下,急转直下,陷入前所未有的困境。

一、"文化大革命"使国内红十字工作陷于停顿

"文化大革命","是一场由领导者错误发动,被反革命集团利用,给党、国家和各族人民带来严重灾难的内乱"①。"内乱"从1966年5月开始,席卷全国,直到1976年10月结束,持续达10年之久。

中国红十字会这场"内乱"席卷全国,中国红十字会不仅领导人受到迫害,其国内工作也完全停顿下来。中国红十字会总会内设的国内各业务部门和各级地方红十字会组织机构均被撤销。1967年4月17日,中华人民共和国卫生部(以下简称"卫生部")与中国红十字会总会联合发出《对当前地方红十字会工作意见的通知》提出,红十字会的所有会务工作,包括发展会员、建立组织、收取会费、会务知识宣传教育及举办红十字青少年夏令营等会务活动,一律暂时停止。

中国红十字会在国内的工作全面停顿,其社会功能无从发挥。有两个例子很能说明问题。1976年7月28日,唐山、丰南一带发生强烈地震,顷刻间一座城市化为废墟。地震发生后,中央政府调集军队及医护人员抗震救灾,留下许多感人的故事。然而细心的人会发现,媒体竟没有关于中国红十字会赈灾活动的报道,原因很简单,"文化大革命"使中国红十字会在国内的工作全面停顿,以致在唐山大地震中最需要红十字人道关怀的关键时刻却不见中国红十字会的踪影,令人遗憾!

1973年10月12日,南斯拉夫红十字会代表团访华,《人民日报》报道了北京市红十字会负责人沙桂山参加接待的消息。而事实上北京市红十字会早已解散了。沙桂山是原北京市红十字会负责人,是临时被请出来参加接见的。因为南斯拉夫红十字会代表团要求访问北京市红十字会,要考察中国首都红十字会的工作状况,为了满足客人的要求特做如此安排。

---

① 《中国共产党中央委员会关于建国以来党的若干历史问题的决议》,人民出版社1981年版,第25页。

二、中国红十字会国际工作于维持中进行

虽然,中国红十字会在国内的工作完全停顿,基层组织名实俱亡,但中国红十字会总会的牌子还在,那是为了应对国际事务而保留下来的。作为国际红十字运动的重要成员,中国红十字会既然因此而得以存续,那么国际工作的开展自然成为中国红十字会这一时期的经常性的事务,但在国内政治环境的影响下,也只能在维持中艰难跋涉。

在"文化大革命"中,中国红十字会继续出席国际会议。1966年10月4日至8日,国际红十字会协会第八十六次执委会在日内瓦举行,中国红十字会副秘书长王敏率代表团参加。1973年11月2日至7日和11月8日至15日,第三十二届国际红十字会协会理事会和第二十二届国际红十字大会先后在伊朗的德黑兰举行,中国派出以驻伊朗大使陈辛仁为团长的7人政府代表团和以中国红十字会常务理事欧阳竞为团长、秘书长王敏为副团长的5人红十字会代表团出席了会议,中国红十字会当选为执行委员。1974年10月24日至26日,国际红十字会协会第九十次执委会在日内瓦举行,中国红十字会秘书长王敏率代表团出席会议。1975年10月28日至11月1日,国际红十字会协会第三十三届理事会在日内瓦举行,来自96个国家的300多名代表参加了本次会议,以欧阳竞为团长的中国红十字会代表团与会。在这期间,中国红十字代表团先后访问非洲数国及罗马尼亚、土耳其等国,受到当地人民的热烈欢迎。

"文化大革命"期间,中国红十字会的援外救济活动显得较为活跃。具体如下:

1966年9月15日,中国红十字会为赈济尼泊尔西部地震中的受难者,把5万毫升霍乱、伤寒、副伤寒甲、乙和破伤风类毒素五联混合制剂赠送给尼泊尔红十字会。

1967年7月24日至26日,巴基斯坦卡拉奇连降暴雨造成水灾。中国红十字会捐款5万元人民币,并委托中国驻巴基斯坦大使馆临时代办徐英转交巴基斯坦红新月会。

1968年4月21日,中国红十字会委托中国驻索马里大使馆二等秘书张景芳,把1 100多箱罐头食品交给索马里红新月会会长艾哈迈德·

穆罕默德·哈桑，表示对因水灾而造成生活困难的索马里灾民的慰问。

1969年10月13日，中国红十字会发电报给阿尔及利亚红新月会，慰问水灾灾民。阿尔及利亚发生的水灾使20多万人受灾，其中近11万人无家可归。中国红十字会捐赠了价值4万元人民币的毛毯、罐头食品。

1970年6月12日，中国红十字会发电报给匈牙利红十字会，对匈牙利蒂萨河地区遭受严重水灾的灾民表示深切同情与慰问并捐款50万元人民币。

1971年6月20日，中国红十字会发电报给乍得政府，对乍得霍乱疫区民众表示慰问并捐赠霍乱疫苗20万人份，捐款100万元人民币。

1972年3月2日，中国红十字会发电报给阿尔及利亚红新月会，对阿尔及利亚君士坦丁等地区发生水灾的灾民表示慰问，捐赠10万元人民币。

1973年11月27日，中国红十字会发电报给越南南方解放红十字会，捐赠价值500万元人民币的物资，赈济越南南方风灾和水灾灾民。

1974年2月1日，中国红十字会捐赠埃塞俄比亚旱灾的1万吨小麦移交仪式在阿萨布港举行。中国驻埃塞俄比亚大使馆临时代办石钟代表中国红十字会把小麦移交给埃塞俄比亚红十字会副会长、宫廷大臣塔费拉·沃克·基达内·沃尔德。

1975年4月3日，中国红十字会向马尔加什政府捐款5万元人民币，赈济当地风灾和水灾灾民。

1976年2月16日，中国红十字会致电危地马拉红十字会，慰问地震灾民，捐款5万元人民币。

实际上，在"文化大革命"期间，中国红十字会共向138个受灾国灾民提供了169次援助，款物合计达1亿多元人民币。

第二节　拨乱反正，重整旗鼓

1976年10月6日，党中央一举粉碎"四人帮"，宣告"文化大革命"的结束。1978年12月，党的十一届三中全会的召开翻开中国历史新篇章，中国社会进入改革开放的新时代。顺应时代的呼唤，中国红十字事业逐渐摆脱困境，步上稳定发展的轨道。

一、中国红十字会国内工作的恢复

1. 中国红十字会恢复国内工作势在必行

"文化大革命"期间，地方各级红十字会被撤销，恢复国内工作成为中国红十字系统拨乱反正的当务之急。

1978年1月27日，中国红十字会向卫生部提交了《关于国内工作和体制问题的意见》的报告，提出："我们深感无国内工作，国际工作很难进行。这些年来在我们参加的一些国际活动中，有的国家认为我们是个大国，要求我会介绍工作经验，在出席国际会议时会议主席点名请我会介绍情况，我会只能婉拒。外宾来访问到国内工作，只能答复在整顿中（整顿这一口径是先念副总理1971年接见坦桑尼亚红十字会代表团时讲的）。国际组织要求提供会长、副会长名单，我们一直置之不理。今年1月11日国际组织在发给125个国家红十字会的各国红十字会领导人卡片中，把中国红十字会领导人留下空白并注明说：'今后与中国红十字会联系不要写人名，只写中国红十字会。'根据国际红十字会章程规定，一个国家的红十字会必须有国内工作。"① 显然，恢复国内工作势在必行。

2. 国务院批转《关于恢复红十字会国内工作的报告》

报告引起卫生部、外交部的重视。1978年3月29日，卫生部、外交部向国务院呈报《关于恢复红十字会国内工作的报告》，国务院以国发〔1978〕63号文于1978年4月10日向全国各省（区、市）革命委员

---

① 孙柏秋主编：《百年红十字》，安徽人民出版社2003年版，第348页。

会和国务院各部委批转了这个报告："国务院同意卫生部、外交部《关于恢复红十字会国内工作的报告》，现转发给你们，请贯彻执行。"报告中提出："'文化大革命'致使红会工作遭到严重破坏，几年来一直以'国内工作正在整顿'进行解释。伊朗公主四五月访华时，正是我粉碎'四人帮'后，胜利召开了五届人大，各项工作开始初见成效的时候，不宜再用'整顿'来解释。"因此，"拟在开放城市的街道、工厂及郊区供外宾参观的公社恢复红会工作。红会的具体任务是在当地党委统一领导下，协助卫生部门，进行爱国卫生运动、群防群治、输血和战备救护训练（包括在中学青少年中进行训练）。第一步先恢复北京、上海、天津、南京、杭州、广州、长沙、武汉、西安、沈阳等十个大城市的红会工作"。①

3. 迈出"恢复重建"第一步

为贯彻落实国务院文件精神，中国红十字会总会立即着手恢复国内工作机构，开始推进此项工作。

1978年4月下旬至5月初，中国红十字会总会副秘书长吴日承等人对北京市3个基层点做了初步调查，走访了有关部门，征求了他们对恢复红十字会工作的意见，写了调查报告，对如何恢复红十字会国内工作提出了初步设想并呈报国务院和卫生部、外交部。6月中旬，在全国医药卫生科技大会召开期间，中国红十字会领导邀请10个城市和有关省卫生局负责人专题座谈红十字会恢复国内工作问题。6月26日，中国红十字会、卫生部发出通知，要求各地将红十字会工作恢复情况和问题及时上报。

1978年5月26日，广州市红十字会经批准恢复建立，成为全国最早恢复组织的城市。接着，长沙、天津、北京、上海、杭州、武汉、南京、沈阳、西安各市红十字会也相继恢复重建。8月，国际红十字会协会决定来华了解被越南当局驱赶回国的难侨情况，为配合这一国际活动，中国红十字会总会派人与广西壮族自治区卫生局协商，于8月9日

---

① 《卫生部、外交部关于恢复红十字会国内工作的报告》，中国红十字会总会编：《中国红十字会历史资料选编（1950—2004）》，民族出版社2005年版，第123-124页。

批准恢复了南宁市红十字会。至 1978 年年底，全国已有 11 个省会城市重建红十字会组织，迈出了"恢复重建"第一步。

二、拨乱反正的中国红十字会"三大"①

1. 中国红十字会"三大"的召开

为拨乱反正，中国红十字会在谋求恢复国内工作的同时，着手筹备召开全国会员代表大会。

1979 年 2 月 20 日至 24 日，中国红十字会"三大"在北京召开，时隔 18 年召开的这次大会，可以说是贯彻国务院指示精神、开创红十字会工作新局面的大会。国务院有关部委、民主党派、人民团体、解放军三总部和已经恢复组织的 11 个省、市的红十字会代表 65 人出席了会议。

2. 拨乱反正，正本清源

钱信忠会长在会上做了《为新时期的人民卫生救护事业努力奋斗》的工作报告。报告中批判了林彪、"四人帮"的极"左"路线对红十字会的干扰破坏，指出从改组开始，"我们的工作就是遵循毛主席的革命路线，按照党和国家的方针政策进行的。必须肯定，这是一条红线，一直贯穿在中国红十字会的工作中……旧红十字会经过改组、整顿，已成为新的社会主义的人民团体。她是由中国人民自己组成的，在国际上是独立的、自主的，不受国际的支配。它是为人民谋利益的。这样的红十字会，是广大人民的红十字（会），是社会主义革命和建设中，中国人民所需要的红十字会。林彪、'四人帮'对红十字会的肆意污蔑，混淆黑白，颠倒是非，丝毫改变不了红十字会的性质，抹杀不了红十字会的工作成绩"②。

钱会长在工作报告中还深情回忆了毛泽东主席、周恩来总理对红十字会的深切关怀："我们永远不忘伟大领袖毛主席、敬爱的周总理和朱委员长的亲切关怀。当我们缅怀革命导师和老一辈无产阶级革命家的时候，心情异常激动。我们不会忘记，毛主席在红十字会改组后不久，曾

---

① 中国红十字会"三大"：全称是中国红十字会第三次全国会员代表大会，此处为简称，下同。

② 《中国红十字年鉴》编辑部编：《中国红十字年鉴（2004/2005）》，台海出版社 2006 年版，第 107 页。

询问我会工作情况,当时会员很少,毛主席问了会员数字后,说'还要多一些'。毛主席对红十字会的外事活动,作过多次重要批示。我们不会忘记,周总理对红十字会倾注的心血。他亲自领导改组红十字会,亲笔在章程上写明中国红十字会是人民卫生救护团体,给红十字会规定了性质和工作方针。1955年,他指示红十字会工作以国际为主,国内工作与卫生工作相结合,有多大力量做多大事。1959年,他又确定了红十字会国内工作根据需要与可能适当发展。正是由于毛主席和周总理的重视和关怀,使我们得到了鼓舞,为党、为人民做出了贡献。"①

中国红十字会"三大"工作报告进行了"拨乱反正,正本清源",为国内工作的全面恢复及开创中国红十字会工作新的局面奠定了基础。

3. 新一届领导集体的产生

大会修改了会章,选举产生了第三届理事会。在三届一次理事会上,选举了会长,副会长,常务理事,正、副秘书长。卫生部部长钱信忠继续担任会长,副会长为杨纯、沈其震、赵朴初、彭炎、熊天荆、龚普生、孟谦、王肇元、邓启修、魏龙骧、顾锦心、王仪、刘鹏飞、王敏,秘书长为王敏(兼),副秘书长为吴日承。会议期间,廖承志副委员长、陈慕华副总理接见出席中国红十字会"三大"的全体代表。

三、中国红十字事业的初步发展

1. 恢复和发展组织

按照中国红十字会"三大"所确定的工作目标,中国红十字会今后的工作任务是:为尽快实现四个现代化,做出应有的贡献。从这点出发,中国红十字会要按照党和政府的要求,结合过去的经验和当前的实际,确定今后的工作任务,竭尽所能,把红十字会的作用,在人民外交和人民救护事业中,充分地发挥出来。根据这一总方针,在国际活动方面,加强国际联系,促进国际交流。国内工作确定以积极协助卫生部门进行以献血的宣传、动员、组织工作为重点,同时开展群众救护训练及其他群众卫生工作。要实现这一目标,仍应从恢复和发展组织入手。为

---

① 《中国红十字会第三次全国会员代表大会工作报告》(1979年2月20日),中国红十字年鉴编辑部编:《中国红十字会通志(1904—2015)》,中华工商联合出版社2016年版,第423-425页。

此，中国红十字会总会提出"在活动中发展，在发展中活动"的口号，使组织建设出现新的局面。到1984年年底，全国有26个省（区、市）恢复和建立了红十字会，县（市、区）级红十字会达到了193个，基层红十字组织达25 868个，建立街道红十字卫生站3 000多个，全国会员达187万人。这就为中国红十字会全面开展国内工作提供了组织保证。

1981年2月25日，全国总工会、中国共产主义青年团中央委员会（以下简称"共青团中央"）、中华全国妇女联合会（以下简称"全国妇联"）等9个单位联合倡议，在全国范围内开展以"讲文明、讲礼貌、讲卫生、讲秩序、讲道德"和"心灵美、语言美、行为美、环境美"为内容的"五讲四美"文明礼貌活动。1983年3月30日，在北京正式成立了中央"五讲四美三热爱"活动委员会，指导这项活动的开展。作为中央"五讲四美三热爱"活动委员会成员之一的中国红十字会总会，于1981年3月7日和1982年2月22日两次发出通知，要求各级红十字会积极投入这项活动。1982年9月召开的党的十二大提出，在建设社会主义物质文明的同时，要加强社会主义精神文明建设。中国红十字会所开展的各项工作正符合时代的要求，如宣传卫生、献血知识，普及急救技术，发展医疗卫生和社会福利事业，举办各种社会服务活动，等等。这些都是社会主义精神文明建设的重要内容。从中国红十字会总会到地方各级红十字会组织，积极创办有红十字特点的卫生和社会福利事业，开展各种社会服务活动，为社会主义精神文明建设贡献力量。各级学校中的广大红十字青少年积极参加丰富多彩的红十字活动，活跃在校园内外，宣传卫生防病知识，开展为孤寡老人送温暖活动，成为当时社会上开展的"学雷锋，树新风""五讲四美三热爱""文明礼貌月"活动等社会主义精神文明建设中的生力军。北京市红十字会把红十字会的基本任务概括为"救死扶伤、扶危济困、敬老助残、助人为乐"的十六字方针，广为流传，成了各级红十字会开展活动和广大会员为群众服务的指导思想。

急救和输血工作也初见成效。到1984年，接受各种卫生救护训练的人数已达658万多人次。1983年，中国红十字会总会与北京市心肺血管医疗研究中心联合举办我国第一期心肺复苏师资训练班，邀请美国心脏协会专家来华讲授心肺复苏技术，到1984年年底，有14个省（区、市）红十字会共培训37 630人次。为了做好输血的宣传和训练工作，中国红十字会总会举办了输血技术学习班，与卫生部联合召开了输血工作座谈会。

2. 安置印支难民

中越两国之间曾经有着良好的外交关系。然而从1973年起，越南以暴力驱赶华侨，进行武装挑衅。1979年2月起，中国对越自卫反击战打响，"保护华侨利益，扶助回国华侨"是中国政府的一贯政策，中国红十字会紧密配合当地政府立即对被驱赶回国的大批难侨进行安置。截至1979年10月底，中国政府已接待和安置被越南当局驱赶来华的越南难民25万余人，1980年年初中国红十字会工作组又从泰国接回老挝难民2 500余人，所有这些难民都得到妥善安置。其中安置在广东的有100 000余人、广西90 000余人、云南36 000人、福建22 000人，他们大多数被安置在160多个农场或厂矿企业单位，少数被安置在农村或机关事业单位，有技术专长的大都做了对口安置，如医生、教师等大都从事原来熟悉的职业。

中国红十字会在全力协助政府安置难民的同时，还组织医疗队在各难民安置点为难民防病治病，受到难民的欢迎和称赞。

1978年夏季，在越南驱赶难民的高峰中，广西、云南、广东、福建红十字会组织医疗队奔赴难民入境的口岸，为难民查体、看病，医务人员随车护送难民到达各安置点。这些长期在越南当局高压下生活的难民大都营养不良，体质虚弱，发病率高。各农场、工厂的医务人员给他们进行了普遍体检和预防性注射。据福建省红十字会的统计，在1979年年底对22 000余名难民普遍体检的过程中，共查出痢疾、流感、百日咳、肝炎等流行性疾病患者达1 600多人，及时进行防疫注射15 000人次，使流行性疾病得到了控制，同时还给2 800多名儿童服用了预防小儿麻痹的药丸，保证了难民们的健康。红十字会医务人员还为一些难民治好了顽疾。中国政府承担了全部医疗费用。1981年3月，中国红十字会副会长杨纯还到云南省勐腊县看望了难民和病人，并组织医务人员会诊，挽救难民的生命。

国际红十字会协会和红十字国际委员会为了救济逃亡各国的印支难民,多次召开国际会议。中国是接受和安置难民最多的国家之一,中国红十字会希望国际红十字组织对在中国的印支难民给予医药救护和文化教育等方面的援

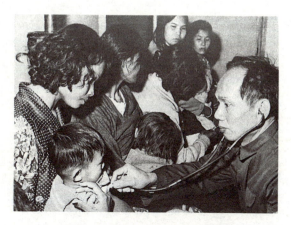

中国红十字会为印支难民治疗疾病

助。国际红十字会协会和红十字国际委员会为此发出呼吁,得到多个国家红十字会、政府和其他救济组织的响应,捐给中国红十字会现金110万余瑞士法郎,物资约值40万瑞士法郎。此外,协会还捐赠30万瑞士法郎。捐赠最多的是荷兰红十字会,两次共捐赠85万余瑞士法郎;联邦德国红十字会捐赠给广西红十字医院1台价值23万余瑞士法郎的X光机器;瑞士红十字会捐赠了10万瑞士法郎的医疗器械;瑞典政府捐赠19万余瑞士法郎;挪威、日本、法国、英国、澳大利亚、比利时等国也捐赠了数量不等的款物。国际红十字组织的支援,改善了印支难民的医疗条件和生活条件。

1979年10月,在国际红十字会协会的大会上,杨纯副会长报告了中国红十字会安置印支难民的情况,并就印支难民的救济问题发出呼吁。大会对中国红十字会协助政府积极妥善安置难民的人道主义精神十分赞赏。联邦德国红十字会邀请杨纯副会长前往访问,并援建1所有200个床位的难民医院;西班牙红十字会代表团表示要提供赞助。国际红十字会协会派代表团到难民安置较集中的地区进行考察,对中国红十字会救济难民的工作表示非常满意:"通过考察,我们看到了中国红十字会在为印支难民勤奋地工作,中国是救济难民的模范,我们搞救济愿

意跟中国红十字会合作。"① 国际红十字会协会考察团在视察时还拍摄了《中国红十字会与印支难民》和《中国红十字会的基层活动》两部录像片,向国际社会宣传。考察结束后,国际红十字协会拨给中国红十字会300万瑞士法郎作为筹建10个医院的费用。中国红十字会的作用和影响由此得以扩大。

3. 援非募捐活动

援非募捐活动是中国红十字会继安置印支难民后的又一次大规模人道行动。

1984年,非洲有36个国家遭受严重旱灾,有1.5亿人在饥饿和死亡线上挣扎,引起了国际社会的特别关注,第三十九届联合国大会(以下简称"联大")通过了《关于非洲紧急情况宣言》,呼吁国际社会伸出援手。中国政府积极响应联大号召,向非洲提供了12万吨救命粮,中国红十字会向非洲受灾国家捐赠了约68万元人民币的食品、药品和救济款。

各地红十字会积极开展援非募捐活动

---

① 中国红十字会总会:《中国红十字会的九十年》,中国友谊出版公司1994年版,第208页。

1985年3月5日，国务院批准外交部、经贸部、财政部提交的《关于1985年我对非洲提供救灾援助的请示》。根据国务院的批示，中国红十字会总会于1985年3月28日发出了《关于为非洲灾民开展社会募捐的通知》，号召各级红十字会于4—5月开展为非洲灾民募捐的活动。一场前所未有的大规模的募捐活动，在全国已建立红十字会的24个省（区、市）的大中城市轰轰烈烈开展起来。各级红十字会围绕"为了非洲的旱灾灾民"的活动主题广泛动员，通过义演、义卖、义赛等多种形式，进行劝募，得到热烈响应。

1985年9月25日，中国红十字会总会在北京举行新闻发布会，宣布援非募捐活动圆满结束。名誉会长朱学范、赵朴初、钱信忠，会长崔月犁，副会长谭云鹤出席大会。在新闻发布会上，中国红十字会总会副秘书长曲折通报了援非募捐情况："今年4月中国红十字会发起的援助非洲旱灾灾民的募捐活动已圆满结束。各地群众发扬国际主义和人道主义精神踊跃捐助，共募集到人民币13 870 146.33元，这笔捐款将全部用于救济非洲灾民，在此我代表中国红十字会向捐款救助非洲旱灾灾民的社会各界人士，向支持这次募捐活动的各级政府和有关部门以及工作人员致以诚挚的感谢和崇高的敬意。"① 这次活动中，募捐款最多的是山东省红十字会，其次是江苏、辽宁、四川、上海、北京等省（市）红十字会，均在百万元人民币以上；10万元人民币以上的依次是浙江、湖北、福建、安徽、广西、黑龙江、广东等省（区）。中国红十字会总会捐款12万元人民币。

这次募捐活动是中国红十字会自1950年改组以来第一次开展的大规模的全国性社会募捐活动。由于中国红十字会总会和各地红十字会的宣传工作得力，思想工作深入，强调"不定指标，不搞摊派，不争名次，不作攀比，坚持自愿，量力而行"的原则，保证了募捐活动健康进行，圆满结束。这是中国人民在社会主义精神文明建设中新的时代风貌的体现，也是中国人民对非洲亿万饱尝旱灾之苦的灾民无私的国际人道

---

① 池子华、郝如一主编：《中国红十字历史编年（1904—2004）》，安徽人民出版社2005年版，第244页。

救援。

4. 凝聚国际友谊的大厦

援非募捐活动尚在进行，而象征着国际红十字友好合作的友谊大厦——中国红十字会总会训练中心在北京干面胡同拔地而起。

中国红十字会自1950年改组以来，一直没有一个急救训练中心。粉碎"四人帮"后，伴随着组织的恢复，中国红十字事业不断扩展，局面日新，建立培训中国红十字会干部和进行卫生救护训练的基地显得十分必要。

1979年，国际红十字会协会秘书长毕尔访华时，中国红十字会总会领导谈了这一设想，得到了认同。建立训练基地的设想正式提到议事日程。

1982年，瑞典红十字会访华，表示愿意协助建设训练中心。此后，国际红十字会协会、瑞典红十字会和中国红十字会三方达成协议，由瑞典红十字会提供150万瑞士法郎，由中国提供250万瑞士法郎，共同筹建中国红十字会总会训练中心。日本红十字会闻讯后也积极参与，分期提供5 000万日元的室内设备。随后又陆续收到澳大利亚红十字会、突尼斯总统夫人的资助捐款。

1984年6月13日，凝聚着国际红十字会之间友谊的大厦破土动工。这天，骤雨初晴，天高气爽，从四面八方聚集到中国红十字会总会训练中心建筑工地上的人们怀着喜悦的心情参加奠基典礼。在建筑工地的中心安放着一块汉白玉的基石，这块基石上边镌刻的金字是李一氓同志所写的。王敏副会长宣布奠基仪式开始，钱信忠会长做了简短的讲话，他说："在纪念中国红十字会成立八十周年之际，举行训练中心奠基仪式是十分有意义的。训练中心的建立既是我国红十字事业继往开来、蓬勃发展的标志，也是国际红十字友好合作的象征。我们深信，训练中心建成后，将对中国红十字会的工作和各国红十字会组织之间的交流合作发挥积极的作用。"①

建设培训中心，这是全国红十字工作者的共同心愿。中国红十字会

---

① 边草：《建筑友谊的大厦》，《中国红十字》1984年第8期，第4页。

总会训练中心大楼的设计者、建筑工程师严兴华主动提出为中国红十字会义务设计，不收取任何报酬；承担施工的工程师卢迺华也是义务为中国红十字会服务。建设者们也不辞辛苦地为友谊的大厦施工。他们以红十字的精神建设着中国红十字会的大厦。经过建设者2年多的辛勤劳动，中国红十字会总会训练中心终于在1986年9月建成。

这座由瑞典、日本、芬兰、联邦德国、澳大利亚等国红十字会捐助，由中国政府投资共同修建的训练中心，总建筑面积为5 250平方米，楼内装有先进的同声传译和电话教学设备。这是国内第一座培训中国红十字会干部和卫生救护、输血技术等专门人才的教学实体，是中国红十字会进行国际间友好交流的重要场所。

9月15日，中国红十字会总会训练中心落成典礼和剪彩仪式在北京隆重举行。中共中央政治局委员、中央顾问委员会副主任宋任穷，全国政协副主席、中国红十字会名誉会长赵朴初，中国红十字会名誉会长钱信忠、副会长谭云鹤，国际红十字会与红新月会协会主席德拉玛塔、亚太地区主任西瓦拉特南等参加了典礼。应邀参加典礼的还有民政部副部长，中国红十字会副会长章明，卫生部副部长顾英奇，北京市政协主席、北京市红十字会会长白介夫，北京市副市长陈昊苏，以及瑞典、日本、芬兰、联邦德国、澳大利亚等国的来宾和外交使节。德拉玛塔主席在典礼上讲话，他说："训练中心的建成不仅是对中国红十字工作的促进，同时对整个亚太地区和国际红十字运动都将产生深远影响。它将为世界和平和各国人民的友谊作（做）出贡献。"① 谭云鹤副会长也发表了热情洋溢的讲话。

在刚刚恢复工作正在开创红十字工作新局面之际，训练中心的建成将为培训红十字会干部、卫生救护人员，促进中国红十字事业进一步发展，增进同各国红十字会的交流与友谊，发挥应有的作用。

---

① 《中国红十字会训练中心大楼举行落成典礼》，《中国红十字报》1986年10月5日。文章标题中"中国红十字会训练中心"应为上文中所指的"中国红十字会总会训练中心"。

第三节　中国红十字会"四大":新的里程碑

一、中国红十字会"四大"的召开

中国红十字事业经过中国红十字会"三大"后几年的恢复与发展,各项工作初见成效。在此背景下,中国红十字会"四大"于1985年5月31日至6月1日在北京举行。参加这次大会的有全国26个省(区、市)的红十字会和3个自治区卫生厅的123名代表。国务委员姬鹏飞、全国人大常委会副委员长朱学范、全国政协副主席赵朴初等国家领导人亲切会见了与会代表。杨纯副会长主持大会,钱信忠会长代表第三届理事会向大会做了工作报告,报告指出:"六年来,各级红十字组织在当地党委和政府领导下,遵循代表大会精神,克服种种困难,开展了许多有利于社会、有利于人民的工作,取得了显著的成绩。"[①] 同时,钱会长在报告中实事求是地提及红十字会工作还存在着指导思想、任务不够明确及人员、编制、经费等方面的诸多困难和问题,并提出今后工作的指导思想和任务:在各级党委和政府的领导下,认真贯彻党的十二届三中全会的决议,实事求是,从实际出发,以改革的精神,努力发展群众性的卫生救护和社会福利事业,积极贯彻对外开放的政策,开创红十字会工作的新局面。经过几年的努力,把中国的红十字会办成具有中国特色的社会主义的红十字会,为"四化"建设服务,为统一祖国大业服务,为世界和平和人类进步做出贡献。在报告中,明确提出"把中国的红十字会办成具有中国特色的社会主义的红十字会",正式拉开了建设有中国特色的红十字事业的序幕。

大会通过了新修改的《中国红十字会章程》,选出由63名理事组成的第四届理事会。6月2日,四届一次理事会推举朱学范、赵朴初、钱信忠为名誉会长,选举崔月犁为会长,谭云鹤、章明、沈辰、何理良、

[①] 《中国红十字年鉴》编辑部编:《中国红十字年鉴(2004/2005)》,台海出版社2006年版,第110页。

蔡壬癸为副会长，蔡壬癸为秘书长（兼），范雨田、曲折为副秘书长。

二、"人道主义"宗旨的确立

中国红十字会"四大"的一个重要成果就是通过了新修改的《中国红十字会章程》，其中关于中国红十字会的宗旨，在总则的第四条中规定：中国红十字会以实行人道主义为宗旨。这是对历届关于中国红十字会宗旨的一次突破，大大拓宽了中国红十字会的工作领域，真正体现了中国红十字会成立的初衷。

中华人民共和国成立后，从中国红十字会"一大"到"三大"通过的章程，在规定中国红十字会的宗旨时，总是在"人道主义"前加上"无产阶级""革命""社会主义"的定冠词。在这次代表大会上，代表们经过充分的讨论，恢复了红十字会原应有的宗旨，这是对人道主义本身意义的承认，不能不说是突破性进展。国际红十字运动一开始就是以实行人道主义为宗旨的，这是中国红十字会宗旨的提法与国际接轨的体现。

人道主义是中国红十字会开展一切活动的指导思想和出发点，这是中国红十字会"四大"提出红十字人道主义的理论依据。同时，可以看到，红十字人道主义无论在国内还是在国外，都是历史和现实的存在，具有区别于其他各种人道主义的鲜明个性，这是提出"中国红十字会以实行人道主义为宗旨"的客观依据。红十字人道主义的内容非常明确：救护和救济在战争和自然灾害中被迫陷于弱者境遇的人。这种人道主义所面对的服务对象，不论过去和现在，不论国内和国外，都是明确的，是有各项国际条约予以承认和尊重的。所以红十字人道主义的提出"并不是标新立异，而是对历史和现实的承认，把本来就存在的东西加以概括和论述"①。而"人道主义"宗旨的确立，为中国红十字事业的发展开辟了广阔的道路和奠定了思想基础，必将促进中国红十字事业的大发展。

三、新的定位

从中国红十字会"一大"到"三大"，中国红十字会的性质一直被

---

① 熊世琦：《为什么提出红十字人道主义》，《中国红十字报》1989年12月5日。

界定为"人民卫生救护团体"。而中国红十字会"四大"新修改的会章规定：中国红十字会是中华人民共和国的全国性的人民卫生救护、社会福利团体。这就使中国红十字会的业务涵盖面大为扩展。中国红十字会从单纯的"人民卫生救护团体"转变为"人民卫生救护、社会福利团体"，这种性质的拓展，可以使中国红十字会在人道主义领域里做更多的工作。根据这一性质，中国红十字会"四大"报告提出："我们要本着改革的精神，根据需要与可能，因地制宜、量力而行的原则，积极地兴办更多的符合红十字会宗旨的卫生和社会福利事业。要加强管理，因陋就简，勤俭持家，要讲求经济效益，为兴办红十字事业积累资金。"①

中国红十字会兴办社会福利事业最早为武汉市红十字会。1985年1月20日，"武汉市红十字药材贸易公司"的正式开业，标志着红十字会兴办社会福利事业的开始。

红十字会从事经营活动，当时在我国还是一件新鲜事，但在国际上早已是红十字会获得经费来源的一种重要渠道。在新形势下，为了使中国红十字事业焕发出生机与活力，开辟多种渠道扩大经费来源是必需的、可行的。它完全符合红十字运动的宗旨。正因为如此，武汉市红十字会的做法得到肯定，中国红十字会总会在贺信中说："兴办红十字社会福利事业对于我国红十字事业的发展具有重大意义，我们相信并希望武汉市红十字药材贸易公司的创办和发展，将不断取得新成绩，并为红十字福利事业做出应有贡献。"中国红十字会"四大"明确提出红十字会是"社会福利团体"，这对创办社会福利事业是一个有力的推动。此后，全国许多地区如天津、沈阳、江阴、大同等兴办了残疾人福利厂、社会服务站、医疗卫生咨询站等各式各样的福利事业。

兴办经营性实体是红十字事业发展的需要，而且成效可观。武汉市红十字药材贸易公司开办1年多就实现经济效益和社会效益双丰收；无锡市红十字会创办的伤残人福利厂年创产值达30多万元；天津市红十字会与有关部门一起，自力更生，因地制宜，办起了60多家符合红十

---

① 《中国红十字会第四次全国代表大会工作报告》，中国红十字会总会编：《中国红十字会第四次全国代表大会文件汇编》（内部印行），第12-13页。

字宗旨的福利实体；等等。各地红十字会所创办的企事业单位，不仅为社会所需要，扩大了红十字会的影响，而且为红十字会开展工作提供了资金。实践证明：红十字会办事业要选准方向，符合宗旨，保证收入全部用于发展红十字事业，这条路将会越走越宽广。中国红十字会"四大"提出中国红十字会不仅是"卫生救护团体"，而且是"社会福利团体"，可谓意义重大。

总之，"人道主义"宗旨的确立，新的定位，特别是拉开建设有中国特色的红十字事业的序幕，使中国红十字会"四大"在中国红十字运动史上具有了里程碑的意义。

第四节 红十字事业的"中国特色"

一、继往开来的中国红十字会"五大"[①]

中国红十字会"四大"后的 5 年间，中国红十字会组织建设有了飞速发展，到 1988 年 30 个省（区、市）全部恢复和建立了红十字会。截至 1989 年 9 月底，地（市、州、盟）红十字会由 1985 年的 109 个发展到 1 484 个；基层红十字会由 1985 年的 25 868 个发展到 87 000 多个；会员由 1985 年的 187 万人发展到 850 万人。这在中国红十字会发展史上是空前的，既体现了红十字会的群众性，又为形成全国性的卫生救护网、社会服务网提供了组织保证。

为了推动中国红十字事业的进一步发展，1990 年 2 月 15 日至 17 日，中国红十字会"五大"在北京召开，231 名代表与会。谭云鹤副会长代表第四届理事会做了《振奋精神，群策群力，把建设有中国特色的红十字事业继续推向前进》的工作报告，总结了中国红十字会"四大"以来中国红十字会工作的经验，其中"最根本的一条就是认真贯彻党的十一届三中全会所重新确立的思想路线：实事求是，一切从实际出发，

[①] 中国红十字会"五大"：全称是中国红十字会第五次全国会员代表大会，此处为简称，下同。

认真实行改革开放。从红会来说，就是要善于把国际红十字会的人道主义宗旨和七项基本原则同社会主义中国的实际情况结合起来，同中央、国务院的指示精神结合起来，同当前全国人民的中心任务结合起来，改革不适应中国国情的东西"①。报告提出了今后5年红十字会工作的目标和任务：深化红十字会体制的改革；继续以组织建设为重点；进一步扩大卫生救护网络；进一步做好社会福利工作；积极兴办事业实体；认真做好红十字青少年工作；进一步加强宣传工作；把台湾事务工作做得更好；积极开展国际的友好交流；加强理论研究，改进工作作风。报告强调把"继续探索建设具有中国特色的红十字会"作为"今后我国红会工作的基本指导思想"。②

中国红十字会"五大"推举朱学范、赵朴初、钱信忠、崔月犁为名誉会长，聘请谭云鹤为顾问；选举陈敏章为会长，顾英奇为常务副会长，张德江、邹时炎、郝长元为副会长，孙柏秋为专职副会长；韩长林任秘书长。

时任国务院总理的李鹏为大会发来贺信，高度赞扬红十字组织在奉行人道主义宗旨、维护世界和平和发展各国人民之间的友谊诸方面所做出的贡献："中国红十字会遵循人道主义宗旨，在救死扶伤、扶危济困、敬老助残、助人为乐等方面发挥了重要作用。替政府分忧，为群众解难，深受广大群众的欢迎。"③

中国红十字会"五大"是一次继往开来的大会，它的召开为中国红十字运动继续沿着中国红十字会"四大"开创的建设有中国特色的红十字事业的道路明确了目标，奠定了基础。

二、建设有中国特色的红十字事业

中国红十字会"四大"首次提出"建设具有中国特色的红十字会"，中国红十字会"五大"更是旗帜鲜明，以"继续探索建设具有中国特色

---

① 中国红十字会总会编：《中国红十字会历史资料选编（1950—2004）》，民族出版社2005年版，第208-209页。

② 中国红十字会总会编：《中国红十字会历史资料选编（1950—2004）》，民族出版社2005年版，第212页。

③ 中国红十字会总会编：《中国红十字会历史资料选编（1950—2004）》，民族出版社2005年版，第212页。

的红十字会"作为"今后我国红会工作的基本指导思想"。

毫无疑问，建设有中国特色的红十字事业是建设有中国特色的社会主义的组成部分，是从我国正处于社会主义初级阶段的实际出发的，它服从和服务于建设有中国特色的社会主义。

有中国特色的红十字事业的内涵及如何建设有中国特色的红十字事业，一直在探索之中，到中国红十字会"六大"[①] 召开时，经过10年的实践，在以下几个方面达成共识：

第一，国际红十字运动的基本原则同中国实际相结合。中国的红十字事业是国际红十字运动的重要组成部分，发展中国的红十字事业首先要遵循国际红十字运动的7项基本原则——人道、公正、中立、独立、志愿服务、统一、普遍。这是国际红十字运动最高指导原则，必须得到尊重。同时要结合中国实际，把学习借鉴其他国家开展红十字会工作的经验同我国的社会主义建设的实际结合起来，独立自主地开展工作，在实践中开创有中国特色的红十字事业。

第二，作为政府助手独立自主地开展工作。中国红十字会是群众性的社会福利团体，应该"为政府分忧，为群众解难"，在人道主义旗帜下，动员和组织社会力量，参与社会保障，开展帮困扶贫、赈灾救济等工作，在政府和群众之间架起传递爱心的桥梁，发挥红十字会政府助手的作用。中国红十字会开展的博爱系列工程，即救援工程、生命工程、爱心工程，就是这种独立自主开展工作的一种体现。

第三，按行政区划建立组织开展活动。中国红十字会的领导机构是相当完整、严密的，独立存在而又与我国行政区划相一致。各级红十字会的会长由各级行政领导担任，这样有利于红十字组织发动群众，开展活动。这种纵横交错、条块结合的组织形式，充分体现了在社会主义制度下，中国红十字会可以做到自成体系，成为政府得力的人道领域工作的助手。

第四，与精神文明建设相结合。这是建设有中国特色的红十字事业

---

① 中国红十字会"六大"：全称是中国红十字会第六次全国会员代表大会，此处为简称，下同。

的立足点之一。中国红十字会总会根据我国社会主义精神文明建设的需要,不断发出号召,要求各级红十字会组织积极参与国家的社会主义精神文明建设,以塑造中国红十字会新形象。红十字会的任务之一是进行社会服务,即发动会员开展以照顾鳏、寡、孤、独、残、烈、军属为对象的社会服务活动。这种活动以精神慰藉为主,并积极创造条件在物质上给予帮助。红十字会的这些工作与精神文明建设的内容是一致的。红十字会倡导的"人道、博爱、奉献"精神,有利于社会形成互助友爱的良好的人际关系。"人道救助,爱心关怀"活动,有助于精神文明建设的开展。社会主义制度把人道主义作为精神文明建设的一个组成部分,社会主义人道主义强调最广大人民群众的利益,这表明红十字运动在中国的发展有着广泛的群众基础。

第五,红十字青少年工作与德育教育相结合。在大中小学中发展红十字组织,开展红十字工作,与学校的德育教育相结合,成为全面贯彻党的教育方针,加强学生德育教育的内容和措施。事实证明,大力开展红十字青少年活动,有益于提高青少年素质,有益于全面贯彻党的教育方针,有益于加强社会主义精神文明建设。红十字青少年工作是学校德育工作的良好载体,用红十字"人道、博爱、奉献"精神教育人,可以起到春风化雨的作用和效果。

三、有中国特色的红十字事业的宏伟蓝图

1992年5月,在红十字会与红新月会国际联合会第二十九届执行理事会上正式通过了《九十年代战略工作计划》。为建设有中国特色的红十字事业,中国红十字会参考国际联合会的这个战略工作计划,于1993年年初制定了《中国红十字会九十年代工作纲要》[①](以下简称《纲要》)。《纲要》面对国家深化改革、政府职能转变、经济体制由计划经济向社会主义市场经济过渡的新形势,解放思想,更新观念,以新的工作思路,提出了20世纪90年代发展我国红十字事业的宏伟蓝图。

《纲要》根据多年的探索和实践确定中国红十字会20世纪90年代的战略目标是:增强综合实力,提高自我完善、自我发展能力;建设具

---

① 《中国红十字会九十年代工作纲要》,《中国红十字报》1993年3月5日。

有中国特色、形成自身体系的红十字会组织网络，独立自主地开展工作；改善"最易受损害群体的境况"，逐步拓宽人道领域中的社会服务，进一步提高中国红十字会在国际红十字运动中的作用。

根据这一战略目标，中国红十字会把改革与发展作为重要的工作任务，具体行动有以下几点：

——从人道主义宗旨出发，强化各级红十字会备灾救灾意识，提高红十字会系统的救灾、救济、社会服务的反应能力和效能。

——结合"2000年人人享有卫生保健"的卫生规划，继续强化群众性卫生救护培训工作，开展现场的、初级的、群众性的卫生救护，有计划、有步骤地在全国形成一个院前的，同卫生部门与县、乡、村三级医疗预防保健网相衔接的群众性的自救互救网络。

——积极参与血液事业管理，兴办部分红十字血站，大力推进无偿献血事业的发展。

——加快立法步伐，逐步建立健全红十字事业的法律法规体系，使红十字事业走上法治建设的轨道，依法保护红十字会的合法权益和履行红十字会的职责。

为了保证这一战略目标的实现，中国红十字会力求做好以下几个主要方面的工作。

第一，加强红十字会的备灾救灾能力。在国际联合会和有关国家红十字会的支持下，抓好全国7个区域性备灾救灾中心的建设，鼓励有条件的省（区、市）建立省级备灾救灾中心。

第二，积极抓好群众性卫生救护网络的建设。通过各级红十字会的努力，逐步做到凡可能发生人身伤害的地方都有经过培训的红十字会卫生救护人员从事现场急救，因此要不断扩大卫生救护培训工作的覆盖面，抓好铁路、公安、地质、民航、公交等系统的现场急救技术的培训工作，推广煤炭、林业、交通、旅游系统取得的好经验，使救护训练工作逐步规范化、制度化。

第三，加快发展我国无偿献血事业的步伐。中国红十字会总会同卫生部和有关部门共同加强对无偿献血的宣传，起草无偿献血方面的法规，完善无偿献血方面的管理制度，通过努力在我国逐步实现无偿献血,进一步扩大同国外红十字组织在血液事业管理和技术方面的交流与合作,提倡和鼓励地方红十字会办血站。

第四,大力兴办符合红十字宗旨的经济实体,不断壮大红十字会的实力。各级红十字会要以改革的精神,发展红十字事业,增强红十字会的综合实力,大力兴办各种服务型、经营型经济实体。中国红十字会总会建立红十字基金会,有条件的地方可设立红十字发展基金。

这些措施的实施,使《纲要》中提出的战略任务逐步得以实现,使我国红十字事业得到迅速、蓬勃的发展。

加强红十字会的组织建设是实现这一宏伟蓝图的组织保障,因此国内工作继续以组织建设为重点。中国红十字会作为历史悠久的社会团体,不仅在组织建设中坚持积极稳步发展的原则,以组织发展带动各项工作的开展,而且以开展工作促进组织发展。在大中小学校,发展红十字组织,开展红十字活动,对学生进行人道主义教育,是组织建设的重要方面。特别是在1987年中国红十字会与国家教育委员会联合下发《关于在学校中开展红十字青少年活动的通知》后,我国红十字青少年工作进入了一个新的发展时期。20年来,随着我国改革的深化,对外开放的逐步扩大,我国红十字青少年工作有了长足发展。红十字组织从小学、中学发展到大学。据不完全统计,全国已有3 200多所小学、1 400多所中学和580多所大学建立了红十字组织。活动内容丰富多彩,从系统的卫生救护活动扩大到精神文明建设的各个方面,包括培养文明行为和社会公德,开展社会救助和社会服务,参与无偿献血,举办各类红十字征文、绘画和歌咏比赛,组织夏令营、冬令营等活动。红十字青少年成为实现红十字宏伟蓝图的一支不可忽视的力量。

《纲要》为建设有中国特色的红十字事业描绘了宏伟蓝图,有力地促进了中国红十字运动的发展。

第五节　打破"坚冰"实现海峡两岸沟通

海峡两岸基于历史原因而骨肉分离的同胞怎样才能取得联系进而实现团聚？两岸何时才能打破坚冰，"走到一起来"？中国红十字会秉承人道主义宗旨，用特有的方式，另辟蹊径，启动"圆梦"之旅。

一、查人转信服务

1. 查人转信路径选择

本着人道主义精神，协助因战争和自然灾害而分离的家人取得联系或重新团聚，这就是红十字会的查人转信服务（重建家庭联系），它是各国红十字会的一项业务工作。查人转信是红十字国际委员会根据国际人道主义精神中关于家庭成员有通信的权利及家庭成员有了解其成员状况的权利而开展的一项人道主义服务，它体现了红十字的人道主义精神。

红十字国际委员会的查人转信服务是通过"红十字通信"实现的，是在战争、政治动乱或自然灾害发生时为失散的人员与亲人进行联系而架起的一座特殊的桥梁。中国红十字会曾通过"红十字通信"与红十字国际委员会合作处理过国际的查人转信。在中国红十字会看来，为海峡两岸失散几十年的骨肉同胞能早日取得联系，采用"红十字通信"这种方式，是唯一可行的途径。

1979年前后，不少群众给中国红十字会来信，要求协助查找居住在台湾的亲人，中国红十字会总会为此曾于1979年7月致电台湾红十字组织，表示：查找亲朋下落是台湾和大陆同胞的共同愿望，建议与台湾红十字组织就查人转信、家人团聚及探亲等问题进行商谈，并殷切希望台湾红十字组织能体谅两岸同胞骨肉情谊，推进这方面的工作，使离散已久的亲人早日取得联系，重新团聚。但直到1980年9月也没有得到台湾红十字组织的响应。

1981年10月4日，中国红十字会会长钱信忠发表谈话，表示愿意与台湾红十字组织携手，为祖国和平统一大业出力，并提出了四点建议：一是中国红十字会总会愿同台湾红十字组织就查人转信服务进行合作，如果台湾红十字组织现在为祖国大陆同胞办理此项业务有困难，中国红十字会总会愿意为台湾同胞进行这项工作；二是中国红十字会总会愿意为台湾同胞与祖国大陆的亲友联系、团聚提供帮助，如台湾红十字组织在这方面感到不方便的话，中国红十字会总会可以接受、安排台湾红十字组织的个人或团体来大陆探亲，并保证来去自由；三是相互选派代表团进行访问，增进相互了解和发展红十字会业务；四是中国红十字会总会希望台湾红十字组织在双方认为合适的地方进行接触。

中国红十字会总会为了尽快与台湾红十字组织建立联系，让失散多年的骨肉同胞早日团圆，利用一切机会如在春节、中秋节之时，向台湾红十字组织发出问候，传达一种渴望沟通的信息。在1985年5月31日召开的中国红十字会"四大"上，钱信忠会长在大会工作报告中提出："我们盼望早日和台湾红十字组织的同事们接触，共商红十字事业。中国红十字会随时欢迎台湾红十字组织的同仁们和同胞们到祖国大陆来参观、访问、探亲、访友。"① 再次表达了两岸人民盼团圆的强烈愿望和期盼。

在屡屡寻求两岸红十字组织直接联系未果的情况下，中国红十字会总会把目光投向红十字国际委员会。

2. 红十字国际委员会"中转"

1985年7月，红十字国际委员会驻亚太地区总代表德古登先生去台北时，中国红十字会总会便请其转达大陆红十字会愿与台湾红十字组织进行联系和接触的信息，并将整理好的20份大陆同胞查询台湾亲人的查人表格转交给台湾红十字组织，请他们予以协查。

中国红十字会总会的这一举动，得到了台湾红十字组织的回应，表示同意通过红十字国际委员会的渠道开展两岸的查人转信业务，为海峡两岸失散的亲人牵线搭桥。

1986年2月27日，中国红十字会副会长蔡壬葵接到德古登先生的来函，告知："关于大陆调查人请求，帮助找寻台湾亲属之事，我高兴

---

① 曲折主编：《中国红十字事业》，广东经济出版社1999年版，第193页。

地告诉你,我们交给台湾红十字会的几份查人信件中,他们已经查到了2人。"①

通过红十字国际委员会的"中转"取得了首例查人转信的成功,使分离两岸的骨肉同胞看到了希望,许多台湾同胞聚集在台湾红十字组织门前,渴望了解大陆亲人的情况。同时,大陆要求寻找在台亲人的信件也增加了许多。

在两岸红十字组织的不懈努力下,在两岸民众的舆论压力下,台湾当局终于宣布自1987年11月2日起,允许除现役军人和公职人员以外的台湾民众,可经第三地转赴大陆探亲。消息传来,两岸同胞欣喜万分。

3. "一件功德无量的事"

中国红十字会的查人转信工作受到了党和政府的高度重视,为适应台湾当局开放民众赴大陆探亲引起的查人信函数量骤增的情况,1988年1月,国家劳动人事部批准中国红十字会总会正式成立台湾事务服务部

中国红十字会总会海峡两岸查人转信办公现场

(1990年10月改名为台湾事务部)。从1987年11月2日台湾当局开放台胞赴大陆探亲到1988年2月,仅短短几个月的时间,中国红十字会就受理了海峡两岸查人个案30 150宗,并且到1988年1月31日已为124名台胞找到了他们在大陆的亲人,340名台胞、台属用"红十字通信"的方式和他们在台湾的亲人取得了联系。

由于海峡两岸的长期隔绝,在短时间内要使失散近40年的骨肉同胞取得联系并非易事。为了提高效率,工作人员一边加强与全国各地红

---

① 曲折主编:《中国红十字事业》,广东经济出版社1999年版,第193页。

十字组织的联系,充分发挥地方红十字组织的基础优势;一边加强与各有关单位的联系,取得公安部门、报社、广播电台、电视台等单位的大力支持。到1992年年底,据不完全统计,中国红十字会共受理海峡两岸查人个案12万余宗,查到结果共24 281宗,使8万名两岸同胞取得联系,被称为"是一件功德无量的事"。

二、两岸红十字组织会长会晤

1. 不同寻常的电话

1990年4月16日,中国红十字会副秘书长曲折突然接到来自台湾的电话,对方是台湾红十字组织副秘书长常松茂先生。这个不寻常的电话,是海峡两岸红十字组织的主要负责人第一次直接通话。

原来,常松茂先生的夫人刘凤子来大陆探亲,途中突发急性肠梗阻,入住湖北省宜昌市第一人民医院救治。远在海峡彼岸的常松茂先生得知后,情急之下,便拨通了曲折副秘书长的电话,请求予以关照。中国红十字会总会立即派人赶赴宜昌探望病人。在各方面共同的努力下,刘凤子顺利手术,康复后返回台湾。刘凤子病阻宜昌,中国红十字会接通了断联40年的电话线,加深了双方的感情,有助于两岸红十字组织的进一步了解、交流与合作。

2. 相逢一笑泯恩仇

增进两岸关系,实现祖国统一,既是大势所趋,也是两岸同胞共同的愿望。两岸红十字组织彼此"靠近",顺应了时代潮流。

1990年年初,台湾红十字组织会长徐亨通过他上海的老朋友民革中央监委谭敬老先生向中国红十字会总会传递了这样一条信息:若大陆红十字会会长以个人名义发出邀请,他乐意来访。于是,4月6日,陈敏章会长以个人名义向徐亨先生发出邀请——"我以为海峡两岸红十字会同道同源,如能为中华民族振兴,为人民大众之幸福而通力合作,方可谓适乎世界潮流,合乎人群之需要。我以个人名义诚挚地欢迎您在方便的时候来大陆访问"[①]。此后,曲折与常松茂先生为落实大陆之行进行了多次电话

[①] 池子华、郝如一主编:《中国红十字会百年往事》,合肥工业大学出版社2011年版,第223页。

联系，终于在5月24日到6月10日，徐亨、常松茂一行3人顺利访问大陆红十字会。

"度尽劫波兄弟在，相逢一笑泯恩仇。"6月3日上午，中国红十字会会长陈敏章在中国红十字会总会训练中心会见了台湾红十字组织会长徐亨先生

陈敏章与徐亨会晤

和副秘书长常松茂先生，中国红十字会常务副会长顾英奇、副会长孙柏秋、秘书长韩长林、副秘书长曲折等人参加了会见。此次会见是海峡两岸红十字组织首次直接接触，是两岸红十字组织交往中一个新的突破。

3. 五项口头协议

经过热情、诚恳而富有成效的会谈，双方就有关海峡两岸红十字组织今后工作协作达成了五项口头协议。

第一，海峡两岸间的查人转信工作将开始直接联系，待与红十字国际委员会亚太地区办事处办理有关交接手续后进行。

第二，台胞来大陆和大陆民众赴台衍生的伤、病、亡及证件逾期等事宜，红十字组织应给予积极必要的协助。

第三，大陆红十字会将继续协助有关部门积极处理台湾渔船海难事件，遇难船员的遣返途径，将由双方红十字组织视具体情况商定；台湾红十字组织将积极向台湾有关部门交涉，给予在台湾沿海从事正常渔业生产的大陆渔民人道主义的待遇，免遭扣押、殴打、枪击。其他涉及两岸间渔船渔民的事件，两岸红十字组织亦可协商解决。

第四，大陆民众继承在台湾亲属的遗产时，大陆公证机关出具的证明文件，经大陆红十字会盖章，台湾有关地方法院方可认可。台湾红十字组织将向大陆红十字会提供台湾律师分会名册，供大陆民众在办理遗产继承事宜、选择律师时参考。

第五，在促进海峡两岸双向交流方面，双方红十字组织积极努力，

争取先行一步。

海峡两岸红十字组织首次直接接触,打破了两岸红十字组织不接触的局面,是两岸红十字组织交往的一个新的起点。虽然北京会晤并未正式签署协议文件,但通过接触所获得的五项具体业务共识为之后的"金门协议"奠定了有力的基础。

三、《金门协议》

1. 两起惨案

两岸红十字组织领导人分别3个月后,不幸的海难事件发生,促使双方再度携手合作。

1990年7月22日凌晨,福建省平潭县澳前镇光裕村出海的两个渔民发现,有一艘渔船,随着海浪摇晃着,当他们登船查看时,船上却空无一人,只有两个船舱用大块的舱板、巨大的铁钉钉得严严实实,里面没有一丝动静。公安及边防人员接到报告后马上赶到现场,打开船舱,发现了25具尸体。船中唯一的幸存者林里城也奄奄一息。经法医鉴定,25名死者是在船舱内因窒息而死的。经全力抢救后,林里城脱险,他讲述了这一惨案的经过:这艘"闽5540号"渔船是7月中旬到台湾海域做生意时被抓扣的。7月21日下午,台湾有关方面在宜兰县澳底将陆续渡海入台的大陆同胞用黑布蒙住眼睛,强行关进船舱,用大钉子将船舱顶盖钉死,并在上面压上木头等重物。由于船舱内低矮缺氧、缺水,异常闷热,被关押者奋力挣扎但无济于事,最后一个个痛苦地死去。而林里城因发现绿豆大的一个小孔,贴近呼吸才尚存一息,幸免于难。

这起惨无人道的事件曝光后引起两岸舆论的强烈谴责。8月4日,大陆红十字会在给台湾红十字组织的传真中指出:"这是一起严重违反人道主义的事件,请贵会帮助调查了解,并催台湾有关方面追查肇事人员。"8月6日,台湾红十字组织发来传真,承认此案"引起此间朝野之严重关切"。[①] 8月7日,台湾红十字组织副秘书长常松茂代表秘书长陈长文打电话给中国红十字会韩长林秘书长:建议今后在"台海中线"交

---

① 全国政协文史资料委员会编:《文史资料选辑》第152辑,中国文史出版社2007年版,第33页。

接遣返，具体问题可在第三地研究。这个电话是促成金门商谈的一个最初的信号。

一波未平一波又起。8月13日，再酿惨剧。台湾海军舰艇押送"闽平渔5202号"渔船驶回福建时，在距台湾基隆港以北13海里①处，军舰与渔船相撞，渔船断裂翻覆，船上被遣返的50名福建人有21人遇难。不到1个月时间接连发生两起惨案，令人震惊。台湾当局受到两岸舆论的强烈谴责，不得不中止了这种不安全、不人道的遣返方式。而此时，台湾的收容所还有300多名待遣返的大陆同胞，他们的命运引起两岸各界人士的关注。迫于内外压力，台湾当局请台湾红十字组织出面，要求与大陆红十字会联系，参与遣返见证。

2. 金门商谈

8月21日，台湾红十字组织与中国红十字会总会联系，要求具体商谈遣返事宜。大陆方面答复：一定要当面商谈，并双向遣返。经双方红十字组织秘书长多次电话联系，9月1日，台湾方面告知可以在金门会谈。经双方积极协商后，决定两岸红十字会组织以个人名义在金门进行工作商谈。

9月11日，中国红十字会总会秘书长韩长林等5名代表登上了挂有红十字旗的"厦渔507号"船，从厦门的东渡港出发，上午10时左右到达金门的科罗海金湖渔港。

参加金门商谈的代表除韩长林秘书长之外，还有国台办副局长乐美真、中国红十字会总会台湾事务部副部长张希林、福建省红十字会会长计克良和福州市红十字会副会长方庆云，对方参加的代表有陈长文、常松茂、徐祖安、邓定秩4人。双方代表在金门的金宁乡仁爱新村招待所的会议室里举行正式商谈。在中间放有红十字旗的会议桌上，双方就有关遣返问题坦诚友好地交换意见。

3. 达成协议

经过商谈，双方代表于9月12日达成《海峡两岸红十字组织在金门商谈达成有关海上遣返的协议》（以下简称《金门协议》），内容如下：

---

① 1海里为1.852千米，下同。

1990年9月12日，两岸红十字组织代表在金门签署《金门协议》

遣返原则：应确保遣返作业符合人道精神与安全便利的原则。

遣返对象：违反有关规定进入对方地区的居民（但因捕鱼作业遭遇紧急避风等不可抗力因素必须暂入对方地区者，不在此列）；刑事嫌疑犯或刑事犯。

遣返交接地点：双方商定为马尾—马祖（马祖—马尾），但依被遣返人员的原居地分布情况及气候、海象等因素，双方的协议另择厦门—金门（金门—厦门）。

遣返程序：一方应将被遣返人员的有关资料通知对方，对方应于20日内核查答复，并按商定时间、地点遣返交接。如核查对象有疑问者，亦应通知对方，以便复查；遣返交接双方均用红十字专用船，并由民用船只在约定地点引导，遣返船、引导船均悬挂白底红十字旗（不挂其他旗帜，不使用其他的标志）；遣返交接时，应由双方事先约定的代表2人，签署交接见证书。

其他：双方应尽速解决有关技术问题，以期在最短期间内付诸实施。如有未尽事宜，双方得另行商定。

以上就是两岸通常所称的《金门协议》。

4. "两岸关系的一大突破"

1990年9月19日上午10时,两岸新闻媒体在同一时刻向世界公布《金门协议》达成的消息。9月20日,《人民日报》在头版头条登出《海峡两岸红十字组织在金门商谈,达成有关海上遣返协议》的新闻稿。

《金门协议》的公布,在海内外产生强烈反响,台湾舆论普遍认为,这是40年来两岸关系的一大突破,使两岸关系"跳出低谷,已初现曙光"。台湾《中国时报》报道说,"这是一次堪称历史性的会谈,具有突破性的历史意义"[1]。经历了41年的漫长岁月后,海峡两岸第一次通过协商的方式解决相互间存在的问题。两岸一家亲,通过协商没有解决不了的问题。

《金门协议》签订后,为促成双向遣返作业的顺利实施,确保遣返作业万无一失,双方于1990年9月20日进行了马祖试航,即马尾—马祖空船交接预演。之后,双方就实施《金门协议》的具体技术事项进行磋商,达成共识,形成《马祖备忘录》,并商定于10月8日实施第一批接遣55名违反规定私自渡海去台人员。

10月8日,中国红十字会副秘书长曲折、福建省红十字会常务副会长计克良,作为首次参与见证遣返作业的甲方首席代表,乘上"闽08号"红十字专用船开赴马祖。在马祖岛,台湾红十字组织陈长文、常松茂、徐祖安先生等人前来迎接,两岸红十字组织按照《金门协议》和《马祖备忘录》有条不紊地交接各项工作,最后曲折、常松茂分别代表海峡两岸红十字组织在交接见证书上签字。12月10日,经与台湾红十字组织联系,确定在厦门东渡码头,遣返在大陆从事非法活动的台湾刑事犯6人。中国红十字会理事乐美真,中国红十字会台湾事务部副部长张希林,福建省和厦门市红十字会领导人何钟生、朱玉珍、吴尚义,台湾红十字组织常松茂、谢世伟及主管部门代表胡伟烈参加了交接作业。海峡两岸红十字组织配合有关方面实施双向遣返宣告成功。自此以后,两岸红十字组织密切合作,双向遣返作业实现常态化。

---

[1] 乐美真:《金门商谈漫记》,九洲图书出版社1998年版,第150页。

第六节　国际交流与合作

一、外事活动活跃

改革开放以来，中国红十字会的国际交往活跃而频繁，仅以1980年为例，就可见一斑。

1. 红十字组织互访

1980年，随着我国的对外开放，在来华旅游、访问的外宾及一些单位接待的外宾中有不少红十字会的负责人、工作人员、知名人士、志愿工作者。他们来到北京，一般要求到中国红十字会拜访或座谈、交流工作经验。1980年，中国红十字会总会国际联络部会见这类来访就有43次（外宾324人），接待17支（外宾126人）来华进行友好访问和考察的红十字会代表团，其中包括红十字国际委员会主席亚历山大·海伊、日本红十字会会长林敬三、美国红十字会主席杰罗姆·霍兰、西班牙红十字会会长德拉·玛塔、阿尔及利亚红新月会会长贝拉万·穆卢德等贵宾。如5月4日，国务院副总理陈慕华会见了由德拉·玛塔会长率领的西班牙红十字会代表团。会见时，陈慕华介绍了我国在印支难民问题上的立场和采取的措施，并同客人就进一步加强和发展中西两国人民、两国红十字会之间的友好关系问题进行了亲切交谈。中国红十字会会长钱信忠、西班牙驻中国大使德拉莫莱纳参与了会谈。6月13日，国务院副总理姬鹏飞在人民大会堂会见由阿尔及利亚红新月会会长贝拉万·穆卢德率领的阿尔及利亚红新月会代表团，同他们进行了亲切友好的交谈。8月5日，国务院副总理陈慕华在人民大会堂会见了以美国红十字会主席杰罗姆·霍兰博士为团长的美国红十字会代表团。11月5日，人大常委会副委员长廖承志会见红十字国际委员会主席亚历山大·海伊一行。

1980年，中国红十字会共派出23人到国外参加国际会议，进行友好访问和考察学习。

2. 援外与外援

1980年，中国红十字会还向9个遭受自然灾害的国家提供119万元人民币的人道援助。如2月17日，中国红十字会发电报给巴基斯坦红新月会，向该会赠送价值30万元人民币的物资，协助救济流入巴基斯坦的阿富汗难民。2月29日，中国红十字会捐赠伊朗政府用以救济伊朗南部水灾灾民的2 000条毯子、200顶帐篷运抵伊朗。6月10日，中国驻泰国大使张伟烈向泰国外长西提·沙卫西拉转交了中国红十字会捐赠给柬埔寨难民的一批物资，这批物资价值约50万元人民币，其中有20万元人民币的食品罐头、30万元人民币的大米。这是中国红十字会捐赠给柬埔寨难民的第二批物资。1979年11月，中国红十字会曾向逃到泰国的柬埔寨难民捐赠过一批物资。1980年8月21日，中国红十字会致电尼泊尔红十字会，对尼泊尔西部地区地震灾区的人民表示同情和慰问，并赠款1万美元。此外，为协助失散的亲人重新取得联系，中国红十字会进行了大量的国际查人转信工作。同时，中国红十字会受政府委托还把第二批"阿波丸"沉船遇难者遗骨移交给日本。

1980年，中国红十字会不仅对外救济，也开始接受外援，通过国际红十字会协会接受了各国捐赠的价值50万元人民币的医疗器械等，分发给安置印支难民的广东、福建、云南省及广西壮族自治区红十字会。中国红十字会还接受了红十字国际委员会5万元人民币的资助用于出版介绍红十字会的起源和中国红十字会工作的画册。

1980年2月，四川省道孚县因地震得到了红十字国际组织和许多国家的捐助。地震发生后，国际红十字会协会和一些国家的红十字会立即来电慰问灾民，有14个国家的红十字会共捐赠了约14万元人民币的款物。这是中国红十字会改组以来第一次接受国际救灾援助。中国红十字会接受和发放国际红十字捐赠的救灾物资迅速及时，受到灾区人民的称赞。

3. 首访美国红十字会

1980年5月9日至6月2日，应美国红十字会邀请，中国红十字会副会长杨纯率团首次踏上美国国土，受到美国红十字会热情友好的接待。代表团在西海岸的洛杉矶参加了美国红十字会第五十五届年会，会后访问了中部的圣保罗、芝加哥，东部的华盛顿、纽约后，又回到西岸的旧金山，最后到了夏威夷。美国红十字会自1881年创立，在当时已有百年历史,是美国很有影响力的群众组织,全国专职工作人员达12 000人,大的分会有工作人员数百人,拥有众多志愿工作者。美国红十字会在长期的活动中积累了丰富的经验,其中有一些是值得中国红十字会借鉴和学习的。如美国红十字输血工作规模大、人员多,颇具特色,57个血站和22个分站分布在美国各地,每年的采血量可为4 000个医院、诊所、血库供应血液和血制品,约占美国全国供血量的一半,其献血都是义务的。美国红十字会工作的另一特色是用大量的人力、物力为现役和退伍军人服务。救灾活动也是美国红十字会重要工作之一,美国自然灾害经常发生,美国红十字会配合政府为灾民提供食物、衣服和临时住房。纽约红十字分会急救训练开展得较好,代表团在纽约参观了现场急救训练表演。1980年,美国红十字会在全国范围内举行各种急救训练班有44万多人次参加,批准37万余人为各类急救训练员。中国红十字会在此后大力开展的急救训练和请国外红十字专家来华培训等,都是在改革开放后借鉴学习了许多国家的经验,其中包括美国的经验开展起来的。可以说,中华人民共和国成立后中国红十字会首次访美,影响深远。

二、当选国际红十字会与红新月会协会副主席

1. 出席国际红十字会与红新月会协会第七届大会

1989年10月15日,以谭云鹤副会长为团长的中国红十字会代表团一行5人到达日内瓦,出席国际红十字会与红新月会协会第七届大会。142个国家的红十字会与红新月会代表团与会。这次大会除例行事务外,主要内容是选举新的领导机构和通过协会90年代发展战略。

10月16日至20日,大会开幕前,中国红十字会代表团分别参加了协会90年代战略委员会会议、协会第二十四届执行理事会和协会救灾委员会会议。

改革开放以来,中国红十字会在协会各种会议上不断阐述自己关于开展协会工作的观点,强调协会应该把工作重点放在各国红十字事业的发展上,引起各方面的重视,并指定谭云鹤副会长为协会90年代战略委员会成员。该委员会于1988年指定9个国家的9位代表组成,主要研究和探讨协会90年代的发展计划。这次战略委员会会议主要是将战略草案最后定稿,以便提交第二十四届执委会和国际红十字会与红新月会协会第七届大会通过,供协会和各国红十字会开展工作时参考。

2. 以最高选票当选

国际红十字会与红新月会协会大会于10月21日开幕,10月23日举行选举。在此之前各国代表开展了"走廊外交"。按照章程规定,国际红十字会与红新月会协会主席只有1名候选人,即上届的主席兰德尔(委内瑞拉红十字会会长),而竞选副主席的有13个国家的13位候选人,按协会章程规定,每个地区只能选出2位副主席。竞选活动非常活跃,除了频繁的双边接触外,各大地区如东欧、西欧、拉美、非洲、亚太地区等分别开会协调磋商,确定本地区的候选人,并决定对其他地区竞选人的支持与否。

中国红十字会代表团为了积极参与协会工作,为国际红十字运动贡献力量,推动其向健康方向发展,早在1989年4月就向各国红十字会发函,提出推举谭云鹤副会长竞选协会副主席,希望各国红十字会支持。开会前,中国红十字会已得到80多个国家支持竞选的肯定答复,20多个国家表示积极考虑支持。

10月23日下午正式投票,当下午5时公布选举结果时,会场上一片赞叹声和掌声,因为竞选的国家中只有中国突破100票,谭云鹤可以说是以最高选票当选副主席。散会后,许多国家红十字会代表前来向谭云鹤副主席表示祝贺。大家共同的心愿是希望中国能在协会发挥更大的作用。

3. 国际地位的提高

谭云鹤副会长当选协会副主席的喜讯传来,各地红十字会纷纷来电来信,表示祝贺。黑龙江省红十字会贺电说:"欣悉谭云鹤副会长当选为国际红十字会与红新月会协会副主席,我们代表黑龙江省红十字会和全省56万会员表示热烈的祝贺。这是我国人民和全体会员的光荣。这一重大喜讯,必将极大地鼓舞和有力地推动我省各级红十字会和广大会员继续发扬光荣传统,努力做好工作,为发展具有中国特色的红十字事业做出积极贡献。"河北省红十字会贺信说:"获悉谭云鹤副会长在国际红十字会与红新月会协会第七届大会上当选为协会副主席,我们感到无比兴奋和自豪。这是我国红十字发展史上的一件大事，标志着我国红十字事业已经进入一个新的历史阶段；标志着我国红十字会的国际威望不断提高。对全国广大会员、志愿工作者，一切对红十字工作给予支持和帮助的人们是一个极大的鼓舞，对我国的红十字运动必将起到很大的推动作用。对此，我们怀着十分激动的心情表示热烈祝贺。"①

谭云鹤副会长当选协会副主席，是中华人民共和国成立后中国红十字会第一次出任协会副主席（1992年4月，鉴于谭云鹤已不再担任中国红十字会副会长，改由常务副会长顾英奇担任协会副主席），充分显示了改革开放后中国红十字会国际威望的提高。

三、第四届亚太区域红十字会与红新月会大会和《北京宣言》

1. 第四届亚太区域红十字会与红新月会大会的召开

随着中国红十字会国际地位的提高，国际影响的日益扩大，1993年5月24日，第四届亚太区域红十字会与红新月会大会（以下简称"亚太区域大会"）在北京隆重开幕。全国人大常务委员会委员长乔石、国务委员彭珮云，中国红十字会会长陈敏章、常务副会长顾英奇、副会长孙柏秋、秘书长曲折，红十字会与红新月会常设委员会主席博塔·赛因、红十字国际委员会副主席克劳迪奥·卡拉什、红十字会与红新月会国际联合会代理秘书长乔治·韦伯出席了开幕式。

乔石委员长在大会上致辞指出："自从1863年亨利·杜南首创红十字组织以来，红十字会与红新月会国际联合会和红十字国际委员会，以及各国红十字会与红新月会，肩负着减轻人类苦难、促进世界和平的崇高使命，奉行人道主义宗旨，在救死扶伤、扶危济困等方面做了大量工作。近年来，红十字会与红新月会作为国际性组织，以自己的卓越活动，在各国社会生活中的影响正在日益扩大，为增进各国人民的相互了解和友谊也发挥着重要作用。中国政府一直非常重视和支持红十字事业的发展。中国红十字会于1904年成立以来，为人民做了大量好事，尤其是在备灾救灾、开展群众性卫生救护、社会服务、宣传人道主义、促进青少年健康成长、沟通海峡两岸同胞的联系、促进国际友好交往等方

---

① 孙柏秋主编：《百年红十字》，安徽人民出版社2003年版，第660页。

面做了大量工作，取得了显著成绩。中国红十字会是中国政府人道工作的好助手，也是人民群众不可缺少的自治组织。"①

2. 共商发展大计

大会历时 6 天，来自亚太区域和世界各国的红十字会代表团及观察员 100 多人济济一堂，共商红十字事业发展大计。大会分备灾、发展和卫生三个委员会进行讨论。代表们分别讨论了"备灾问题""难民、无家可归者和返回家园者""在救灾中运用红十字与红新月运动基本原则"（备灾）等问题，"社区卫生保健和相关规划""社区急救""艾滋病感染"（卫生）等问题，"人力发展""机构发展""发展的计划与合作""国际人道主义法和红十字与红新月运动基本原则的传播"（发展）等议题，就国际红十字与红新月运动的重大问题交换了意见，特别是针对红十字会与红新月会国际联合会 90 年代战略工作计划，许多国家都提出了自己的设想方案和建议。提高各国红十字会特别是那些灾害频发国家的红十字会对包括社会动乱的国内外各种灾害做出反应的准备度，加强配合"2000 年人人享有卫生保健"规划的工作，通过实施社区卫生保健规划来补充国家卫生保健网，把具有持久性的发展设想转变为各国红十字会规划中的实际行动，是三个分组会最主要，也是各国红十字会最感兴趣的话题。会上，中国红十字会副会长孙柏秋代表中国红十字会介绍了中国运用"90 年代战略工作计划"的情况。据介绍，中国红十字会 90 年代的战略为：增强综合实力，提高自我完善、自我发展能力；建设具有中国特色、形成自身体系的红十字会组织网络，独立自主地开展工作；改善"最易受损害群体的境况"，逐步拓宽人道领域中的社会服务，进一步提高中国红十字会在国际红十字运动中的作用。根据"90 年代战略工作计划"的总体思想，结合中国的国情，着重抓好：强化各级红十字会备灾救灾意识、建立群众性自救互救网络、积极参与血液事业管理、加快中国红十字会的立法进程、大力兴办经济实体、扩大红十字领域的对外开放和国际交往与合作、加强人道主义的宣传 7 项工作。

---

① 《乔石委员长在第四届亚太区域红十字会与红新月会大会开幕式上的致辞》，《中国红十字报》1993 年 5 月 28 日。

3. 《北京宣言》的发布

第四届亚太区域红十字会与红新月会大会于 1993 年 5 月 29 日胜利闭幕。会议通过了著名的《北京宣言》。31 个国家和地区的与会代表分别在《北京宣言》上郑重地签字,中国红十字会副会长孙柏秋代表中国红十字会在《北京宣言》上签字。

《北京宣言》阐明了红十字会与红新月会联合会和亚太地区国家、地区红十字会应承担的义务,以及战略规划,明确了本区域各国、各地区红十字会开展各项工作遵循的中心目标——改善"最易受损害者境况",重申发展的最终目的是要提高生活的质量。《北京宣言》"信守:红十字与红新月运动的基本原则及其人道使命","承诺:为本区域易受损害者的利益同联合会密切合作,为进一步增强力量和提高效率而加强区域合作,共享技能和资源"。[①]

《北京宣言》致力于解决本地区面临的主要问题,它的签署对提高亚太地区国家、地区红十字会的合作与整体作用,加强这一地区的抗灾能力,减轻人类所遭受的苦难将起到积极作用。

第四届亚太区域红十字会与红新月会大会的成功举办,向世人展示了改革开放后中国红十字会新的风貌和实力,进一步扩大了中国红十字会在国际上的影响力。

[①] 《北京宣言》,《中国红十字报》1993 年 6 月 4 日。

第九章
依法建会，焕发青春

1993年10月31日，《中华人民共和国红十字会法》（以下简称《红十字会法》）颁布实施。《红十字会法》以国家法律的形式规定了中国红十字会的宗旨、性质、任务和职责，从法律上确立了中国红十字会组织在国家生活中的地位和作用，使中国红十字事业的发展进入了依法建会的新阶段。这是中国红十字运动史上新的里程碑。2017年5月8日实施的新版《红十字会法》，内容更加全面，保障更加有力。在《红十字会法》的保驾护航之下，中国红十字事业出现了崭新的局面。

第一节 《红十字会法》颁布实施

一、《红十字会法》：时代的呼唤

1985年，中国红十字会"四大"以来，中国红十字事业有了突飞猛进的发展，无论是在组织和会员的数量上，还是在各种救灾、社会救助和社会服务、组织群众性卫生救护训练、宣传《日内瓦公约》等方面都取得了可喜的成绩。作为社会主义精神文明建设的组成部分，中国红十字事业的重要性日益彰显。

但红十字会的机构、编制、经费等所谓"老大难"的问题，一直得不到解决。人们对红十字会的宗旨、性质、任务、职责等还没有形成一个准确的界定，在相当一个时期内，红十字会被认为只是人民卫生救护组织，是从事卫生工作的，被误认为是卫生部门直属或下属机构，甚至有些人把红十字标志当作卫生标志，社会上滥用红十字标志的现象十分普遍，这些都违反了《日内瓦公约》。而中国在1956年就加入《日内瓦公约》，1983年9月2日加入《日内瓦公约》两项附加议定书，1985年中国红十字会当选为国际红十字会与红新月会联合会执行理事，1989年谭云鹤成为该联合会副主席。作为国际红十字组织的重要成员，中国红十字会如不立法，就无法按《日内瓦公约》去履行自己的职责。红十字会要取得国家与社会的认可、规范和保护，实现质的转变和跨越，更有效地开展各项工作，同样需要立法。这些现实因素都是催生《红十字会法》的动力。经各方努力，1991年《红十字会法》被纳入了国家"八五"立法规划，由国务院法制局协调、制定草案，上报全国人大常委会。

1993年6月11日，国务院第五次常务会议审议并原则上通过《中华人民共和国红十字会法（草案）》，其后经对部分条款进行修改，于1993年8月2日提请全国人大常委会审议。8月28日、30日，八届全国人大常委会第三次会议初步审议了《中华人民共和国红十字会法（草案）》。卫生部副部长、中国红十字会常务副会长顾英奇向会议做了《中华人民共和国红十字会法（草案）》的说明。全国人大常委会委员杨振亚、楚庄、王朝文、章师明、彭清源、周占鳌等人在讨论中认为：作为国际红十字会组织的重要成员国，遵循国际红十字会和红新月运动的基本原则，制定红十字会法是我国应尽的义务，也是完善我国有关的组织机构，促使其健康发展的必然要求，因此制定本法有重要意义；红十字会的地位很高，影响很大，我国对红十字会也很重视，无论是从高举人道主义和人权旗帜，还是从开展救援等活动来看，提高红十字会的地位都很重要；红十字会无论是在战争时期还是在和平环境都能发挥很好的作用；制定红十字会法很有必要，红十字会不仅有本身的价值和意义，而且在当前开展民间外交，以及海峡两岸交流中有特殊的、其他组织不可替代的作用，本法的通过有利于更好地发挥红十字会的作用。①

1993年10月24日、25日，八届全国人大常委会第四次会议分组对

---

① 《红十字会法（草案）审议工作进展顺利，常务委员们赞成尽快通过》，《中国红十字报》1993年9月3日。

《中华人民共和国红十字会法（草案）》的修改稿进行了审议，认为该修改稿较为成熟，建议进一步修改后尽快出台。

二、《红十字会法》的内涵

1993年10月31日，江泽民签发了中华人民共和国主席令（第14号）："《中华人民共和国红十字会法》已由中华人民共和国第八届全国人民代表大会常务委员会第四次会议于1993年10月31日通过，现予公布，自公布之日起施行。"

《红十字会法》共6章28条，其中最值得关注的有以下几个方面。

1. 红十字会的宗旨

《红十字会法》规定中国红十字会以"保护人的生命与健康，发扬人道主义精神，促进和平进步事业"为宗旨。从国际红十字运动130多年的历史来看，不论是在自然灾害和突发事件中，还是在局部战争或者是在世界大战中，红十字会都参加了对伤病人员的救护工作，因此《红十字会法》首先明确了保护人的生命与健康为立法目的之一。这里讲的人的生命和健康，其意义在于本运动是为了保护所有人的生命和健康，以体现本运动的7项基本原则。

2. 红十字会的性质

《红十字会法》规定：中国红十字会是中华人民共和国统一的红十字组织，是从事人道主义工作的社会救助团体。这就表明了中国红十字会的统一性和唯一性，实质上是对其地位的肯定。随着中国红十字事业的发展，中国红十字会的工作领域不断拓宽，已不再局限于卫生救护和社会福利工作的范围。随着改革开放的发展，中国红十字会的工作将在广阔的人道领域里，协助政府做更多的工作。

3. 红十字会的职责

我国各级红十字会的主要任务是遵守宪法、法律和国家的有关方针政策，协助政府动员和组织人民群众在人道主义领域独立自主地开展工作，为我国社会主义现代化建设和促进祖国和平统一服务，同时促进国际红十字会与红新月会协会及各国人民之间的友谊与合作，为世界和平和人类进步事业服务。具体地讲，中国红十字会要履行以下职责：开展救灾的准备工作；在自然灾害和突发事件中，对伤病人员和其他受害者进行救助；普及卫生救护和防病知识，进行初级卫生救护培训，组织群众参加现场救护；参与输血献血工作，推动无偿献血；开展其他人道主义服务活动；开展红十字青少年活动；参加国际人道主义救援工作；宣传国际红十字和红新月运动的基本原则和《日内瓦公约》及其附加议定书；依照国际红十字和红新月运动的基本原则，完成人民政府委托的事宜；依照《日内瓦公约》及其附加议定书的有关规定开展工作。

4. 红十字会的标志

《红十字会法》规定：中国红十字会使用白底红十字标志。红十字标志具有保护作用和标明作用。红十字标志的保护使用，是标示在武装冲突中必须受到尊重和保护的人员和设备。其使用办法，依照《日内瓦公约》及其附加议定书的有关规定执行。红十字标志的标明使用，是标示与红十字活动有关的人或者物。其使用办法，由国务院规定。

为了维护红十字标志的严肃性，正确使用红十字标志，依照《红十字会法》的有关规定，制定《中华人民共和国红十字标志使用办法》（以下简称《使用办法》），于1996年1月29日以第194号国务院令发布施行。《使用办法》对红十字标志保护性使用和标明性使用做了明确具体的规定。《使用办法》规定：红十字标志是国际人道主义保护标志，是武装力量医疗机构的特定标志，是红十字会的专用标志。除本办法规定以外，禁止任何组织或个人使用红十字标志。具体地说，红十字标志不得用于商标或商业性广告、非红十字会或非武装力量的医疗机构、药房和兽医站、商品的包装、公司的标志、工程设计和产品设计及本法规定可以使用红十字标志以外的其他情形。

由于红十字会卫生救护工作与医药卫生、医务人员有着不解之缘，因此社会上许多人误以为红十字标志是医药卫生部门的专用标志，造成了红十字标志的滥用，如医院、急救站、救护车、卫生防疫站、诊所等，甚至兽医站、卫生用品等也用红十字做标记，这就违反了国际知识产权公约，也影响了红十字会在紧急状态下履行职责。1998年4月15日，卫生部下发了《关于启用医疗卫生机构统一标志的通知》，结束了长期以来医疗卫生机构使用红十字标志的现象。

三、中国红十字运动史上的里程碑

1993年10月31日,对中国红十字工作者和全国1 800多万会员来说,是一个难忘、喜悦的日子——《红十字会法》公布施行,中国红十字会终于实现了历史性的跨越。《红十字会法》以国家法律的形式规定了中国红十字会的宗旨、性质、任务和职责,从法律上确立了红十字组织在国家生活中的地位和作用,使我国红十字事业的发展进入了依法建会的新时期。毫无疑问,这是中国红十字运动史上新的里程碑。

1993年11月2日,中国红十字会总会在北京举行了新闻发布会,全国人大常委会副委员长雷洁琼、吴阶平,全国政协副主席赵朴初等领导人到会祝贺,新华社、《人民日报》等30多家新闻单位的记者参加了新闻发布会。全国人大法律工作委员会副主任乔晓阳和国务院法制局副局长曹康泰分别代表国家立法机构和政府部门,对《红十字会法》的正式颁布表示祝贺。他们在发言中指出,《红十字会法》是一部对社会团体进行全面规范的法。这部法在不长的时间里即获通过,表明了党和国家对中国红十字事业的重视,同时也表明了中国红十字会所做的工作是卓有成效、不可忽视的。《红十字会法》的颁布施行将促进中国红十字事业的大发展,使中国红十字会在国际红十字和红新月运动中、在国内社会生活中发挥更加积极的作用。

第二节 从中国红十字会"六大"到"十大"

一、中国红十字会"六大":依法建会的开端

《红十字会法》颁布不久,中国红十字会迎来了90周年华诞。1994年4月23日,中国红十字会"六大"暨中国红十字会成立90周年纪念大会在北京怀仁堂隆重开幕。由于《红十字会法》的颁布施行在中国红十字运动史上具有划时代的意义,所以这次代表大会提前一年召开。这是中国红十字会史上又一次盛会,国家主席江泽民、副主席荣毅仁、国务院副总理钱其琛等中央领导接见了参加大会的代表。李鹏总理发来贺电,江泽民、李鹏、乔石、刘华清等领导人还为大会和中国红十字会成

立90周年题词。

中国红十字会"六大"是《红十字会法》颁布后召开的一次有特殊意义的会议，是中国红十字会发展史上的一次划时代的重要会议。在这次会议上，全国政协副主席钱正英被推举为中国红十字会会长。特别是中华人民共和国主席江泽民接受中国红十字会六届理事会的聘请担任中国红十字会的名誉会长，这是中华人民共和国成立以来我国国家元首首次出任名誉会长，体现了党和政府对中国红十字事业的高度关心和支持，这对中国红十字事业的发展产生了深远的影响。

中国红十字会"六大"的召开，翻开依法建会的崭新的一页。会后，全国各地开展了以学习宣传贯彻《红十字会法》为中心的活动，中国红十字会总会配合全国人大法制委员会国家行政法室在北京举办了《红十字会法》学习培训班；中国红十字会总会一报一刊进行大力宣传，并于5月8日在《中国红十字报》上举办了《红十字会法》知识竞赛，有近百万人参赛，这是一次《红十字会法》的大宣传、大普及。许多省（区、市）的宣传部门、电视台等新闻媒体，以及省（区、市）人大科教文卫委员会、政府法制办和司法局等部门与各省（区、市）红十字会联合行动，采取多种形式，广泛宣传《红十字会法》。

二、中国红十字会"七大"①：世纪之交的盛会

依法建会，成绩显著。为巩固已取得的骄人成果，开创红十字会工作的新局面，1999年，中国红十字会"七大"正式召开。中国红十字会"七大"是20世纪的最后一次代表大会，也是迎接21世纪的会议。

中国红十字会"七大"于1999年10月11日至13日在北京人民大会堂隆重举行。大会开幕之日，国家主席、中国红十字会名誉会长江泽民，国家副主席胡锦涛，国务院副总理李岚清等党和国家领导人会见了全体与会代表。江泽民发表重要讲话，指出：中国红十字会成立95年以来，协助政府做了大量有益的工作，在国内外享有良好的声誉，得到社会的高度赞扬，也受到红十字会与红新月会国际联合会的高度评价。

---

① 中国红十字会"七大"：全称是中国红十字会第七次全国会员代表大会，此处为简称，下同。

江泽民主席说:"红十字事业是崇高而伟大的事业,它所倡导的人道主义精神和为社会奉献的精神,符合社会主义精神文明的要求。随着我国改革开放和现代化建设的发展,中国红十字事业的前景将会越来越广阔。所有从事红十字会工作的同志,都要热爱红十字事业,做到爱岗敬业,乐于奉献,开拓进取。各级政府和社会各界要关心和支持红十字会的工作,落实《中华人民共和国红十字会法》,把我国的红十字事业办得更好。"①

国务院总理朱镕基、红十字国际委员会主席索玛鲁加、红十字会与红新月会国际联合会主席艾丝特里德·海伯格分别为大会发来贺信。开幕式由全国政协副主席、中国红十字会会长钱正英主持,国务院副总理李岚清、钱其琛,全国人大常委会副委员长王光英,卫生部部长张文康等人出席了开幕式。李岚清副总理代表国务院发表讲话。

大会通过了《中国红十字会2000—2004年工作规划纲要》(以下简称《纲要》)。《纲要》总的指导思想是以邓小平理论和中共十五大精神为指导,全面贯彻执行《红十字会法》,坚持以改革促发展,依法建会,依法治会和依法兴会;建立适应社会主义市场经济的管理体制和运作机制,突出以救助"最易受损害群体"为重点,大力开展三项红十字博爱系列社会工程,积极拓展各项业务,增强对各种灾害的反应能力;使中国红十字会作为国家法定的"从事人道主义工作的社会救助团体"的形象更加鲜明和深入人心,作为政府开展人道主义工作助手的任务更加明确和具体;在实现社会主义现代化建设第二步战略目标中发挥更大的作用,进一步提高在国际红十字运动中的地位,努力推进中国红十字事业向深度和广度发展,在两个文明建设中发挥应有作用。《纲要》基本任务涉及"理论研究和法治建设""组织建设""三项红十字博爱工程及其他业务建设""资金筹措""国际交往及台港澳工作""大力加强宣传工作"6个方面。

大会选举产生了新一届理事会,组成以彭珮云为会长的新的领导集

---

① 《国家主席、中国红十字会名誉会长江泽民接见中国红十字会第七次全国会员代表大会代表并发表重要讲话》,中国红十字会总会编:《中国红十字会第七次全国会员代表大会文件汇编》,1999年内部印行,第2页。

体,王立忠为常务副会长,孙爱明为副会长,苏菊香为秘书长。江泽民继续担任名誉会长。赵朴初、王光英、何鲁丽、钱信忠、钱正英、张文康为名誉副会长。

中国红十字会"七大"召开于世纪之交,是一次迎接21世纪的盛会。会议制定的发展中国红十字事业的宏伟蓝图,是把中国红十字事业全面推向21世纪的总部署和总动员,在中国红十字运动史上产生了深远影响。

尤其值得一提的是,中国红十字会"七大"之后理顺管理体制问题被提上重要日程。在此之前,1996年11月7日,中共中央组织部和人事部印发了《中国红十字会总会机关参照〈国家公务员暂行条例〉管理的实施方案》(组通字〔1996〕48号),要求各级红十字会机关参照《国家公务员暂行条例》进行管理。参公管理是红十字会人事制度的一项重要改革,有利于加强机关工作人员的教育、培养和管理,不断提高人员素质和工作效率,更好地发挥红十字会在人道领域中的作用,同时也为理顺管理体制创造了良好的条件。中国红十字会"七大"召开时提出了一个重要奋斗目标,就是争取在一两年内,省、计划单列市和省会城市红十字会机构要基本实现单独建制;在今后5年内,有一部分市、县级红十字会机构实现单独建制。国务院副总理李岚清对理顺红十字会管理体制的工作给予支持,他在中国红十字会"七大"的讲话中强调,希望各级政府对红十字会的机构设置、人员编制、干部队伍建设、开展工作等方面给予切实的、强有力的支持。1999年12月29日,中央机构编制委员会办公室(以下简称"中编办")印发了《关于理顺中国红十字会总会管理体制的通知》,强调"为了推动和协调《红十字会法》的贯彻实施,便于你会开展国际交往,在国际上发挥积极的影响和作用,有利于中国红十字会依照红十字会法和章程,独立自主地全面开展工作,有利于加强政府对红十字会工作的领导和协调",经中央编委批准,"中国红十字会总会由'卫生部代管'改由国务院领导联系,其机关党的工作由中央国家机关工委领导、干部按中组部有关规定进行管理、经费列国管局"①。中国红十字系统理顺管理体制工作由此得到有力推动。

三、中国红十字会"八大"②：百年华诞承前启后

2004年为中国红十字会建会100周年。在庆祝百年华诞的喜庆氛围中，10月27日至29日，中国红十字会"八大"在北京召开。开幕式上，中共中央总书记、国家主席、中央军委主席胡锦涛会见与会代表，中共中央政治局常委、国务院总理温家宝等人参加会见。

胡锦涛发表了重要讲话。他说："在中国红十字会成立100周年和中国红十字会第八次全国会员代表大会召开之际，我代表党中央、国务院，向大家表示热烈的祝贺！向为红十字事业的发展做出显著成绩的先进集体和先进个人表示崇高的敬意！向全国广大红十字会会员表示诚挚的问候。"③

胡锦涛指出，红十字事业是一项造福人类的崇高事业。红十字会作为国际人道主义组织，在发扬人道主义精神、保护人的生命和健康、促进人类和平与进步事业等方面发挥着积极作用。中国红十字会成立100年来，为祖国、为人民做了大量卓有成效的工作。特别是改革开放以来，中国红十字事业取得了长足发展，为社会主义物质文明、政治文明、精神文明建设做出了重要贡献。

胡锦涛强调，当前，全党全国各族人民正在为全面建设小康社会、加快推进社会主义现代化而团结奋斗。中国红十字会作为重要的社会团体，在这个历史进程中是可以大有作为的。胡锦涛要求各级党委和政府进一步加强对红十字会工作的领导，认真贯彻《红十字会法》，切实帮助解决红十字事业发展中遇到的困难和问题，充分发挥红十字会的积极

---

① 《中编办〈关于理顺中国红十字会总会管理体制〉的通知》（1999年12月29日），《中国红十字年鉴》编辑部编：《中国红十字年鉴（2004/2005）》，台海出版社2006年版，第212页。

② 中国红十字会"八大"：全称是中国红十字会第八次全国会员代表大会，此处为简称，下同。

③ 《胡锦涛在接见中国红十字会第八次全国会员代表大会时的讲话（2004年10月27日）》，《中国红十字年鉴》编辑部编：《中国红十字年鉴（2005/2006）》，台海出版社2007年版，第3页。

作用，努力开创我国红十字事业的新局面。

中共中央政治局委员、国务院副总理吴仪代表党中央、国务院致开幕词。贺国强、王刚、司马义·艾买提、何鲁丽、韩启德、傅铁山、唐家璇、华建敏、黄孟复、张怀西、李蒙和彭珮云等人参加了会议。

参加这次大会的正式代表共740人，是历届代表大会代表人数最多的一次。香港特别行政区、澳门特别行政区红十字会的9位代表出席了大会。

大会选举产生了新一届领导班子，彭珮云再次当选为中国红十字会会长，江亦曼当选为中国红十字会常务副会长，朱庆生、姜力、赵沁平、肖捷、沈国放、苏菊香（专职）、郭长江（专职）当选为中国红十字会副会长。在八届一次理事会上，根据《中国红十字会章程》，聘请国家主席胡锦涛为中国红十字会名誉会长。同时，聘请全国人大常委会副委员长司马义·艾买提、何鲁丽、韩启德、傅铁山和全国政协副主席黄孟复、张怀西为中国红十字会名誉副会长。

大会审议通过的《中国红十字事业2005—2009年发展规划》，强调：

——坚持用邓小平理论和"三个代表"重要思想统领红十字会工作，把发展作为第一要务，弘扬"人道、博爱、奉献"的红十字精神，以"动员人道力量，改善最易受损群体境况"作为工作的出发点和落脚点，服从服务于党和国家的中心工作，在社会主义物质文明、政治文明、精神文明建设中积极发挥作用。

——坚持依法建会、依法兴会。认真贯彻实施《红十字会法》，把《红十字会法》作为建会之基、治会之本、兴会之纲。争取各级政府的支持和资助，保障红十字会依法履行职责，并对红十字会开展的活动进行监督，把红十字事业纳入当地社会经济发展总体规划。

——坚持以人为本、全面协调可持续发展的科学发展观，用改革的精神推动工作，着力从体制、机制上解决红十字事业发展中的突出问题，坚持在继承中创新，在改革中发展。

——坚持动员社会力量，合理利用社会资源，努力形成社会化、开放式的工作格局。加强自身建设，积极推进机制创新，把中国红十字会建设成为充满生机与活力、密切联系群众、符合自身特点的从事人道主义工作的社会救助团体。

——坚持遵循国际红十字运动基本原则，积极参与国际红十字运动，扩大对外交流与合作，努力提高中国红十字会在国际红十字运动中的地位，发挥更大的作用。

——坚持从实际出发，竭力为群众办实事、办好事、求实效。发挥各级红十字会的积极性和创造性，因地制宜地开展工作。注重突出重点与整体推进相结合，加强分类指导，推动各地红十字会工作协调发展。①

四、中国红十字会"九大"②：彰显人道促进和谐

中国红十字会"九大"于2009年10月27日至29日在北京隆重召开，出席大会的代表共计717名。

中共中央总书记、国家主席、中央军委主席、中国红十字会名誉会长胡锦涛出席开幕式，并为第四十二届南丁格尔奖章中国获奖者颁奖。他代表党中央、国务院向大会的召开表示热烈祝贺，向全国广大护理工作者、红十字会工作者和志愿者致以亲切的问候。

中共中央政治局常委、国务院总理温家宝，中共中央政治局常委李长春，中共中央政治局常委、中央书记处书记、国家副主席习近平，中共中央政治局常委、国务院副总理李克强出席开幕式。

开幕式上，举行了第四十二届南丁格尔奖章颁奖仪式。胡锦涛为6名中国获奖者——首都医科大学附属北京安贞医院心血管外科重症监护室护士长刘淑媛、吉林省神经精神病医院精神科护士长张桂英、浙江省皮肤病防治研究所住院部护士长潘美儿、四川省都江堰市向峨乡公立卫生院护士杨秋、第三军医大学第一附属医院神经外科护士长鲜继淑、海军总医院护理部总护士长王文珍——颁发奖章，并向她们表示热烈祝贺。胡锦涛等人还为受到表彰的全国红十字会系统31个先进集体、10

---

① 《中国红十字事业2005—2009年发展规划》（2004年10月29日），《中国红十字年鉴》编辑部编：《中国红十字年鉴（2005/2006）》，台海出版社2007年版，第124页。

② 中国红十字会"九大"：全称是中国红十字会第九次全国会员代表大会，此处为简称，下同。

名先进工作者代表颁奖,对他们为我国红十字事业发展做出的显著成绩表示敬意。

中共中央政治局委员、国务院副总理回良玉代表党中央、国务院在开幕式上致祝词。他说,中国红十字会成立105年来特别是改革开放以来,为祖国、为人民做了大量卓有成效的工作,在国家社会生活中发挥了重要作用。在第八次全国会员代表大会以来的5年间,全国红十字会致力于服务党和国家工作大局,广泛动员各方面力量,积极拓展人道服务领域,办了很多大事、实事、好事,灾害救援作用得到前所未有发挥,人道救助工作取得显著成绩,对外人道援助迈出新的步伐。实践证明,中国红十字会已经成为党和政府在人道工作领域的得力助手,成为构建社会主义和谐社会的重要力量,成为我国民间外交的重要渠道。

回良玉强调,红十字事业是造福人类的崇高事业,是充满爱心的光荣事业。我们要立足我国国情,顺应世界潮流,把国际红十字运动的基本原则与中华民族的传统美德有机结合起来,与坚持以人为本的执政理念有机结合起来,与建设和谐文化、培育文明风尚的时代要求有机结合起来,推动中国特色红十字事业不断向前发展。希望中国红十字会大力弘扬"人道、博爱、奉献"的红十字精神,不断提高红十字会的救助实力、社会公信力和社会影响力。希望我国广大红十字工作者秉持人道准则、胸怀博爱之心、播撒仁慈美德、传递友善关怀,在平凡的岗位上创造不平凡的业绩。希望社会各界关心、支持我国红十字事业,自觉参与人道服务和各项慈善事业,共建共享和谐美好新生活。

开幕式由中国红十字会会长彭珮云主持。开幕式上,红十字国际委员会代表宣读了该组织主席雅各布·克伦贝格尔的贺信,红十字会与红新月会国际联合会代表致贺词。出席开幕式的还有刘云山、李源潮、华建敏、马凯、戴秉国、张榕明、李金华和何鲁丽、张怀西,以及李继耐、廖锡龙。

中国红十字会常务副会长江亦曼代表八届理事会向大会做了《彰显人道 促进和谐 实现中国特色红十字事业新跨越》的工作报告。报告从5个方面回顾了中国红十字会"八大"以来所取得的成就:社会知晓率和公信力空前提高,中国红十字会成为我国最具影响力的人道救援组织；灾害救援工作成绩显著，中国红十字会成为国家应急体系的重要组成部分；人道救助领域亮点凸显，中国红十字会成为改善民生、促进和谐的重要力量；理顺管理体制工作取得重大进展，中国红十字会成为组织体系完善、桥梁纽带作用充分发挥的社会团体；国际交流与合作成绩斐然，中国红十字会成为我国民间外交的重要渠道。

大会审议通过了《关于中国红十字会第八届理事会工作报告的决议》《关于中国红十字事业2010—2014年发展规划的决议》《关于修改中国红十字会章程的决议》《关于中国红十字会会费管理办法的决议》等，选举产生了新一届理事会，全国人大常委会副委员长华建敏任中国红十字会会长，王伟为常务副会长，何亚非、朱之鑫、陈小娅、窦玉沛、王军、马晓伟为兼职副会长，郭长江、郝林娜、王海京为专职副会长。与会理事一致拥护国家主席胡锦涛同志继续担任中国红十字会名誉会长，聘请全国人大常委会副委员长韩启德、桑国卫，全国政协副主席黄孟复、张榕明和李金华担任中国红十字会名誉副会长。

这次大会主题鲜明、内容丰富，党中央、国务院高度重视，社会反响强烈。大会一致认为《红十字会法》是发展红十字事业的根本保证，只有坚持依法建会、依法治会、依法兴会，红十字事业才能兴旺发达，才能更好地为全面建设小康社会多做贡献，才能实现"共建共享和谐美好新生活"的目标。

五、中国红十字会"十大"①：强化公信力建设

中国红十字会"十大"于2015年5月5日至6日在北京隆重召开。出席这次会议的正式代表近700人。中共中央总书记、国家主席、中央军委主席习近平，中共中央政治局常委、国务院总理李克强，中共中央政治局常委、中央书记处书记刘云山会见全体代表，并与与会代表合影留念。

习近平总书记发表讲话，指出：我国红十字事业是中国特色社会主义事业的重要组成部分，中国红十字会是党和政府在人道领域联系群众

---

① 中国红十字会"十大"：全称是中国红十字会第十次全国会员代表大会，此处是简称，下同。

的桥梁和纽带。习近平总书记的讲话高瞻远瞩，不仅充分肯定了红十字会的作用，而且为红十字人道事业的未来发展指明了方向。

刘延东参加会见并在开幕式上代表党中央、国务院致辞。她说，要紧紧围绕"四个全面"战略布局，将中华民族孝慈仁爱传统与国际红十字运动原则相结合、红十字精神传播与培育社会主义核心价值观相结合，坚持深化改革、依法治会，面向贫困地区和困难群体，开展人道救助，补足民生短板，实现高效透明规范运作，增强社会公信力感召力，为保护生命与健康、促进社会进步和国际人道主义事业做出新贡献。

大会选举全国人大常委会副委员长陈竺为中国红十字会会长，徐科为中国红十字会常务副会长，郭长江、郝林娜、王海京、王汝鹏为中国红十字会专职副会长，李保东、胡祖才、郝平、邹铭、马晓伟等人为兼职副会长，王汝鹏兼秘书长。

中国红十字会十届一次理事会根据《中国红十字会章程》，聘请中共中央政治局委员、国家副主席李源潮为中国红十字会名誉会长，聘请全国政协副主席韩启德为中国红十字会名誉副会长。

中国红十字会"十大"制定了《中国红十字事业2015—2019年发展规划纲要》，为未来5年的发展指明了方向。

该文件确立了未来5年发展的总体目标是：健全红十字人道服务体系，使人道服务水平不断提升；促进红十字文化传播，使社会动员能力显著增强；推进公开透明，使社会公信力持续改善；完善组织建设和管理，使依法履职能力明显提高，红十字事业在服务经济社会发展大局、保护人的生命健康、促进社会和谐文明进步中的重要作用得到进一步发挥。

具体发展目标可以用"增强""普及""深化""提高""拓展""优化"12个字来概括。"增强"救灾备灾能力；"普及"公众急救知识和技能；"深化"人道救助和志愿服务；"提高"社会认同和参与度；"拓展"国际交流与合作；"优化"发展环境和保障措施。

强化公信力建设，是中国红十字会"十大"的重要议题之一。良好的公信力是开展各项工作的重要前提和基础，社会公众的信任与支持是红十字会赖以生存和发展的源泉。中国红十字会"十大"报告强调深刻认识到提高公信力、维护良好形象和声誉的重要性与艰巨性，因此必须把强化公信力建设作为一项重要工作抓实抓好。公开透明是提升红十字会社会公信力的重要保证。陈竺会长在闭幕式上发表讲话，表示要采取切实可行的措施，完善信息公开制度，加快信息化建设步伐，强化内部管理，进一步建立健全内外部监督机制。通过实实在在的行动，使公信力持续提升。①

第三节 从"三大工程"到"三救三献"

一、"三大工程"的由来

中国红十字会作为从事人道主义工作的社会救助团体，救援义举，关爱生命，奉献爱心，源远流长。在"依法建会"的时代条件下，中国红十字会开拓进取，赋予传统以新的内涵，逐渐形成"博爱系列工程"。1997年4月1日，顾英奇常务副会长在中国红十字会第六届理事会第四次会议上所做的工作报告中，对"近几年来一些地方社会救助工作的类型、项目称为博爱工程"给予肯定，认为"这是一个非常好的概念及动向"，因此"总会建议本次理事会议正式提出创建'红十字博爱系列工程'的号召，以此作为总框架，使社会救助工作系统化，并逐步走向规范化"。第六届理事会总结各地经验，把"红十字博爱工程"归纳为以下三大类：

生命工程，主要内容包括：卫生救护训练机构的设置，包括卫生救护训练学校、中心、基地，使这项工作规范化、经常化；群众性救护机构的设置，包括红十字救护中心、救护站（点），使救护工作形成网络，全面扩展；医疗机构的设置，包括红十字会医院、诊所、癌症康复疗养所、艾滋病防治院等；无偿献血载体的设置，包括红十字会血站（血库）等；联合社会力量建设中国非血缘关系骨髓移植供者资料检索库，

---

① 红十字会：《中国红十字会会长陈竺在中国红十字会第十次全国会员代表大会闭幕式上的讲话》，益阳市红十字会，2015年5月8日，www.hszh.yiyang.gov.cn/2352/2354/content_110484.html。

提高其可持续发展的条件。以上各项事业都要制定管理规范，切实承担起与红十字人道主义相对应的任务。

救援工程，主要内容是：确定与民政部门及中国国际减灾十年委员会的联系机制及协作方式，使红十字会担负的灾害救援任务更加定型和有序；建立备灾物资的筹集、储存、管理和发放机制，对各区域和各省（区、市）备灾救灾中心的内部管理和运作程序进行统一规范；建立为救助自然灾害开展的国内募捐及红十字会相互联动的规范及运作方法。

爱心工程，主要内容包括采取规范化的方式举办公益事业，通过建立老年颐乐楼、养老院、托老院、老人病（护理、康复）医院、弱（启）智儿童学校、孤儿之家、红恤班等形式，积极加入社会保障体系。

以上就是"三大工程"的由来。

为使上述设想付诸实施，中国红十字会总会要求：各地红十字会要紧密结合本地实际，因地制宜地采取相应的组织措施，制定具体办法，如成立博爱工程工作委员会、志愿工作（服务）队、咨询委员会等，同时要制订项目设计规划、工作计划、建立规章制度、管理办法等，促使上述各项工作向着规范化方向发展。

举办红十字博爱系列工程一般应坚持以下原则：资金筹措实行国内募捐与国（境）外捐助相结合，以国内募捐为主；服务方式采取有偿服务与无偿服务相结合，以无偿服务为主；工程效果注意社会效益与经济效益相结合，以社会效益为主；创建途径坚持理论研讨与具体实践相结合，以实践为主的原则。

上述"红十字博爱系列工程"的发展和完善，可使中国红十字会作为"从事人道主义工作的社会救助团体"的形象更加鲜明。

二、"三大工程"的举措

为使"三大工程"建设建立在扎实的基础上，中国红十字会总会采取多项措施加以推动，其中这两大措施至为关键。

1. 中国红十字基金会的创建

事业的繁荣，离不开经费的支撑。伴随着中国红十字事业的发展，成立基金会势在必行。"凡事预则立"，要使红十字会各种救助工作富有成效，"必须预为之谋，变被动应付为主动筹划"。成立红十字基金会就是要"集腋成裘，将点滴之水汇成巨流，发挥整体的效应，实现'安得广厦千万间'的理想"①。

依照《红十字会法》和国务院《基金会管理办法》，中国红十字会总会从1993年年初开始筹备基金会，成立"中国红十字基金会筹备委员会"，并开展一系列卓有成效的工作。1993年12月27日，中国红十字基金会经中国人民银行正式批准成立。1994年3月15日，民政部批准社团注册登记，具备了具有独立社会团体法人资格和开展募集资金及救助活动的基础条件。几年的试运行，中国红十字基金会收到了良好效果。

1996年12月20日，中国红十字基金会在人民大会堂举行了成立大会。宋平、赵朴初、钱正英和中国红十字会常务副会长顾英奇，副会长孙柏秋、曲折，秘书长李长明及中国红十字基金会第一届理事会理事、监事和高级顾问团成员等出席大会。红十字会与红新月会国际联合会秘书长乔治·韦伯、红十字国际委员会东亚地区代表团团长克里斯托夫·斯文纳斯基等为中国红十字基金会的成立发来贺电。经中央批准，中共中央政治局原常委宋平任中国红十字基金会荣誉会长，全国政协副主席赵朴初和全国政协原副主席杨成武等任名誉会长。理事会选举顾英奇为中国红十字基金会会长，孙柏秋为常务副会长。中国红十字会会长钱正英在成立大会上发表了讲话，她说："中国红十字基金会是以弘扬人道主义精神、促进红十字事业发展为目的，其任务是广泛宣传发动海内外同胞、侨胞、国际友好团体和社会各界人士，以人道为本，博爱为怀，为国内外社会救助及和平事业筹集资金，使红十字会的社会救助工作有坚强的物质基础，使红十字事业的发展有可靠的保障。"②

中国红十字基金会的成立是建设有中国特色的红十字事业的重要实践，是对国内外捐赠基金进行专业化管理的民间非营利组织，它可以更好地募集、管理、使用体现捐赠人美好愿望的资金，以增强红十字会开

---

① 宋平：《中国红十字基金会缘起》，载《中国红十字基金会》，香港美迪制作公司1997年印制。

② 《钱正英同志在中国红十字基金会成立大会上的讲话》，《中国红十字报》1996年12月27日。

展各项工作的实力,"使国内外受灾难和易受损害人群多得一份温暖,为中国和世界的和平、安定与繁荣多增添一份(分)力量"①。

同时,一些省(市)红十字会为开展人道救助事业筹集善款,也相继成立了基金会。如1996年6月,天津市红十字发展基金会成立,它是天津市红十字会根据《天津市实施〈中华人民共和国红十字会法〉办法》,经中国人民银行天津市分行和天津市民政局批准建立的社会团体法人机构,是非营利性社会公益组织,其主要任务是呼吁社会各界弘扬人道奉献精神,积极参与社会公益事业,奖励在人道主义事业中做出贡献的单位和个人等,本着"取诸社会,建立基金,用之社会,造福群众"的原则,确保基金会实力的不断增强。同年6月,为弘扬人道奉献精神,动员社会力量支持中国红十字事业,安徽省红十字基金会在合肥市宣告成立,它为安徽省红十字会开展人道主义救护活动增添活力和实力。其他省(市)如山东省、江苏省、江西省、厦门市、济南市等也通过各种形式来募集红十字基金。

基金会的成立,使善款的筹措、管理更加规范化,同时为"博爱系列"工程的实施提供"支撑力量"。

2. 备灾救灾中心的建设

救灾是中国红十字会的传统业务,作为中国国际减灾十年委员会成员,中国红十字会自20世纪90年代以来不断强化对救灾工作的参与和实践,使之逐渐成为"博爱系列"中的重点建设工程。

中国红十字会从1950年改组到1986年,"只是象征性地参与救灾"。1987年,通过参与大兴安岭森林火灾的救助,中国红十字会的救灾工作才进入"自筹款物、自组队伍、独立工作"的新阶段。② 进入20世纪90年代,中国红十字会重视救灾工作的审计,狠抓救灾工作的落实。为加强对救灾工作的指导,1991年5月参照《红十字与红新月灾害救济原则与条例》,结合中国实际,制定了《中国红十字会参与自然灾

---

① 宋平:《中国红十字基金会缘起》,载《中国红十字基金会》,香港美迪制作公司1997年印制。

② 中国红十字会总会编:《中国红十字会的九十年》,中国友谊出版公司1994年版,第245页。

害救济工作的若干规定》(1992年12月制定"实施细则"),指出:中国红十字会作为政府的助手参与救灾是辅助和补充性的,主要是救急阶段的工作。对灾民的救济是无偿的,不分地区、民族、性别、年龄、职业、信仰和社会状况。红十字会参与救灾活动的主要工作包括:一是协同政府卫生部门组织医疗队到灾区抢救、医治伤病员及开展卫生防疫工作;二是组织动员红十字会员和志愿工作者,协助政府民政部门进行灾民转移、安置等志愿服务工作;三是接受、转运、分发国际国内红十字组织捐赠的救灾物资和捐款;四是经同级政府批准,开展募捐活动;五是参与国际及其他符合红十字人道主义宗旨的救灾活动。① 这是中国红十字会关于救灾工作的第一部法规,以此为标志,中国红十字会救灾工作步入程序化、规范化和制度化的轨道。

要提高应急能力和救灾效能,建立备灾基地至关重要。1991年,中国红十字会总会根据地理特点,提出在华北、中南、西南、东北、华南、华东建设6个区域性备灾救灾中心和1个中国红十字会总会备灾救灾指挥中心的构想,受到国际联合会的重视,联合会向有关国家红十字会吁请,支持中国红十字会建立备灾救灾体制,得到日本、美国、加拿大、德国等国红十字会的响应,建设规划得以逐步落实。

1991年,中国红十字会杭州备灾救灾中心建成,这是日本红十字会通过红十字会与红新月会国际联合会援建的第一个备灾救灾机构。该中心占地面积3 340平方米,建筑面积3 450平方米。建筑由南楼、北楼及中间连廊组成,南楼共5层,主要用于办公、培训,北楼及中间连廊为4层,用于救灾物资的存储。该中心设计功能齐全,既能生产、储存、转运救灾物资,又能洗涤、消毒、整理募捐所得的被服及其他物资,还能开展人员培训,集多功能于一体。

1993年7月,由红十字会与红新月会国际联合会、德国红十字会援助兴建的中国红十字会湖北备灾救灾中心落成。该中心位于湖北省孝感市新产业开发开放实验区内,占地14 316平方米,主楼和平库建筑面积

---

① 《中国红十字会参与自然灾害救济工作的若干规定》,《中国红十字报》1991年5月20日。

5 200平方米，地处南北贯通的京广铁路和316、107国道及天河国际机场运输线上，交通方便，为湖南、湖北、河南等省备灾救灾提供后援供给。

1994年8月16日，中国红十字会沈阳备灾救灾中心在沈阳经济技术开发区落成。这是由加拿大红十字会捐资援建的，它表达了加拿大人民对辽宁人民的友爱和中加两国人民源远流长的友好关系，是白求恩国际主义精神的延续和发展。加拿大红十字会会长莫利·沃凯博士、秘书长道格拉斯·林多尔斯先生专程来沈阳参加落成典礼。该中心占地10 000平方米，建筑面积3 000平方米，分为3座库房和1座综合楼，可存储3万~5万人一次需要的物品。它是东北地区红十字会集救灾、培训、生产、仓储、运输为一体的多功能救助中心，同时通过该中心接受国际及社会各界的援助，兴办经济实体，筹集救灾基金。它是东北三省备灾救灾集散地，也是中国红十字会20世纪90年代重要工程之一。

1996年6月27日，中国红十字会广州备灾救灾中心举行竣工典礼，红十字会与红新月会国际联合会亚洲地区代表团团长罗根先生、美国红十字会国际部官员迪姆·麦克库里先生、美国驻广州总领事馆领事林震铎先生及中国红十字会名誉副会长陈敏章、副会长孙柏秋等出席竣工庆典。该中心是由美国红十字会通过红十字会与红新月会国际联合会、中国红十字会捐资人民币335万元和广东省人民政府拨款797万元共同兴建的，占地面积5 000平方米，主楼8层，建筑面积5 600平方米。该中心承担广东省及华南地区救灾物资的采购、加工、仓储、保管、分发、转运和各种技术培训的任务，它为增强广东省红十字会备灾救灾能力，促进与境内外红十字会在人道主义救援工作方面的交流与合作，配合政府开展备灾救灾工作发挥积极作用。

1996年7月1日，中国红十字会成都备灾救灾中心举行落成典礼。红十字会与红新月会国际联合会官员罗根先生、中国红十字会总会孙柏秋副会长专程赴蓉祝贺。罗根先生在讲话中高度评价这个中心建成的意义，他说，这不仅有助于四川省的救灾工作，而且有利于增强中国红十字会在西南地区的救灾能力。该中心是由加拿大红十字会通过红十字会与红新月会国际联合会的捐赠和四川省人民政府的资助建设起来的，该中心占地6.74亩，库房建筑面积2 712平方米。四川省人口多，幅员广，经济尚不发达，连年的自然灾害给当地经济发展和人民生活带来许多困难。备灾救灾中心的建成，有力地促进红十字事业的发展，增强四川省红十字会抢险救灾能力，更好地发挥红十字会政府助手的作用，为灾民排忧解难。

1996年9月20日，由日本红十字会通过红十字会与红新月会国际联合会援建、陕西省人民政府资助共建的中国红十字会西安备灾救灾中心落成。该中心位于西安市经济技术开发区，占地8.55亩，建筑面积3 126平方米。它的建成不仅有助于陕西省的救灾工作，而且有利于增强中国红十字会在西北5省（区）乃至全国的救灾能力。红十字会与红新月会国际联合会代表让·库班先生、日本红十字会福冈支部事务局局长竹冈畅二先生、中国红十字会总会孙柏秋副会长专程赴西安参加落成庆典。

在建设中国红十字会区域性备灾救灾中心的同时，一些省（区、市）红十字会也建立起地方红十字会备灾救灾中心。

1995年年底，由瑞士红十字会和挪威红十字会援建的西藏红十字会备灾救灾中心建成，该中心位于拉萨市中心，总建筑面积1 564平方米，集仓储、加工、培训于一体，这为地处高原，地广人稀，经常遭受雪灾、地震等自然灾害的西藏人民提供了强有力的救援保障。

1996年9月18日，由奥地利红十字会、中国红十字会、云南省人民政府共同实施兴建的云南省红十字会备灾救灾中心在昆明落成。这是云南省一项社会效益显著、国际影响较大的工程。该中心占地6 300平方米，功能完备。

此外，安徽省、江苏省、内蒙古自治区、广西壮族自治区、新疆维吾尔自治区等都建立了备灾救灾中心。

以上各区域性备灾救灾中心都隶属于中国红十字会总会。中心具有仓储、运输、加工和培训功能，平时是救灾物资储备和培训的基地，灾害发生时则是全国救灾的枢纽。再加上各省（区、市）的备灾救灾中心，基本形成辐射全国的备灾救灾网络，这样可以保证在自然灾害发生时，能够以最快的速度把各种救灾物资发送到灾民手中，灾区的各种信息和需求也可以最快的速度反馈上来，救灾效率因此大大提高。

三、"三大工程"的实践

1. 救援工程

中国地域辽阔，气候复杂多变，几乎每年都有不同程度的各种自然灾害发生，因此中国红十字会每年都有规模不等的"救援工程"。

1991年，中国遭受特大水灾，全国20多个省（区、市）的部分地区都相继遭受洪涝灾害。从5月18日到8月20日，全国受灾人口达2.3亿，3 074人死亡，61 000多人受伤，被洪水围困1 930万人，被迫转移安置1 000多万人，农作物受灾面积40万平方千米，其中绝收面积5.3万多平方千米。灾区的交通、通信、水利设施和工矿企业及机关、学校、商店、医院等都遭到不同程度的破坏，各项直接经济损失达800亿元人民币以上。抗洪救灾中，中国红十字会共收到各界捐款9 700万元人民币和价值1.83亿元人民币的救灾物资。中国红十字会总会及地方各级红十字会工作人员及全国1 000多万会员在救灾中发挥了巨大的作用。红十字会协同卫生部门先后组织1 800多支医疗队，派出8 700多名红十字医务人员赶赴第一线，救助灾民600多万人。1991年是在中国红十字会工作重点刚刚转移到救灾工作的第一年，尽管当时备灾救灾中心尚未建成，救灾设施基础薄弱，面对大的自然灾害还缺乏救灾的经验，但由于中国红十字会强化了救灾意识和加强了对救灾工作的领导，加大了抗洪救灾的宣传力度，有力地组织了全国各级红十字会参与救援，因而产生了广泛的社会影响，发挥了巨大的作用，成为中国红十字会历史上规模空前的一次救灾活动。

1994年，全国有22个省（区、市）发生水、旱灾害，波及475个县（市、区）、1亿多人口。南方水灾尤为严重。中国红十字会从境内外筹集到1.65亿元人民币款物，全部交给550多万灾区群众。由中国红十字会向灾区提供的款物为1 630万元人民币；国内一些单位通过中国红十字会向灾区捐款人民币近百万元；灾区各级红十字会组织募捐1 400万元人民币。灾区各级红十字会共派出1 400多支医疗队、8 500多人次为灾区人民提供医疗服务，为实现灾后无大疫发挥了重要作用。

尤其是港澳台地区同胞和国际红十字组织继1991年为华东特大水

灾提供大量援助后，又一次提供1.35亿元人民币的巨额援助，其中香港地区红十字会捐赠款物8 394.6万元人民币，台湾红十字组织捐物折价3 128万元人民币，红十字会与红新月会国际联合会捐款2 000万元人民币（包括香港红十字会628万元人民币、澳门地区红十字会50万元人民币）。根据捐赠者的意愿，中国红十字会接受的这些捐赠物，全部用于各受灾地区。

值得一提的是，在这次灾害救济中，正在建设中的中国红十字会备灾救灾网络初露锋芒。中国红十字会总会在接到首次灾情报告后，立即从上海、杭州的备灾仓库中调出价值1 360万元人民币的救灾物资支援灾区，还从杭州备灾救灾中心拨出200只高档喷雾器和14箱消毒杀菌药品运抵南昌。沈阳备灾救灾中心也多次调拨物资发往灾区。这对加快备灾救灾网络的建设步伐，是一个有力的促动，也只有如此，才能更好地发挥中国红十字会在灾害救援方面的作用，正如国际联合会灾害部顾问耶舍明女士所言："国际联合会的工作重点是备灾救灾。因此，中国红十字会能把备灾救灾工作放在前面，作为红会的重点工程，这是很正确的。这也能够和国际联合会的工作更好地接轨，比起10年前，中国红十字会的救灾工作已明显进步很多了，因此，也就能更好地为灾民服务了。"①

1998年，对中国来说是一个大灾之年，张北地震，西藏、青海雪灾，接着不少地区又遭受特大洪灾。中国红十字会在抗震、抗洪救灾中再建功勋。

1998年1月10日11时52分左右，河北省张家口地区的张北、尚义两县突发里氏6.2级地震，并波及保康、万全等县4 185平方千米范围。地震造成50人死亡，1 250余人居无处所，10.4万间房屋倒塌，近5万人重伤，失去家园。灾情最严重的张北县部分乡镇80%房屋倒塌，给当地群众带来了巨大的灾难和损失。地震发生后，中国红十字会总会采取紧急措施。1月12日，中国红十字会总会向红十字会与红新月会国

---

① 莫寒梅：《"我爱中国"——访国际联合会灾害部顾问耶舍明女士》，《中国红十字报》1994年9月23日。

际联合会通报灾情，请求国际援助；向河北省救灾指挥部、河北省红十字会致电慰问灾民，并拨出第一笔救急款10万元人民币，用于灾民购买食物；向全国各省（区、市）红十字会会发出了《关于向张家口市地震灾区提供紧急救援的通知》，号召各地红十字会和广大会员紧急行动起来，想灾民之所想，急灾民之所急，帮灾民之所需，向灾区人民伸出援助之手。张北地震是1998年新年伊始我国乃至世界范围内的第一场大的自然灾害，因而引起国内外社会各界的普遍关注，救援行动迅速展开。1月24日至25日，受江泽民总书记、李鹏总理委托，中共中央政治局委员、国务院副总理姜春云到张家口市地震灾区查看灾情，慰问灾区军民。姜春云特别向红十字会与红新月会国际联合会、香港特别行政区红十字会、中国红十字会为救灾提供的大量援助表示感谢。

1998年6月入汛后，全国29个省（区、市）遭受不同程度的洪涝灾害，特别是长江，发生了继1954年以来又一次全流域性大洪水。嫩江、松花江也发生大洪水。沿江、沿湖的众多城市和农村，损失惨重。据统计，全国29个省（区、市）农田受灾面积3.18亿亩，成灾面积1.96亿亩，受灾人口2.3亿人，死亡3 004人，倒塌房屋566万间，直接经济损失2 484亿元人民币。江西、湖南、湖北、黑龙江、内蒙古、吉林等省（区）受灾最重。中国红十字会履行《红十字会法》赋予的神圣职责，投入广泛的救援工作，做出了很大贡献。

据统计，1998年中国红十字会先后为张北地震灾区募集到9 000多万元人民币，为西藏、青海雪灾区募集1 000多万元人民币，为长江、松花江、嫩江流域水灾募集到6.7亿元人民币的款物（包括地方红十字会募集的4亿多元人民币），总计7.7亿元人民币。中国红十字会向红十字会与红新月会国际联合会发出的紧急呼吁，也都得到积极响应，接收了来自各国红十字会、红新月会、各国际组织及国际社会7 000多万元人民币的救援。香港特别行政区、澳门特别行政区红十字会向地震、雪灾及水灾地区提供1.388亿元人民币的援助；台湾红十字组织为水灾地区提供852万元人民币的援助。1998年的救援行动，声势之大，规模之宏，救助范围之广，持续时间之长，均创造了中国红十字会历史之最。中国红十字会会同卫生部门派出9 180支医疗防疫队，使17个省

（区、市）的3 500万灾民受惠。

2000年12月底至2001年元月初，内蒙古自治区遭受自1977年以来最大的暴风雪的袭击，受灾旗（县）36个，219.4万人口受灾，冻伤4 867人，失踪13人；房屋倒塌、损坏3 800多间，受灾牧场3.48亿亩，死亡牲畜20.4万头（只），直接经济损失超过10亿元人民币。灾害发生后，中国红十字会紧急调拨3 800床棉被和2 000双棉鞋运往灾区。1月17日，中国红十字会总会向北京、天津、上海、广东、浙江、江苏、山东、福建、湖北、湖南等红十字会发出通知，要求组织开展募捐救助活动，得到广泛响应。截至2月初，经中国红十字会募集的境内外款物已达1 118万元人民币。

内蒙古雪灾救援行动仍在推进中，新疆维吾尔自治区又告灾变。据报道，自2000年年底至2001年2月，新疆的北疆、东疆地区气候异常，阿勒泰、塔城、伊犁、昌吉、哈密、巴音郭楞等6个地（州）、29个县（市、区）多次普降大雪和暴雪，酿成新疆历史上罕见的特大雪灾，造成101万人受灾，35.4万牧民生活严重困难；因灾死亡牲畜12万余头（只）；1.98万间房屋倒塌或严重损坏，中小学危房面积达4万平方米，有2.5万名学生无法正常上课。雪灾造成直接经济损失2.5亿元人民币。新疆特大雪灾，引起中国红十字会总会关切，中国红十字会总会立即拨发1 000床棉被以解燃眉，同时向各省（市）红十字会及社会各界发出呼吁。山西、山东、陕西、江苏、浙江及厦门、天津、上海、福州、徐州、宁波等红十字会的捐赠款物源源不断地发到新疆，使新疆各族人民感受到了中华民族大家庭的温暖。新疆维吾尔自治区副主席、自治区红十字会会长买买提明·扎克尔在《致总会和各兄弟省区市红十字会的感谢信》中说："新疆的雪灾牵动着党中央、国务院领导同志的心和内地同胞的心，在灾区人民最需要援助的紧急关头，全国各地人民纷纷献爱心，捐善款，特别是中国红十字会总会向全国各地红十字会发出紧急呼吁后，北京和香港特别行政区等红十字会对新疆灾区给予了大力支援。目前，新疆红十字会共收到救灾款物500余万元（人民币），为灾区人民战胜雪灾，渡过难关，尽快恢复生产，重建家园提供了有力保证，大大鼓舞了灾区人民战胜灾害的勇气和斗志。"①

2008年5月12日14时28分,四川省汶川县发生了里氏8级地震,四川西北部、甘肃南部、陕西南部严重受灾。主震以后余震不断,4个月内余震超过26 000次,6级以上的地震达到8次,直接造成了房屋塌陷、道路毁损、人员掩埋。地震还引发多达12 000处的山体滑坡、崩塌、泥石流等地质灾害。截至7月15日12时,四川汶川地震已确认69 197人遇难,374 176人受伤,18 263人失踪。而因地震造成失踪的人生还希望很小,所以实际死亡人数是6.9万多人和失踪的1.8万多人,加在一起是8.7万多人。除了巨大的人员伤亡之外,汶川地震还造成了难以估量的经济、文化损失。据统计,汶川地震造成直接经济损失达8 451.4亿元人民币,包括住房、基础设施、工业、农业、服务业、居民财产、土地资源、社会事业、文化遗产、矿山资源、自然保护区等各个方面都受到了不同程度的损害。

从中国红十字会总会到地方红十字会,上下联动,广泛参与抗震救灾,规模空前。如5月12日,中国红十字会总会在第一时间启动一级救灾应急预案。16时,中国红十字会总会从成都备灾救灾中心紧急调拨第一批救灾物资(单帐篷557顶、棉被2 500床,共计价值788 646元人民币),运往都江堰、绵阳、德阳灾区。17时30分,红十字会与红新月会国际联合会决定给予四川灾区25万瑞士法郎的救助,并先期从中国红十字会总会备灾库借调单帐篷500顶、棉被5 000床、饮水消毒剂300箱,总价值95.89万元人民币的物资运往成都、德阳、安县灾区。23时,中国红十字会总会调拨26.04万元人民币的9 300床毛巾被运往四川灾区。香港、澳门特别行政区红十字会分别向灾区提供50万元人民币的紧急资金援助,首批捐赠在当夜已经形成。招商证券博爱基金、李连杰壹基金、中钢集团等紧急向灾区捐款近700万元人民币。同时,中国红十字会总会通过中央电视台等媒体向国内社会发出救助灾区募捐呼吁,公布抗震救灾募捐账号。5月13日,中国红十字会总会成立抗震救

---

① 《博爱永恒,奉献光荣——致总会和各兄弟省区市红十字会的感谢信》,《中国红十字报》2001年4月27日。

灾指挥部，并派出以副会长郭长江为领队、由中国红十字会总会和红十字会与红新月会国际联合会、香港特别行政区红十字会、澳门特别行政区红十字会联合组成的第一支抗震救灾工作组赴都江堰市和北川县考察灾情。5月15日，中国红十字会造血干细胞捐献者资料库管理中心主任洪俊岭率由中国红十字会总会机关、直属单位和湖南、云南省红十字会共10人组成的中国红十字会总会第二支抗震救灾工作组赶赴四川地震灾区，并在灾区前线设立指挥部。5月18日，中国红十字会秘书长王海京带领中国红十字会总会第三支抗震救灾工作组深入陕西灾情最严重的略阳县、宁强县考察灾情并指导救援工作。5月19日，中国红十字会常务副会长江亦曼率领第四支抗震救灾工作组（包括《人民日报》等5家媒体在内的宣传组）赶赴四川灾区，慰问灾民，开展救助工作。5月23日，中国红十字会副会长苏菊香带领第五支救灾工作组一行19人，分成6个工作组，赴四川灾区开展抗震救灾工作。6月3日至5日，中国红十字会会长彭珮云到四川省视察灾情。无论是紧急救援阶段，还是灾后重建阶段，总会及全国各地分会，无不全力以赴。国际红十字会组织在中国红十字会总会协调下也给予可贵的支持。

2011年5月5日，中国红十字会发布了《中国红十字会汶川地震三周年援建成果总结报告》。报告指出，汶川地震发生后，中国红十字会总会先后向灾区调拨帐篷13万余顶、衣物69万余件、棉被79万余床、蚊帐170万顶和粮食6 400多吨。截至2011年2月28日，全国红十字系统共接收汶川地震救灾款物价值199亿元人民币，其中资金160亿元人民币，物资价值39亿元人民币；紧急及过渡安置阶段共投入款物价值64亿元人民币，重建阶段已投入资金123亿元人民币，待拨付资金12亿元人民币，这些资金将根据项目协议及项目要求分批拨付。全国红十字系统在汶川地震灾区共援建民房183 179户、学校2 114所、卫生院（站）5 123所，以及部分康复中心、敬老院、福利院及防灾减灾设施等。同时，中国红十字会在灾区还开展了包括防灾避险、救护培训、心理支持、健康教育、发展生计等在内的"博爱家园"软项目工作，支持中国残疾人联合会和国家人口计生委在四川灾区开展了红十字博爱康复援助项目和红十字博爱家庭关爱行动项目等。

2. 生命工程

中国红十字会自成立以来，一直为保护人的生命与健康做着不懈的努力。而"生命工程"更加突出以人为本、关爱生命的人道情怀。

(1) 卫生自救互救网络建设

无论是在日常生活、突发事件或意外伤害中，还是在自然灾害和战争中，如果救治及时，伤病员死亡和残疾率将得到有效控制。但是这些灾害的现场，往往缺乏救治设备和专业技术救护力量，如果这时现场的群众能开展自救互救，则可以对伤员进行及时的抢救，为送往医院赢得宝贵的时间。因此，对红十字会来说，平时加强群众性的自救互救知识的普及和急救技能的训练，并由此而建立群众性自救互救网络，就是让群众将生命把握在自己手中。

群众性的自救互救网络建设，是通过对各行各业人群普及现场、初级急救知识，使他们掌握初级急救技能，在日常生活中发生疾病或在突发事件中，在专业抢救力量没有赶到之前或因专业救护力量难以满足现场初级急救的需要时，由这些经过培训并掌握一定初级救护技能的社会人群，因地制宜，利用一切现场简易器具物品抢救伤员，最大限度地降低死亡率，减轻伤害程度和伤员痛苦。

1987年1月，中国红十字会在武汉召开的全国工作会议上明确提出，经过23年的努力，在全国城乡逐步建成群众性救护网络的战略设想。为实施这一战略，1987年2月20日，中国红十字会联合卫生部、公安部、铁道部、交通部（今交通运输部）、商业部、中国民航总局（今中国民用航空局）、国家旅游局（今文化与旅游部）发出了《关于开展群众性卫生救护训练的通知》，要求各地红十字会在开展卫生救护训练时，根据不同行业的特点，除"四大技术"（止血、包扎、固定、搬运）和心肺复苏的训练内容之外，有选择地增加中暑、溺水、触电、食物及药物中毒等急救训练，以增强卫生救护的实用性。红十字会开展的救护培训是现场抢救伤者最简单的同时又是最重要的方法。随着时间的延伸、范围的扩展，接受培训的人员越来越多，再配以简单的药品和器械，就能减少危难之时伤者送往医院途中的死亡率。

中国红十字会开展的卫生救护训练具有现场的、群众性的和初级的三大特点。所谓现场的，是指经过培训的红十字急救员都能在伤害、病发地点，现场实施抢救；所谓群众性的，是指接受救护训练的人员，是处在突发事件、病发现场的或最先到达现场的人们，即与伤者、病者一样都是普通群众；所谓初级的，是指训练的内容和救护措施，是最基本、最简单和最重要的。

中国红十字会通过与上述7个部、局的密切协作，构建起卫生救护网络的雏形。1987年6月5日，与煤炭部、石油部、地质部和林业部联合下发了关于开展群众性卫生救护训练的文件，使群众性的卫生救护训练在全国更多的行业、系统有声有色地开展起来。如京、津、沪、渝等大城市和部分中等城市建立起以红十字卫生站为依托，连接街道居委会及楼门大院的红十字救护网络；山东、江苏、吉林、湖北及重庆、北京、上海等红十字全面开展对机动车驾驶员的培训；厂矿、旅游景点的救护站等；为保护人的生命与健康筑起一道防护墙。

（2）情系血液事业

血液被称为"生命之河"，血液与生命息息相关。自1984年输血工作被纳入红十字会议事日程以来，中国红十字会和地方各级红十字会配合卫生部门广泛宣传义务献血及无偿献血的意义，动员组织社会各界踊跃献血。

1986年10月，中国红十字会会同卫生部召开了第一届全国输血工作会议，推动血液事业由公民义务献血向无偿献血方向发展。

为表彰无偿献血积极分子，中国红十字会总会、卫生部于1987年设立了无偿献血金杯奖，这是我国对无偿献血者颁发的最高荣誉奖。从1989年开始，每2年举行一次颁奖大会，由国家领导人为无偿献血量达3 400毫升者颁发无偿献血金杯奖。1989年7月20日，第一届颁奖大会在人民大会堂举行，全国政协主席李先念向首届7位无偿献血金杯奖获得者颁奖，这7位获奖者分别是北京首钢特殊钢公司刘光震、北京金属结构厂潘德全、北京展览路电话局王雨清、上海求新造船厂张国强、上海联合汽车配件厂邱志清、上海龙柏饭店王伯善、上海园林工程公司冯国庆。此项活动激发了我国公民参加无偿献血的热情，推动了全国无偿献血工作的开展。

1990年，中国红十字会"五大"报告指出：认真贯彻执行无偿献血奖励办法，争取20—30年实现全国无偿献血。中国红十字会总会将与卫生部协商，着手制定国家献血、输血条例，使我国输血事业向法制化方向发展。关于血站，有的地方如红十字会有力量管，卫生部门也同意，可以试行由红十字会主管的办法。但必须在当地卫生部门统一领导之下，统筹安排，接受监督。① 中国红十字会由此开始，直接参与血液事业管理。1992年2月24日，在长春召开的中国红十字会五届三次理事扩大会议上，中国红十字会总会又一次强调努力推进公民献血向无偿的方向发展，逐步参与输血事业的管理，要求在没有血站的地区，有条件的可进行红十字会自办血站的试点工作。当年，湖南岳阳、新疆哈密、山东莱芜等地红十字会血站相继投入使用，自办和筹建的红十字会血站达24所，1993年发展到46所。

1993年3月20日，卫生部制定的《采供血机构和血液管理办法》第三条规定：红十字会经批准可以设置血站。1993年10月，《红十字会法》把"参与输血献血工作，推动无偿献血"规定为中国红十字会的重要职责之一。为更好地参与血液事业管理，加强对血液事业的指导和监督，中国红十字会总会还于1993年专门设立了血液事业部。

1995年，中国红十字会与卫生部设立了无偿献血先进城市奖，无偿献血占临床用血量50%、30%、10%以上的城市，可分别获得金质、银质、铜质奖。每2年举行一次颁奖活动。全国首届无偿献血先进城市奖颁奖大会于1995年11月29日在人民大会堂隆重举行，上海、杭州、大连、齐齐哈尔等26个城市获奖。1997年12月29日，第八届全国人大常委会第二十九次会议上通过的《中华人民共和国献血法》规定：国家实行无偿献血制度，各级红十字会依法参与、推动献血工作，各级人民政府和红十字会对积极参加献血和在献血中做出显著成绩的单位和个人，给予奖励。这是国家对中国红十字会十几年来致力于无偿献血工作的肯定。在中国红十字会的推动下，全国无偿献血工作取得长足进步，

---

① 《中国红十字年鉴》编辑部编：《中国红十字年鉴（2004/2005创刊号）》，台海出版社2006年版，第122页。

大部分地区实现了从有偿献血向无偿献血的平稳过渡，很多城市临床用血已经100%来自无偿献血。

（3）骨髓移植开先河

造血干细胞移植（骨髓移植），是挽救白血病人的生命及治疗重症再生障碍性贫血、重症免疫缺陷病、地中海贫血、急性放射病、各种恶性肿瘤放化疗后引起的造血和免疫系统功能障碍等疾病的有效手段。建立一个较大容量的中国造血干细胞捐献者资料库，成为紧要的社会工程。中国红十字会把造血干细胞资料库建设作为"生命工程"的有机组成部分，并给予了力所能及的关注。

1992年3月9日，经卫生部批准，中国非血缘关系骨髓移植供者工作领导小组正式成立。3月14日，中国红十字会在人民大会堂举行新闻发布会，郑重宣布，由中

1996年，全国首例非血缘关系骨髓移植手术在上海获得成功

国红十字会牵头的中国非血缘关系供者骨髓移植工作正式开始。中国红十字会会长、卫生部部长陈敏章担任该项工作领导小组名誉组长，中国红十字会常务副会长、卫生部副部长顾英奇任组长。美籍华人、著名的血液专家李政道博士为顾问。

与此同时，中国非血缘关系骨髓移植供者资料检索库（2000年11月更名为"中国造血干细胞捐献者资料库"，以下简称"中华骨髓库"）正式启动。

中华骨髓库办事机构设在中国红十字会总会，在北京、上海、辽宁、浙江、厦门、西安等地由当地红十字会组织协调有关的血液中心、

医学院校的人类白细胞抗原（Human Leukocyte Antigen，HLA）实验室建立了6个协作组，开展捐献者报名登记和分型检测工作，检测结果汇总至中国红十字会总会资料库，该资料库协助医院寻找配型相合的捐献者。

1996年8月22日，上海华山医院成功为患白血病5年的杭州11岁男孩高天翀做了骨髓移植手术。这是全国首例非血缘关系供者外周血造血干细胞移植手术，它的成功标志着我国对白血病的治疗步入国际先进水平，也是中华骨髓库自1992年建立以来实现零的突破。

2001年4月23日，中华骨髓库工作委员会会议在中国红十字会总会机关召开，全国人大常委会副委员长、中国红十字会会长彭珮云，中国红十字会常务副会长王立忠，卫生部副部长朱庆生，中国红十字会副会长孙爱明及各委员会单位代表、有关专家、地方红十字会代表等参加了会议。会议通过的《中国造血干细胞捐献者资料库规程》规定：中华骨髓库以发扬人道救助精神，保护人的生命和健康，促进人类和平进步事业为宗旨；中华骨髓库代表中国与国际相关组织进行工作联网、交换信息和资源。各省、自治区、直辖市应建立相应机构，服从中华骨髓库的统一管理和工作指导；中华骨髓库是代表中国的国家级开展造血干细胞捐献和用于治疗的工作体系。其职责是为挽救一切因各种疾病而需要接受造血干细胞移植治疗人的生命，向需要造血干细胞基因资料的人提供帮助和服务。这次工作会议的召开标志着中华骨髓库工作"正式全面重新启动"，这项"生命工程"由此走上快速发展的轨道。

（4）倡导"最后的奉献"

捐献遗体，造福人类，是人之为人所做的"最后的奉献"。这是中国红十字会积极倡导的。

早在20世纪50年代，中国红十字会就开展过自愿捐献器官和身后捐献遗体的宣传活动。20世纪80年代初，中国红十字会积极宣传，号召人们在生命终结时做最后的奉献。20世纪90年代，许多大城市如北京、上海、南京、杭州、沈阳、太原、广州、重庆等地的红十字会都开展了人体器官和遗体捐献的宣传、登记工作，也取得一定成效。

比如上海，截至2001年年底，遗体登记接收站由原来的6个扩增至

25个，千余人实现身后捐献遗体愿望。2001年3月1日，《上海市遗体捐献条例》颁布实施，这是继1995年《上海市红十字会条例》颁布施行之后的涉及红十字会工作的第二部地方性法规。该条例的施行，标志着上海市红十字会的工作进一步法治化、规范化，体现了红十字会工作在建设社会主义精神文明中的重要作用，也反映出上海作为国际大都市的文明与进步。

再如南京，1996年年初杨搜非、皇甫垠、阮鹏九、何文卿等老先生首先发起建立南京市捐献遗体志愿者之友（以下简称"志友"）的倡议，得到社会各界人士广泛响应，仅两三个月，报名者就达300余人。随后成立了南京市红十字会牵头有关部门参加的"南京市志愿捐献遗体工作委员会"，并以政府名义签发了《南京市志愿捐献遗体管理暂行办法》和《南京市红十字会志愿捐献遗体登记接受工作规范（试行）》，以市政府宁政发〔1996〕116号文正式颁布实施。1997年2月22日，南京市政府召开了隆重的大会，宣告"南京市红十字会捐献遗体志愿者之友"正式成立。"志友"成立以来，全市已有1 100人报名捐献遗体，有112人实现了生前的愿望。

又如重庆，2001年5月18日，"重庆市公民志愿身后无偿捐献遗体器官志士纪念碑"揭碑仪式在龙台山陵园庄严举行。重庆市此前登记志愿无偿捐献遗体、角膜者已逾千人，已经实施捐献遗体者有67名，捐角膜者30名。征得捐献者家属同意，首批20名志士姓名镌刻碑记，旨在表彰捐献志士的人道奉献精神，促进无偿捐躯生命工程工作。

志愿捐献遗体是利国利民的好事，既倡导移风易俗，又行善造福，树立社会新风，同时也可以在生命历程的最后一站为医学科学事业做出贡献。

（5）抗击"非典"

"非典"全称为"传染性非典型肺炎"，又称"严重急性呼吸综合征"（Severe Acute Respiratory Syndromes，SARS），是一种因感染SARS相关冠状病毒而导致的以发热、干咳、胸闷为主要症状的传染病。严重者出现快速进展的呼吸系统衰竭，是一种新的呼吸道传染病，极强的传染性与病情的快速进展是此病的主要特点。

从 2002 年 11 月 16 日出现首例"非典"病例开始,到 2003 年 6 月 24 日,全国有 24 个省(区、市)出现"非典"疫情,累计报告非典型肺炎临床诊断病例 5 326 例(其中医务人员累计 1 002 例)。在此过程中,广东和北京先后成为主要疫区,确诊病例分别为 1 511、2 521 人,死亡病例分别为 51、191 人。

面对疫情,中国红十字会以保护人的生命和健康为己任,全面投入抗击"非典"斗争。截至 7 月 30 日,中国红十字会总会和各地方红十字会共接受境内外捐赠的款物折合约 6.85 亿元人民币,其中中国红十字会总会接受捐赠款物合计约 1.28 亿元人民币(包括捐款约 0.55 亿元人民币,捐赠物资折款约 0.73 亿元人民币)。

针对"非典"传染性强、易在社会上引起极大恐慌的特点,中国红十字会采取多种形式广泛开展防治"非典"科学知识宣传。例如,利用中国红十字会网站、《中国红十字报》和《博爱》杂志等平台,开辟专栏,增设专刊,不遗余力地介绍预防"非典"的知识和信息。截至 2003 年 7 月 30 日,仅中国红十字会总会网站就发布防治"非典"信息 140 条。抗击"非典"期间,中国红十字会总会还编发了 9 期抗击"非典"专题简报,为指导地方红十字会积极做好接受社会捐赠工作发挥了作用。中国红十字会总会和红十字会与红新月会国际联合会共同制作"防治'非典'——红十字在行动"VCD 光盘和宣传画 10 万套,通过各级红十字会免费发放给全国各地市、县、乡镇电视台、广播站、卫生院、中小学校,以普及卫生保健知识,提高群众环境卫生和个人卫生意识,使民众了解"非典"的症状、传播途径、预防措施、救治渠道。这一举措用生动、形象、直观的方式使预防"非典"的知识走近广大基层群众,收到了良好的宣传效果,增强了人们对"非典"的认识和战胜"非典"的信心。

在抗击"非典"战役中,战斗在第一线的医护人员以大无畏的勇气和救死扶伤的人道主义精神保护了广大群众的生命与健康。中国红十字会总会多次组织向战斗在防治"非典"第一线的单位及医护人员进行转赠及慰问活动。特别值得注意的是,在"5·12"国际护士节这一天,中国红十字会会长彭珮云亲临北京解放军小汤山医院,向广大"抗非"

英雄致以节日祝福并亲切慰问。"非典"期间,小汤山医院担负了救治北京市 1/3 "非典"患者的任务,责任重大,使命光荣。其他领导先后到北京阜外医院、朝阳医院、中日友好医院和宣武医院等定点收治"非典"病人的医院和北京防治"非典"指挥部、中国疾病预防控制中心、中国军事医学科学院等单位及北京市环卫工人、新闻工作者中进行慰问。

总之,抗击"非典"战役中中国红十字会尽职尽责,为国纾难,为民解忧,充分发挥了政府人道领域助手的作用,用行动诠释了"保护人的生命与健康"的神圣职责。

3. 爱心工程

中国红十字会的"爱心工程",就是倡导人人都献出一份爱心,"敬老助残,恤孤济困",让春满人间,爱心永存的公益事业。

随着社会和市场经济的发展,老年人、孤寡老人、孤儿、智力低下儿童等特殊群体成为社会重点关注对象。关注弱势群体是社会的呼唤。作为社会福利团体,中国红十字会参与社会保障义不容辞。中国红十字会总会及地方各级红十字会组织在协助政府建立具有中国特色的社会保障制度的实践中进行了许多有益的探索。1987 年,中国红十字会总会成立了社会福利部,主管救济和社会服务方面的工作,主要为社会上的孤老病残开展服务和送温暖活动。进入 20 世纪 90 年代,中国红十字会的社会服务以"上为党和政府分忧,下为弱势群体解难"为目的,各级红十字会积极举办社会公益事业,通过建立康复医院、养老院、智力低下儿童学校、孤儿之家、红十字博爱医院等形式,参与社会保障体系,为孤老病残和因各种原因陷入困境的人群奉献一片爱心,因而被誉为"爱心工程"。它是红十字博爱系列工程之一,以积极参与国家建立城乡社会保障体系为目标,发动红十字会员和社会力量兴办各种公益事业,为"最易受损害"的人群服务,为他们送去人道关怀和爱的温暖。

(1) 爱心暖"夕阳"

尊老、敬老、助老是中华民族的传统美德。中国红十字会开展的社会服务工作,其中敬老助老,给老年人特别是孤寡老人送温暖是一项重要内容。各地红十字会组织广大会员为散居在社会上的孤寡老人做了大量的社会服务工作,帮助他们解决生活中的实际困难。北京、武汉等地红十字青少年开展了行之有效的"三定一包"(固定服务对象,固定服务时间,固定服务内容,包干到人或小组)服务活动;在红十字会工作基础较好的大中城市,群众性社会服务活动基本上做到了经常化、多样化,服务范围不断扩大,诸如"红十字服务小组""红十字送温暖小组"等社会服务形式在许多省、市的基层红十字组织中已形成制度化。所有这些服务形式和服务活动使孤寡老人感到了红十字人道主义的温暖。

中国红十字会为老年人的社会服务随后发展到建立各种敬老院、康复医院、护理院、临终关怀医院等社会公益事业。广东省中山市红十字会用"慈善万人行"活动筹集到的捐款为老年人兴建了颐乐楼,使一些无依无靠的老年人在这里安度晚年,颐乐楼里的老人也是中山市红十字青少年常去探望和服务的对象;上海市红十字老年护理院自1988年成立第一所以来,发展迅速,已有26所,共2 500张床位,上海市红十字会采取为老年护理院联系结对资助企业等扶持措施,使这项公益事业越办越红火;1993年年初,在风景秀丽的太湖之滨,无锡市红十字会办起了一所临终关怀医院——无锡市红十字护理医院,该院建院1年多就收治了1 400多名患有疾病而失去生活自理能力的老人,他们在这里享受到人道主义的关怀。

"爱心工程"为老年人服务的形式是多种多样的。如1995年5月,苏州市红十字会老年康复医院投入运营。中国红十字会总会对于苏州市红十字会积极参与社会保障事业、举办老年康复机构的举措和服务精神给予高度重视和肯定。康复医院主要是为长期卧床的患慢性病的老年人或子女无暇照顾的老年患者提供服务,改善他们的医疗条件和生活质量,同时也减轻家属的重负,人们称之为"挽留夕阳"的事业。老年康复医院自开办以来,坚持以红十字会的"人道、博爱、奉献"为兴院之本,以促进社会公德、职业道德和家庭美德建设为工作方向,以提供优质服务为中心内容,赢得广泛的社会赞誉。截至2000年,先后收治老年患者370人,其中得到临终关怀的114人,近70%的病人在精心护理下得以好转、康复。

不论是中国红十字会开展的敬老送温暖活动,还是创建红十字护理院、康复医院及全国各地红十字组织办的其他各种形式的敬老助老公益事业，都是为满足老年人需要、为减轻社会抚养负担而开展的充满爱心的人道事业。2003年，我国老年人已超过1.3亿人，占全国总人口的10%以上。面对滚滚的银色浪潮，社会呼唤敬老助老事业，呼唤社会各界的广泛参与和支持。中国红十字会将责无旁贷地为老年人事业付出更多的努力。

（2）助残助孤

"助残"济困是中国红十字会"爱心工程"的重要内容之一，也是中国红十字会的传统业务。我国约有8 500多万残疾人，他们在党和政府的关怀下自强不息，奋力拼搏。中国红十字会一直关心帮助这一弱势群体，各地红十字组织通过办残疾人福利厂、各类残疾人学校、康复机构和为残疾人送温暖等形式，给残疾人送上帮助。

北京、上海、天津、沈阳、武汉等城市红十字组织办起残疾人福利工厂，为部分残疾人安排就业，解决他们的生活问题。

中国红十字会的"助残"爱心工程也得到国际友人的援助。中国红十字会名誉会员、日本友人古川泰龙先生，多年来关心中国红十字会的社会福利事业，希望援建1所儿童康复中心。其间，意大利慈善机构"天下一家"的弗朗哥先生亦愿在中、意之间架起一座友谊的桥梁，把爱心献给中国的残疾儿童。为实现这一共同的愿望，弗朗哥先生通过"天下一家"协会在意大利、日本、德国等地多方筹集资金。中国红十字会接受古川泰龙及意大利"天下一家"等个人和团体的捐款49万美元，在北京市房山区人民政府的协助下从1996年开始兴建中国红十字会房山儿童康复中心，于1997年10月23日竣工。该中心总建筑面积约2 977平方米，服务范围包括对智力低下、肢体残疾的儿童进行康复治疗，并对贫困家庭的残疾儿童提供免费康复服务。中国红十字会房山儿童康复中心是中国红十字会第一所残疾儿童康复机构，它凝聚着国际友人、慈善机构和中国红十字会对残疾儿童的爱心。

"助孤"是给予孤儿特别的关爱，也是各级红十字会经常性业务，诸如开办孤儿红恤班、博爱学校、孤儿之家等，让孤儿们重新回到"母亲"的怀抱，感受到"母亲"的温暖。

(3)"博爱送万家"活动

1999年春节前夕，中国红十字会总会举行春节送温暖救灾特别行动。新的爱心工程项目"博爱送万家"活动正式启动。

1998年夏季，我国黑龙江、内蒙古、吉林、安徽、江西、湖北、湖南、广西、福建、四川10个省（区）发生了特大水灾，中国红十字会积极进行救援。在1999年春节来临之际，以扶危济困为己任的中国红十字会仍惦记着受灾地区困难群众的生活。为帮助上述省（区）特别困难的群众过一个欢乐、祥和、喜庆的节日，中国红十字会总会决定开展春节送温暖救灾特别行动。1999年2月2日，中国红十字会总会派出5个慰问组分赴10个省（区）进行慰问活动。这次送温暖活动共拨出100万元人民币的专项经费，用于购买群众过节所需的大米、面粉、肉类等食品。常务副会长王立忠，副会长孙柏秋、曲折等奔赴灾区把慰问品送到特困群众手中。

自此以后，一年一度的"红十字博爱送万家"活动在全国轰轰烈烈开展起来。如在2000年春节到来之际，中国红十字会总会向全国各省级红十字会发出通知，要求在春节前开展以"弘扬人道主义，温暖千家万户"为主题的送温暖活动，这是20世纪红十字会开展的最后一次大型送温暖活动，中国红十字会总会从紧急备用金中拨出150万元人民币为青海、陕西、河北、山西、浙江、内蒙古6个受灾省（区）的困难群众送去了面粉、肉、油等慰问物资；新疆、西藏的慰问物资由当地红十字会代表中国红十字会总会发放。各地红十字会积极配合，共筹集974万元人民币救助款，开展各种形式的送温暖活动。2001年1月，中国红十字会总会对全国各省（区、市）红十字会进行部署，要求各地从1月11日起开展"红十字博爱送万家"的救助行动。1月11日，中国红十字会"红十字博爱送万家"启动仪式在北京贵宾楼饭店举行，国务委员司马义·艾买提、全国政协副主席张思卿、全国政协副主席万国权、全国政协副秘书长齐续春、中国红十字会常务副会长王立忠等出席了仪式。这拉开了全国红十字系统开展2001年元旦、春节期间向灾区人民送温暖的序幕。这次中国红十字会总会拨出紧急备用金160万元人民币，向西部和重灾区宁夏、甘肃、四川、重庆、贵州、云南、海南、辽宁8个省（区、市）运送棉被、棉衣、面粉、大米等物资。与此同时，全国各地红十字会全面开展"红十字博爱送万家"救助活动，如上海市红十字会准备了200万元人民币的款物、河南省也筹集到上百万元人民币的物资、北京市筹款近百万元人民币等，用于救助特困之家，声势之大，超过往年。

"红十字博爱送万家"活动作为"爱心工程"的一个子项目自1999年实施以来，从未间断，形成中国红十字会一个响亮的"品牌"项目。

四、由"三大工程"向"三救三献"转变

"三救三献"是中国红十字会"九大"之后提出来的。提出的原因是"三大工程"的概括具有时代性，随着中国红十字事业的发展，其业务也在不断拓展，核心业务显得不够突出。有鉴于此，2010年11月2日，华建敏会长在出席江西省红十字会第六次会员代表大会时发表题为"加强组织能力建设，推动红十字事业发展"的讲话，提出积极履行"救灾、救护、救助"等职责，尽心尽力为最需要关怀的困难群众服务。这是"三救"的雏形。2010年11月30日，华建敏在会长办公会上发表题为"结合红会实际，争取政策支持"的讲话，明确提出"三救"概念，即救灾、救护、救助。2011年1月19日，华建敏在中国红十字会九届二次理事会开幕式上发表题为"能力建设要以制度建设为核心"的讲话，正式提出"三救三献"完整概念，认为"三救"，就是救灾、救助、救护，这是红十字会的首要职责；"三献"，就是无偿献血、捐献造血干细胞、捐献遗体器官。如果说"三救"是在灾难面前捍卫人的生命，那么"三献"就是在病魔面前抢救人的生命，两者都体现了红十字会的宗旨，即关爱人的生命。此后，"三救三献"作为红十字会的核心业务，在全国红十字系统广泛开展起来，到中国红十字会"十大"召开时，已经取得不菲的成绩。

1. 应急救援成效显著

全国红十字系统积极投身玉树地震、舟曲泥石流、芦山地震、鲁甸地震等重大灾害救援工作，同时做好汶川地震灾后恢复重建等工作，共投入救灾款物价值104.8亿元人民币。

2010年4月14日，青海省玉树县（今玉树市）发生里氏7.1级地

震，中国红十字会启动应急预案，呼吁社会各界开展募捐活动，支援地震灾区。截至8月17日，中国红十字会总会共接收玉树地震抗震救灾捐赠款物折合23.22亿元人民币（捐赠资金23.09亿元人民币，捐赠物资0.13亿元人民币）。其中，中国红十字会总会直接接收6.97亿元人民币，地方红十字会汇缴14.75亿元人民币，中国红十字基金会接收1.50亿元人民币。8月7日，甘肃舟曲特大泥石流灾害造成大量人员伤亡和重大财产损失，中国红十字会再次启动应急响应，开展灾害救援。截至10月17日，中国红十字会总会共接收甘肃舟曲泥石流捐款7 608.12万元人民币，其中，中国红十字会总会直接接收5 121.12万元人民币，中国红十字基金会接收2 487万元人民币。

2013年4月20日，四川芦山发生里氏7.0级地震，损失严重。地震发生后，中国红十字会把对地震灾区的援助放在首位，呼吁和动员国内外力量迅速有效参与抗震救灾工作。在紧急救援期间，全国红十字会系统共组织派出38支救援队，完成搜救排查4 474户，救治伤员1 319人，转移伤员69人；搭建帐篷585顶、卫生旱厕162个；建成2个供水点，每天为近10 000名集中安置的受灾群众提供生活和饮用水；红十字"999"救援队为灾区群众免费供餐12 200余人次，并在重灾乡镇巡诊和提供医疗救助。截至6月30日，全国红十字会系统接受芦山地震捐赠款物共计11.88亿元人民币。

2014年8月3日，云南省鲁甸县发生里氏6.5级地震。中国红十字会派出救援队前往灾区抗震救灾，同时发动社会募捐，截至9月3日，全国红十字系统共接受鲁甸地震捐赠款物约3.75亿元人民币，其中捐款约2.57亿元人民币，捐赠物资价值约1.18亿元人民币。

积极推进应急救援队伍建设，成立21支国家级红十字救援队。北京市红十字会利用自身优势，积极构建并形成首都空地一体化航空救援体系。备灾体系不断完善，物流布局进一步优化，备灾能力进一步提升。

2. 应急救护深入开展

2012年9月8日是第13个世界急救日，中国红十字会在北京举办亚太国家和地区红十字会合作论坛暨中国红十字会应急救援演练。全国人大常委会副委员长、中国红十字会会长华建敏，全国人大常委会副委员长、中国红十字会特别顾问彭珮云，红十字会与红新月会国际联合会主席近卫忠辉出席开幕式。华建敏会长指出，中国红十字会坚持深化改革、开拓创新，坚持依法办事、严格管理、公开透明，坚持扎根基层、依靠基层，致力于将红十字会打造成以人道救助为核心内容的民生服务平台和社会治理平台，努力走出了一条符合中国国情的红十字事业发展道路。该说法得到了社会各界的充分肯定，在全社会产生了广泛的影响力。

2013年11月12日至16日，华建敏会长到浙江调研红十字会工作，先后走访浙江省红十字会及绍兴市、宁波市红十字会，深入救护培训基地、社区，考察现场救护培训等工作，对应急救护工作给予支持。

总之，全国各级红十字会积极开展应急救护培训进社区、进农村、进学校、进企业、进机关，通过政府购买服务、开展行业救护培训等方式，5年来共培训救护师资14万人次，救护员1 866万人次，面向6 700万人次普及救护知识。中国红十字会总会开发推广"红十字急救掌上学堂"应急救护免费应用软件，也是一大亮点。

3. 人道救助水平不断提高

"博爱送万家"活动自1999年开展以来从未中断。2012年1月5日，2012年"红十字博爱送万家"活动在广西壮族自治区百色市百色起义纪念广场举行。全国人大常委会副委员长、中国红十字会会长华建敏出席。据统计，10余年来中国红十字会总会共筹集7 068万元人民币的款物，为31个省（区、市）及新疆生产建设兵团近35万户的140多万贫困人群送去慰问物资；全国各级红十字会共募集价值13亿多元人民币的款物，为600多万户、2 400多万贫困人群送去关爱和温暖。2012年，全国红十字系统共筹集慰问款物价值1.5亿元人民币，面向老少边穷地区的困难群众开展"红十字博爱送万家"活动，有75万多户困难群众受益。

"博爱家园"项目是中国红十字会的另一品牌。2014年8月13日至14日，中国红十字会在湖南召开"博爱家园"项目现场会。"博爱家园"项目是中国红十字会在城乡社区开展的以"推动社区治理、提升社区能力、促进社区发展"为目标,以"防灾减灾、健康促进、生计发展、人道传播"为主要内容的人道公益项目,目前已遍布全国21个省(区、市)527个社区。该项目以民主决策改进社区治理方式,以志愿服务推进社区和谐稳定,以生计帮扶增强社区发展能力,以优化管理提升基层工作能力,以开放平台带动社会组织参与,在推进社会组织现代化和创新社会治理体制方面发挥着重要的作用。

截至2011年年底,中国红十字基金会累计资助贫困白血病、先天性心脏病患儿6 955名,其中小天使基金累计资助白血病患儿5 179名(彩票公益金资助4 147名,社会捐款资助1 042名);天使阳光基金累计资助先心病患儿1 776名,其中彩票公益金项目资助670名,社会捐款资助1 106名。自2009年至2014年,"小天使"和"天使阳光"两个彩票公益金项目已投入4.32亿元人民币,救助患儿1.5万余名,填补了政府保障体系的短板,这两个彩票公益金项目已经成为政府购买服务的典型范例。

总之,全国红十字系统积极组织开展"红十字博爱送万家""红十字博爱家园""红十字天使计划",以及其他与本地实际相结合的各类救助项目,5年来共投入款物价值83.8亿元人民币,为困难群体和社区群众送去温暖和关爱。

4. 无偿献血持续推进

2011年2月22日,卫生部、中国红十字会总会、中国人民解放军总后勤部卫生部(以下简称"总后卫生部")在北京隆重召开2008—2009年度全国无偿献血表彰大会,对获得"无偿献血奉献奖"的112 347名个人(金奖34 333人、银奖19 580人、铜奖58 434人),获"无偿献血促进奖"的80个单位和13名个人,获"无偿献血先进省(市)奖"的9个省(区、市)和240个市(区),获"无偿献血先进部队奖"的18个部队单位及获"无偿捐献造血干细胞奉献奖"的616名个人予以表彰。这次大会表彰人数是历届全国无偿献血表彰活动获奖人数较多的一次,表明无偿献血工作取得巨大的成绩。

全国人大常委会副委员长韩启德、卫生部部长陈竺、中国红十字会常务副会长王伟等出席大会。中共中央政治局常委、国务院副总理李克强向大会发来的贺信。他在贺信中表示，无偿献血是中华民族优良品德的生动体现，是救死扶伤的崇高行为。《中华人民共和国献血法》实施12年来，我国无偿献血工作取得了长足进步，广大群众踊跃参与，为保障临床用血需要和用血安全发挥了重要作用。

为推动无偿献血事业发展，中国红十字会在每年的世界献血者日都会举行大规模的宣传活动。2012年6月14日是第九个世界献血者日，活动主题是"每一位献血者都是英雄——用行动为生命加油"。当天上午，中国红十字会副会长王海京、秘书长王汝鹏等人来到北京市红十字血液中心，和这里的志愿者一起参加无偿献血活动，并呼吁社会各界关注和支持无偿献血事业，积极献血，挽救他人的生命。

5. 骨髓捐献成效初显

中华骨髓库库容量不断扩大，2011年1月25日，中华骨髓库捐献造血干细胞2 000例情况通报会在北京举行。全国人大常委会副委员长、中国红十字会会长华建敏等人出席。华建敏为第2 000例造血干细胞捐献者、来自湖南的党春丽颁发"造血干细胞捐献者荣誉证书"。

中华骨髓库是世界上最大的华人骨髓库。截至2012年7月底，中华骨髓库已登记入库捐助者信息149.2万人份，并成功为2 927人实施了造血干细胞捐献，向10个国家（地区）捐献了100例造血干细胞，多数受捐者为华人白血病患者。

2012年7月30日，中华骨髓库管理中心主任洪俊岭点击鼠标，中华骨髓库的5万人份造血干细胞数据信息便实时显示在世界骨髓捐献者资料库（以下简称"世界骨髓库"）网站上。这是中华骨髓库首次正式向世界骨髓库上传数据。世界骨髓库主席麦驰特·奥索恩、世界骨髓捐献者协会会长埃利亚娜·格鲁克曼发来贺电说，来自中华骨髓库的志愿捐献者数据，将显著扩充世界骨髓库的库容，这对于世界范围内的患者来说是一个喜讯。

2012年9月14日，中华骨髓库第3 000例造血干细胞交接仪式暨新闻通报会在北京解放军307医院召开。中国红十字会等有关部门领导出席。中华骨髓库第3 000名造血干细胞捐献者马亚辉来自新疆，他向韩国患者捐献了造血干细胞。

2014年2月28日,中华骨髓库第4 000例造血干细胞捐献交接仪式在北京解放军307医院举行。华建敏会长向第4 000例捐献者,来自贵州的"90后"侗族医学大学生邓秀军颁发了"捐献造血干细胞荣誉证书"。截至2014年年底,中华骨髓库新增库容88.8万人份,总库容达到200万人份,实现捐献3 219例,其中跨国捐献116例。

中华骨髓库事业是中国红十字会不断扩大人道主义服务领域的具体体现,已成为中国红十字会人道救助服务领域打造的一项公益品牌,同时,为造血干细胞捐献者提供了奉献大爱、拯救生命的平台,促进了社会主义精神文明建设,为社会的和谐与稳定做出了积极贡献。

6. 人体器官组织捐献由点到面

2007年3月,国务院《人体器官移植条例》颁布。2010年3月,中国红十字会总会接受卫生部委托,在天津、辽宁、上海、江苏南京、浙江、福建厦门、江西、山东、湖北武汉、广东、湖南11个省(市)启动人体器官捐献试点工作。试点工作的目标是通过广泛宣传,普及器官移植知识,传播"人道、博爱、奉献"的红十字精神,提高全社会对人体器官捐献的认识,鼓励公民自愿捐献器官,树立社会新风尚。截至2010年年底,通过试点工作渠道实现的捐献共达28例。

2012年3月22日至23日,全国人体器官捐献试点工作总结会在浙江杭州召开。会议由中国红十字会总会和卫生部联合主办,全国政协副主席、中国红十字会名誉副会长、中国人体器官捐献工作委员会名誉主任委员李金华,十届全国政协副主席王忠禹,卫生部副部长黄洁夫等出席会议。各试点地区代表及国务院法制办、公安部、总后卫生部、中国医院协会等部门共200余人参加会议。会议还邀请了世界卫生组织和世界器官移植学会及国内外器官移植方面的代表、专家参会。会议认为,中国人体器官捐献工作刚刚起步,是一项开创性的、利国利民的重要工作。2年来的试点工作表明,红十字会作为第三方机构,依据《人体器官移植条例》参与建立人体器官捐献体系,是可行的、富有成效的。会上宣布截至2012年3月,全国试点范围已经扩大到16个省(区、市),共完成捐献207例,捐献大器官546个,挽救了500余条垂危的生命。会议还发表了《中国人体器官捐献试点工作总结会宣言》(以下简称

《杭州宣言》)。

  2014年4月2日,在中国传统节日清明节即将来临之际,由中国红十字会总会和国家卫生和计划生育委员会联合主办的全国人体器官捐献缅怀纪念暨宣传普及活动在北京协和医院学术会堂隆重举行。全国人大常委会副委员长陈竺,十一届全国人大常委会副委员长、中国红十字会会长华建敏,十一届全国政协副主席、中国红十字会名誉副会长李金华,中国人体器官捐献与移植委员会主任委员、卫生部原副部长黄洁夫等出席活动。中国人体器官捐献管理中心网站(www.codac.org.cn)也正式开通。公众可通过中国人体器官捐献管理中心网站进行器官捐献志愿登记。该网站是我国器官捐献工作进展、器官捐献相关知识、器官捐献志愿登记及人体器官捐献协调员资格查询等信息的权威发布网站。

  "三大工程"向"三救三献"转变适应了社会发展的需要,"三救三献"作为中国红十字会的"核心业务"取得广泛共识,成为推动红十字事业发展的重要杠杆。

第四节　不断优化发展环境

  2011年的"网络事件"使中国红十字会面临的挑战与机遇并存。一方面,中国红十字会加强自身建设;另一方面,党和政府加大对红十字事业的支持力度,使红十字事业发展的环境不断优化。

一、国务院印发《关于促进红十字事业发展的意见》

  党和政府对红十字会工作历来重视,尤其是改革开放以来,不仅有《红十字会法》的保驾护航,而且多次下发文件加以推动。1987年8月10日,国务院办公厅就曾以"参阅"文件的形式向中央和国务院领导,中央和国务院各部门、各省(区、市)人民政府,印发了《中国红十字会关于加强红十字工作的报告》。2004年11月26日,国务院办公厅转发了中国红十字会总会《关于进一步加强红十字会工作的意见》(国办发〔2004〕85号)。2012年7月10日,国务院印发《关于促进红十字事业发展的意见》（国发〔2012〕25号，以下简称《意见》），充分体现了党和政府对红十字事业的高度重视和支持，同时也说明中国红十字会作用和地位的日益凸显。

《意见》包括充分认识发展红十字事业的重要意义、着力推进红十字事业改革创新、积极支持红十字会依法履行职责、大力加强红十字会的组织和队伍建设、不断优化红十字事业发展的社会环境、切实加强对红十字事业的领导和支持6部分共21条，对发展红十字事业的意义、红十字会的功能定位及如何促进红十字事业的发展等，都有清晰而具体的阐述。《意见》指出，中国红十字会秉承"人道、博爱、奉献"的红十字精神，致力于动员社会力量，改善"最易受损害群体境况"，协助政府履行人道领域的国际承诺，做了大量卓有成效的工作。特别是近年来，中国红十字会积极服务经济社会发展大局，在参与应急救援、应急救护、人道救助、无偿献血、造血干细胞捐献、遗体和人体器官捐献、国际人道援助及开展民间外交等方面发挥了不可替代的作用，对于保护人民群众生命与健康、促进社会和谐文明进步，具有十分重要的促进作用。

《意见》强调"着力推进红十字事业改革创新"，要"建立与社会主义市场经济体制和国际人道主义原则相适应的体制机制"和"探索建立'高效、透明、规范'的管理体制和运行机制"。要实现这一目标，有包括推进信息化建设、完善监督体系等在内的许多手段或路径，其中改变现有的治理结构也不可忽视。《意见》提出，加大上级红十字会对下级红十字会的财务监督、业务指导、工作督查力度，下一级红十字会主要专职负责人的任免提名要听取上一级红十字会的意见。换句话说，通过人事任免、财务监督、业务指导、工作督查等纽带，强化上下级红十字会之间的联系。虽然这种改变不是实质性的"垂直管理"，但对增强凝聚力，强化"统一性"原则显然是必要的。

《意见》还特别强调，各级政府要把红十字工作列入重要议事日程，在编制国民经济和社会发展规划时，同步编制红十字事业发展专项规划，通过实实在在的举措支持红十字会工作，弘扬红十字精神，大力宣传红十字文化在引领社会道德风尚、提升精神文明程度和推动文化大发展大繁荣中的积极作用。

总之,《意见》为红十字事业的改革与发展指明了方向,不啻为加强和改进红十字会工作的纲领性文件。

二、习近平总书记高度评价红十字运动

习近平总书记曾多次"点赞"红十字会。2013年5月13日,习近平总书记会见彼得·莫雷尔时表示,红十字不仅是一种精神,更是一面旗帜;2014年7月4日,在韩国国立首尔大学发表演讲时为安徽省红十字志愿者张宝"点赞";2017年1月17日,在世界经济论坛2017年年会开幕式上的演讲中引用亨利·杜南的名言"真正的敌人不是我们的邻国,而是饥饿、贫穷、无知、迷信和偏见";2017年1月18日,在联合国总部发表题为"共同构建人类命运共同体"的主旨演讲时援引"杜南之问":"能否成立人道主义组织?能否制定人道主义公约?"

2015年5月5日,习近平总书记在会见中国红十字会"十大"代表时发表重要讲话,这不仅使红十字人深受鼓舞,也激励越来越多的人投身红十字事业,为红十字事业大发展营造了良好的社会环境。

习近平总书记的讲话,可以归纳为以下四大要点:

第一,红十字会是什么?习近平总书记指出:"红十字组织是全世界影响范围最广、认同程度最高的国际组织。红十字是一种精神,更是一面旗帜,跨越国界、种族、信仰,引领着世界范围内的人道主义运动。"这是从整个国际红十字运动的角度来说的。具体到中国,习近平强调,"我国红十字事业是中国特色社会主义事业的重要组成部分,中国红十字会是党和政府在人道领域联系群众的桥梁和纽带"。这是对中国红十字会的定位。

第二,中国红十字会有什么作用?习近平指出,"中国红十字会是国内历史最悠久的人道组织,成立110多年以来不断发展。近年来,中国红十字会在重大灾害救援、保护生命健康、促进人类和平进步等方面发挥了重要作用,涌现出郭明义等一批优秀红十字志愿者,为党、为国家、为人民做了很多好事、善事"。对中国红十字会的工作给予了高度评价。

第三,党和政府应该扮演什么样的角色?习近平强调,"党和国家高度重视这支力量"。要求"各级党委和政府要加强对红十字工作的领导和支持，热情帮助解决红十字事业发展中遇到的困难和问题。要结合培育和践行社会主义核心价值观，在全社会弘扬人道、博爱、奉献精神，弘扬正能量，引领新风尚"。①

第四，对中国红十字会寄予厚望，"希望中国红十字会适应新形势新任务，紧紧围绕党和国家中心任务，增强责任意识，推进改革创新，加强自身建设，开展人道救助，真心关爱群众，努力为国奉献、为民造福"②。

习近平总书记的重要讲话，对营造全社会支持红十字事业、参与红十字运动的社会环境，起到了有力的推动作用。

三、新版《红十字会法》保驾护航

2017年2月24日，国家主席习近平签署第六十三号主席令：《中华人民共和国红十字会法》（以下简称《红十字会法》）已由中华人民共和国第十二届全国人民代表大会常务委员会第二十六次会议于2017年2月24日修订通过，现将修订后的《红十字会法》公布，自2017年5月8日起施行。

新修订的《红十字会法》的颁布施行，为中国红十字会"依法治会"提供了强有力的法律保障。那么，为什么要修订《红十字会法》？新版《红十字会法》具有什么样的功能？新版《红十字会法》在内容上有哪些新的突破？这些都值得关注。

1. 为什么修订《红十字会法》

一是20年来，国情、世情、民情发生了巨大变化，红十字事业面临前所未有的发展机遇和挑战，亟须法律武器的保障；二是《红十字会法》若干内容已经不适应时代发展需求，比如定位问题、与政府之间的关系问题、中国红十字会总会与分会职责、议事规则和权利义务的划分、经费来源及使用问题、内部监督问题等，需要修订、补充、完善；

---

① 霍小光、吴晶：《习近平会见中国红十字会第十一次全国会员代表大会代表时强调责任意识真心关爱群众　开创红十字事业发展新局面　李克强、刘云山参加会见》，人民网2015年5月6日，www.military.people.com.cn/n/2015/0506/c172467-26953867.html。
② 孟纬鸿：《夯实中国特色红十字事业的群众基础》，《中国红十字报》2021年7月6日。

三是如何对社会上盗用、滥用红十字会名义、标志及"污名化"、故意"抹黑"而使红十字会遭受伤害者采取有效措施，真正做到有法必依，执法必严，违法必究，没能在《红十字会法》中鲜明地体现出来；四是新兴的"三献"事业，也亟待法律的规范与保护。正因为如此，2013年4月，十二届全国人大常委会第二次委员长会议将修改《红十字会法》列入立法预备项目，正式启动了修订《红十字会法》的立法程序。

2014年2月，全国人大教科文卫委员会成立《红十字会法》修订领导小组，正式启动修改工作。2016年6月29日，全国人大常委会进行第一次审议。2016年11月1日，全国人大常委会进行第二次审议。2017年2月22日，全国人大常委会进行第三次审议。2017年2月24日，全国人大常委会表决通过。这样，经过近4年的努力，《红十字会法》修订文本终于公之于世。

2. 新版《红十字会法》的功能

红十字事业能否健康、持续发展，落实《红十字会法》，推进"依法治会"是关键。在此过程中，《红十字会法》扮演着不可或缺的角色，具有多方面的功能，主要体现在以下三大核心功能上。

第一，"引擎"功能。之所以强调"依法治会"，是顺应"依法治国"时代呼唤的新举措，但不可否认的是《红十字会法》并没有得到社会公众普遍认知，以至于修订《红十字会法》提上日程时，有学者竟惊呼红十字会"居然还有一部《红十字会法》"。学者如此，一般公众的"知晓率"可想而知。"知晓率"低，"网络事件"的发生、肆意抹黑红十字会现象的存在，使红十字会公信力遭受重创，教训深刻。没有《红十字会法》支撑下的"依法治会"，就不可能有红十字事业的健康发展。从这个意义上说，《红十字会法》是实现"依法治会"、推进红十字事业可持续发展的动力源泉，具有"引擎"功能。

第二，"导航"功能。顾名思义，"导航"具有方向性。《红十字会法》要求红十字事业在法治化轨道上运行，红十字会的会务、业务都必须在法治的框架中进行，红十字人也必须依照《红十字会法》的赋权开展工作而不能偏离。

第三，"护航"功能。红十字事业在发展过程中，会遇到种种挑战，需要《红十字会法》的保驾护航，比如恶意中伤、"污名化"红十字会的现象，盗用、滥用红十字标志的行为，等等。只有坚持"依法治会"，拿起《红十字会法》法律武器，捍卫红十字会尊严，才能保障红十字事业的健康发展。

3. 新版《红十字会法》的亮点

新版《红十字会法》包括总则、组织、职责、标志与名称、财产与监督、法律责任、附则，共7章30条，总字数在3 300字左右。相对旧版《红十字会法》而言，新版《红十字会法》有18条涉及重要修改或补充，同时还有一些文字修改和条款调整；修改补充内容更加丰富，结构更加完整；进一步充实了总则，完善了法定职责，健全了治理结构，强化了财产监管，增加了法律责任。其中有三方面的内容，尤其值得我们注意。

第一，"监事会"的设置。新版《红十字会法》第八条明确规定，各级红十字会设立理事会、监事会。理事会、监事会由会员代表大会选举产生，向会员代表大会负责并报告工作，接受其监督。这是新版《红十字会法》对红十字会内部治理结构做出的新的法律规定，由此形成理事会决策、执委会执行、监事会监督三位一体的运行机制。同时，"监事会"的设置，也完善了红十字会监督体系。毫无疑问，增设"监事会"是红十字会在治理结构上做出的重大改革。

第二，"三献"入法。旧版《红十字会法》关于红十字会应该履行的职责是7项，而新版《红十字会法》增加至9项，这说明红十字会职责范围大大拓展了。这其中"三献"入法就是一大亮点。《红十字会法》规定，"参与、推动无偿献血、遗体和人体器官捐献工作，参与开展造血干细胞捐献的相关工作"。"三献"入法，对红十字会开展此项工作意义重大。

无偿献血、遗体和人体器官捐献是红十字会多年来大力宣传和倡导的。无偿献血是指为拯救他人生命，献血者自愿捐献全血、血浆或血液成分，而不收取任何报酬的行为，是社会文明进步的标志。1948年，第十七届国际红十字大会要求世界各国医疗用血要采取无偿献血和免费用血，推动无偿献血开始成为各国红十字会的一项重要工作。中国红十字会从20世纪80年代开始宣传和推动无偿献血，协助卫生部门组织无偿献血队伍，建立无偿献血志愿宣传和服务队，与政府共同表彰无偿献血先进集体。

遗体捐献是20世纪90年代红十字会开始的工作，主要是宣传倡导、接受报名登记、与医学院校合作建立遗体接收站、缅怀纪念、组织遗体捐献志愿者开展有关活动。遗体捐献带动和促进了器官捐献。2010年3月，中国红十字会接受卫生部委托在11个省、市开展器官捐献试点工作，明确红十字会宣传动员、报名登记、捐献见证、缅怀纪念、救助激励等方面的职责。2012年7月，中编办批复同意中国红十字会总会设立"中国人体器官捐献管理中心"，主要职责是"宣传动员、报名登记、捐献见证、公平分配、救助激励、缅怀纪念、信息平台建设"等工作。截至2016年，全国志愿捐献登记报名8.1万人，实现捐献9 933例，救治27 737人。

造血干细胞捐献方面，1992年，中国红十字会就开始了这项工作，设立了中国非血缘关系骨髓移植供者资料检索库。2001年12月，中编办批注成立"中国造血干细胞捐献者资料库管理中心"，该中心负责全国造血干细胞捐献者资料库管理体系的建设和管理。红十字会在造血干细胞捐献中主要负责宣传动员、报名登记、组织安排志愿者参加采样检测、检测数据入库和检索、与志愿者保持联系、对与患者HLA配型相合的志愿者再动员、捐受双方的联系、对志愿者采集造血干细胞全过程的照料服务、对实现捐献造血干细胞志愿者的跟踪随访和服务、对志愿者的表彰等工作。截至2016年年底，中华骨髓库总库容达到234万人份，成为世界上最大的华人骨髓库，实现捐献6 199例，志愿者杨永康、张宝捐献造血干细胞挽救患者生命的事迹得到了习近平总书记的称赞。

"三献"工作是红十字会"保护人的生命和健康"的重要途径，崇高而伟大，理应得到法律的保护。"三献"入法更有利于工作的开展。

第三，增加"法律责任"专章。专章新版《红十字会法》最大的亮点即新增"法律责任"专章。第六章法律责任共有三条，分别对应三方面的主体：一是红十字会及其工作人员；二是自然人、法人或者其他组织；三是各级人民政府有关部门及其工作人员。这就意味着，不管是谁，只要违法，都要承担相应的法律责任。

第26条，是关于红十字会及其工作人员违背红十字会宗旨，实施违法行为的法律责任的规定。旨在从严规范红十字会及其工作人员的行为，惩处违法行为。规定了六类违法行为的法律责任：一是违背募捐方案、捐赠人意愿或者捐赠协议，擅自处分其接受的捐赠款物的；二是私分、挪用、截留或者侵占财产的；三是未依法向捐赠人反馈情况或者开具捐赠票据的；四是未依法对捐赠款物的收入和使用情况进行审计的；五是未依法公开信息的；六是法律、法规规定的其他情形。

第27条，是关于自然人、法人或者其他组织侵害红十字会权益，应承担的法律责任的规定。旨在规范自然人、法人或者其他组织的行为，维护红十字会合法权益，保障红十字会工作人员依法履行职责。同样规定了六类违法行为的法律责任：一是冒用、滥用、篡改红十字标志和名称的；二是利用红十字标志和名称牟利的；三是制造、发布、传播虚假信息，损害红十字会名誉的；四是盗窃、损毁或者以其他方式侵害红十字会财产的；五是阻碍红十字会工作人员依法履行救援、救助、救护职责的；六是法律、法规规定的其他情形。

第28条，是关于各级人民政府有关部门及其工作人员的法律责任的规定。旨在规范各级人民政府有关部门及其工作人员的监督管理行为。明确规定各级人民政府有关部门及其工作人员在实施监督管理中滥用职权、玩忽职守、徇私舞弊的，对直接负责的主管人员和其他直接责任人员依法给予处分；构成犯罪的，依法追究刑事责任。

对违法行为，根据情节，适用于《中华人民共和国民法典》《中华人民共和国侵权责任法》《中华人民共和国治安管理处罚法》《中华人民共和国商标法》《中华人民共和国红十字标志使用办法》《中华人民共和国刑法》《最高人民法院、最高人民检察院关于办理利用信息网络实施诽谤等刑事案件适用法律若干问题的解释》《中华人民共和国公务员法》《最高人民检察院关于渎职侵权犯罪案件立案标准的规定》等法律法规。

总之，法律面前人人平等。通过"法律责任"专章，可以有效规范人道行为，保障红十字事业有序、健康发展。

第五节　在国际舞台上

一、中国国际人道法国家委员会的成立

2007年11月30日，在日内瓦闭幕的第三十届红十字与红新月国际大会上，中国红十字会代表团宣布中国国际人道法国家委员会在北京成立。

由中国红十字会总会牵头，外交部、司法部、教育部、国家文物局、中国人民解放军总参谋部（今中央军委联合参谋部）、中国人民解放军总政治部、中央军委法制局等参加的中国国际人道法国家委员会，负责研究涉及国际人道法的各种问题，协调国内传播和实施国际人道法的活动，代表中国参与国际人道法事务的国际交流合作。

中国是《日内瓦公约》及其附加议定书的缔约国。中华人民共和国成立伊始，根据1949年《中国人民政治协商会议共同纲领》第55条规定，对于国民党政府与各国政府所订立的各项条约和协定，中华人民共和国中央政府加以审查，按其内容，分别予以承认，或废除，或修订，或重订。1952年7月13日，中华人民共和国政府宣布承认中国国民党政府于1949年8月12日签署（未批准）的"日内瓦四公约"——《1949年8月12日关于改善战地武装部队伤者病者境遇之日内瓦公约》《1949年8月12日关于改善海上武装部队伤者病者及遇船难者境遇之日内瓦公约》《1949年8月12日关于战俘待遇之日内瓦公约》《1949年8月12日关于战时保护平民之日内瓦公约》。1956年11月5日，全国人民代表大会常务委员会批准"日内瓦四公约"，并对其中某些条款做了保留。1983年9月5日，全国人民代表大会常务委员会批准加入《1949年8月12日日内瓦四公约关于保护国际性武装冲突受难者的附加议定书》《1949年8月12日日内瓦四公约关于保护非国际性武装冲突受难者的附加议定书》两个附加议定书，对"引渡问题"提出保留。

《日内瓦公约》被誉为"现代国际人道法的基石和核心"。作为缔约国，中国在传播和实施国际人道法方面一直享有良好的国际声誉。鉴于局部武装冲突频繁发生，人道主义灾难加剧，国际人道法作为规范武装冲突中的交战行为，保护平民和战争受难者的国际法再次受到国际社会的高度重视。截至2007年年底，在红十字国际委员会的积极推动下，全球已有80多个国家设立了"国际人道法国家委员会"。由中国红十字会总会牵头成立该委员会，这不仅顺应了时代发展的要求，还向国际社会表明中国对推动国际人道法传播发展所持积极态度。

2008年5月9日，中国国际人道法国家委员会召开第一次全体会议，全国人大常委会副委员长、中国红十字会会长、中国国际人道法国家委员会主席彭珮云发表了重要讲话，表示中国红十字会将进一步促进国际人道法的传播，积极参与红十字国际委员会在国际人道法领域开展的合作。

中国国际人道法国家委员会自成立后，积极推动国际人道法的研究、传播、实施，在国际人道法的宣传普及方面，也开展了丰富多彩的活动，特别是与红十字国际委员会东亚地区代表处合作举办的模拟法庭、探索人道法活动，生动活泼，深受在校学生的欢迎。

当今世界，和平与发展依然是时代的主题，求和平、促发展已成为不可阻挡的时代潮流。与此同时，国际上大国关系不断调整，传统和非传统安全威胁交织，一些国家使用武力或以武力相威胁破坏世界和平的局部战争和紧张局势仍然存在，违反国际人道法的情况时有发生，全球人道主义救援形势正变得日益严峻。中国在实现自身发展的同时，竭尽所能向广大发展中国家提供经济援助，向发生地震、海啸等灾害的国家积极捐资捐物，并派遣医疗和救援队赴灾区实施人道救助，为世界和平与发展的崇高事业做出了重要贡献。正如全国人大常委会副委员长、中国红十字会会长、国际人道法国家委员会主席华建敏于2010年8月30日在北京召开的中国国际人道法国家委员会第三次全体会议上指出的那样，中国已成为维护世界和平、地区安全、履行国际人道主义救援所不可或缺的重要力量。

二、担任红十字会与红新月会国际联合会副主席

2013年11月13日，在红十字会与红新月会国际联合会于澳大利亚悉尼举行的第十九届全体大会上，中国红十字会常务副会长赵白鸽以

128票当选红十字会与红新月会国际联合会副主席，成为这个重要国际组织的领导，中国红十字会在推动中国走向世界、为中国争取更大国际影响力和话语权的征程上，做出了重要贡献。近年来，中国红十字会重点加强了与非洲、中亚和亚太地区国家的合作，取得了良好的成绩。面向未来，中国红十字会将积极发挥应有作用，与其他国家红十字会共同应对人道主义挑战，为减轻人类苦难、保护人的尊严、促进世界和平而努力。中国红十字会仍将在力所能及的情况下加大国际合作和对外援助力度，加强对政府、企业、社会组织等合作伙伴的倡导，积极推动国际红十字与红新月运动的区域性合作，推动中国政府、中国红十字会与国际联合会开展战略合作，把中国与非洲、亚太地区和中亚国家之间的人道交流与合作作为战略重点，继续对发展中国家红十字会进行非紧急物资援助，推动社区恢复力建设和可持续发展，等等。

2017年11月6日，红十字会与红新月会国际联合会第二十一届全体大会在土耳其安塔利亚开幕。本次会议选举产生了新一届红十字会与红新月会国际联合会主席与副主席。中国红十字会会长陈竺当选副主席。

本次大会以"人道的力量"为主题，来自188个国家的红十字会或红新月会的1 500余人与会。红十字会与红新月会国际联合会共设5位副主席，除1位副主席必须来自红十字运动发起国瑞士之外，其他4位副主席分别由非洲、欧洲、亚洲、美洲国家红十字会或红新月会的代表担任。在本届大会第一次全体会议上，全国人大常委会副委员长、中国红十字会会长陈竺代表亚洲区域成功当选副主席。

陈竺在接受采访时说：我们无论是在国内的工作，还是在国际的贡献方面，这几年都有了长足的进步。不仅是传统意义上的灾害救援、应急救护和人道救助，特别是在公信力建设方面，围绕中心、服务大局，参与国家脱贫攻坚方面取得了进步。陈竺认为，这是他能够当选的一个重要基础。

红十字会与红新月会国际联合会每4年举行一次换届选举，此次也是中国代表继2013年当选后再度出任副主席一职。陈竺表示，近年来，中国红十字会在围绕中心、服务大局、参与国家脱贫攻坚等工作的同时，积极参与国际红十字与红新月运动，启动"红十字与'一带一路'

同行"项目,加强与"一带一路"沿线国家合作,在红十字运动治理与规则制定、国际人道援助等方面做出了积极贡献。此次当选红十字会与红新月会国际联合会副主席,有利于中国红十字会通过国际人道平台支持发展中国家红十字会与红新月会建设、关爱"易受损群体",为促进全球人道事业发展、推动构建人类命运共同体做出更大的贡献,与世界各国人民一道共同创造人类美好未来。①

三、大国红十字会的责任担当

正如陈竺会长所说,中国红十字会国际地位的提升,基于两个主要方面:一方面,国内工作的不断开拓创新;另一方面,通过国际人道救援等方式,彰显大国红十字会的责任担当。

1. 印度洋海啸救援

2004年12月26日,在印度尼西亚苏门答腊近海发生里氏8.7级地震引起的巨大海啸,波及东南亚、南亚和东非多国,造成了重大人员伤亡。根据联合国人道主义事务办公室报告,截至2005年2月,海啸共造成近30万人死亡,7 966人失踪,超过100万人无家可归。中国红十字会通过各种方式广泛动员社会力量,募集捐款。海啸发生后的第二天,中国红十字会向受灾国红十字会发出慰问电,向全国发出紧急募捐呼吁,开通捐赠热线电话,公布募捐账号,并实行24小时值班。中国红十字会联合演艺界、体育界、宗教界、新闻媒体等组织大型义演、义赛、义卖、法会等活动多方筹集善款。同时,各级红十字会也开展了声势浩大的募捐宣传活动,全国各地人民都伸出了援助之手。截至2005年11月30日,中国红十字会从银行、邮局、网上、现场募捐等渠道共接受海啸捐款42 747万元人民币,接受物资捐赠折合1 560万元人民币,合计44 307万元人民币。2005年3月,中国红十字会总会通过双边和多边合作,向11个受灾国和国际红十字组织提供了1 066万美元的资金援助和价值1 077万元人民币的物资援助。与此同时,积极参与灾后重建,如与印度尼西亚红十字会合作在亚齐灾区修建350间灾民住房的"中

---

① 《陈竺当选新一届红十字会与红新月会国际联合会副主席》,《中国红十字报》2017年11月10日。

国—印度尼西亚"友谊村项目；在泰国，帮助受灾最严重的攀牙府地区修建中泰友谊村、1座幼儿园，修复1所小学、1所中学、1家卫生院和1家有30张床的区县医院；在斯里兰卡，为470多户灾民提供永久性住房；为马尔代夫建设86套灾民住房；为缅甸修建社区备灾中心并提供救灾物资。自2005年4月起至2008年4月，历时3年，中国红十字会援建的友谊村9个，永久性安置房1 487套及医院、学校等项目全部完成。印度洋海啸救援活动是中国红十字会开展的规模较大的一次国际人道主义救援行动，不仅受到受灾地区民众的高度赞扬，也得到了国际社会的广泛好评，极大地提高了中国红十字会的国际影响力。

2. 海地地震救援

2010年1月12日加勒比岛国海地发生里氏7.3级（后修改为里氏7.0级）地震，造成重大人员伤亡和财产损失，死亡人数为27万人，48万人失去家园，370万人受灾。海地地震引起中国的极大关注。1月13日，国家主席胡锦涛、国务院总理温家宝指示有关部门立即做好援助海地的准备。当晚，中国政府派出一支68人国际救援队，携带20多吨物资、救援设备和3条曾在汶川大地震中执行过救援任务的救援犬，从北京首都国际机场乘坐包机直飞海地首都太子港。1月16日，另一架运载了价值1 300万人民币的90吨救灾物资的飞机启程驰援海地，救援物资包括药品、帐篷、单衣、食品、饮用水等。中国红十字会总会及各级分会积极响应号召，迅速而有序地展开赈灾救援行动。与此同时，中国红十字会积极开展人道行动。1月13日，中国红十字会会长华建敏向海地红十字会发出慰问电，并决定向海地提供100万美元的人道主义紧急援款。1月21日，为响应红十字会与红新月会国际联合会为海地地震发出的紧急募捐呼吁，中国红十字会向红十字会与红新月会国际联合会捐款50万美元，用于海地地震灾区的救援及灾后建设工作。各级红十字会也纷纷行动起来。截至1月29日16时，中国红十字会总会已收到各界捐款1 583.1万元人民币，其中单位捐款1 291万多元人民币，个人捐款291.8万多元人民币，其他捐款184.89万多元人民币，各地红十字会收转中国红十字会总会291万元人民币。中国红十字会表示继续筹款募捐，支持灾后重建，让远在彼岸的海地灾民感受到温暖。

3. 日本地震海啸救援

2011年3月11日，日本发生里氏9.0级超级大地震，并引发海啸，造成大量人员伤亡和重大财产损失。强震海啸还引发核泄漏危机，引起国际社会的强烈关注。大地震也得到了中国社会的广泛关注。尽管3月10日云南盈江县刚刚发生了里氏5.8级地震，中国政府和人民正忙于抗震救灾，但仍毫不犹豫地向日本灾区伸出援助之手。国务院总理温家宝致电日本首相菅直人，代表中国政府向日本政府和人民致以深切慰问，表示中方愿向日方提供必要的帮助。中国除了从政府层面对日本表达了关切并提供援助之外，中国红十字会也掀起了援助日本的浪潮。在3月12日、15日两次向日本红十字会捐赠100万元人民币和500万元人民币的紧急援助款后，3月29日，中国红十字会第三次向日本地震灾区提供2000万元人民币的紧急援助。与此同时，中国红十字会向社会公布了捐款账户，并得到社会各界的积极响应，纷纷通过中国红十字会向日本灾区捐赠善款，表达爱心。截至4月15日，中国红十字会总会收到为日本地震灾区捐款3173万元人民币，已拨付日本红十字会2600万元人民币，扣除派员赴日参加红十字会与红新月会国际联合会高级支持小组灾害管理工作费用2万元人民币，结余571万元人民币。而部分仍在汇缴中的地方红十字会的捐款，用于支持日本红十字会开展灾后救助和重建工作。

4. "海燕"风灾救援

2013年11月8日，第30号台风"海燕"重创菲律宾，44个省份累计114万栋房屋受损（其中55万栋房屋完全被毁），393万人无家可归，6111人遇难，28 626人受伤，1779人失踪。11月13日，国家主席习近平致电菲律宾总统，就菲律宾遭受超强台风袭击、造成大量人员伤亡和重大财产损失，代表中国人民向菲律宾人民表示诚挚的慰问，向遇难者表示深切的哀悼，祝愿菲律宾人民早日战胜灾害、重建家园。[①] 中国红十字会除11月11日向菲律宾提供10万美元的人道主义紧急赈灾

---

① 白羽：《习近平就菲律宾遭受超强台风袭击向菲律宾人民表示慰问》，新华网2013年11月13日，www.xinhuanet.com/politics/2013-11/13/c_118130050.htm。

现汇援助外，还派出救援队，开始了又一次大规模的国际救援。11月20日，由中国红十字基金会常务副理事长孙硕鹏率领的首批17名中国红十字国际救援队携带价值200万元人民币救灾物资和医疗设备抵达马尼拉。12月5日，第二批救援队携带价值超过35万元人民币药品和70余万元人民币医疗器材奔赴灾区。12月28日，第三批救援队向菲律宾红十字会捐赠了价值771万比索（当时约合106万元人民币）的救灾装备、医疗设备、药品及医用耗材等物资。2014年1月25日，中国红十字会将价值约827万比索（当时约合111万元人民币）的集装箱、建设工具设备及部分后勤物资捐赠给菲律宾红十字会。救援队建立临时医疗救助点，深入乡镇开展巡诊，参与遗体搜寻，开展卫生培训，援建紧急避难所、活动板房、临时校舍，受到菲律宾及国际社会的好评，被誉为"最专业、最勤奋、最受当地民众欢迎"的国际救援队。

5. 尼泊尔地震救援

2015年4月25日，尼泊尔联邦民主共和国发生里氏8.1级地震。地震至少造成7 040人死亡，14 123人受伤，中国西藏、印度、孟加拉国、不丹等地均出现人员伤亡。这是尼泊尔自1934年以来遭受的最严重的地震。地震发生后，习近平主席第一时间发出慰问电。中国红十字会总会及各级分会积极响应号召，迅速而有序地展开赈灾救援行动。4月25日下午，华建敏会长代表中国红十字会向尼泊尔红十字会发出慰问电，中国红十字会决定在紧急救援阶段向尼泊尔地震灾区提供500万元人民币和50万元港币的人道援助。随后，中国红十字会共向地震灾区派遣救援队员28名，在灾区累计工作33天，诊治伤病患者3 645人，指导搭建帐篷2 000顶，对尼泊尔抗震救灾及灾后重建提供了有力支持。

如2016年斯里兰卡洪灾和厄瓜多尔地震，2017年古巴"艾尔玛"飓风，2018叙利亚战乱，等等。中国红十字会都进行了可贵的人道救援，展示了大国红十字会的责任担当。所有这些均提高了中国红十字会的国际影响力。

四、红十字与"一带一路"同行

2013年，习近平总书记在出访中亚和东南亚国家期间，先后提出共建"丝绸之路经济带"和"21世纪海上丝绸之路"的重大倡议。2015

年2月,中共中央成立"一带一路"建设工作领导小组。同年4月,发改委、外交部和商务部联合发布《推动共建丝绸之路经济带和21世纪海上丝绸之路的愿景与行动》,作为国家战略,"一带一路"进入全面推进阶段。

中国红十字会积极响应"一带一路"倡议,以自己独特的优势,开展人道外交。

2015年8月,陈竺会长在上海召开的中国红十字会外事工作会议提出与"一带一路"同行的总体构想:一是要积极参与"一带一路"建设,通过对沿线国家的分析和了解,确定人道外交的方向和重点;二是通过与发达国家红十字会的交流,在学习其专业能力和先进经验的同时,借鉴他们在发展中国家开展国际援助和人道外交的做法和经验;三是加强与"一带一路"沿线国家的人道交流和项目支持,促进"民相亲、心相通";四是进一步发挥多边合作机制的作用,在力所能及范围内履行国际责任和义务,在参与国际红十字运动规则制定、重大议题讨论等方面发挥积极作用,增强话语权;五是进一步加强外事人才培养和能力建设,为更广泛、更深入地"走出去""请进来"夯实基础。在《中国红十字事业2015—2019年发展规划纲要》中,将服务"一带一路"倡议,列入重点工作加以推进。2017年2月20日,中国红十字基金会在北京成立"丝路博爱基金",使之成为集合人道资源共建和平发展繁荣新丝路的重要平台和纽带。作为"丝路博爱基金"重点项目,中巴急救走廊及阿富汗先天性心脏病患儿救助项目也正式启动。5月7日,中巴急救走廊首个急救单元——瓜达尔中巴博爱医疗急救中心在巴基斯坦瓜达尔正式落成。中国红十字会会长陈竺、中国驻巴基斯坦大使孙卫东、巴基斯坦港口航运部部长米尔·哈希尔·比赞久等领导出席落成仪式,并为急救中心揭牌。

2017年7月14日,全国人大常委会副委员长、中国红十字会会长、红十字会与红新月会国际联合会副主席陈竺出席了由中国社会科学院亚太与全球战略研究院、中国社会科学院蓝迪国际智库项目和红十字会与红新月会国际联合会主办的"世界人道主义峰会后行动:中国大连国际论坛",并发表主旨演讲。陈竺在演讲中对国际人道形势进行了深入分析，对国际联合会在亚太地区近期开展的工作和面临的挑战进行了全面介绍，对中国红十字会在"一带一路"倡议背景下所开展的国际合作工作和战略发展方向进行了阐述。

2018年5月8日，以"你微笑时，世界很美"为主题的红十字与"一带一路"同行分享暨研讨会在上海复旦大学附属华山医院（又称"中国红十字会华山医院"）举办。全国人大常委会副委员长、中国红十字会会长、红十字会与红新月会国际联合会副主席陈竺，中国红十字会副会长、中国红十字基金会理事长郭长江，中国红十字会副会长兼秘书长王平等出席活动。

陈竺在讲话中表示，重温习近平总书记在达沃斯、日内瓦主旨演讲精神，深入学习领会习近平总书记共建人类命运共同体思想，是对进一步推进新时代中国特色红十字事业发展、携手共建人类命运共同体的一种使命责任担当。国际红十字运动起源于战地救护，从诞生之日起就秉持对人类命运的整体性关照和体认；中国红十字运动始终以扶危救困、为民造福为己任，成为共建人类命运共同体的一支重要力量；面向新时代，红十字事业在践行人类命运共同体的实践中肩负着特殊重要的使命。

陈竺提出四项倡议：牢固树立人类命运共同体意识，以保护人的生命健康、维护人的尊严为己任，积极应对人道危机和挑战，加强国际应急和备灾协作，共建"一带一路"红十字急救走廊，携手打造"人道丝绸之路"；紧紧围绕红十字运动宗旨，积极开展大病救助、疾病预防、健康干预、应急救护、健康管理领域的国际合作，发展灾难医学、急救医学、老年医学、社区护理，建设"一带一路"医疗健康服务联盟，持续开展天使之旅——"一带一路"人道救助计划，携手打造"健康丝绸之路"；坚持以人民为中心的价值追求，紧贴"一带一路"民生需求，实施海外"博爱家园"计划，植根社区，面向基层民众，广泛开展防灾减灾、扶贫开发、医疗卫生、教育促进等人道救助和人道服务活动，一视同仁、不加歧视地救助所有需要帮助的人，促进人与人之间的相互了解和合作，增进"一带一路"民心相通，携手打造"友谊丝绸之路"；大力弘扬"人道、博爱、奉献"的红十字精神，广泛动员人道资源，发展人道公益伙伴，发展国际志愿服务队伍，加强部门、行业、组织、地方和国际协作，从供给侧和需求侧两端发力，优化人道服务供给，拓展人道领域交流合作，不断扩大"一带一路"朋友圈，携手打造"博爱丝绸之路"。

活动中，以陈竺提出的打造"四个丝绸之路"构想为主旨，形成并发布了《"丝路博爱基金"上海倡议》，号召全社会在"一带一路"倡议下，携手打造"人道丝绸之路、健康丝绸之路、友谊丝绸之路、博爱丝绸之路"，牢固树立人类命运共同体意识，共同投身人道公益新实践。

中国红十字会将紧紧围绕国家"一带一路"建设的总体要求，联合红十字国际组织和沿线国家红十字会，加强区域性应急和备灾协作，共建"一带一路"红十字急救走廊。加强与各国红十字会在应对气候变化、人口老龄化等方面的互利合作，支持发展中国家开展非紧急阶段人道发展项目，积极开展防灾减灾、社区发展、卫生健康等人道救助和服务项目，使红十字人道外交成为"一带一路"民心相通的重要力量。

第十章
深化改革，走向未来

《中国红十字会总会改革方案》的出台，意味着中国红十字会在取得改革初步成果的基础上，继续改革创新。中国红十字会"十一大"的召开，吹响了深化改革的号角。可以预期，随着改革的持续推进，中国红十字事业发展必将迎来更加美好的未来。

第一节 《中国红十字会总会改革方案》的出台

2018年9月24日，国务院办公厅印发《中国红十字会总会改革方案》（以下简称《方案》）。《方案》明确中国红十字会是党领导下的群团组织，是从事人道主义工作的社会救助团体，是党和政府在人道领域的助手和联系群众的桥梁纽带。推进中国红十字会改革，是深入贯彻落实习近平总书记在中央党的群团工作会议上的重要讲话精神的重要举措，是按照中央关于全面深化改革的总体部署和《中共中央关于加强和改进党的群团工作的意见》要求，深化党的群团改革工作的具体实践。

《方案》明确了中国红十字会总会改革的指导思想、基本原则、主要目标。《方案》提出，要全面贯彻党的十九大和十九届二中、三中全会精神，坚持以习近平新时代中国特色社会主义思想为指导，牢固树立政治意识、大局意识、核心意识、看齐意识，认真落实党中央、国务院决策部署，统筹推进"五位一体"总体布局和协调推进"四个全面"战略布局，以保持和增强政治性、先进性、群众性为目标，坚定不移走中国特色社会主义群团发展道路，培育和践行社会主义核心价值观，弘扬

"人道、博爱、奉献"的红十字精神,推进改革创新,加强自身建设,真心关爱群众,着力提高服务能力和水平,为推进红十字事业持续健康发展、实现"两个一百年"奋斗目标和中华民族伟大复兴中国梦、促进人类和平进步事业做出积极贡献。

《方案》强调红十字会改革的五个"必须":必须坚持党的领导,坚定正确方向;必须坚持依法依规治会,认真履行职责;必须坚持人道宗旨,服务困难群众;必须坚持改革创新,推动健康发展;必须坚持问题导向,加强自身建设。通过深入推进改革,保持和增强中国红十字会总会政治性、先进性、群众性,积极推进红十字会治理结构、人事制度、运行机制和工作方式等方面改革创新,建设理想信念坚定、联系群众密切、作风扎实过硬、组织体系健全、运行机制科学、更加公开透明、更具公信力的红十字组织,成为促进社会和谐的重要力量、精神文明建设的生力军和民间外交的重要渠道。

《方案》从七个方面提出了具体改革措施。

第一,改进治理结构,优化机构设置。完善中国红十字会全国会员代表大会、理事会和常务理事会制度;提高全国会员代表大会、理事会和常务理事会中来自社会各领域及基层一线红十字会员、青少年、志愿者、工作者和捐赠人的比例;增设监事会,推选产生监事长和副监事长,履行对理事会、执委会的监督职责;调整优化总会内设机构、直属单位设置。

第二,改革组织人事制度,密切机关干部与群众的联系。改进中国红十字会总会机关干部选拔任用工作,推动中国红十字会总会与党政机关、企事业单位之间的干部双向交流;建立中国红十字会总会机关干部直接联系服务群众制度,深入基层一线开展调研和工作。

第三,加强基层组织和阵地建设,动员社会力量广泛参与。在乡镇、街道、社区、学校、企事业单位积极发展红十字基层组织;发挥红十字社区服务站、红十字救护站、博爱家园、博爱学校、博爱卫生院(站)等红十字基层阵地的服务功能;改进会员管理工作,精心筹划和培育受群众欢迎、可持续发展的品牌项目;在青少年中广泛开展人道教育,建立健全红十字志愿服务制度,加大对优秀红十字志愿者和志愿服务项目、组织、社区等先进典型的表彰力度，动员社会各界广泛参与红十字运动。

第四，加强公信力建设，提高人道服务能力。建立专家咨询制度、法律顾问制度和公职律师制度，成立红十字智库，优化专家委员会，重大决策前要进行专家论证、风险评估和合法性审查，提高决策的科学化水平；运用互联网技术与思维，建设"网上红十字会"，构建"互联网+红十字会"的工作新格局；着力推进公开透明，完善红十字会信息公开标准，建立健全信息公开制度，接受社会监督，切实保障捐赠人和社会公众的知情权、参与权和监督权；坚持以人民为中心的发展思想，依法依规做好应急救援、应急救护、人道救助、无偿献血、造血干细胞捐献、遗体和人体器官捐献等工作，结合实际做好健康服务、大病救助、扶贫帮困等国内人道服务工作。

第五，加强理论研究，大力开展宣传工作。依托高等院校和研究机构建立全国性红十字运动研究基地，围绕红十字运动重大理论和现实问题开展研究；充分利用各类媒体，结合世界红十字日、世界急救日、防灾减灾日、国际减灾日等重要时间节点和重大自然灾害等突发事件救援工作，积极开展人道传播，大力宣传红十字事业发展进程中涌现出的先进人物和感人事迹，讲好红十字故事，传播好红十字声音。

第六，参与国际红十字运动事务，加强交流合作。履行国际责任和义务，积极参与我国政府对外人道主义紧急援助，参与人道灾难国际救援；重点与"一带一路"国家红十字组织开展务实有效惠及基层民众的民生项目，使中国红十字会成为"一带一路"民心相通的重要力量；加强与港澳台的交流合作。

第七，加强党的领导，加大各级党委和政府对红十字工作的支持力度。全面加强党建工作，落实全面从严治党主体责任，充分发挥中国红十字会总会党组领导核心作用，为中国红十字会总会深化改革提供坚强政治保证；加强与省级党委的沟通协调，推动落实县级以上党委将红十字会党的建设纳入当地党建工作总体格局；争取党委和政府的工作支持，推进省、市和有条件的县级红十字会设立党组，按照党中央、国务院有关要求推进地方红十字会进一步理顺管理体制；推动县级以上党委和政府每年听取红十字会工作汇报,将红十字会工作列入党委群团工作考核内容。

《方案》要求,要加强组织领导,凝聚改革共识,明确工作要求,统筹协调推进,强化督促检查,确保改革措施落到实处。《方案》的出台,为中国红十字会改革与发展指明了方向。

第二节 中国红十字会"十一大"① 吹响深化改革号角

一、中国红十字会"十一大"的召开

2019年9月2日,中国红十字会"十一大"在北京开幕。中共中央总书记、国家主席、中央军委主席习近平在人民大会堂亲切会见全体代表,向他们表示诚挚问候和热烈祝贺,勉励他们弘扬"人道、博爱、奉献"精神,改革创新、奋发有为,为红十字事业发展做出新的更大贡献。中共中央政治局常委、国务院总理李克强,中共中央政治局常委、中央书记处书记王沪宁参加会见,国家副主席王岐山参加会见,并出席大会开幕式。

孙春兰参加会见并在开幕式上代表党中央、国务院致辞。她说,中国红十字会"十大"以来,在以习近平同志为核心的党中央领导下,红十字事业取得显著成就。站在新的起点上,红十字工作要深入贯彻习近平新时代中国特色社会主义思想,坚持党的领导、坚定正确方向,凝聚人道力量、保护生命健康,深化改革创新、依法履职尽责,开展国际援助、拓展民间外交,努力为国奉献、为民造福。

大会开幕式由中国红十字会会长陈竺主持,红十字国际委员会主席彼得·莫雷尔发表视频致辞,红十字会与红新月会国际联合会主席弗兰西斯科·罗卡致辞,中华全国总工会书记处第一书记李玉赋代表群众团

---

① 中国红十字会"十一大",全称是中国红十字会第十一次全国会员代表大会,此处为简称,下同。

体致贺词。王岐山为第四十七届南丁格尔奖章中国获奖者李红颁奖。丁薛祥、杨洁篪、黄坤明、肖捷参加会见，陈希、王勇、王毅参加会见并出席开幕式。

大会听取了中国红十字会常务副会长梁惠玲代表第十届理事会所做的工作报告。报告肯定了中国红十字会的成绩，客观分析工作中存在的不足。

报告强调，习近平总书记关于红十字事业重要指示批示是习近平新时代中国特色社会主义思想的重要组成部分，是发展中国特色红十字事业的根本遵循和行动指南。要用习近平新时代中国特色社会主义思想统领红十字事业发展，坚定不移走中国特色红十字事业发展道路，必须始终坚持党对红十字事业的领导，必须始终坚持以人民为中心的工作导向，必须始终坚持围绕中心、服务大局，必须始终坚持与时俱进、改革创新，必须始终坚持依法治会、从严治会，必须始终坚持培育和践行社会主义核心价值观，必须始终坚持践行人类命运共同体思想。

报告提出，未来5年红十字事业的发展思路是"认真贯彻落实习近平新时代中国特色社会主义思想和党中央决策部署，适应新形势新任务新要求，紧紧围绕党和国家中心任务，以为国奉献、为民造福为主题，以全面深化改革、推进高质量发展为主线，以重点领域、关键环节为突破，健全体制机制、增强能力实力，聚焦主责主业、提升服务质效，努力建设更具凝聚力、影响力和公信力的红十字组织"①。

报告要求，全国红十字系统要努力为国奉献、为民造福，充分发挥人道领域助手作用，着力聚焦主责主业，在履行人道使命中彰显新作为；着力汇聚人道资源，在动员社会力量方面实现新突破；着力传播人道文化，在培育和践行社会主义核心价值观中引领新风尚；着力健全组织体系，在发挥桥梁纽带作用展现新气象。要深化改革创新，加强自身建设，为中国特色红十字事业发展提供不竭动力和坚强保障，着力把坚持党的领导落到实处；着力构建高效透明规范的体制机制；着力创新工

---

① 《中国红十字会第十一次全国会员代表大会举行第一次全体会议》，《中国红十字报》2019年9月3日。

作方式方法；着力建设政治坚定、本领过硬、敬业奉献、担当作为、清正廉洁的红十字干部队伍。

大会审议通过了《关于中国红十字会第十届理事会工作报告的决议》《关于中国红十字会章程（修正案）的决议》《关于中国红十字事业发展规划纲要（2020—2024年）的决议》。

9月3日，大会闭幕。中国红十字会第十一届理事会根据《中国红十字会章程》有关规定，聘请国家副主席王岐山为中国红十字会名誉会长。第十一届理事会第一次会议选举全国人大常委会副委员长陈竺为中国红十字会会长，选举梁惠玲为中国红十字会常务副会长，马朝旭、钟登华、余蔚平、王贺胜、郑国光、王平、尹德明、孙硕鹏、于福龙、白岩松为副会长。中国红十字会第十一届监事会第一次会议选举陈健为中国红十字会第十一届监事会监事长，李立东为副监事长。

闭幕会上，中国红十字会新任会长陈竺讲话，他强调，要用习近平新时代中国特色社会主义思想统领红十字事业发展，坚定不移走中国特色红十字事业发展道路，始终坚定正确发展方向。要自觉接受并紧紧依靠党的领导，增强"四个意识"，坚定"四个自信"，做到"两个维护"，即坚决维护习近平总书记党中央的核心、全党的核心地位，坚决维护党中央权威和集中统一领导，自觉在思想上政治上行动上始终同以习近平同志为核心的党中央保持高度一致。要坚定不移用习近平新时代中国特色社会主义思想武装头脑、指导实践、推动工作，认真履行政治责任，更好地承担起引导群众听党话、跟党走的政治任务，把所联系群众最广泛最紧密地团结在党的周围。要始终坚持围绕中心、服务大局，自觉在大局下思考、在大局下行动，聚焦主责主业，找准切入点和着力点，充分发挥红十字会作为党和政府在人道领域的助手和联系群众的桥梁纽带作用。要秉承人道宗旨、践行人道使命，服务人民群众，充分发挥红十字会特殊优势，切实做好"三救三献"工作，当好人民群众生命健康的"守护者"，困难群众的"暖心人"，架好党和政府与群众之间的连心桥。

二、骄人的业绩

中国红十字会"十大"以来，中国红十字会不断推进改革创新，取得骄人业绩。主要表现在以下几个方面。

1. 应急救援救护工作更加有力，在国家应急救援体系中发挥重要作用

参与新疆喀什、四川九寨沟、云南鲁甸地震等重大自然灾害救援及恢复重建工作，投入救灾款物价值24.3亿元人民币，有效帮助改善受灾群众生活境况。大力加强应急救援专业化建设，组建搜救、赈济、医疗、供水、大众卫生、心理、水上7类红十字救援队伍600余支，开展全国性应急救援演练，基本形成了体系完备、机动灵活、快速高效的应急救援工作机制。加强红十字救灾物资储备库规范化管理，开展物资储备库等级评定，基本实现管理规范、组织有序、保障有力的建设目标。加强救灾物资、队伍管理、培训演练、应急响应等标准化建设，建立分区域、分灾种的应急响应机制，应急救援工作专业化水平显著提高。红十字"999"发展成为覆盖国内国际的航空救援力量，圆满完成G20杭州峰会、上海进博会、北京"一带一路"高峰论坛等重大国事活动航空医疗急救保障任务。与国家应急管理部门建立防灾减灾救灾联动工作机制，红十字应急救援工作纳入政府灾害应急响应体系。

2. 助力健康中国战略，群众性应急救护培训及服务保障范围日益拓展

完善应急救护培训长效机制，推动应急救护培训进社区、进农村、进学校、进企业、进机关，培训持证红十字救护员1 400多万人次，自救互救知识和技能得到广泛普及。加强应急救护培训标准化建设，定期开展全国性应急救护大赛，通过国际联合会全球急救资源中心认证，应急救护培训质量和水平明显提升。大力加强生命健康安全体验馆建设，打造了一批集救护培训、安全体验、人道传播功能为一体的现场体验式培训基地，使群众更加直观有效地掌握自救互救知识和技能。着力推进全国5A级景区红十字救护站和马拉松赛事应急救护服务保障全覆盖、在公共场所配备自动体外除颤器，红十字救护员第一时间救护生命的感人故事不断涌现，赢得了社会广泛赞誉。

3. "三献"工作取得重大进展,为众多面临困境的大病患者带来生的希望

加强造血干细胞捐献志愿者队伍建设,捐献者资料库容量已达265万人份,位居亚洲第一,累计实现捐献8 600多例;自愿无偿的公民逝世后器官捐献工作体系基本建成,定期举办全国人体器官捐献缅怀纪念活动,捐献志愿登记人数超过100万,完成捐献2.2万余例,捐献器官6.3万余个,捐献量居世界第二位。组织发展无偿献血志愿者队伍,积极开展无偿献血宣传动员工作,无偿献血理念深入人心。

4. 助力打赢脱贫攻坚战,充分发挥在精准扶贫中的独特作用

大力实施"博爱家园"项目,投入8.4亿元人民币,惠及28个省(区、市)的3 000多个贫困村。大力实施"红十字天使计划",投入16亿元人民币,救助白血病、先天性心脏病等大病患儿5万多名。"光明行""心拯救""母婴平安"等公益项目荣获中华慈善奖,受益群众270余万人。援建博爱卫生院站,培训乡村医生,实施西部儿科医师培训计划,帮助提升当地医疗服务水平。投入款物近2亿元人民币,对口支援西部地区提升人道救助能力。持续开展"红十字博爱送万家"活动,向困难家庭发放价值12亿元人民币的慰问款物,把党和政府的关怀及社会爱心送到困难群众身边。

5. 人道资源动员能力不断增强,社会参与度明显提升

加强筹资动员,精心策划"天使计划""光明行"等筹资项目,组织实施"博爱一日捐""慈善万人行"等筹资活动,累计募集款物240亿元人民币,为开展人道救助提供了有力保障。加强筹资能力建设,拓展人道资源动员,完善捐赠工作、专项基金、捐赠反馈等管理制度,持续推进公开透明和公信力建设。中国红十字基金会蝉联全国5A级基金会。红十字会动员社会力量更加广泛有效,成为汇聚社会各界爱心的重要平台。

加强组织动员,基层组织达到9万余个、志愿服务组织达到2.3万个,共有1 700多万名会员、120多万名志愿者活跃在城乡社区,开展人道服务。一批红十字志愿服务优秀代表获评全国学雷锋志愿服务"四个100"先进典型,红十字志愿服务成为国家志愿服务体系中的一支重要

力量。围绕"5·8"世界红十字日、世界急救日等重要时间节点,加大宣传力度,讲好红十字故事、传播好红十字声音。精心策划"寻找汶川救灾人""一个人的球队"等专题宣传,在全社会产生良好反响,大幅提升了社会影响力。先后在上海、辽宁营口、贵州图云关、陕西延安等地建设文化传播基地,联合苏州大学设立国际红十字运动发展史上第一个红十字国际学院,探索建立文化传播和人才培养长效机制。

6. 全面深化改革取得重要进展,组织活力明显增强

紧紧围绕保持和增强政治性、先进性、群众性的目标,积极推进治理结构、人事制度、运行机制、工作方式等方面改革创新。加强改革宣传,广泛凝聚共识,坚持全国一盘棋,统筹推进改革任务落实,形成了上下联动抓改革、凝心聚力谋发展的良好局面。精心谋划改革举措,积极争取党委政府支持,全国大部分省级红十字会改革方案已经出台。坚持问题导向,着力破解重点难点,以召开会员代表大会为契机,大幅提升代表大会代表、理事、常务理事、挂职兼职副会长中来自社会领域和基层一线的比例,代表性、广泛性、群众性显著增强;推进依法设立监事会,探索形成理事会决策、执委会执行、监事会监督的治理结构。依法推进理顺管理体制工作,地市级和县级红十字会理顺率分别达到96.4%和70.6%。

7. 对外交流合作不断深化,民间外交重要渠道作用日益突显

积极参与国际红十字运动事务,扩大了中国红十字会国际影响力和话语权。中国红十字会会长当选新一届红十字会与红新月会国际联合会副主席,在全球性和区域性会议上发出中国声音。举办东吴国际人道交流合作研讨会、中国—东盟红十字博爱论坛、中非红十字合作论坛,深化中国与亚太、非洲等地区发展中国家红十字会间的友好交流合作。

大力推进与"一带一路"国家红十字会务实合作,促进了民心相通。实施红十字与"一带一路"同行计划,在巴基斯坦瓜达尔港建成中巴博爱医疗急救中心并派驻红十字援外医疗队,向叙利亚、伊拉克等武装冲突地区提供大型移动医疗单元,援建孟加拉国博爱血液透析中心、缅甸博爱医疗急救中心等,向布基纳法索派出红十字医疗队,在阿富汗、蒙古国等国家实施大病患儿人道救助行动,面向"一带一路"沿线

62个国家开展援外培训，深受当地政府及民众的欢迎和好评。地方红十字会积极发挥自身优势，加强与周边国家红十字会在大病救助、防灾减灾等方面的合作，增进了民间交往和友谊。

广泛开展对外人道援助，彰显了中国红十字会作为大国红十字会的光辉形象。派出红十字国际救援队参与斯里兰卡水灾和尼泊尔、厄瓜多尔地震等国际重大自然灾害救援工作，向朝鲜、智利等45个国家红十字会提供紧急现汇援助。向塞内加尔、吉尔吉斯斯坦等21个国家红十字会提供非紧急人道援助，援助越南、乌干达等15个国家红十字会开展社区综合发展项目，支持受援国提升人道服务能力。

8. 持续深化与港澳台交流合作

加强与香港、澳门特别行政区红十字会在灾害管理、资源动员、社区发展、志愿服务等方面的合作，港澳与内地红十字事业发展的联系更加紧密。为台湾新北尘爆事故和高雄、花莲地震等重大灾害提供援助，成功举办海峡两岸红十字博爱论坛、两岸红十字青少年夏令营等活动，进一步密切了两岸红十字组织之间的交流互助，为促进祖国统一大业发挥了独特作用。

9. 党的建设全面加强，为中国特色红十字事业发展提供了坚强的政治保证

坚持和加强党的全面领导，建立健全党建工作责任制和党风廉政建设责任制，中国红十字会全面从严治党不断向纵深推进。把学习贯彻习近平新时代中国特色社会主义思想作为首要政治任务，扎实开展贯彻落实习近平总书记重要指示批示精神，自觉用习近平新时代中国特色社会主义思想武装头脑、指导实践、推动工作。把党的政治建设摆在首位，严格遵守政治纪律和政治规矩，严格执行重大问题请示报告制度，认真落实意识形态工作责任制，坚决做到"两个维护"，始终在思想上政治上行动上同以习近平同志为核心的党中央保持高度一致。扎实开展"不忘初心、牢记使命"主题教育，广大党员干部理想信念更加坚定、党性更加坚强。持之以恒正风肃纪，严格落实中央八项规定精神，集中整治形式主义、官僚主义，每年召开全系统党建暨党风廉政建设工作会议，

加强系统党建和党风廉政建设，风清气正的政治生态逐步形成。①

三、凝心聚力推进改革创新

为深入贯彻落实习近平总书记关于红十字事业发展的重要指示批示精神，推进中国特色红十字事业改革发展，根据《红十字会法》《国务院关于促进红十字事业发展的意见》《中国红十字会总会改革方案》，大会通过《中国红十字事业发展规划纲要（2020—2024年）》（以下简称《纲要》），擘画未来发展。

《纲要》明确以习近平新时代中国特色社会主义思想为指导，以全面深化改革、推动高质量发展为主线，努力建设更具凝聚力、影响力和公信力的红十字组织。

《纲要》的基本原则是坚持党对红十字事业的领导，坚持以人民为中心的工作导向，坚持围绕中心、服务大局，坚持与时俱进、改革创新，坚持依法治会、从严治会。

《纲要》确立了主要目标，到2024年，力争把中国红十字会建设成为理想信念坚定、联系群众密切、作风扎实过硬、组织体系健全、运行机制科学，更具凝聚力、影响力和公信力的红十字组织，具体表现为以下几点：

第一，应急救援能力和水平显著提高。以提质增效为导向，促进救援队伍协同救援能力、救援物资保障能力及信息化调度指挥能力等进一步提升。地市级以上和灾害多发的县（市、区）至少建立一支救援队伍，省级至少建立一个二级标准的备灾仓库。

第二，应急救护知识普及率有效提升。较2019年年末，持证红十字救护员人数增加1 500万人，救护知识普及人数增加5 000万人，应急救护培训基地增加300个。努力实现"红十字救护站"在有援建需求的4A级以上景区和马拉松赛事应急救护服务保障全覆盖。

第三，人道救助能力实力显著提升。制定筹资发展战略规划，募集款物价值300亿元人民币以上，制定重特大灾害应急人道资源动员预

---

① 梁惠玲：《高举习近平新时代中国特色社会主义思想伟大旗帜　奋力开创中国特色红十字事业发展新局面——在中国红十字会第十一次全国会员代表大会上的工作报告》，《中国红十字报》2019年9月17日。

案。聚焦关爱生命与健康，增强救助实力，扩大救助规模。地市级以上红十字会至少成立一支无偿献血志愿服务队伍，造血干细胞捐献库容达到350万人份，器官捐献志愿登记人数超过300万，在各地市和有条件的县（市、区）建设遗体和器官捐献缅怀纪念园。

第四，组织体系不断健全。依法推进理顺管理体制，实现地市级全部理顺、县级基本理顺。推进基层组织、阵地、工作有效覆盖，红十字基层组织达到15万个，会员达到2 000万人，注册志愿者达到200万人。

第五，在国际人道领域的地位和作用更加彰显。对外交流合作不断深化，影响力和话语权不断扩大。围绕服务国家外交大局，发挥民间外交渠道重要作用，以实际行动推动构建人类命运共同体。

第六，体制机制更加高效透明规范。推进治理结构、人事制度、运行机制和方式方法等方面改革创新，提高决策科学化水平，建立健全制度机制，完善综合监督体系。

《纲要》的主要任务为：聚焦主责主业，提升人道救援和服务能力；汇聚人道资源，提升社会力量动员能力；传播人道文化，弘扬社会文明新风尚；健全组织体系，增强联系和服务群众能力；深化改革创新，增强组织活力；加强党的建设，提供坚强的政治保证。①

推进红十字会改革是落实党中央关于群团改革决策部署的政治任务和政治责任，是新时代中国特色红十字事业发展的内在要求和必然选择。因此，必须增强改革的思想自觉、政治自觉、行动自觉，扎实推进全面深化改革，推动中国特色红十字事业持续健康发展。

---

① 《中国红十字事业发展规划纲要（2020—2024年）》，《中国红十字报》2019年9月6日。

第三节　创建红十字国际学院

2019年8月31日,由中国红十字会和苏州大学联合创办的红十字国际学院在苏州大学天赐庄校区挂牌成立。这是中国红十字运动史上一件盛事,是人道教育事业新的里程碑,也是落实《中国红十字会总会改革方案》的重要举措。

一、人道教育发展历程

事实上,昔日的中国红十字会较为重视人才培养。早在1908年,中国红十字会就面向社会招考医学生,由中国红十字会总会出资,送入上海同济德医学堂学习。"委托代培"的同时,积极筹建自己的人才培养基地。1910年夏,中国红十字会医学堂建成招生,这是中国红十字运动史上第一所培养红十字人才的专门学校。1912年9月,该医学堂"提档升级"为中国红十字会高等医学堂,与美国哈佛大学"联合办学",开创人才培养新模式。

1922年6月,由中国红十字会理事长庄录与中国红十字会总会总医院院长牛惠霖发起的"上海中国红十字会总医院护士学校"(后改称"中国红十字会第一医院护士女学校""中国红十字会第一医院附设高级护士职业学校")正式挂牌,中国红十字会总会总医院护士长、被誉为"中国护士之母"的伍哲英女士出任校长,招收18岁以上的女性,学习护理。学校"特聘欧美毕业医士教授内科、外科、妇科、产科、小儿科及临床看护"[①]。这是中国红十字会培养护理人才的专门学校。虽然招生规模不大,但丰富了人道教育的内容,为培养护理人才提供了平台。

1934年,中国红十字会制定《设立医院储备救护材料及造就救护人才详细计划书》,决定拓展护理教育,创设更多的护士学校,但受日本侵华战争的影响,没能如愿。直到抗战胜利后,中国红十字会设于上

---

① 《上海中国红十字会总医院护士学校章程》,《中国红十字会月刊》第12期(1922年10月),第27页。

海、西安、重庆的护士学校,汉口、长春的助产士学校,才渐有起色。除此之外,一些分会也在人道教育方面贡献了力量。1922年,中国红十字会广东医学专门学校成立,以"博采世界文明医学、造就高等完备医材,以利国福民"为宗旨。1923年,中国红十字会朝阳分会医学校挂牌成立。虽然分会医学校不成规模,但对人道教育事业的发展亦有一定的促进作用。

1937年7月7日,全面抗战爆发,中国红十字会依托大城市办大医院附设医学校培养救护人才难以为继,为满足"非常时期"对人才的迫切之需,红十字人道教育采取短期培训和学历教育有机结合策略,创办卫训总所。卫训总所连同5个分所,培养培训医护人才近2万人,为抗战救护事业做出不可磨灭的贡献。

二、新时代的呼唤

中华人民共和国成立后,中国红十字会经历了1950年的"改组",成为中央人民政府领导下的"人民卫生救护团体",中国红十字会依附于卫生部门,从前由中国红十字会主导的医护人才培养,已不属于中国红十字会的工作范畴。

改革开放以来,尤其是1993年《红十字会法》颁布实施及2017年修订实施以来,红十字事业取得长足发展,在国内、国际历史舞台上扮演着不可替代的角色,但自中华人民共和国成立以来,中国红十字会一直没有自己的人才"摇篮"和培养基地,这与中国红十字会理顺管理体制"自立"后的事业发展极不适应。振兴人道教育,可谓时代的呼唤。

放眼国际,无论是红十字国际委员会、红十字会与红新月会国际联合会,还是各成员国,都没有专设的人道教育学院(曾经在日内瓦设立的"杜南学院"即现在的杜南研究会,是一个民间的研究机构)。据统计,整个红十字运动的志愿者、会员和工作者接近1亿,其中红十字国际委员会、红十字会与红新月会国际联合会在全球都有超过2万名专职工作人员。一方面,需要继续教育的跟进;另一方面,需要专业化的人才补充新鲜血液。因此,在中国率先创建"红十字国际学院",不仅有助于中国红十字会人才培养,助力中国红十字事业发展,而且具有不可低估的国际意义。

三、跨界融合新模式

中国红十字会是从事人道主义工作的社会救助团体，是党和政府在人道领域联系群众的桥梁和纽带。作为群团组织，中国红十字会有着纵横交织的网络系统，覆盖全国，从业人员规模可观。据相关资料统计，全国红十字系统有 13 000 余名专职工作人员，且每年有 15% 以上的更替率，另有 14 000 余名兼职干部。① 他们需要不断"充电"以适应"学习型社会"对复合型人力资本的现实需要。正因为如此，业界、学界不断发出创建红十字学院的呼声。但在没有任何基础的情况下，由中国红十字会单独创建一所高等院校，并不现实。有鉴于此，中国红十字会"跨界"选择与高校合作达成创建目标，是一种策略选择。

应该说，地方红十字会和有关高校对创建红十字国际学院充满热情，安徽、河南、江苏及上海的红十字会和一些企业家也积极争取。但创建国际学院有一个前提，就是要求有比较深厚的研究基础。选择苏州大学正是中国红十字会总会综合多方面因素所做出的慎重决策。

苏州大学坐落于素有"人间天堂"之称的古城苏州，是国家"双一流"重点建设高校和"211 工程""2011 计划"首批入列高校，是江苏省属重点综合性大学，其前身为创建于 1900 年的东吴大学。一个多世纪以来，苏州大学始终秉承"养天地正气，法古今完人"的校训精神，坚守"学术至上，学以致用，培养模范公民"的办学理念，传承和弘扬"自由开放，包容并蓄，追求卓越"的优良校风和"博学笃行，止于至善"的优良学风，努力培育兼具"自由之精神、卓越之能力、独立之人格、社会之责任"的创新人才。目前，苏州大学已发展成为一所拥有哲学、经济学、法学、教育学、文学、历史学、理学、工学、农学、医学、管理学、艺术学等十二大学科门类的具有相当规模，基础较为雄厚，办学效益显著，在国内外具有较高知名度的综合性大学。同时，苏州大学是全国第一家红十字运动研究中心（以下简称"红研中心"）所在地，在中国红十字会总会的支持下，红研中心自 2005 年成立以来取得了丰硕的研究成果，得到中国红十字会总会领导及学界、业界的一致

---

① 池子华：《人道教育：中国红十字事业的百年大计》，《中国红十字报》2019 年 8 月 27 日。

认可,具备了得天独厚的条件。

与苏州大学共建红十字国际学院,开创了跨界融合新模式,即融合业界"实操经验丰富"和高校"学科研究和人才培养"各自优势,相互激荡,互利共赢,产生"1+1＞2"的效应。这种

中国红十字会、苏州大学、
中国红十字基金会共同签署合作协议

与高校联合办学的跨界融合模式,符合人道教育事业的现实需要,对国际红十字运动的未来发展也具有借鉴价值和示范意义。

2019年6月30日,中国红十字会总会、苏州大学、中国红十字基金会在北京签署创办红十字国际学院合作协议。全国人大常委会副委员长、中国红十字会会长陈竺出席签字仪式,并与中国红十字会党组书记、常务副会长梁惠玲,中国红十字会副会长兼秘书长王平,苏州大学党委书记江涌、副校长杨一心等一起见证协议签字。中国红十字会副会长王汝鹏、苏州大学校长熊思东、中国红十字基金会理事长郭长江分别代表合作方在协议上签字。梁惠玲主持签字仪式。

2019年8月31日,由中国红十字会和苏州大学联合创办的红十字国际学院在苏州大学挂牌成立。全国人大常委会副委员长、中国红十字会会长、红十字会与红新月会国际联合会副主席陈竺,红十字会与红新月会国际

陈竺会长在成立大会上发表演讲

联合会主席弗朗西斯科·罗卡等共同为学院揭牌。教育部、财政部、国家卫生健康委员会、应急管理部、国家国际发展合作署等有关部委领导，江苏省和苏州市相关领导，苏州大学党委、行政领导班子和各界人士出席了挂牌成立仪式。

陈竺在成立大会上发表《共建共享人道教育　为践行人类命运共同体贡献智慧和力量》的报告，并指出习近平总书记提出了共同构建人类命运共同体思想，赢得了国际社会的高度关注和广泛认同，为共同开创人类更加文明的未来指明了方向，凝聚了共识。陈竺希望，红十字国际学院成为红十字运动研究、红十字人才培养、红十字文化传播、国际人道交流合作的基地和平台。他要求学院重视和加强人道问题研究，建立包括应急管理、灾难医学、急救医学、老年医学、社区发展、社会工作等在内的综合性人道学科体系，进一步优化人道服务供给，提供多层次、多样化的人道行动方案；重视和加强法治建设，重视人道工作队伍素质能力的培养，面向广大红十字专兼职工作者制定综合性培养规划，面向会员志愿者及社会公众开展人道主义教育和社会工作技能培训，服务"一带一路"建设，开展国际化人才培养。这所综合性的人道教育机构正式走上历史舞台。

四、红十字国际学院的功能

红十字国际学院是一个综合体，具有以下多方面的功能：

第一，人才培养。这是人道教育的本质要求。根据人道需求，培养专业人才，是红十字国际学院的基本职能。红十字国际学院除开办本科微专业外，每年还面向全国招收一定数量的硕士生、博士生及博士后。同时，开办"同等学力申请硕士学位研修班"，面向红十字系统内外招生，为提升红十字会青年干部的学历层次创造条件。通过高端人才的培养，使学院成为红十字系统的"黄埔军校"。

第二，继续教育。它是对专业技术人员进行知识更新、补充、拓展和能力提高的一种高层次追加教育，是终身学习体系的重要组成部分，也是构建学习型社会的重要杠杆。对红十字人而言，只有不断"充电"，及时更新知识结构，完善自我，才能适应人道救助事业发展的要求。作为红十字会的"干部学院"，红十字国际学院将依据红十字事业"供给侧"，分期分批开展干部培训，包括中期培训、短期培训及在线学习。

除此之外，学院也将配合国家战略需要，开展国际培训业务，力求建立面向全球的人道主义教育网络。

第三，科学研究。红十字国际学院之所以能够建成，关键在于前期的研究基础。同样，要实现可持续发展，科学研究依然是重心所在，所谓"教学与科研"，正是一所高等院校安身立命之本。红十字国际学院以同时挂牌的"中国红十字运动研究院"及红十字国际学院下设的红十字运动教研中心、国际人道法和人道政策教研中心、"一带一路"人道合作教研中心、"南丁格尔"人道救护教研中心、人道资源动员与传播教研中心、应急管理与人道救援教研中心、新时代红十字事业教研中心等教研机构为支撑，凝聚科研力量，产出高质量的科研成果，使之成为红十字理论创新中心和智库平台，使理论研究成果转换为现实的"执行能力"，推动红十字会工作的开展。红十字国际学院也期待通过创新性理论研究，贡献中国智慧，推动国际红十字运动的健康发展。

第四，文化传播。红十字国际学院不仅是一个科研单位、教学单位，同时也是一个文化传播基地。科研成果的转化，教学内容的输出及建设"红十字国际学院云教育平台"，为红十字文化传播开启多扇窗口，拓展传播渠道，扩大传播范围。

第五，国际交流。红十字是一个"命运共同体"，193个成员，同构共存于红十字运动的大家庭之中，不能也不可能不相互交流。红十字国际学院本身就体现出它的国际性，国际交流自然而然成为其基本赋能。这就意味着它不是封闭的，而是开放的，是一所"没有围墙"的学府。国际化办学原本就是一种国际交流，同时围绕"一带一路"倡议，将红十字国际学院建成民心相通的桥梁和人道外交的重要管道，为构建人类命运共同体做出贡献。

五、新征程、新起点

从性质上说，红十字国际学院不是单纯的公立学校，当然更不是私立学校，而是一种"公办民助"性质的学校，即依托苏州大学"公办"，先行参照苏州大学二级学院进行管理，而办学经费主要取之于社会，体现"民助"旨趣。"公办民助"机制灵活，适应性强，是办学模式上的一种创新，符合新时代人道教育发展的客观规律。

红十字国际学院聘请红十字会与红新月会国际联合会主席弗朗西斯科·罗卡，全国人大常委会副委员长、中国红十字会会长、红十字会与红新月会国际联合会副主席陈竺

红十字国际学院在苏州大学挂牌

为名誉院长，中国红十字会原副会长王汝鹏担任院长，苏州大学副校长杨一心、沈明荣先后担任执行院长。

创建红十字国际学院，是中国红十字会对国际红十字运动的一大贡献，对全球人道教育事业的发展具有积极的推动作用，也是中国红十字事业发展道路上的新起点，办好红十字国际学院，成为学界、业界共同的期待。2018年5月6日，陈竺会长在视察调研苏州大学座谈会上指出：一方面，用理想和未来的前景来吸引人，包括师资、学院资源；另一方面，要使学院将来培养的人才，切切实实能为我们国家的红十字事业发展培养各个层面、各个领域的有用之才。也就是说要接地气，人才培养要和事业的需求、国家发展的需要相结合。这是基本要求，也是红十字国际学院生存与发展的根本遵循。

创建红十字国际学院是中国红十字会深化改革的一项重要举措，是引领全球人道教育事业的新征程、新起点。未来可期，中国红十字运动的明天更美好。

附录：
中国红十字会历届会长、名誉会长

表1　清末至民国时期中国红十字会历届会长、名誉会长①

届次	当选年份	会长	名誉会长
第一届	1910	盛宣怀	—
第二届	1911	吕海寰	—
第三届	1912	吕海寰、汪大燮②	袁世凯③
第四届	1922	汪大燮	—
第五届	1924	颜惠庆	—
第六届	1933	王正廷	蒋介石
第七届	1943	蒋梦麟	蒋介石
第八届	1946	蒋梦麟	蒋介石

表2　中华人民共和国成立后中国红十字会历届会长、名誉会长

届次	当选年份	会长	名誉会长
第一届	1950	李德全	—
第二届	1961	李德全、钱信忠④	—

---

① 说明：1904年3月10日，中国、英国、法国、德国、美国5国联手发起成立的上海万国红十字会，标志着中国红十字会诞生。上海万国红十字会实行董事会制，不设会长。中西方共46名董事，其中西董35人，华董11人（原为10人，后追加1人）。这46名董事为中国红十字会的创始人物。而钦差大臣吕海寰、盛宣怀、吴重熹作为清政府官方代表，成为上海万国红十字会的领袖人物。1910年，盛宣怀出任会长后一度将中国红十字会改名"大清帝国红十字会"，盛宣怀顺理成章成为大清帝国红十字会会长。1933年，中国红十字会改称"中华民国红十字会"，简称"中国红十字会"。

② 鉴于吕海寰辞职，1920年10月3日，大总统令"派汪大燮充中国红十字会正会长"。

③ 袁世凯时称"中国红十字会名誉总裁"。

④ 1965年，中国红十字会改选第二届领导人，钱信忠当选为会长。

续表

届次	当选年份	会长	名誉会长
第三届	1979	钱信忠	—
第四届	1985	崔月犁	朱学范、赵朴初、钱信忠
第五届	1990	陈敏章	朱学范、赵朴初、钱信忠、崔月犁
第六届	1994	钱正英	江泽民
第七届	1999	彭珮云	江泽民
第八届	2004	彭珮云	胡锦涛
第九届	2009	华建敏	胡锦涛
第十届	2015	陈竺	李源潮
第十一届	2019	陈竺	王岐山

附录：中国红十字会历届会长、名誉会长

主要参考文献

[1] 中国红十字会总会. 中国红十字会历史资料选编（1904—1949）[M]. 南京：南京大学出版社，1993.

[2] 孙柏秋. 百年红十字[M]. 合肥：安徽人民出版社，2003.

[3] 彭珮云. 奋进中的红十字事业[M]. 北京：社会科学文献出版社，2004.

[4] 池子华. 红十字与近代中国[M]. 合肥：安徽人民出版社，2004.

[5] 中国红十字会总会. 中国红十字会历史资料选编（1950—2004）[M]. 北京：民族出版社，2005.

[6] 池子华，郝如一. 中国红十字历史编年（1904—2004）[M]. 合肥：安徽人民出版社，2005.

[7] 贵阳市档案馆. 战地红十字：中国红十字会救护总队抗战实录[M]. 贵阳：贵州人民出版社，2009.

[8] 池子华. 中国红十字运动史散论[M]. 合肥：安徽人民出版社，2009.

[9] 池子华，严晓凤，郝如一. 《申报》上的红十字[M]. 合肥：安徽人民出版社，2011.

[10] 池子华，郝如一. 中国红十字会百年往事[M]. 合肥：合肥工业大学出版社，2011.

[11] 戴斌武. 中国红十字会救护总队与抗战救护研究[M]. 合肥：合肥工业大学出版社，2012.

[12] 池子华，傅亮，张丽萍，等. 《大公报》上的红十字[M].

合肥：合肥工业大学出版社，2012.

［13］池子华，张丽萍，汪丽萍. 中国红十字历史编年（2005—2009）［M］. 合肥：合肥工业大学出版社，2012.

［14］池子华. 红十字运动：历史与发展研究［M］. 合肥：合肥工业大学出版社，2013.

［15］池子华，曹金国，薛丽蓉，等. 红十字：近代战争灾难中的人道主义［M］. 合肥：合肥工业大学出版社，2013.

［16］池子华，丁泽丽，傅亮.《新闻报》上的红十字［M］. 合肥：合肥工业大学出版社，2014.

［17］池子华，郭进萍，邓通，等. 红十字：文化传播、危机管理与能力建设［M］. 合肥：合肥工业大学出版社，2014.

［18］池子华. 红十字运动：历史回顾与现实关怀［M］. 合肥：合肥工业大学出版社，2015.

［19］池子华. 红十字运动：历史审视与现实思考［M］. 合肥：合肥工业大学出版社，2016.

［20］池子华，邓通. 中国红十字历史编年（2010—2014）［M］. 合肥：合肥工业大学出版社，2016.

［21］中国红十字年鉴编辑部. 中国红十字会通志（1904—2015）［M］. 北京：中华工商联合出版社，2016.

［22］池子华. 红十字运动：历史传承与当代发展［M］. 合肥：合肥工业大学出版社，2018.

［23］池子华. 晚清时期中国红十字运动研究［M］. 北京：科学出版社，2019.

［24］池子华，邓通. 中国红十字历史编年（2015—2019）［M］. 合肥：合肥工业大学出版社，2020.

［25］池子华. 红十字运动：穿越历史与回归现实［M］. 合肥：合肥工业大学出版社，2020.

后　记

中国红十字会成立于1904年3月10日，至2021年已有117年的历史。百余年来，中国红十字会秉持人道、博爱、奉献的精神，救死扶伤，扶危济困，谱写出一曲曲人道赞歌，在中国近代史和中华人民共和国史上都留下了闪光的足迹。正如2015年5月5日习近平总书记在接见中国红十字会"十大"代表时指出的那样，"中国红十字会是国内历史最悠久的人道组织，成立110多年以来不断发展。近年来，中国红十字会在重大灾害救援、保护生命健康、促进人类和平进步等方面发挥了重要作用。"[1] 因此，《中国红十字运动简史》（以下简称《简史》）的出版，旨在承前启后，继往开来，推进中国红十字运动健康持续发展。

作为国内历史最悠久的人道组织，中国红十字会110多年的曲折历程，跨越了晚清、民国、中华人民共和国三个历史时期。每个历史时期，中国红十字会的事业发展都呈现出不同的特点。第一个历史时期，即晚清时期，事业艰难起步，经历了三个阶段：启蒙运动，开通民智（1904年之前）；上海建会，中外合办（1904—1907年）；独立自主，奠定"初基"（1907—1911年）。第二个历史时期，即民国时期，中国红十字会在灾难救护中成长，也经历了三个阶段：民国初期的"内外兼修"（1912—1931年）；抗战救护的"伟绩宏效"（1931—1945年）；战后"复员"与"服务社会"（1945—1949年）。第三个历史时期，即中华人民共和国时期，中国红十字会的事业在曲折中砥砺前行，经历了四

---

[1] 霍小光、吴晶：《习近平：增强责任意识真心关爱群众　开创红十字事业发展新局面》，新华网2015年5月5日，http://www.xinhuanet.com/politics/2015-05/05/c_1115186828.htrm。

个发展阶段：中华人民共和国初期的辉煌（1950—1966年）；拨乱反正，迎来事业发展的春天（1966—1993年）；依法建会，焕发青春（1993—2018年）；深化改革，走向未来（2018年至今）。本书以此为"纲"，纲举目张，尽可能动态、宏观地呈现中国红十字运动波澜壮阔的多彩画卷。

需要说明的是，《简史》起讫时间虽然为1904年至2019年，但我们不能忽略1894年中日甲午战争后兴起的红十字启蒙运动，因而也将其纳入考察视野。如此算来，《简史》主体内容的时间跨度为125年。

《简史》的出版，得到中国红十字会总会、苏州大学红十字国际学院领导，以及学界和业界同行的关心、支持与鼓励，在此表示衷心的感谢。责任编辑为本书的编校工作付出不少心血，博士生戴少在校对稿件的过程中也花费不少精力，谨此一并致谢！

当然，由于中国红十字运动纷繁复杂，本书的编写不可能面面俱到，而是依照《简史》的要求，突出重点，做到简洁明快。因篇幅所限，畸轻畸重之处，在所难免，欢迎专家、学者批评指正。

池子华

2021年10月